北京市社会科学基金规划项目
"北京'两区'建设下境外仲裁机构准入的法治保障研究"研究成果
(项目编号 21FXC014)

国际投资法原理

PRINCIPLES OF INTERNATIONAL INVESTMENT LAW

主编 张建

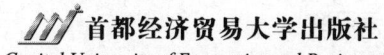
首都经济贸易大学出版社
Capital University of Economics and Business Press
·北京·

图书在版编目(CIP)数据

国际投资法原理 / 张建主编. -- 北京：首都经济贸易大学出版社, 2023.1

ISBN 978-7-5638-3394-8

Ⅰ.①国… Ⅱ.①张… Ⅲ.①国际投资法学 Ⅳ.①D996.4

中国版本图书馆 CIP 数据核字(2022)第 147516 号

国际投资法原理

张　建　主编

GUOJI TOUZIFA YUANLI

责任编辑	佟周红　赵　杰
封面设计	风得信·阿东 FondesyDesign
出版发行	首都经济贸易大学出版社
地　　址	北京市朝阳区红庙（邮编 100026）
电　　话	(010)65976483　65065761　65071505(传真)
网　　址	http://www.sjmcb.com
E - mail	publish@cueb.edu.cn
经　　销	全国新华书店
照　　排	北京砚祥志远激光照排技术有限公司
印　　刷	唐山玺诚印务有限公司
成品尺寸	170 毫米×240 毫米　1/16
字　　数	371 千字
印　　张	22
版　　次	2023 年 1 月第 1 版　2023 年 1 月第 1 次印刷
书　　号	ISBN 978-7-5638-3394-8
定　　价	55.00 元

图书印装若有质量问题,本社负责调换

版权所有　侵权必究

序　言

当前,世界正处于百年未有之大变局,我国日益走近世界舞台中央。习近平总书记强调,"要坚持统筹推进国内法治和涉外法治"。全面准确理解和践行"坚持统筹推进国内法治和涉外法治"的核心要义,需要从具体内容、工作重心以及重大意义三个方面展开。在统筹推进国内法治和涉外法治的建设中,国家始终是推进国内法治和涉外法治的主体。国内法治和涉外法治是中国法治建设的两个方面,在国内法治和国际法治之间,涉外法治发挥着互动融通的作用,同时促进国内法治与国际法治相互影响和共同发展[①]。为此,应当高度重视涉外法治的战略意义,并将其作为统筹推进国内法治和涉外法治的工作重心。在应对大变局、参与全球治理的过程中,我国要加强涉外法治建设,需要一大批通晓国际法律规则、善于处理涉外法律事务的涉外法治专业人才,以保障和服务高水平的对外开放,这实际上对于高等院校的法学教育提出了新的挑战和具体的要求[②]。涉外法治人才的培养在涉外法治建设中具有基础性、战略性、先导性的地位和作用,其重要性不言而喻。全面型涉外法治人才必须掌握国际法中各领域的理论知识和实务技能,这其中就包括国际投资法。

通常认为,国际投资法是调整跨国私人直接投资关系的有关国内法和国际法规范的总称,其既包括资本输入国的外国投资法和资本输出国的对外投资法,也包括国家间基于投资促进和保护而签订的双边投资协定、区域性投资协定和世界性多边投资条约[③]。相比于其他的国际法分支学科,国际投资法呈现出实体法与程序法并重的特点。具体而言,国际投资法的实体法部分偏重规制东道国如何向外资提供有效且充分的保护,这突出体现在对国民待遇、最惠国待遇、公正公平待遇、充分保护与安全、间接征收补偿额的认定等具体内容。国际投资法的程序法部分偏重于通过东道国当地救济或国际投资仲裁等方式解

[①] 刘仁山. 坚持统筹推进国内法治和涉外法治[J]. 荆楚法学,2021(1):19.
[②] 黄进. 完善法学学科体系,创新涉外法治人才培养机制[J]. 国际法研究,2020(3):7.
[③] 姚梅镇. 国际投资法[M]. 3版. 武汉:武汉大学出版社,2011:36.

决具体个案争端,在实践中尤为关注管辖权、可受理性、法律适用、条约解释、仲裁员利益冲突、仲裁司法审查等具体内容。相比于以世界贸易组织(World Trade Organization,WTO)多边法律制度及自由贸易协定为基础的国际贸易法,国际投资法体现出更强的"碎片化"特征,故而学习难度更大①。同时,随着时代的发展和全球国际投资流向的转变,传统上偏重于保护私人投资者权益、强调东道国外资保护义务的国际投资法理念进入转型期,现在的国际投资法对于企业社会责任的强调和对于东道国社会公共利益的保护越来越重视②。除此之外,随着"一带一路"建设的不断深入,中国在资本输入和资本输出方面都居于世界前列,并且在国际投资领域全球规则制定方面的话语权得到了增强,以《区域全面经济伙伴关系协定》(Regional Comprehensive Economic Partnership,RCEP)、《全面与进步跨太平洋伙伴关系协定》(Comprehensive and Progressive Agreement for Trans-Pacific Partnership,CPTPP)、《中欧全面投资协定》(The China-EU Comprehensive Agreement on Investment,CAI)为代表的新兴国际投资协定越来越体现出利益平衡的趋势③。因此,在开展国际投资法教学和研究的过程中,有必要将这些最新发展和前沿动态纳入其中,从而培养出一批真正通晓国际规则、能够深度参与国际法律事务、适应经济全球化、世界多极化和全方位开放需要的涉外法治人才。

值得一提的是,相比其他同类教科书,本书在体例结构的设计和内容的安排方面具有一定的创新性。就章节分配而言,特别注重在国际投资争端解决中提升实务技能。就素材选取而言,不拘泥于简单的知识性介绍,而是侧重于启发和引导。为了使读者能够更好地理解国际投资法的原理,作者在每一章开篇以"学习要点"的方式对教学目标进行提炼和概括,并在每一章正文后以"本章小结"的方式就重要的理论观点进行梳理和总结。优质的教材不仅能够"授人以鱼",更要"授人以渔",为此,每一章专门设置若干思考题,以期引导学生主动探索、积极思考,在学习的同时能够拓宽知识面并延伸知识的广度。我们真诚地期望通过对本教材的学习,能够为涉外法治人才打开一个"窗口",从而能够发现国际投资法及国际投资仲裁的独特魅力。

本书由张建主编,各章的编写人员如下:

---

① 郑蕴,徐崇利.论国际投资法体系的碎片化结构与性质[J].现代法学,2015(1):162.
② 张庆麟,余海鸥.论社会责任投资与国际投资法的新发展[J].武大国际法评论,2015(1):254.
③ 何芳.国际投资协定利益平衡化改革及中国的应对[J].甘肃社会科学,2018(4):181.

张建(法学博士,首都经济贸易大学法学院副教授、硕士生导师):第六章至第十章;

张金矜(法学博士,首都经济贸易大学法学院讲师、硕士生导师):第四章与第五章;

刘禹(法学博士,北京工商大学法学院讲师,硕士生导师):第一章;

邓易枋(首都经济贸易大学法律硕士研究生):第二章;

张温馨(首都经济贸易大学法学硕士研究生):第三章。

由于作者水平有限,书中错误疏漏之处在所难免,望读者不吝批评指正。

张 建

2022 年 4 月 25 日于首都经济贸易大学博远楼

目 录

第一章　国际投资法导论　1
第一节　国际投资活动的经济基础 …………………………………… 3
第二节　国际投资法的法律渊源 ……………………………………… 6
第三节　国际投资法的基本原则 ……………………………………… 11
第四节　国际投资的主要类型及其监管 ……………………………… 14

第二章　国家对国际投资的单边规制　25
第一节　国家对投资的单边规制模式 ………………………………… 27
第二节　资本输入国的外国投资法 …………………………………… 28
第三节　资本输出国的海外投资法 …………………………………… 41

第三章　国际投资的国际法制　53
第一节　国际投资的国际法律制度概述 ……………………………… 55
第二节　双边与区域性投资协定 ……………………………………… 57
第三节　多边投资担保机构公约 ……………………………………… 68
第四节　世界贸易组织有关投资的协议 ……………………………… 81
第五节　国际社会对国际投资立法的努力 …………………………… 87

第四章　国际投资的实体保护　95
第一节　国际投资条约的保护范围及投资的定义 …………………… 97

· 1 ·

第二节	最惠国待遇条款的适用及其限制	109
第三节	国际投资法中的公正公平待遇	123
第四节	国际投资法中的保护伞条款	131

第五章 国际投资仲裁规制跨国企业人权的困境与方案　　141

第一节	国际投资法与国际人权法的互动及其困境	143
第二节	国际投资仲裁规制跨国企业人权责任的方案	151

第六章 欧盟法与《能源宪章条约》下的国际投资争端解决　　157

第一节	《能源宪章条约》争端解决机制与欧盟法的兼容性	159
第二节	国际投资争端解决的典型案例分析	165

第七章 国际投资仲裁中的股东直接诉权　　183

第一节	国际投资仲裁中的股东直接诉权概述	185
第二节	国际投资争端解决中股东行使直接诉权的法律依据	186
第三节	股东所属国就公司损失行使直接诉权的外交保护实践	191
第四节	股东就公司损失行使直接诉权的实践	195
第五节	国际投资争端解决中确立股东直接诉权的后果与因应	203

第八章 国际投资仲裁的透明度原则与临时措施　　207

第一节	国际投资仲裁的透明度原则	209
第二节	国际投资仲裁临时措施的内涵与外延	220
第三节	国际投资仲裁庭发布临时措施的条件及典型实践	231
第四节	国际投资仲裁临时措施的约束力、遵守及执行	237

第五节　我国《仲裁法》中关于临时措施的规定及分析 …………… 239

第九章　国际投资仲裁中的仲裁员异议　247

第一节　仲裁员异议的理念基础：效率与公正的博弈 …………… 249
第二节　国内立法及国际公约中对仲裁员独立性及公正性的
　　　　规定 …………………………………………………………… 251
第三节　对仲裁员独立性及公正性之"缺乏"的判定 …………… 255
第四节　国际投资仲裁中对仲裁员不适格之"明显性"的解释 …… 259
第五节　仲裁员独立性与公正性判定标准冲突的弥合方案 ……… 264
第六节　国际投资仲裁中争点冲突的识别与审查 ………………… 269

第十章　国际投资仲裁裁决的救济　287

第一节　国际投资仲裁裁决撤销机制的特征与功能 ……………… 289
第二节　ICSID 仲裁裁决撤销的法定事由 ………………………… 294
第三节　国际投资仲裁裁决的承认与执行 ………………………… 303
第四节　我国法院适用《纽约公约》执行非 ICSID 裁决 ………… 309
第五节　国家豁免理论在投资仲裁裁决执行中的适用 …………… 315

主要参考文献 …………………………………………………………… 322
附录：常用国际投资法网络资源 ……………………………………… 326
缩略语表 ………………………………………………………………… 335
后记 ……………………………………………………………………… 338

第一章

国际投资法导论

学 习 要 点

国际投资是拉动全球经济增长的重要引擎。国际投资法治建设亟待加强，以促进国际投资自由化和便利化、构建公正合理的国际投资秩序、促进全球经济的共同繁荣和可持续发展。当前，国际投资法治建设以双边和区域安排为主导，缺乏多边统筹且不成体系，导致投资法治的功能缺失，制约了国际投资发展。与此同时，国际投资格局发生深刻变化，投资条约内容的趋同和全球治理理念的创新为国际投资法治建设提供了良好契机。双边投资协定已代替模糊的国际习惯法形式而成为当今国际投资法最主要的法律渊源，从中国视角对国际投资法由形式至内容的这场变革做出确切评估是非常必要的。双边投资协定是各国在国际投资体制陷入僵局之后，发达国家与发展中国家这两大阵营不约而同地选择打破僵局的灵活方式，这一法律渊源对国际投资保护法及国际投资自由化法律的发展各有不同。可持续发展的理念逐渐得到了国际社会的普遍认同，成为国际投资法的基本原则。国际投资条约中的许多国际投资规则不仅不能直接促进可持续发展，而且其规定可能会严重制约可持续发展目标的实现。因此，要从规则和制度的设计上消除不利于可持续发展目标实现的各种因素，对有关的实体规则和国际投资者诉东道国的投资仲裁机制进行批判和解构。

【关键词】国际投资；可持续发展原则；双边投资协定；主权财富基金

第一节 国际投资活动的经济基础

所谓国际投资，是一种超越国界的资本活动，是投资者为获取预期收益而从事的跨国或境外的资本交易活动。按照国际投资的形式和性质，国际投资包括国际直接投资与国际间接投资。国际直接投资，是以拥有或控制企业经营管理权为核心，以获取长期利益为目的的投资活动，其投资形式包括但不限于：股本/股权资本（Equity Capital）、利润再投资（Reinvested Earnings）、涉及跨国公司和附属企业的短期或长期资金借贷的其他资本（Intra-company Loans）。国际间接投资，是指投资者通过购买外国股票、其他有价证券或提供贷款等方式使投资资本增值的经济活动，其投资形式包括证券投资（Portfolio Investment）、金融衍生工具（Financial Derivatives）、雇员股票期权（Employee Stock Options）以及其他投资和储备资产等。对于国际投资活动的发生原因，西方经济学家提出了各种不同的解释性理论，这对于阐释国际投资的合理性具有现实意义，特做出如下阐述。

一、资本国际移动论

此种理论根据赫克歇尔-俄林（Heckscher-Ohlin）的要素禀赋论的国际贸易理论推导而来。按照要素禀赋论的主张，一国应当在其出口中密集使用本国相对丰裕而便宜的生产要素生产的商品，而在进口中则应密集使用该国相对稀缺而昂贵的生产要素生产的商品。换言之，劳动丰裕型国家应该出口劳动密集型产品，进口资本密集型产品；而资本丰裕型国家应该出口资本密集型产品，进口劳动密集型产品。在所有可能造成国家之间相对商品价格差异和比较优势的原因中，各国相对要素的丰裕度即要素禀赋是国际贸易中各国具有比较优势的基本原因和决定因素。资本国际移动论认为，国际资本移动的基本原因在于各国间的利率差别，该理论对于解释国际间接投资具有合理性，但是却不能用来解释国际直接投资。故而，有学者在该理论的基础上提出了资源国际转移说，即各国对于技术、管理经验、生产原料等资源的需求是有差别的，由此产生了资本的国际流动。

二、垄断优势理论

该理论由美国经济学家海默（S. H. Hymer）于 1960 年提出。海默认为，由于现实中存在以下四种"不完全竞争"：生产要素和产品的少数买主或卖主能够控制市场价格，市场主体信息不对称，规模经济引起的市场不完全竞争，政府强制干预和关税措施的介入。根据现实的"不完全竞争"条件分析，所以现在的国际市场已经是一个不完全竞争的市场。如果实行集中经营，就能够阻止其他的竞争者进入市场，形成一定的垄断，获得垄断利润。跨国企业具有实现此种垄断的最优条件。为了克服对市场和环境的不够熟悉、运费偏高、决策失灵、语言文化障碍等劣势，投资者需要在生产技术、管理经验、营运资金、市场信息、销售网络方面谋求优势，从而使跨国企业的海外子公司比当地企业更有竞争力。相应地，当跨国企业依靠国外的生产才能从其垄断优势中获取最大利益时，就会倾向开展对外直接投资。该理论对于解释国际直接投资的动因具有较强的说服力，但由于该理论仅是建立在对美国部分大企业的投资数据进行分析的基础上，没有涉及中小企业的海外投资和发展中国家的投资状况，故而存在一定的缺憾。

三、产品生命周期理论

该理论由美国哈佛大学弗农教授于 1966 年提出。弗农认为：跨国企业在知识资产方面具有独特的优势，并且会极力维护其技术优势地位，以获得新产品的创新利润。在产品的整个生产发展过程中，生产所需要的要素投入是随着时间的推移而发生变化的。随着生产要素的变化，不同发展水平的国家会将自身的优势要素引入到产品的生产。这样，对于新产品的生产来说，将会发生一个周期性的转移，此种转移的过程就是产品的生命周期。具体来看，新产品的发明与制造往往始于企业所在国并首先服务于本国市场，继而从国内销售转为出口。当产品的出口国地位受到威胁时，则企业倾向于选择在国外市场成立子公司，生产并销售同类产品，从而更好地发挥其垄断优势。此种状况将持续一段时间，直至出口国企业优势地位完全消解。该理论基于对美国跨国企业对外直接投资的实证观察，较好地阐释了美国投资者在第二次世界大战后向欧洲投资的原因，对投资生产和产品周期采取动态和时间序列的分析方式，为企业的生产战略提供了工具，可将投资与贸易有机结合起来，但是该理论却无法有效地解释非生产类企业在国外的投资行为。

四、边际产业扩张理论

该理论亦被称为边际比较优势理论，由日本学者小岛清于20世纪70年代中期提出。按照此种理论，与国际货币资本流动相比，国际直接投资具有以下特点：投资主要体现为机器设备、技术、知识的转移，同时也涉及工人的培训和经营管理，以及市场销售等技能的转移；从性质上属于资本、技术、经营管理知识的综合体，由投资国的特定产业部门的特定企业向东道国的同一产业部门的特定企业转移。国际直接投资的发生以资本输出国有相对充分的资本、东道国有相对丰富的劳动力为前提，故而那些以劳动密集型产业为特征的东道国更具优势。该理论的核心观点是：对外直接投资应该选择投资者母国已经处于或即将处于劣势的产业（边际产业）依次进行，且此类产业应当是在东道国具有比较优势或潜在比较优势的产业，从而使投资者母国以充分的资本、技术、经营技能与东道国廉价的劳动力资源实现有效结合，为资本创造出更多价值。

五、内部化理论

该理论萌生于美国学者科斯所著的《公司的性质》一书，后被英国学者巴克莱、卡森和加拿大学者拉格曼所深化。该理论认为：市场机制存在固有的内在缺陷（市场失灵），故而常处于不完全竞争的状态。任何投资者要进入外国市场，必须付出相应的交易成本从而改变其与当地企业竞争的劣势；而那些拥有竞争优势的企业，则倾向于采用直接投资的形式，将市场建立在公司内部，替代外部市场，进行国际生产，使公司内部的价格调整起到润滑内部市场的作用，实现整个公司利润的最大化。该理论从跨国公司所面临的内外部市场差异入手，通过对国际生产及国际分工等组织形式研究对外直接投资的行为动机，较好地解释了跨国公司的性质、起源和动机，以及跨国公司的交易决策和发展阶段，但是没有对区位分布和垄断行为的特征加以深入分析。

六、国际生产折衷理论

国际生产折衷理论，亦被称为国际生产综合理论，由英国经济学家邓宁于 20 世纪 70 年代提出，在国际直接投资方面具有较大的影响力。该理论认为，对外直接投资主要是由所有权优势、内部化优势和区位优势这三项紧密联系的基本因素所决定的。跨国企业拥有的所有权优势越大，其将资产内部化使用的可能性越强，从而其在国外利用资产比在国内更为有利，就越有可能发展对外直接投资。跨国企业之所以拥有这些优势，是因为不流动的国际资源在各国间的分布不均衡。跨国企业进行直接投资的目的是将对出口本国有相对禀赋优势的产品与使用东道国有相对禀赋优势的资源相结合，以实现利润最大化。另外，东道国政府的外资管理政策也会对跨国企业的对外直接投资行为产生影响。该理论在对企业的优势进行微观分析的基础上，就国际直接投资的动因从宏观方面给出了解释，具有较强的实用性。但是，该理论研究的出发点和立足点是西方私人跨国企业的对外投资，没有对国有跨国企业或国营企业的对外直接投资活动给出有效解释。

第二节　国际投资法的法律渊源

国际投资法是调整国际私人直接投资关系的法律规范的总称，是国际经济法的重要分支。从广义上讲，国际投资法的体系涵盖了国际直接投资法律制度、国际间接投资法律制度、资本输入国的外国投资法律制度、资本输出国的海外投资法律制度、国际投资争端解决法律制度等。就法律渊源来看，国际投资法既涵盖国际法中涉及跨国投资关系的法律规范，也涵盖国内法中涉及外资的法律规范，此处重点介绍其中的国际法渊源。

一、国际条约

目前，国际投资法最主要的法律渊源是国际条约。参照 1969 年《维也纳条约法公约》（VCLT）第 2 条的规定，条约指的是两个国际法主体之间所缔结的并受国际法支配的国际书面协定,不论其载于一项单独文书或两项以上相互有关的文书内,也不论其特定的名称是什么。数以千计的双边投资协定(BIT)以及各种部门性、区域性的协定或多边协定都包含了当事国的特定义务,各类国际投资条约被统称为国际投资协定。作为国际条约,国际投资协定对批准它们的缔约国具有约束力。这就是国际条约的正常运作方式。但是,国际投资协定的独特之处在于其常常涉及第三方的利益。换言之,虽然国际投资协定的缔约方多为主权国家,但是国家承担的义务大多是针对另一国家的投资者而非针对另一国家本身。

（一）双边投资协定

双边投资协定(BIT)是东道国投资保护义务规定最主要的来源。需要注意的是,尽管 BIT 包含了东道国应当向外国投资者承担的义务,但是缔结条约的国家只有两个。因此,BIT 反映的是国家与国家之间的双边关系。作为国际性条约,除非缔约双方另有特殊约定,否则 BIT 在条约的解释、适用、冲突、撤回等问题上应当遵循国际法的一般原则。从历史来看,BIT 的发展经历了多个阶段:从德国和巴基斯坦之间最初的 1959 年 BIT 到 1970 年左右,BIT 一般包含了基本的投资者保护措施和国与国之间的争端解决条款,这些属于第一代 BIT 的基本内容。1970 年左右,在部分 BIT 中首次出现了针对投资者与国家间争端解决的条款,至 20 世纪 90 年代,此类第二代 BIT 的数量迅速增加,成为仲裁庭发展其现行法理的大多数主张的基础。第一代 BIT 被进一步视为具有强烈的投资者保护导向,这些 BIT 大多不包含例外情形,尽管其规定的措施可由仲裁庭自由裁量,但其主旨通常会强调对投资的促进以及东道国对投资者保护的义务。

自 21 世纪初开始,以 BIT 为主导的国际投资条约体系受到多方面批评。一些国家开始终止其 BIT,还有许多国家开始更改文本。因此,第三代 BIT 逐步进入公众视野,其通过增加明确的定义和解释条款,使得对投资者强有力的保护受到了限制,而东道国的外资规制权则得到了强化。许多第三代 BIT 涵盖了例外措施,如环境、劳工、人权、健康、安全等,东道国可以依据这些例外来为其违反条约的行为进行抗辩,还有一些例外情况包括对行业部门的分割,以排除某些行业的投资者获得保护的机会。

从结构来看,绝大多数的 BIT 在形式上具备以下基本内容:①序言。②定义。③范围。④市场准入。⑤保护标准。⑥例外。⑦争端解决。⑧最终条款。

(二) 多边投资协定

目前，国际投资法上不存在一部综合性的多边投资协定，但国际上制定一套综合性多边投资协定的理想由来已久。真正将这一理想付诸实践，始于1995年在经济合作与发展组织（OECD）内举行的有关《多边投资协定》（MAI）的谈判。虽然OECD关于投资问题谈判的结果未能如这项谈判发起者之所愿而是以失败告终，但这项令世界各国密切关注的协定谈判留下了前车之鉴。有观点认为，MAI谈判的失败归因于法国在文化等问题上坚持了过于保守的立场，而德国等国家又附和了法国的立场；有观点认为，MAI谈判的失败归因于美国政府设置的目标过高，以致OECD的成员国在众多问题上难以达成一致意见；还有观点认为，谈判的阻力主要来自非政府组织的干预和反对。除此之外，还有研究认为，问题的症结在于OECD不应该也没有能力作为一项综合性多边国际投资协定的谈判场所[1]。尽管OECD成员国在全球投资总量中占有重要比重，但难以否认的是，OECD并不是一个全球性的国际组织，区域层面或诸边层面上达成的协定，要想成为真正意义上的多边国际协定并对国际社会大多数成员国具有法律拘束力，需要经历漫长的过程。况且，作为富人俱乐部的OECD无论在试图达成的目标上，抑或在谈判所采取的基本方法上，都没有获得OECD以外国家的普遍认同，故而其失败几乎是必然的。

二、习惯国际法

尽管国际条约涵盖了大量投资者与国家间争端的法律问题，但是条约的内容永远无法涵盖仲裁庭可能遇到的每一个法律问题。故而，需要其他的法律渊源来弥补国际条约的漏洞，其中，国际习惯尤为重要。根据《国际法院规约》第38条，国际习惯是指作为通例之证明而经接受为法律者。通常认为，国际习惯的形成必须要同时满足两个要素：第一个要素是所谓的物质要素，即需要有一般实践的存在。一般实践是指各国在国际实践中对同一问题长期反复采取的类似行为或不行为。"恒久性"（长期）和"一致性"（类似）

---

[1] 叶兴平，王作辉，闫洪师. 多边国际投资立法：经验、现状与展望 [M]. 北京：光明日报出版社，2008：135.

是检验一般实践是否形成的标准。第二个要素是所谓的心理要素，它是指各国认为这种一般实践，即对某一问题长期反复采取的类似行为或不行为，具有法律拘束力。换言之，各国认为自己这样做并不是简单地效仿其他国家，而是国际法规则的要求。所谓大家应该予以共同遵守，这就是所谓的"法律确信"。各国的一般实践或惯例经过法律确信，国际习惯就形成了。在国际投资法领域，最具影响力的习惯国际法规则是关于条约解释的习惯法和关于国家责任的习惯法，下面将分别加以阐述。

（一）关于条约解释的习惯法

习惯国际法中最常被援引的习惯法是条约解释规则，《维也纳条约法公约》（VCLT）中的条约解释规则被视为习惯国际法的成文化。具体而言，VCLT第31条至第33条规定了国际条约解释的基本规则，这些条款几乎成为所有国际投资仲裁庭进行法律推理的基础，无论国际投资协定的当事国是否批准VCLT。其中，VCLT第31条规定："一、条约应依其用语按其上下文并参照条约之目的及宗旨所具有之通常意义，善意解释之。二、就解释条约而言，上下文除指连同弁言及附件在内之约文外，并应包括：（甲）全体当事国间因缔结条约所订与条约有关之任何协定；（乙）一个以上当事国因缔结条约所订并经其他当事国接受为条约有关文书之任何文书。三、应与上下文一并考虑者尚有：（甲）当事国嗣后所订关于条约之解释或其规定之适用之任何协定；（乙）嗣后在条约适用方面确定各当事国对条约解释之协定之任何惯例。（丙）适用于当事国间关系之任何有关国际法规则。四、倘经确定当事国有此原意，条约用语应使其具有特殊意义。"可将VCLT适用于国际投资协定的解释和国际投资争端的解决，是毋庸置喙的。尽管大量的国际投资协定甚至《华盛顿公约》本身在VCLT之前就已经生效了，但VCLT第31条至第33条的国际法律性质允许仲裁庭将其内容作为习惯法加以适用。一般而言，仲裁庭对VCLT的援引表明了仲裁庭具有查明争端双方法定权利和义务的责任。仲裁员对条约文义措辞的严格信赖不仅保证了双方权利义务的可预见性，也为仲裁员的决定提供了合理性。文义解释使仲裁庭承担"发现而非创造语言含义"的责任，由此保证国际条约及争端双方的协议是仲裁庭作出决定的唯一基础。

（二）关于国家责任的习惯法

国际法中最具有共识性的习惯国际法规则是国家责任。2001年11月，联合国国际法委员会二读通过了《国家对国际不法行为的责任条款草案》（以下简称《国家责任条款草案》），该草案对国家责任规则进行了详细规范。尽管该草案要作为国际公约正式生效尚待时日，但其规定因反映了习惯国际法的一般要求而在国际投资争端解决实践中被仲裁庭广泛适用，以此判定国家在违背国际法律义务时是否须承担国家责任。实践中，由于国家对投资保护具有国际法上的义务，因此有必要强调国家在该问题上的国家责任。

所谓国际法上的国家责任，是指国家对其国际不法行为所应承担的国际法律责任。国家是国际社会具有主权的平等成员，国家之间的关系是以对等的权利义务为基础的，因此，在一个国家违背了自己承担的国际义务，构成国际不法行为时，就应该承担相应的法律责任。

对国际投资的义务一般由国家承担。但考虑到投资活动的性质，国家管理者的角色常与国家作为合同相对方或商业伙伴的商事主体的角色相混淆。这就导致在识别政府做出的正式行为是否属于国家行为时，颇为复杂。另外，很多私人公司大部分所有权归国家所有，或者其大型建设工程由国家监管，在此种情况下就需要分析国有企业的作为或者不作为是否应当归属于国家行为。

在《国家责任条款草案》中，对上述问题给出了回应。草案中对国家的范围进行了界定，规定了某些个人的特定行为也可能具有归因于国家行为的效果。针对国家的识别，该草案采取了结构标准。所有无论是国家还是地方的立法、司法、行政机关的行为，均被视为可归因于国家行为。政府官员或实体的个人行为，如果是在行使政府的权力要素，或者是受到国家的指挥或控制，也将被认定为国家行为，即使其违背国际法义务的行为超越了国家的授权。

三、一般法律原则

《国际法院规约》第38条将"文明各国所承认的一般法律原则"作为国际法院裁判案件的一项依据。然而，对于一般法律原则是否能构成国际投资法的渊源，以及其含义是什么等问题，国际法学者有不同的看法。美国著名国际法学家凯尔逊和苏联著名国际法学家童金等认为，一般法律原则不是国际法的渊源。周鲠生也指出，一般法律原则不能另成一个国际法渊源，《国际法院规约》第 38 条作出上述规定，只能认为是准许法院在审判案件过程中，如果遇到从习惯法或条约法中找不到可予适用的规范等场合，可比照适用一般法律原则以作为变通的解决方法，而那并不具有新创设一种国际法渊源的作用。

与此相反，许多国际法学家认为一般法律原则是国际条约和国际习惯之外的第三种法律渊源。李浩培在对《国际法院规约》第 38 条进行深入分析后指出，一般法律原则是国际法的渊源之一。这不仅是因为《国际法院规约》第 38 条明文承认它是国际法的一个独立渊源，而且也因为如果不承认这个渊源，则在有些场合必然发生下列有害后果：或者认为一项国际争端因适用的法律不明而拒绝司法，或者认为因没有法律约束而可任由当事国肆意妄为，从而驳回投资者的主张。周忠海指出：凡在没有特殊的国际习惯或条约法规范存在的场合，一般法律原则是具有决定意义的。因此，应给予一般法律原则作为第三个国际法渊源的确定地位。

在国际投资仲裁实践中，仲裁庭经常适用的一般法律原则包括善意原则、不可以己方的过失作为辩护理由原则、禁反言原则、证明责任分配原则等。

第三节 国际投资法的基本原则

国际投资法的基本原则，是指那些获得国际社会广大成员公认，贯穿于国际投资法各项法律规范之中的，对国际投资法的各个领域具有普遍指导意义的法律原则。国际投资法被公认是国际经济法的重要分支，故国际经济法的基本原则也是国际投资法的基本原则。其中，对于国际投资法而言，国家主权原则、公平互利原则、可持续发展原则等至关重要，是国际投资法的基石。

一、国家主权原则

主权是国家最重要的属性，是国家固有的在国内的最高权力和在国际上的独立权力。分析起来，国家主权具有两方面的特性，即对国内表现为最高的权力特性，对国外表现为独立的权力特性，这两个特性是相互关联而密不可分的。根据 1970 年联合国大会通过的《国际法原则宣言》，国家主权平等原则是指各国一律享有平等主权。各国不论经济、社会、政治或其他性质有何不同，均有平等的权利和责任，并同为国际社会的平等成员。近代主权国家的存在是传统国际法产生和发展的基础，国家主权平等原则在传统国际法和现代国际法中都非常重要。落实到国际投资法领域，国家主权原则体现为三个方面：

第一，国家对本国境内的自然资源享有永久主权。国家对自然资源永久主权原则是国家主权原则在国际投资领域的具体体现，其主要规定在联合国大会通过的一系列决议中，如《关于自然资源永久主权宣言》《建立新的国际经济秩序宣言》《建立新的国际经济秩序的行动纲领》《各国经济权利与义务宪章》等。这些纲领性的法律文献，确认并强调了各国对本国境内的全部自然资源享有完整和永久的主权，且各国对本国境内的一切经济活动也享有完整和永久的主权。

第二，国家对本国境内的外国投资享有监督管理权。按照属地管辖权，每个国家都有权对在其国家管辖范围内的外国投资加以管理和行使权力。《各国经济权利与义务宪章》明确规定：各国有权根据本国的法律和条例，对境内的外国资本实行管辖和管理；有权对境内跨国公司的经营活动加以管理监督；有权采取各种措施，以确保跨国公司的经营活动切实遵守本国的法律、条例和规章制度，符合本国的经济政策和社会政策。

第三，国家有权对本国境内的外国资产收归国有或征用。《各国经济权利与义务宪章》规定，每个国家都有权将外国资产收归国有、征用或转移其所有权。但采取这一措施的国家应当根据本国的法律、法规对外国投资给予补偿，即每个国家都有权将外国财产的所有权收归国有、征收或转移，不过应当给予外国投资补偿。由补偿引发的任何争议均应由实行国有化国家的法院依照其国内法加以解决，除非有关各国自愿同意并选择通过其他和平的方法解决此类争端。

二、公平互利原则

公平互利原则是国际投资法的一项基本原则，其含义是国家不分大小、强弱、贫富，都应当作为国际投资关系的平等主体参加国际投资活动，彼此应当相互尊重对方的主权和意愿，各国根据本国各自的需要，平等相待、友好往来。公平互利中的公平指在法律地位平等、权利义务配置平等的基础上寻求长期的、整个世界的系统利益均衡。互利则是指法律关系、法律行为应使双方都获益,意即不能以损害对方的利益来满足自己的需求,而要兼顾双方的利益。公平与互利是互为因果、互为表里的关系,二者密切联系、不可分割。实质的公平必然导致长远的互利,同时公平也必然要求互利,只有互利才能达到真正的、实质的公平。总之,公平互利原则是国际投资法律关系的基础,任何违反公平互利原则的合同、协议、法律规定都不应具有法律效力。只有依据公平互利原则,才能建立起对投资各方均有利的新型国际投资关系,促进国际经济合作,促进相关国家乃至整个世界的经济增长。

三、可持续发展原则

国际法领域在较短期间内确定了可持续发展的概念。世界环境与发展委员会(也根据其主席姓名被称为布伦特兰委员会)于1987年出版了题为《我们共同的未来》的报告,将可持续发展的概念纳入国际议程。该委员会将可持续发展简明扼要地界定为:满足当代的需要,且不危及后代满足其需要的能力的发展。这个定义考虑了当代以及后代的需求,也考虑到地球的产能及自然资源显然不能让工业化国家的少部分人消耗殆尽。世界各地发展中国家的人民以及后代应当能实现对基本需求的满足。而且,可持续发展蕴涵着当代人不能让后代面对环境、其健康或经济已遭受不可弥补损害的状况,这种损害会严重削弱后代的发展能力[①]。可持续发展体现了全人类的共同利益要求,是国际经济法基本原则的应有内容,正在成为一项国际经济法基本原则。国际投资法作为国际经济法的一个重要分支,国际经济法的基本原则也是国际投资法的基本原则,指引着国际投资法的发展方向。现有的投资协定对可持续发展原则做出了一定的积极回应,但其局限性也不容忽视,可持续发展原则未得到应有的关注。推进可持续发展原则的最佳途径是进行多边投资立法。私人投资者为追求经济利益,有时会不惜牺牲环境、掠夺资源,损害东道国的社会公共利益,从更长远的角度看,也有损人类社会的共同利益,有

---

① 斯赫雷弗. 可持续发展在国际法中的演进[M]. 汪习根, 黄海滨, 译. 北京: 社会科学文献出版社, 2010: 2.

悖可持续发展，而导致这种状况的原因在于私人利益和社会公共利益的冲突，关键是投资者权利和义务的不对等。因此，要遵循可持续发展原则以促进多边投资立法，需要注意对投资者权利和义务的平衡，注意对投资者私人利益和社会公共利益的协调。进入 21 世纪以来，随着国际投资仲裁案件不断增多，国际投资协定和仲裁制度的弊端日益凸显，特别是针对投资者与东道国权利失衡、主权国家对维护本国公共利益和行使外资管制权的能力降低等问题，使得各国对现有国际投资法治渐感失望。可持续发展理念作为一个内涵极为丰富的集合体，涉及诸多领域，概念或明或隐，范围或广或窄，作用或大或小。在当今的国际投资法中，可持续发展理念无法得到充分有效的体现。在这一背景下，国际社会尝试在国际投资法中引入和适用可持续和负责任的投资原则，以帮助国际投资协定和国际投资仲裁制度逐步脱离困境，引领国际投资法逐步走向可持续发展。

第四节　国际投资的主要类型及其监管

一、国际直接投资的类型

（一）绿地投资和跨国并购

按照进入模式划分，国际直接投资包括绿地投资和跨国并购。

1. 绿地投资

绿地投资（Greenfield Investment），也称新建企业，是指外国投资者向东道国输出资本（包括自有资本或中长期信贷资本），直接创办新企业，并对该企业拥有经营管理权和控制权。通过这种方式组建的新企业，可以是合资经营企业、合作经营企业、外商独资企业。绿地投资的特点是：投资金额大、建设周期长、投资风险高。

2. 跨国并购

跨国并购（International Mergers and Acquisitions）又称国际并购，或者跨界并购，是指外国企业为了某种经济目的，通过一定的渠道、手段或支付方式，兼并或收购东道国企业的全部或部分股份或资产，对东道国企业参股、相互控股或控股,最终取得东道国企业的经营管理权或实际控制权的企业经济行为。20世纪90年代以来,发达国家之间、发达国家对发展中国家以及发展中国家之间的以新建企业为主的国际直接投资方式发生了实质性变化,越来越多的国际直接投资采取了并购模式。跨国并购的优势在于:第一,并购大幅降低了企业创建发展的风险和成本,降低了进入新行业的壁垒;第二,并购使企业能够有效摆脱在资金筹措方面受到的限制;第三,跨国并购可有效利用被并购企业的经营资源、无形资产及特定技术。全球范围内跨国并购重组谋求扩大企业规模已经成为当今诸多产业的发展趋势。

(二)特许经营权

通过法律赋予或者通过合同取得的特许经营权,包括勘探、耕作、提炼、开发自然资源的特许权。相对于绿地投资、跨国并购等股权式参与,特许经营权属于一种非股权式参与,其典型代表包括BOT和PPP两类形式。

1. BOT模式

BOT是建设—运营—移交(Build-Operate-Transfer)的英文缩写,其指的是政府通过合同授予私营企业一定期限的特许经营权,许可其融资和建设特定的公用基础设施,并准许其进行经营管理和商业利用,如通过向用户收取费用或出售项目产品等方式来清偿贷款、回收投资并赚取利润,特许期届满时将基础设施无偿移交给政府。BOT模式具有如下法律特征:第一,适用于规模宏大、投融资风险高、收入来源稳定且通常为东道国带有垄断性经营的基础设施项目;第二,政府允许外国投资者以BOT模式进入,实质上就是东道国政府授予外国投资者特许权,以特许协议的方式将本属于政府的一部分社会管理职能在一定期限内转移给项目公司;第三,BOT模式是一种高风险的投资、贷款活动,是将传统的股本投资与项目融资结合在一起的一种较新型的国际投融资方式;第四,BOT模式围绕项目投融资、建设、运营、移交构成一项复杂的系统工程;第五,BOT模式的运用较为灵活,随机应变。随着BOT在不同国家和地区的应用,演变出二十多种变种BOT,譬如BOO(建设—拥有—运营)、BOOT(建设—拥有—运营—移交)、BOLT(建设—拥有—租赁—移交)、BRT(建设—出租—移交)等模式。

2. PPP模式

PPP是公私伙伴关系(Public-Private Partnership)的英文缩写,也被称为公私合作制,指的是政府通过给予私营公司长期的特许经营权和收益权来加快基础设施建设及有效运营。广义的 PPP 泛指公共部门与私营部门为提供公共产品或服务而建立的合作关系；狭义的 PPP 强调政府在项目中的所有权（有股份），以及与企业合作过程中的风险分担和利益共享。PPP 没有固定的投资模式，而是根据每个项目的独特性、项目所在地的投资环境、项目参与主体的具体情况，形成每个项目自身的投资模式，其模式包括服务合同、管理合同、租赁合同、特许权协议、BOT、BOOT、混合经营、出售等。在 PPP 中，政府部门或地方政府通过政府采购的形式与中标单位组建的有特殊目的公司①签订特许合同，由特殊目的公司负责筹资建设及经营。政府通常与提供贷款的金融机构达成一个直接协议，该协议不是对项目进行担保的协议，而是一个向金融机构承诺将按与特殊目的公司签订合同支付有关费用的协定。该协议使特殊目的公司能够比较顺利地获取金融机构的贷款。

二、国际投资的企业形式

（一）外商独资企业

外商独资企业（Wholly Foreign Owned Enterprise），简称"外资企业"，通常是指根据东道国法律在东道国境内设立的全部或大部分资本由外国投资者投资的企业。目前，国际上对于外资企业尚无完全统一的定义，各国法律对于一个企业中外资比例达到多少才构成外资企业有不同的规定。有的国家规定，外资占大部分比例的企业是外资企业，如菲律宾；有的国家例如我国则严格限定，只有全部资本为外国投资者所有的企业才是外资企业。根据各国外资法和公司法的规定，外资企业可以组成法人实体，如采取有限责任公司或股份有限公司的形式；也可以不组成法人实体，如采取合伙、无限公司、两合公司的形式。对于外国投资者而言，设立外商独资企业具有以下优势：一是有利于提高企业的经营管理效率；二是有利于控制企业的先进技术；三是有利于实现母公司的战略目标。对于东道国而言，允许设立外商独资企业具有以下优势：第一，可以在不出资、不承担经营风险的情况下，通过外资企业引进外国的资金、技术、管理经验，促进本国企业和经济的发展；第二，

---

① 特殊目的公司一般是由中标的建筑公司、服务经营公司或对项目进行投资的第三方组成的股份有限公司。

可以通过向外资企业征收税款和费用,增加国家的财政收入和外汇收入;第三,可以增加本国人员的就业机会,提高本国人员的管理水平和技术水平;第四,可以要求外资企业利用当地某些产品,带动本国其他行业部门的发展。在我国《中华人民共和国外商投资法》(以下简称《外商投资法》)生效之前,允许外国投资者依照中国法律在中国境内设立全部资本由外国投资者投资的企业,即外商独资企业。我国既保护外资企业的合法权益,同时又对外资企业予以必要的监督,从而确保其发展有利于我国经济的增长和社会的进步。

(二)合资经营企业

合资经营企业是国际直接投资的常见形式,其通常指的是两个国家或者两个以上国家或地区的投资者,共同投资、共同经营、共同管理、共担风险、共负盈亏的一种企业形式。与此相类似的另一种企业形式是合作经营企业,其指的是两个或两个以上国家的当事人为实现特定的商业目的,根据合同的约定投资和经营,并依照合同的约定分享权益、分担风险及亏损。在英美法中,合营企业统称为 Joint Venture,其英文原义是联合或共同承担风险。相应地,国际合营企业是指由一个或多个外国投资者(法人或自然人)同东道国的政府、法人或自然人按法定或约定的比例共同出资,共同经营特定业务,共同分享利润,共同承担亏损的企业。在联合国工业发展组织编写的《发展中国家合营企业协议起草指南》中,合资经营企业依据其法律性质的不同大致可以分为以下两种基本类型:一种是股权式合营企业(Equity Joint Venture);另一种是契约式合营企业(Contractual Joint Venture)。其中,契约式合营在国际实践中又可进一步分为两类,一类是没有组成实体的合作经营,另一类是合作经营企业。在我国《外商投资法》生效之前,中外合资经营企业与中外合作经营企业分别受不同的法律调整。其中,前者在性质上属于股权式合营,中外合营者的出资依法被划分为特定比例,各方依据其合资比例享有相应的权利并承担相应的义务。后者在性质上属于契约式合营或者非股权式合营,国际上通常将其视为一种无法人资格的合伙来对待;在此类合作中,各方作为彼此相互独立的经济实体,通过契约针对特定项目开展合作,在项目完成后,契约式合营亦随之结束。

三、主权财富基金及其投资监管

（一）主权财富基金的定义及其产生

1953 年，科威特成立了投资委员会，利用其超额石油收益进行全球投资，成为主权财富基金（Sovereign Wealth Funds）的鼻祖。最近几十年，主权财富基金迅猛发展，但在世界范围内尚未对其定义达成统一的界定。事实上，由于主权财富基金成立背景及组织结构的多样性和复杂性，试图对其进行统一定义是困难的。为此，美国财政部的解释是主权财富基金指使用外汇资产设立的政府投资工具，这些外汇资产同货币当局掌控的官方外汇储备相分离。经济合作与发展组织（OECD）给出的定义相对而言更为简单，其将主权财富基金界定为一国政府直接或间接拥有和管理的，以实现金融发展与稳定等国家目标为投资目的的一系列资产组合。国际货币基金组织（IMF）下属的主权财富基金工作组解释称，主权财富基金是指由政府所有或控制的具有特殊意图的公共投资基金或安排，此类基金是出于中长期宏观经济和金融目标而持有、管理及运作，并运用一系列投资策略投资于外国的金融资产。主权财富基金的定义排除了出于传统国际收支或货币政策目的而由货币当局持有的外汇储备资产、传统意义上的国有企业、政府雇员养老基金、为个人利益而管理的资产。

尽管上述定义不尽一致，但不乏共性：一方面，主权财富基金的投资主体是政府，由政府出资设立，通过立法或基金章程明确基金运营的独立性和遵循商业化原则；另一方面，主权财富基金以投资为目的，以多元化投资为手段，基金的资产组合包括股票、债券、不动产、能源、其他投资工具等，不论组织结构形式是公司、基金或者资产池，均可在世界范围内实现投资资产的增值。

随着全球经济的发展，很多国家为管理好不断积累的外汇储备，设立了主权财富基金。不同于一般的投资行为，主权财富基金投资行为往往周期较长，带有逆周期的性质，对冲本国对某些商品价格依赖带来的风险，这种投资策略会为金融市场带来稳定，减少价格波动。这是资产循环的体现，增加市场活跃性、带来就业岗位以及技术进步。特别是在金融危机中，主权财富基金持续为全球金融市场带来积极的影响。目前世界上的全球主权财富基金有 100 多家，管理着 7 万多亿美元，约占各类资产管理机构管理的世界总资产的十分之一。随着群体的进一步扩大，主权财富基金将成为全球股票和债券市场最大的参与者,也可能是影响力最大的购买者,这也有利于全球金融市场的稳定性。

主权财富基金日益增多,通过主权财富基金进行投资的争议也随之加剧。作为政府投资工具,主权财富基金是母国利益的载体,也是私领域的行为体,因而兼具主权性与商业性,其投资行为除追求投资回报,还寻求涉足一些重要行业的战略投资:买入战略性股份、获得战略性资源以及从地缘政治的角度出发提升母国在相关领域的战略作用。出于国家安全、市场稳定等考量,东道国通常对主权财富基金进行规制,要求其尽少受到母国政治影响。对于外国投资者收购战略性资产和技术公司,一些国家近来加强了审查,并严格规范了投资监管程序。

(二) 主权财富基金的双重属性

自20世纪50年代以来,全球主权财富基金的数量和规模都不断增长。特别是经济危机使国家介入、干预经济的思潮得以复兴,主权财富基金等国有实体作为国家参与市场的工具,取得了长足发展。虽然目前对主权财富基金的定义尚存分歧,但可以总结它所具备的三个特征:一是它是由地方或中央政府设立、所有及运行的基金。不同于中央银行管理外汇资产,主权财富基金在投资中通常选择收益更高的风险性资产。二是主权财富基金作为母国的投资工具,具有商业利益之外的目标,如在国际市场中从母国行业发展的战略角度出发收购的具有投资价值的公司股份。三是其初始资金来源于出口商品和资源所得、获得的额外收入和援助等外汇储备,这就区别于养老金等基金。综上所述,主权财富基金一般是指国家为实现自身的投资策略,以外汇储备的形式作为出资设立的投资工具。

可见,从法律和组织形式的角度来看,主权财富基金是国家投资的产物,由国家完全所有和控制,具有公共目的。但从功能的角度来看,主权财富基金似乎表现得更像私人投资实体,参与市场而不被规制。因而,主权财富基金连接公私两个领域,一边连接的是国家体系和公法,另一边是合意本位的私领域,具有非私领域(non-private)、国有、国家管理、国家出资和商业性等共同属性[1]。它一方面为主权所有,另一方面又强调在市场运作上的独立

---

[1] NORRIS. Chinese economic statecraft: commercial actors, grand strategy, and state control [M]. New York: Cornell University Press, 2016: 164.

性；一方面强调商业目的的纯粹性，遵循市场规律进行投资以及参与竞争，另一方面又要求投资行为必须符合国家的意志和战略规划。即主权财富基金同时具备政治属性和私人属性，这可能会使其母国以威胁到现行经济秩序基础的方式行使公权力。

（三）主权财富基金的监管

西方国家认为，主权财富基金是政府的象征，其形成"不可避免地代表着一个民族国家生活中的某一政治时刻"，因而不同于私人投资者，主权财富基金一般承载着母国的政治目的，不以商业利益最大化为目的①，可能会侵蚀东道国自身利益。主权财富基金母国的政治目的可能造成：通过影响力获取目标公司的知识产权与科学技术；影响目标公司、东道国的市场效率或破坏稳定以及国家安全；各国市场贸易、金融的保护主义；掩盖市场滥用与内幕交易，损害私人投资者利益及其对市场的信心；限制东道国获得主权财富基金的海外信息、移动数据或记录；使目标公司虽获短期收益，但长期经营受到严重损害。

因此，有观点认为主权财富基金只应追求商业目的，应当独立于央行或财政部以确保其不受过度政治影响②。因为没有规定要求主权财富基金只能依据商业目的行动，所以东道国需要对主权财富基金进行监管。统一的国际投资规则在国际投资领域的真空，给国内层面的监管留下充足空间。各东道国为避免"特洛伊木马"投资造成的风险，对主权财富基金进行监管。相比于母国对主权财富基金宽松的监管，东道国出于国家安全等考虑，通常监管更为严格。

1. "去政治化"监管的理论基础

西方国家认为，如果投资是为实现政治目，就会使得资产价格在刻意的投资策略选择中被扭曲，从而加剧市场的不确定性。在美国看来，主权财富基金等外国国有实体的海外投资是新兴经济体的国际扩张模式。新兴经济体整体崛起，使其国有实体在各个领域与发达国家的跨国公司展开了激烈的竞争，这种模式改变了全球商业价值的既有体系和规则，并在诸多方面与传统

---

① CUMMINGS. The oxford handbook of sovereign wealth funds [M]. Oxford: Oxford University Press, 2017: 5.

② FOTAK. A financial force to be reckoned with? [A]. Douglas cummings. The Oxford handbook of sovereign wealth funds [C]. Oxford: Oxford University Press, 2017: 146.

的自由资本主义价值体系和规则相悖。主权财富基金不仅挑战了政府在经济中角色的传统观念，而且还以一种新的方式模糊了公私之间的区别，这是由"跨越国界的外国公共行为体篡夺私权"引起的。这在大多数情况下会抑制贸易和资本的自由流动，可能影响资本主义的"正常"运作，因而需要削弱或消除主权财富基金的政治属性。

在此背景下，主权财富基金作为投资者，除会受到东道国的证券法、公司法、竞争法以及专门的外资法等普遍规则调整外，往往面临更严格的监管，如东道国采取的国家安全审查和反垄断等外资管理制度。总体来说，对于主权财富基金的监管，西方国家呈现出"去政治化"的思路：一是要求主权财富基金提升透明度。二是依据主权财富基金母国的"开放性"进行区别监管，以此消除其潜在的政治目的所带来的影响。

2. 透明度要求

透明度是获得和了解主权财富基金投资目标、结构、行为和结果的程度[1]。透明度要求即要求主权财富基金对外公开披露信息，包括公司结构、投资信息、财务信息及公司治理结构等。公司结构和财务等信息关系到主权财富基金的独立性问题，通过投资信息可以判断其投资行为是否具有政治目的。美国侧重主权财富基金运作整体的信息披露，从而防止隐性金融风险的引入。欧盟理事会于2019年3月批准的《关于建立欧盟外国直接投资审查框架的条例》旨在增加可能影响公共秩序和安全的投资的信息披露程度；提高这些信息的披露程度，也是主权财富基金获得可持续发展的必要条件。澳大利亚、法国及加拿大等国的国家安全审查制度也要求相关交易进行申报，对其审查的项目施加严格的信息披露。

对此，各国主权财富基金纷纷通过提高透明度、完善公司治理等手段试图实现自身的"去政治化"，在财务指标和投资取向上与私人投资者并无显著差异。但主权财富基金仍会被东道国视为具有政治影响，面临较严重的政治风险，东道国很难忽略它的政治目的[2]。

3. 根据主权财富基金母国"开放性"区别监管

西方国家认为，主权财富基金通常是国家主导经济体的国有行为体，其

---

[1] The international forum of sovereign wealth funds. IFSWF members' experiences in the application of the santiago principles [M]. New York: IFSWF, 2011: 38.

[2] 郭雳. 国际法治重构背景下的主权财富基金实践 [J]. 江汉论坛, 2017 (12): 111.

母国政府往往与其东道国政府的新自由主义范式不同,因此,会依据主权财富基金母国的"开放性"以及其与母国间的联系实施不同的监管。

这种区别监管主要体现在东道国对个别交易的直接干预。许多涉及主权财富基金的交易遭到美国怀疑,因为其母国被美国视为竞争对手(如中国和俄罗斯),或仅因为是伊斯兰国家(如阿联酋、科威特和沙特)。经济危机发生后,美国民族主义情绪高涨,认为中国崛起不仅挑战了美国国家安全,更挑战了美国特权与不可取代地位[1]。

2018 年出台的美国《外国投资风险审查现代化法案》(FIRRMA)对"受外国政府控制实体"的投资进行严苛监管,尤其针对来自中国的投资。欧洲不仅利用其域内发达的竞争法,还构建安全审查制度来限制中国国有投资者的进入[2]。

随着世界经济活动的发展,传统公私领域的边界在实践中已经发生变化:国家可以通过主权财富基金等国有实体参与市场来实现其商业目的,而私人实体也能够通过参与市场来实现其政治目的。这意味着作为公私分离的法律领域划分以及治理模式已经受到了严重的侵蚀,对国家与私人部门、公法与私法制度间管辖进行划分的必要性被大幅削弱。一般而言,主权财富基金的投资不会威胁东道国国家安全,却受到极为严格的监管,而某些私人基金对一国乃至全球金融市场的影响却容易被监管者忽视。因此,依据外国投资实体的所有权结构实施区别监管的方式无法实现预期目的,东道国应依据投资者行为性质作为实施区别监管的标准。针对主权财富基金等外国国有实体的特殊投资监管,已成为东道国实现其产业政策的投资政策工具,为投资保护主义创造了空间。因而,全球主要经济体间严重的贸易紧张局势会导致不确定的投资环境,阻碍全球经济的发展。对此,应努力实现"去政治化"监管的双向性,即主权财富基金等外国投资者与东道国规制的法治化。ICSID 机制不仅能够使投资者避免东道国可能存在的司法偏见,还能够降低投资者的政治目的,促使其以更加符合商业行为的方式进行投资。主权财富基金正在成为影响力最大的购买者,这将有利于全球金融市场的稳定。决策者应避免过度规制,保证市场和国家作用的平衡。

---

[1] ROSE. Sovereign wealth fund investment in the shadow of regulation and politics [J]. Georgetown journal of international law, 2009 (40): 1208-1209.

[2] 刘雪红. "国家资本主义论"下的国企投资者保护 [J]. 法学, 2018 (5): 16.

本章小结

国际投资是指资本的跨国流动，它可以分为国际直接投资和国际间接投资。前者是指一国私人在外国投资经营企业，直接或间接地控制该企业的经营活动。例如，外国投资者在东道国领土内设立中外合资企业、中外合作企业、外商独资企业等。后者是指投资者将借贷资本输出到国外，以债券或股票等形式实现资本增值，但投资者本人并不直接参与企业的经营活动。西方经济学家从不同角度出发，对国际投资活动的发生原因提出了多种解释性理论。国际投资法是专门调整国际私人直接投资关系的法律规范的总称，其法律渊源既涵盖了国际条约、习惯国际法、一般法律原则，又涵盖了资本输出国的海外投资法律制度和资本输入国的外国投资法律制度。国际投资法的基本原则，是指那些被国际社会成员所公认，贯穿于国际投资法各项法律规范之中的，对国际投资法的各个领域具有普遍指导意义的法律原则，具体包括国家主权原则、公平互利原则、可持续发展原则。从类型上分析，国际直接投资包括绿地投资、跨国并购、特许经营权等不同类型。外国投资者在东道国所设立的企业形式，既可以是外商投资企业，也可以是合资经营企业。近年来，与主权财富基金相关的国际投资法律问题备受关注，此类基金特指由政府所有或控制的具有特殊意图的公共投资基金，主权财富基金兼具政治属性与私人属性，故而需要独特的监管机制，尽可能保证市场和国家作用的平衡。

本章思考题

1. 关于国际投资活动的经济基础，有哪些基本理论？
2. 国际投资法有哪些基本原则？如何理解可持续发展原则？
3. 如何对主权财富基金这种特殊的国际投资进行有效的监管？
4. 国际投资法有哪些主要的法律渊源？

第二章

国家对国际投资的单边规制

学习要点

随着我国进一步扩大对外开放，立足新发展阶段，推动高质量发展已经成为时代主题。就国际投资而言，我国从改革开放初期的以引进外资为主，逐步转变为引进外资和对外投资并重。从法律角度来看，与国际投资相关的国内立法涵盖两个层面：资本输出国为保护本国国民海外投资的海外投资保险法，和资本输入国为保护、鼓励与限制引进外资和技术的外国投资法，二者都是从国内法的视角对国际投资进行的单边规制。在完善相关制度设计时，需要妥善处理好自由与安全的关系，平衡好外国投资自由化与维护国家产业安全的目标，着力打造市场化、法治化、国际化的营商环境。就资本输入国而言，针对外国投资的法律制度主要涉及对外资准入的管理、对外资经营活动的管理，以及对外资的保护和鼓励。就资本输出国而言，针对海外投资的法律制度主要涉及对海外投资的鼓励和管理，以及通过海外投资保险制度防范和转移投资者在东道国所遭受的政治风险。2019年月15日，第十三届全国人民代表大会第二次会议表决通过了《中华人民共和国外商投资法》（以下简称《外商投资法》），该法自2020年1月1日起施行。2019年12月12日，国务院第74次常务会议通过《中华人民共和国外商投资法实施条例》（以下简称《外商投资法实施条例》），该条例自2020年1月1日起施行。《外商投资法》及《外商投资法实施条例》在我国的颁布与施行，打破了原有《中华人民共和国中外合资经营企业法》、《中华人民共和国中外合作经营企业法》和《中华人民共和国外资企业法》（以下合称"三资企业法"）以及构建在三资企业法基础之上的完整外商投资监管体系，体现了我国继续深化改革、扩大开放的强烈意愿。

【关键词】外商投资；海外投资保险；外资安全审查

第一节 国家对投资的单边规制模式

一、跨国投资单边规制的形式与内容

规制跨国投资的单边法律制度包括资本输入国对外国投资的法律和资本输出国对海外投资的法律两个方面。前者一般被称为外国投资法，后者一般被称为海外投资法。这些法律从内容上包括：鼓励跨国投资、限制跨国投资、管理跨国投资、保护跨国投资等方面。

二、跨国投资单边规制的原因

由于跨国投资同时具有积极作用和消极作用，国家一旦对其疏于管理和防范，有可能对整个国家乃至世界经济的发展产生消极影响。譬如，对东道国而言，疏于管制和引导外资，可能导致本国经济的畸形发展、资源浪费、环境损害；对投资者母国而言，可能造成跨国企业逃税避税、市场垄断、本国就业受阻等。无论是投资者母国还是东道国，为了发挥其促动效应，防范和减少负面效应，必须对跨国投资进行必要的立法管制。适当的法律管制有利于实现跨国投资经济效益的最大化和社会效益的最优化。当然，在实践中，作为资本输出国的发达国家除了从税法和反托拉斯法方面对本国海外投资的逃税和垄断行为加以禁止外，其他的管制措施并不常见。

三、外国投资自由化的趋势

20世纪80年代之后，尤其是20世纪90年代以来，与经济全球化的总体趋势相协调，国际直接投资也出现了自由化的趋势。所谓国际投资自由化，实际上是要求各国，主要是要求发展中国家放松对外国投资的法律管制。

（一）外国投资自由化的原因

20世纪80年代以来，除了出于发展民族经济这一目标，许多发展中国家为了摆脱日益严重的债务危机,将利用外资的政策重点从原来的举借国际商业贷款（利用国际间接投资）,转向吸收外国直接投资。从经济学意义上分析,间接投资属于本国的债务,需要利用本国的自有资本进行偿债;而直接投资则属于本国的资本,不仅可为东道国引进先进技术、科学的管理经验等生产要素,而且对其在经营过程中是否营利,东道国不承担必然的风险和义务,故而不会加重东道国的债务负担。正是基于此种考量,大多数发展中国家在第二次世界大战后逐步放宽了对外资的法律管制,加强了对外资的法律保护,以改善投资环境。

由于国际投资自由化能为发达国家的投资者打开对发展中国家投资的大门,使其自由选择最为有利的投资场所,并自由开展经营管理活动,从而最大限度地实现其投资营利的目的,所以发达国家在本国的投资有了比较充分的法律保障之后,开始进一步推动发展中国家放宽对外国投资的法律管制。

（二）外国投资自由化的进程

实行外国投资自由化的途径除了推行国民待遇原则,取消东道国对外资的特殊限制之外,主要是直接废除或削减对外资的有关法律管制措施,包括各种业绩要求。20世纪90年代之后,许多发展中国家放宽了对外资准入和经营的法律管制,一些国际法规和文件也包括了国际投资自由化的主张,《能源宪章条约》《北美自由贸易协定》等从确立国民待遇原则和消除业绩要求出发,对区域投资自由化作出了规定;《外国直接投资待遇指南》要求国民待遇、开放外资准入以及减少对外资经营的限制;WTO的相关规则,特别是《与贸易有关的投资措施协议》（TRIMs）,实际上也是在敦促有关国家实现外资自由化。

第二节 资本输入国的外国投资法

一、外资准入管理制度

外国投资的市场准入,是指东道国即资本输入国法律规定的允许外国资本进入本国的条件和程序。各国外资法一般对外国投资领域、外国投资审批、外资企业的设立作出了明确规定。

（一）外国投资领域与投资比例

外国投资领域，是指东道国允许外资进入的行业部门。东道国出于保护国家安全、统筹安排产业结构并促进本国经济发展的需要，必然要对外国投资的领域加以限定。一方面，将那些关系到国家安全和重大利益的、关系到国计民生的行业和部门，保留在政府和本国国民手中。另一方面，将外资引导至本国亟待发展的行业和部门，使外国投资与本国的经济发展目标保持一致。因此，世界各国法律都有对投资领域的规定，即规定禁止、限制、允许或鼓励外国投资的部门。

加入WTO以后，我国国务院于2002年发布了《指导外商投资方向规定》。2020年1月1日生效的《中华人民共和国外商投资法》第十四条规定："国家根据国民经济和社会发展需要，鼓励和引导外国投资者在特定行业、领域、地区投资。外国投资者、外商投资企业可以依照法律、行政法规或者国务院的规定享受优惠待遇。"《鼓励外商投资产业目录》是我国外商投资促进政策的重要组成部分，是外国投资者、外资企业享受优惠待遇的主要依据之一。2019年，报经党中央、国务院同意，国家发展和改革委员会与商务部首次将原《外商投资产业指导目录》鼓励类和《中西部地区外商投资优势产业目录》合并，发布2019年版《鼓励外商投资产业目录》，并大幅增加了鼓励类条目，对于进一步促进外商投资现代农业、先进制造业、现代服务业等领域，优化利用外资区域布局发挥了积极作用。2022年5月，国家发展和改革委员会、商务部公布《鼓励外商投资产业目录（2022年版）（征求意见稿）》。本次修订主要有以下四个亮点：一是进一步增加鼓励外商投资条目，扩大鼓励范围。二是进一步鼓励外资投向先进制造业，增强重要产业链供应链韧性。三是进一步鼓励外资投向现代服务业，提升服务业发展质量。四是进一步鼓励外资投向中西部地区优势产业，促进区域协调发展。

外国投资比例，从微观上讲，外国投资者与东道国当地合资者之间的投资比例只涉及合营企业利益的分享及管理权的分配。从宏观上讲，东道国对外国投资的比例加以规定，实质上体现了东道国对其境内的外国投资的投资方向的控制。

1. 对投资比例的几种规定

第一，在外资法中规定一个适用国内一般行业的比例。这类规定可以作如下三种划分：其一，有上限而无下限；其二，有下限而无上限；其三，有上下限，可以在此幅度内自由选择。

第二，对不同行业适用不同的比例。一般来说，对于东道国越重要的行业，外资控股的占比越低，凡属东道国限制外国投资的行业，外资比例一般只占少数；凡属东道国鼓励发展的行业，外资控股占比就越高，甚至可占100%。

2. 当地化

当地化是指外国企业中的外国投资者必须按投资时与东道国达成的协定，按协定一致的期限和条件，逐步将其股份售给东道国（国有企业或私营企业），直到外国投资者的资本比例减少而转变为本国企业或混合企业。

当地化起源于拉丁美洲，影响却扩及拉丁美洲之外。一些非洲国家的外国投资立法，做出了类似的规定，实行"非洲化"。东南亚各国也深受当地化的影响，要求当地化的规定也出现在东南亚各国有关外资立法中。

（二）外国投资审批

外国投资的审批，即外国投资的审查与批准，是指资本输入国政府依据一定的程序、标准，对进入本国的外国投资进行鉴定、甄别、评价，并决定是否给予许可的一种制度。

1. 审批机构

（1）设立专门的中央机构。这种中央审批机构，有的是由专职人员负责的，有的是由政府各有关部门的部长组成的（如外国投资委员会），在审查和管理外国投资上有广泛的权限。中央审批机构一般负责接受外国直接投资的申请，但审查程序可能涉及其他政府部门和机构，特别的投资项目再提交给由各部和各机构的代表组成的委员会。

（2）由现存的有关政府部门行使审批职能。有的国家不设立独立的审查机构，审查和评估外国投资申请的工作是由有关政府部门负责的。通常主管外资审批的部门有：经济部、财政部、外贸部、对外经济关系部、经济计划委员会、中央银行或者储备银行等。

（3）中央与地方的复合或者分级审批机构。有的国家实行复合审批制，如联邦制国家在联邦政府和各州或者省政府之间有一定权力划分，有些单一制国家中央和地方有适当的权限划分，在联邦和州或在中央和地方都设有审批机构，按各自的权限和程序审批。我国实行分级审批制，凡投资总额在国务院规定的限度内，建设和生产经营条件以及外汇收支不需要国家综合平衡的，由国务院授权省、自治区、直辖市人民政府审批，其余的则由中央审批机构审批。

2. 审批范围

我国以前对外国投资采取的是逐项审批的做法。但2013年我国建立了上海自由贸易试验区，并在试验区里探索建立负面清单管理模式。与之相适应，我国现行的外资逐项审批制也予以改革，实行审批与备案相结合的管理，凡列入负面清单领域的项目仍实行审批制，而未列入负面清单的项目，则实行备案制。2014年，国家发展和改革委员会（以下简称"国家发改委"）发布了《外商投资项目核准和备案管理方法》（国家发展和改革委员会令第12号），根据该办法，外商投资项目由全面核准改变为有限核准和普遍备案相结合的管理方式。随着《中华人民共和国外商投资法（2020版）》与《实施条例》的同步施行，我国正式确立了负面清单管理制度。根据制度规定，负面清单禁止投资的领域不得投资；负面清单限制投资的领域应当符合相应的条件；负面清单以外的领域按照内外资一致的原则管理。

3. 审批标准

根据各国外资法的规定，审批标准可分为两种：积极标准和消极标准。

积极标准是指审批机构鉴定外资积极作用的标准。外国投资者若满足积极标准中的一项或几项，就可能获得批准。一般来说，衡量外国投资是否具有积极作用，要看它是否符合本国经济发展目标。各国的社会经济发展目标不同，其评价外资项目的标准也不尽相同。

消极标准是指不予批准外国投资的条件。例如我国法律规定，合营企业有下列情形之一的，不许批准：①有损中国主权的；②违反中国法律的；③不符合中国国民经济发展要求的；④造成环境污染的；⑤签订的合营协议、合同、章程有失公平，损害合营一方权益的。

4. 审批程序

（1）初步申请或立项。立项是指将外商投资项目向东道国政府机关呈报并予以说明的程序。立项或初步申请所需要的文件一般包括意向书或申请书、项目说明或经营计划书、可行性研究报告等。依我国有关规定[①]，外商投资项目立项，按项目性质分别由发展计划部门和经贸部审批、备案。其中，限制

---

① 国务院《指导外商投资方向规定》（中华人民共和国国务院令第346号）第十二条。

类限额以下的项目由省、自治区、直辖市及计划单列市人民政府的相应主管部门审批，同时报上级主管部门和行业主管部门备案，此类项目的审批权不得下放。

初步申请或立项的程序只是在审批程序较为严格的国家实行，许多实行有条件的审批的国家，外资项目的申请审批是一次性的，而无须审批的外资只要申报或备案就可以了。

（2）正式申请。依各国审查程序，外国投资项目须正式向审批机关提出申请。申请时须提交相当详细的投资资料，以便审批机构能做出正确评价。各国要求外国投资项目在申请时提交的资料，规定不尽一致。

（3）审查与批准。对外国投资的审查，可分为程序上的审查和实质性审查两种。

程序上的审查是指审批机关接受投资申请后，对投资计划与项目、投资者的资信与身份、投资协议、合同和章程、可行性研究报告、工业产权证明文件及其他必要文件进行审查，以查明送审文件是否齐备，内容是否符合法律要求，申请是否符合法定程序。

实质性审查是指审查投资的经济效益对东道国经济发展目标和国家利益的关系。实质性审查，以法定的积极标准或消极标准为准绳，对外国投资进行甄别、评估，以决定是否批准。审批机构在对外国投资申请进行程序上的审查和实质性审查之后，应在法定期限内决定批准或不批准。

5. 审批的法律效果

对外资的批准，给外国投资者和东道国双方都会带来一定的法律后果。在东道国方面，批准的直接后果一般包括：①承认该项外国投资合法有效，其项目可依法获得保护；②给予外商及外资项目以法定的优惠待遇；③给予必要的保证和支持。对外国投资者来说，投资项目的批准意味着外国投资者及其投资因此在东道国获得合法地位及享受投资保护与优惠待遇的权利，同时意味着承诺按申请的条件履行其义务，接受东道国法律的管辖，受东道国政府管理和监督。但必须明确的是，除极个别国家有明确规定外，外资批准并不构成东道国与外国投资者之间的契约关系，东道国政府并不因外资批准而成为投资契约的当事人。

（三）外资并购的国家安全审查

与"绿地投资"不同，外国投资者对现有的东道国当地企业进行兼并和收购，可能会在短期内在东道国的相关行业或领域形成具有支配性的垄断地位。这样，外资并购不仅可能导致垄断，而且可能影响国家安全。故而，近年来，许多国家制定了针对外资并购的国家安全审查制度，其有别于一般的外国投资审批制度。

美国《埃克森—弗洛里奥修正案》规定，如果有确切证据认为外国人对美国进行并购或接管所形成的控制显然有害于美国安全的，总统有权直接禁止该交易，并授权商务部外国投资委员会具体实施。我国的《外商投资法》也规定了国家安全审查制度，对影响或者可能影响国家安全的外商投资进行安全审查，依法作出的安全审查决定为最终决定。

二、对外资经营活动的管理

（一）购销活动的管理

1. 物资采购

物资采购是企业经营自主权的一部分，企业有权从国内或者国外市场购买物资。

（1）国内采购。许多国家包括一些发达国家，为了充分利用本国资源，带动本国经济的发展和解决劳动就业等问题，以前均注重以政策和法律手段促使外国投资企业尽可能地在当地购买所需物资。

（2）国外采购。如果国内市场无所需物资，或国内物资在品种、规格、质量等方面不符合要求或价格远高于国际市场的价格，外国投资企业可以从国外购买，这是各国通行的规定，我国也不例外。从国外购买物资，通常需要注意以下几个问题：一是申领进口许可证；二是外汇平衡；三是按国际市场价格购买。

2. 产品销售

外国投资企业的产品，无外乎通过国内和国外两个市场进行销售。目前各国奉行的共同原则是，鼓励外国投资企业的产品外销，但在一定条件下也允许内销或者以内销为主。

（二）劳动雇用与管理

关于外国投资企业的劳动雇用与管理，有些国家通过制定单一的劳动法典或单行法规来调整。有些国家通过外资法对劳动雇用关系做出规定。这里主要从外资法的角度介绍劳动雇用涉及的有关问题。

劳动雇用一般有两种情况：一是技术和管理人员的雇用；二是非技术人员的一般职工的雇用。基于各方面的考虑，各国外资立法和劳动立法大都对国内外雇用职工做出了不同的规定和限制。

1. 雇用外国人员的限制

许多发展中国家限制外国投资者企业雇用外国人，特别是限制对外国非技术人员的雇用。

关于专业技术人员和管理人员的雇用，要考虑到企业本身的经营需要和所在国利用外资的目的这两方面情况。许多国家外资法对雇用外国技术和管理人员予以限制，但这种限制又有某些弹性。具体包括三种情况：

第一，规定只有当地国民胜任不了的管理职务和专业职务，才能聘请或雇用外国人，如果当地人员能胜任这些职务，则必须聘请或雇用当地国民。

第二，对于外国技术和管理人员的雇用规定一定比例。

第三，雇用职员逐步当地化，即要求外国投资企业在一定期间内逐步让当地国民担任各种管理和专业技术的职务。

2. 当地员工的雇用

对于企业管理人员的雇用，外资法常见的限制规定是董事的国籍。为了保证当地合营者享有经营管理控制权，有些国家法律规定，本地董事人数必须占一定比例。

对于一般员工的雇用，依据各国法律与实践，企业雇用职工一般采取签订劳动合同的方式进行。被雇用职工的工作内容，一般由劳动合同规定。

对于雇用的当地员工，许多国家的外资法还规定，外国投资企业必须对他们进行培训。企业根据生产经营的需要和职工自身的表现，有权辞退职工。为了保护职工的利益，许多国家还建立社会保险制度，企业必须按照法律规定参加国家保险计划，有关企业也可以自行安排保险计划。

（三）技术引进及管理

1. 技术引进的方式和对象

技术引进的方式主要有两种：一是投资者以技术作为资本入股，从而使企业获得所需的先进技术；二是采用技术贸易的方式，通过签订技术转让协议，从第三者或从企业的外国投资者处获得所需技术。这里所述的技术引进是指后一种方式的技术引进。技术引进的对象主要有两类：一是工业产权的技术，如专利权、商标权等；二是非工业产权的技术，如专有技术、图纸、设计方案、技术指导、技术示范等。一般来说，所引进的技术都应当是先进而适用的。

2. 技术引进的合同管理

发展中国家对技术引进的管理措施主要有两种：一是实行审批制；二是法律规定合同的必备条款和禁止性条款。

（1）合同审批。许多发展中国家对技术引进采取事先审查制。审查的标准也包括积极标准和消极标准两种。

（2）合同条款。有的国家法律对技术引进合同的内容加以规定，这种法定条款有两种：一是必备条款；二是禁止性条款。所谓必备条款，是指合同中必须明确订立的条款。所谓禁止性条款，顾名思义，是指合同中不得含有的条款。至于禁止性条款有哪些内容，各国法律规定不尽一致。

（四）土地的使用管理

外国投资者在东道国投资建厂从事生产经营活动，必须依法取得土地所有权或者使用权，并按规定缴纳相关费用。在实行土地私有制的国家中，土地可以由私人和企业所有，因此这些国家的外国投资企业可以依法从国家、企业或者个人手中取得土地所有权。有的国家实行土地所有权与使用权相分离的原则，外国投资企业不能取得土地所有权，而只能通过租赁、转让等方式取得土地使用权。不过，许多国家对取得农业土地所有权具有较高敏感度，特别是对于那些农业人口多、食品安全存在问题的国家更是如此。我国实行土地的社会主义公有制，土地归国家和集体所有。外商投资企业在我国不能取得土地所有权，但按照所有权与使用权分离的原则，外商投资企业可以取得土地使用权。

（五）环境保护

20世纪90年代以后，国际社会对环境与经济发展的关系逐步达成共识，即经济要实现可持续发展就必须注重环境保护。

对于外国投资来说，为了实现可持续发展目标，东道国可以采取相应的环境管理措施。最关键的措施当然是在外资准入阶段就把好关，对外国投资项目的环境影响进行审查和评估，只有符合环境法要求的外资项目才能予以批准。在外资准入后，对外国投资企业经营活动在环境方面的影响，东道国也需要进行监管。

三、对外资的保护与鼓励

(一) 关于征收与国有化问题的保证

对外国投资的征收或国有化问题，既关系到资本输入国的主权问题，又关系到外国投资者的投资安全与利益，向来是国际投资争议中最突出的问题，也是对外国投资保护的核心问题。许多国家为了保护外国投资的安全和利益，改善本国投资环境，采取种种措施，给外国投资者提供关于国有化与补偿方面的法律保证。具体做法各国不尽相同，有的国家只通过双边投资条约来提供保证，而在国内法上未予规定；也有许多国家通过国内立法和政策声明来提供保证，特别是在宪法和投资法中作出明确规定。

(二) 关于外国投资利润及原本汇出的保证

对于发展中国家来说，由于其外汇资金短缺，往往都建立了较严格的外汇管理制度，限制外资的自由出入和自由兑换。这种外汇管制措施会给外国投资带来风险。为了兼顾自身利益和保护外国投资者的利益，吸引外资，东道国就必须在实施外汇管制的同时，对外国投资者取得的合法收益及原本的汇出提供保证。

1. 放宽外汇管制

外汇管制是指一个国家通过法律法规对本国的外汇买卖、国际结算、资本移动等进行管理和控制。目前世界上一些主要的发达国家及一些国际收支顺差的国家，已完全取消了外汇管制。有些经济比较发达的国家，则实行部分外汇管制，即对非居民的贸易和非贸易收支原则上不加限制，但对资本项目的收付加以限制。其他大多数发展中国家和社会主义国家都实行严格的外汇管制。中国以前是严格实行外汇管制的国家。但现在我国仅实行部分外汇管制，即对资本项目的收付予以限制，而对贸易收支、劳务收支等经常发生的交易项目则不予限制。

2. 投资原本、投资利润及外籍职工工资的自由汇出

(1) 投资原本的汇出。投资原本是企业经营与发展的基础，且数额一般较大，其自由汇出会影响东道国国际收支平衡。有的国家规定，外资原本可以自由汇出。有的国家外资法规定，外资原本必须经过一定期限后才能汇出。但更多的国家外资法对外资原本汇出兼有期限、限额的限制。有的国家以外

汇管理部门的审批作为投资原本汇出的前提条件。还有的国家把原本的汇出与创汇相联系。

（2）投资利润的汇出。各国对外国投资利润汇出的规定，可分为两种情况：一是原则上不做限制，允许税后利润自由汇出。二是在允许自由汇出的原则下，附有某种限制或条件。

这些限制主要有：一是批准；二是时间或金额限制；三是对不同的资本形式规定不同的汇出比例；四是按投资的行业部门规定汇出比例；五是出口创汇。

（3）外籍职工工资的汇出

外籍职工的工资，许多国家法律均允许在纳税后可汇出国外，但有些国家也附有某些条件，如需批准或限额汇出。

我国《外汇管理条例》对外籍职工的合法收入的汇出未加限制。这样，外商投资企业外籍职工和港澳职工的工资和其他正当收益，均可在依法纳税后汇出。

3. 企业外汇自行平衡

（1）实现外汇平衡的途径。一方面，出口创汇是实现外汇自行平衡的根本途径。各国为鼓励企业产品的出口，通常采取了各种鼓励措施，如在价格、税收、信贷、财政、物资供应和行政服务等方面给予优惠。

另一方面，尽可能地减少外汇支出。这主要是应尽可能地利用当地原料和零部件等物资，提高产品的国产化程度，减少进口物资的外汇支出；在劳动雇用上，应优先雇用当地职工，减少工资的外汇支出；等等。

（2）外汇不能自行平衡时的补救措施。我国以前采取了多种解决外商投资企业外汇平衡的办法，这些措施对解决企业外汇平衡起了积极的作用，但不能从根本上解决问题。

我国《外汇管理条例》规定，国家对经常性国际支付和转移不予限制；境内机构的经常项目用汇，按国务院外汇管理部门关于付汇和购汇的管理规定，持有效单证以自有外汇支付或者向经营者结汇，售汇业务的金融机构购汇支付。这就实现了人民币有条件的兑换，从而有效地解决了多年来悬而未决的外商投资企业外汇自行平衡的问题，进一步改善了我国的投资环境。

（三）对外国投资的鼓励与优惠

1. 税收优惠

税收优惠是一国依法给予外国投资的税收减免和从低税率征税。世界各国均把税收优惠作为吸引外资以及实现特定发展目标的重要工具。从发展中国家来看，各国为了实现本国经济社会目标，通常按照产业政策、技术政策、地区发展政策等，有重点、有选择地给予不同的税收优惠，以引导外资的流向。这主要体现在以下方面：一是对优先发展行业和先驱行业给予优惠；二是按产业政策给予优惠；三是按地区发展政策给予优惠；四是对出口型企业给予优惠；五是对利润再投资给予优惠；六是按就业政策给予优惠。

此外，有些国家依据其经济政策和经济发展目标对其他特定的外国投资给予特定的税收优惠。有些国家对提供技术的外国投资者给予优惠，对因提供技术而取得的技术劳务费给予减免税。许多国家在一定条件下对外国投资企业进口的机器、设备、原材料等减免进口税。还有的国家外资法为避免税负不稳，对被批准的外国投资的所得税率在一定期间内予以冻结保持。

2. 财政补贴、资金援助

有的国家对特定的外国投资给予财政补助。此外，降低外国投资企业的费用，实际上是财政补贴的另一种形式。因此，有些国家也会给予外国投资企业以各种费用的优惠。

3. 信贷融资优惠

信贷融资优惠，一般是对外国投资企业提供长期低息贷款、无担保贷款、发放利息津贴等。新加坡、比利时、荷兰、日本、英国等发达国家均会提供此种优惠。

4. 其他优惠措施

其他优惠措施例如，简化审批程序，为外资入境提供便利，通过精简审批机构、减少中间环节、缩短审批期限等，使得外国投资者能够一步到位地完成审批手续，开展经营活动。再如，在土地使用上提供优惠，为外资提供低价或低租金的土地，并改善基础设施。

四、我国对外商投资的主要法律制度

2020年1月1日，《中华人民共和国外商投资法》（以下简称《外商投资法》）、《中华人民共和国外商投资法实施条例》（以下简称《外商投资法实施条例》）、《最高人民法院关于适用〈中华人民共和国外商投资法〉若干问题的解释》（以下简称《外商投资法司法解释》）开始生效实施。我国《外商投资法》主要确立了以下制度：

第一，"准入前国民待遇+负面清单"制度。准入前国民待遇是指在投资准入阶段给予外国投资者及其投资不低于本国投资者及其投资的待遇。外国投资者在负面清单规定禁止投资的领域内不得投资，在负面清单规定限制投资的领域内进行投资应符合负面清单规定的条件；外商投资准入负面清单以外的领域，按照内外资一致的原则实施管理。

第二，外商投资信息报告制度。《外商投资法》首次提出建立外商投资信息报告制度。外国投资者或者外商投资企业将通过企业登记系统以及企业信用信息公示系统向商务主管部门报送投资信息；并且，外商投资信息报告的内容和范围按照确有必要的原则确定；通过部门信息共享能够获得的投资信息，不得再行要求报送。结合根据商务部与国家市场监督管理总局发布的《外商投资信息报告办法》，自2020年1月1日起，不再执行外商投资企业设立商务备案与工商登记"一口办理"。在申请外商投资企业设立、变更登记时，申请人应当填写外商投资初始报告、变更报告。外国投资者或外商投资企业应当通过国家企业信用信息公示系统报送"多报合一"年报。

外商投资企业需要报送四个报告，分别是：①初始报告，办理外资新设时通过企业登记系统提交。外资并购内资的，在办理被并购企业变更登记时提交。具体将告知企业基本信息、投资者和实控人信息等；②变更报告，办理企业变更登记（备案）时通过企业登记系统提交。不涉及企业变更登记（备案）的，于变更事项发生后20个工作日内通过企业登记系统提交。③注销报告，无需报送。在办理企业注销登记或者企业变更登记后视同已提交注销报告。④年度报告，通过国家企业信用信息公示系统在线提交。

第三，外商投资安全审查制度。《外商投资法》在法律层面，要求对影响或者可能影响国家安全的外商投资进行安全审查。结合国家发展和改革委员会与商务部发布的《外商投资安全审查办法》，对于需要进行安全审查的外商投资，外商投资安全审查工作机制办公室可以根据审查情况作出以下审查决定：①申报的外商投资不影响国家安全的，作出通过安全审查的决定；②申报的外商投资影响国家安全的，作出禁止投资的决定；③通过附加条件能够消除对国家安全的影响，且当事人书面承诺接受附加条件的，可以作出附条件通过安全审查的决定，并在决定中列明附加条件。对于通过安全审查的，可实施投资；对于附条件通过审查的，应当按照附加的条件实施投资；

对于禁止投资的，不得实施投资，已经实施的，应当限期处分股权或者资产以及采取其他必要措施，恢复到投资实施前的状态，消除对国家安全的影响。

第四，外商投资企业投诉工作机制。《外商投资法》第26条第1款规定：国家建立外商投资企业投诉工作机制，及时处理外商投资企业或者其投资者反映的问题，协调完善相关政策措施。结合商务部出台的《外商投资企业投诉工作办法》，我国的外商投资企业投诉工作制度具有以下特征：一是投诉事项范围全面。外商投资企业、外国投资者可以向外商投资企业投诉工作机构提出的事项包括两大类，一类是认为行政机关及其工作人员的行政行为侵犯其合法权益的，可以申请投诉工作机构协调解决；另一类是可以向投诉工作机构反映投资环境方面存在的问题，建议完善有关政策措施。二是投诉工作机制健全。在中央层面，商务部会同有关部门建立了外商投资企业投诉工作部级联席会议制度，商务部负责处理涉及国务院有关部门和省、自治区、直辖市人民政府的投诉事项，以及在全国范围内或者国际上有重大影响的投诉事项，商务部设立全国外商投资企业投诉中心具体负责处理；在地方层面，县级以上地方人民政府应当指定有关部门或者机构负责本地区投诉工作。三是投诉工作规则清晰。为了便利投诉人进行投诉，《外商投资企业投诉工作办法》对投诉的提出、受理、处理方式、处理时限、处理结果异议等方面的工作规则做了清晰的规定。投诉工作机构应当与投诉人和被投诉人进行充分沟通，根据投诉事项的不同情况采取相关方式进行协调处理，积极推动投诉事项的妥善解决。四是权益保护制度有力。《外商投资企业投诉工作办法》高度重视投诉处理过程中投诉人的权益保护问题。其一是规定投诉不影响投诉人依法提起行政复议和行政诉讼的权利；其二是充分保障投诉人参与投诉处理程序的权利，投诉人可以自行投诉，也可以委托他人进行投诉，投诉人可以向投诉工作机构提供材料、说明情况、陈述意见，投诉工作机构应当依法协调处理，推动投诉事项的妥善解决；其三是要求投诉工作机构采取有效措施保护投诉处理过程中知悉的投诉人的商业秘密、保密商务信息和个人隐私；其四是对于通过外商投资企业投诉工作机制反映或者申请协调解决问题的，任何单位和个人不得压制和打击报复。

除此之外，为了进一步巩固国家安全与核心利益不受侵害，维护我国企业在境外的合法权益，抵御来自其他国家的不合理经济制裁和长臂管辖，我国商务部于 2020 年 9 月颁布《不可靠实体清单规定》，将那些基于非商业目的而对中国实体实施封锁、断供或其他歧视性措施，对中国企业或相关产业造成实质损害，对中国国家安全构成威胁或潜在威胁的外国法人、其他组织或个人列入其中。对于被列入不可靠实体清单的外国法人、其他组织或个人，采取必要的反制措施。2020 年 10 月 17 日，《中华人民共和国出口管制法》正式出台，自 2020 年 12 月 1 日起施行，该法不仅是对中国现行出口管制法律体系的整合与调整，也是在国际新形势下维护国家安全的又一有效武器，为未来全面地维护巩固我国海外利益筑起了坚实的法律保障。

第三节　资本输出国的海外投资法

一、对海外投资的鼓励与管理

（一）境外投资的核准制度

1. 核准的条件

商务部 2014 年的《境外投资管理办法》和国家发改委 2018 年的《企业境外投资管理方法》对境外投资核准条件做出了规定。

国家有关机构对境外投资实行核准和备案相结合的管理制度。国家发改委现规定，商务部对境外投资开办企业（金融业除外）进行核准，凡涉及敏感国家和地区、敏感行业的境外投资，实行核准管理；企业其他情形的境外投资，实行备案管理。

对于境外投资项目，国家发改委核准项目的条件为：第一，符合国家法律法规和产业政策、境外投资政策；第二，符合互利共赢、共同发展的原则，不危害国家主权、安全和公共利益，不违反我国缔结或参加的国际条约；第三，符合国际资本项目管理相关规定；第四，投资主体具备相应的投资实力。

对于境外开办企业，商务部主要是从消极标准把握的，即国内企业境外投资涉及部分情形的不予核准。

2. 核准的范围和程序

对于境外投资项目和开办企业，我国采取分级核准和备案制。

第一，境外核准项目。2016年12月，国务院办公厅发布了《政府核准的投资项目目录（2016年）》，对于境外投资，采取核准与备案相结合的管理方式。2018年的《企业境外投资管理办法》规定，实行核准管理的范围是投资主体直接或通过其控制的境外企业开展的敏感类项目。

第二，境外投资开办企业。根据2014年商务部发布的《境外投资管理办法》的规定，商务部和省级商务主管部门按照企业境外投资的不同情形，分别实行备案和核准管理。企业境外投资涉及敏感国家和地区、敏感行业的，实行核准管理；企业其他情形的境外投资，实行备案管理。

3. 限制和禁止开展的境外投资

2017年国务院办公厅转发了国家发改委、商务部、人民银行、外交部联合制定的《关于进一步引导和规范境外投资方向的指导意见》，该指导意见按"鼓励发展+负面清单"模式引导和规范企业境外投资方向，明确了鼓励、限制、禁止三类境外投资活动。其中限制类和禁止类的境外投资属于境外投资负面清单管理模式。

（二）境外投资企业的外汇管理

我国对于境外投资的外汇管理一直较严，进入21世纪才逐步放松。

1. 外汇来源管理的放宽

为了确保投资者有可靠的外汇资金来源，有经营境外企业的资金能力，我国以前规定外汇管理部门在海外投资项目审批前对投资者的外汇资金来源进行审查。随着我国外汇储备的增加，在2008年修订的《外汇管理条例》和2009年发布的《境内机构境外直接投资外汇管理规定》中，国家外汇管理部门逐步放宽了外汇来源审查。

2. 境外直接投资前期费用的汇出

境内投资者进行境外投资前，通常会要求及时汇出一定数额的前期资本，用于支付收购境外企业股权或境外资产权益所要求缴纳的保证金，支付境外项目招投标过程中需支付的投标保证金，以及支付市场调查、租用办公场地和设备、聘用人员以及聘请境外中介机构提供服务所需的费用，或其他与境外投资有关的前期费用。

3. 利润汇回制度的调整与改革

随着我国外汇储备的增加，外汇管理局逐步对强制汇回制度进行了调整与改革。2008年的《外汇管理条例》规定，境内机构、境内个人的外汇收入可以调回境内或存放境外。2009年的《境内机构境外直接投资外汇管理规定》则明确规定，境内机构境外直接投资所得利润也可留存境外用于其境外直接投资。

4. 境外投资外汇登记与备案制

根据2009年国家外汇管理局（以下简称"外汇局"）发布的《境内机构境外直接投资外汇管理规定》，外汇局对境外直接投资实行外汇登记与备案制度。

境内机构境外直接投资获得境外直接投资主管部门核准后，应持规定的材料到所在地外汇局办理境外直接投资外汇登记。外汇局审核无误后，在相关业务系统中登记有关情况，并向境内机构颁发境外直接投资外汇登记证。若有规定的情况发生①，境内机构应在规定的期限内持境外直接投资外汇登记证、境外直接投资主管部门的核准或者备案文件及相关真实性证明材料到所在地外汇局办理境外直接投资外汇登记、变更或备案手续，或者办理注销境外直接投资外汇登记手续。

（三）境外投资国有资产的管理

1. 境外国有资产产权登记制度

境外国有资产产权登记，是指国有资产管理部门依法代表国家对境外国有资产进行登记，取得国家对境外国有资产所有权的法律凭证，确认境外机构占有、使用境外国有资产的法律行为。

根据2012年国务院国有资产监督管理委员会（以下简称"国资委"）发布的《国家出资企业产权登记管理暂行办法》的规定，国家出资企业、国家出资（不含国有资本参股公司）拥有实际控制权的境内外各级企业及其投资参股企业，应当纳入产权登记范围。产权登记分为占有产权登记、变动产权登记和注销产权登记。

履行出资人职责的机构和履行出资人职责的企业有下列情形之一的，应当办理占有产权登记："第一，因投资、分立、合并而新设企业的；第二，因收购、投资入股而首次取得企业股权的；第三，其他应当办理占有产权登记的情形。"

---

① 国家外汇管理局《境内机构境外直接投资外汇管理规定》（汇发〔2009〕30号）第九条、第十条。

有下列情形之一的，应当办理变动产权登记："第一，履行出资人职责的机构和履行出资人职责的企业名称、持股比例改变的；第二，企业组成资本改变的；第三，企业名称改变的；第四，企业组织形式改变的；第五，企业注册地改变的；第六，企业主营业务改变的；第七，其他应当办理变动产权登记的情形。"

有下列情形之一的，应当办理注销产权登记："第一，因解散、破产进行清算，并注销企业法人资格的；第二，因产权转让、减资、股权出资、出资人性质改变等导致企业出资人中不再存续履行出资人职责的机构和履行出资人职责的企业的；第三，其他应当办理注销产权登记的情形。"

2. 境外投资财务管理制度

1996年财政部就印发了《境外投资财务管理暂行办法》，该办法适用于进行境外投资的机构、部门、国有企业、事业单位以及国家控股的有限责任公司和股份有限公司。

财政部2017年印发了《国有企业境外投资财务管理办法》，该办法有的放矢地对境外投资全过程涉及的重要财务问题做出规范。其内容主要包括以下方面：第一，构建境外投资事前决策合理机制；第二，规范境外投资事中运营财务管理；第三，加强境外投资财务监督；第四，建立健全境外投资绩效评价机制。

3. 境外投资国有资产管理制度

第一，监管主体及职责。2008年全国人大常委会通过的《企业国有财产法》对国家出资企业与监管部门的职责做了明确规定。根据该法的规定，国家出资企业是企业的经营人，而国有资产监管机构则依据授权履行出资人的职责，以出资人的身份对企业国有资产实施监督管理。2011年国资委发布的《中央企业境外国有资产监督管理暂行办法》进一步明确将履行出资人职责的国资委与作为经营人的企业对境外国有资产的监管职责予以划分。2022年，财政部印发《国有企业境外投资直派财务负责人管理办法》，进一步提升境外投资管理水平和效益，防范境外投资财务风险。

第二，产权管理。国资委2011年发布的《中央企业境外国有产权管理暂行办法》对央企境外国有资产的产权管理进一步予以规范。这主要表现在：其一，规范了央企的境外国有产权登记；其二，评估管理；其三，对境外企业产权转让等国有产权变动事项的审核权限、基本程序、转让价格、转让方式、对价支付等做出了具体规定。

第三，监督管理。国有资产监督管理机构对国家出资企业履行出资人的监管职责，就是行使股东的权利，对企业的经营管理行使监督管理权。这种监管主要表现在对企业高层管理人的选派与监督、对企业重大事项决策的监督、对资产的运营与变动的监督等方面。

（四）鼓励境外投资的措施

1. 境外投资专项资金支持措施

2005年财政部、商务部发布了《对外经济技术合作专项资金管理办法》，对境外投资、境外的农业、林业和渔业合作、对外承包工程、对外劳务合作、境外高新技术研发平台、对外设计咨询等对外经济技术合作提供专项资金，该专项资金对企业从事上述对外经济技术合作的业务采取直接补助或贴息等方式给予支持。

专项资金直接补助内容包括境内企业在项目所在国注册（登记）境外企业之前，或与项目所在国单位签订境外经济技术合作协议（合同）之前，为获得项目而发生的相关费用。关于直接补助的限额，该管理办法规定，直接补助费用比例原则上不超过申请企业实际支付费用的50%，一个项目只能享受一次支持。财政部、商务部《关于做好2012年对外经济技术合作专项资金申报工作的通知》对直接补助的范围和限额进一步做出了规定。关于贴息标准，该管理办法规定："人民币贷款贴息率不超过中国人民银行公布执行的基准利率，实际利率低于基准利率的，不超过实际利率；外币贷款年贴息率不超过3%，实际利率低于3%的，不超过实际利率。"

2. 境外投资重点项目的信贷与金融保险支持措施

国家发展和改革委员会与中国进出口银行2004年共同建立了境外投资信贷支持机制，由中国进出口银行根据国家境外投资发展规划，在每年的出口信贷计划中，专门安排一定规模的信贷资金用于支持国家鼓励的境外投资重点项目。境外投资专项贷款享受中国进出口银行出口信贷优惠利率[①]。境外投资专项贷款主要用于支持下列四种境外投资重点项目："第一，能弥补国内资源相对不足的境外资源开发类项目；第二，能带动国内技术、产品、设备等

---

① 国家发展和改革委员会、中国进出口银行《关于对国家鼓励的境外投资重点项目给予信贷支持政策的通知》（发改外资〔2004〕2345号）。

出口和劳务输出的境外生产型项目和基础设施项目；第三，能利用国际先进技术、管理经验和专业人才的境外研发中心项目；第四，能提高企业国际竞争力、加快开拓国际市场的境外企业收购和兼并项目。"

在中华人民共和国境内注册的企业法人都可以按规定向国家发展和改革委员会或省级发展改革部门上报境外投资项目申请报告，申请使用境外投资专项贷款。中国进出口银行还可以对拟使用境外投资专项贷款的项目，提供与项目相关的投标保函、履约保函、预付款保函、质量保函以及国际结算等方面的金融服务，并根据境内投资主体和项目情况在反担保和保证金方面给予一定优惠。

国家发展和改革委与中国出口信用保险公司共同建立境外投资重点项目风险保障机制。境外投资风险保障机制主要用于支持上述国家发改委与中国进出口银行共同支持的四种境外投资重点项目。境内投资主体均可申请中国出口信用保险公司为其提供境外投资项目风险保障服务。

此外，国家开发银行也于2006年下发了《关于进一步加大对境外重点项目金融保险支持力度有关问题的通知》[①]，由国家开发银行和中国出口信用保险公司共同建立境外油气、工程承包和矿产资源等项目金融保险支持保障机制，为国家鼓励的重点境外投资项目提供多方位的金融保险服务。

3. 对民营企业境外投资的引导与鼓励

2012年，国家发改委等12个部门联合印发了《关于鼓励和引导民营企业积极开展境外投资的实施意见》，从大力加强宏观指导、切实完善政策支持、简化和规范境外投资管理、全面做好服务保障和加强风险防范、保障人员资产安全等五个方面提出了鼓励和引导民营企业开展境外投资的18条措施。

二、海外投资保险制度

（一）海外投资保险制度的概念、特征与历史

海外投资保险制度是指资本输出国政府对本国海外投资者在国外可能遇到的政治风险提供保证或保险，即投资者向本国投资保险机构申请保险后若

---

① 国家开发银行、中国出口信用保险公司《关于进一步加大对境外重点项目金融保险支持力度有关问题的通知》（开行发〔2006〕11号）。

承保的政治风险发生，致使投资者遭受损失，由国内保险机构补偿其所受损失的制度。

从形式上来看，海外投资保险制度与一般民间保险程序相类似，即投保者与保险机构订立保险合同，并支付保险费，承保机构则在约定的保险事故发生后向投保者赔偿所受损失。但从实质上来看，海外投资保险制度是一种政府保证，具有与一般民间保险明显不同的特征：第一，海外投资保险是由政府机构或公营公司承保的，政府承保机构与私营保险公司不同，不是以营利为目的，而是以保护投资为目的。第二，海外投资保险的对象只限于海外私人直接投资，而且私人直接投资只有符合一定条件才可作为保险的对象。一般来说，作为保险对象的海外投资不仅须经过东道国批准，而且还必须对资本输出国经济有利。第三，海外投资保险的范围只限于政治风险，不包括一般商业风险。第四，海外投资保险的任务不单是像民间保险那样在于进行事后补偿，更重要的是防患于未然。这一任务通常是结合两国间的投资保证协定来完成的。

政治风险是指与东道国政治、社会、法律有关的、人为的、非投资者所能控制的风险。所谓"人为的"，主要是指因东道国政府行为而产生的风险。政治风险的存在，会严重影响投资者的安全与利益，同时也会影响资本输出国的利益。针对这种风险发生的可能性，为解决海外投资者的顾虑，鼓励其对外投资，并保证其安全与利益，一些主要的资本输出国在第二次世界大战后先后实行投资保证制度。美国是世界上最早、最广泛实行投资保证制度的国家。自20世纪60年代以后，由于国际投资大量涌入发展中国家，为使本国私人投资免受东道国政治风险的影响，一些主要发达国家先后效仿美国实行投资保险制。2001年国务院批准组建了中国出口信用保险公司，自此，中国也建立起了海外投资保险制度。

（二）保险人

依据各国立法与实践，负责实施开展海外投资保险业务的有政府机构、政府公司或公营公司等。

1. 政府公司作为保险人

美国是采取这种做法的典型。1969年美国设立"海外私人投资公司"，承担美国私人海外投资保证和保险业务。该公司具有公、私两方面的性质，一方面，法律明文规定该公司是"在美国国务院政策指导下的一个机构"，其法定资本由国库拨款；另一方面，该公司作为法人，完全按照公司的体制和章程经营管理，为了实现其宗旨，它可以利用私人信贷和投资，以扩大私人的参股，其董事会也有私人企业界的代表参加①。

2. 政府机构作为保险人

有的国家由政府机构承保海外投资政治风险，如美国在 1969 年以前是由政府机构作为承保者，现在日本等国仍采用此种做法。

3. 政府与国营或私营公司共同实施保险业务

有的国家由政府与国有公司共同负责承保海外投资政治风险，联邦德国就是如此。联邦德国于 1959 年正式建立海外投资保险制度，由两家国有公司经营海外投资保险业务，这两家公司受联邦政府的委托和授权代表联邦政府发表和接受一切有关担保的声明，开展为达成承保海外投资政治风险的一切活动。

4. 中国的实践

中国出口信用保险公司是从事政策性出口信用保险业务的国有独资保险公司，资本来源为出口信用保险风险基金，由国家财政预算安排。海外投资保险是由该公司开办的一项政策性保险，不以营利为目的。这种以国有政策性保险公司作为保险人的做法与上述美国的做法相类似。

（三）承保范围

1. 外汇险

外汇险包括货币不能兑换险和货币不能转移险，有的国家只承保禁兑险，有的则全部承保。根据美国的规定，货币不能兑换险，是指作为被批准投资项目的利润或其他收益，或因投资回收或处分投资财产而获得的当地货币或其他货币，在东道国禁止兑换和转移。日本承保的外汇险的内容既包括不能自由兑换，又包括不能自由转移。我国承保的汇兑限制险既包括货币不能自由兑换，也包括不能自由汇出。

2. 征收险

征收险一般是指由于东道国政府对企业实行征收或国有化措施，致使投资者的投资财产受到部分或者全部损失，则由承保人负责赔偿。

从各国的规定来看，征收行为包括以下内容：第一，征收是东道国政府

---

① 姚梅镇. 国际投资法 [M]. 武汉：武汉大学出版社，1987：250-251.

采取的行为，包括政府采取、授权、批准或纵容的行为，且无论是否给予补偿。第二，征收包括直接征收和间接征收。第三，征收的对象，一般包括投资者的投资和贷款，以及投资的利润的贷款的利息，不仅包括财产权以及由此产生的其他债权，而且包括契约权。第四，构成征收险的征收行为一般应持续一年以上。

3. 战争与内乱险

战争与内乱险是指由于战争、革命、暴动、内乱、恐怖主义和破坏的结果，致使投资者在东道国的投保财产受到损害，而由承保人负责赔偿。

除上述三种主要的险种以外，有的国家还承保其他的政治风险。如联邦德国承保延期支付险，英国承保其他非商业风险。我国政府还承保政府违约险。根据各国的实践，这些非商业风险一般要同时付保，但美国规定这些非商业风险也可分险别单独投保。

（四）保险对象

这里是指可作为保险对象的合格的投资。合格的投资不仅海外投资的形式以及投资的东道国须合格，而且投资本身也须符合一定的标准。

1. 合格投资的标准

第一，海外投资必须符合投资者本国的利益；

第二，海外投资要有利于东道国的经济发展；

第三，一般仅限于新的海外投资。

2. 投资的东道国合格

有的国家对所保险的投资的所在东道国有特殊的要求，其中以美国最为典型。美国规定，只有符合以下条件的国家的投资才予以承保："第一，必须是事先已与美国政府订立双边投资保证协定的国家；第二，投资所在的东道国必须是发展中国家，而且其国民收入较低。"

3. 合格投资的形式

各国对所承保的海外投资的形式一般没有什么限制，主要包括：股权投资、贷款、债券、向分支机构投资等。

（五）投保人

合格的投保者包括以下几种情况：一是本国国民，根据本国法律取得本国国籍的自然人。有的国家还附加对国民的住所或居住权的要求。二是本国公司、合伙或其他社团。三是外国公司、合伙、社团。

(六) 投保程序、保险费和保险期间

1. 投保程序

第一，申请。投资者申请投资保险或保证时，应先按规定提交投资保险申请书及必要资料。

第二，审查。承保机构在收到投保申请后，要对投资者及其投资是否合格进行审查。经审查确认申请合格，可签订投资保险合同。

2. 保险费

投资者有义务缴纳一定的保险费。有的国家规定，自保险费支付之日起保险契约才生效。还有的国家规定，保险费逾期不付则导致合同解除。至于保险费的数额，各国规定不一致。

3. 保险期间

保险期间，各国大多规定海外投资保险最长期限为 15 年，有的可延长到 20 年。

(七) 索赔

若约定的保险事故发生，在索赔上就出现两种情况：一种是承保人依国内保险合同的规定向投保人支付保险金，另一种是承保人取得代位求偿权向投资所在东道国进行索赔。

1. 保险金的支付

保险金指保险事故发生时，保险人应向投保人实际支付的赔偿金额。一旦发生保险事故，投保者应立即向承保人申请赔偿并提出有关证明，承保人在收到申请后，若依据法律和保险合同确定予以赔偿，则支付约定的保险金。保险金的数额一般是依据损失额与赔偿率来确定的。损失额，则根据险别来计算。

2. 投保人的义务

投保人（被保险人）在保险事故发生时有权要求承保人根据保险合同支付保险金，但同时基于保险合同也须承担一些义务。从各国有关的规定来看，投保人应尽的主要义务有以下几项：第一，预防和减少损失；第二，尽快通知风险与损失的发生；第三，保管好有关的一切资产和资料；第四，向承保人转交有关承保投资的资产和权益；第五，与承保人通力合作，帮助代位索赔。

3. 承保人取得代位求偿权

承保人在向投保人支付保险金之后，代位取得投保人有关投资的一切权利，包括有关资产的所有权、债权、索赔权等，向东道国索赔。如前所述，有的国家实行双边投资保险制度，承保人取得代位求偿权后，依据该国与东道国订立的双边投资保证条约向东道国索赔。另外，有些国家实行单边投资保险制，其国内投资保险制度并不与双边投资协定挂钩。在这种情况下，投保人或代位人有义务在东道国用尽国内救济手段。

本章小结

本章主要介绍了国家对国际投资的单边规制手段。规制跨国投资的单边法律制度包括资本输入国对外国投资的法律和资本输出国对海外投资的法律两个方面。前者一般被称为外国投资法，后者一般被称为海外投资法。在资本输入国的外国投资法这部分，主要介绍了外资准入管理制度、对外资经营活动的管理、对外资的保护与鼓励。在资本输出国的海外投资法部分，主要介绍了对海外投资的鼓励与管理、海外投资保险制度。对跨国投资进行必要的立法管制，有利于实现跨国投资经济效益的最大化和社会效益的最优化。大多数发展中国家在第二次世界大战后逐步放宽了对外资的法律管制，加强了对外资的法律保护，以改善投资环境。发达国家在本国海外投资有了比较充分的法律保障之后，开始进一步推动发展中国家放宽对外国投资的法律管制。总的来说，在20世纪90年代后，外国投资自由化的进程进一步加快，但投资最终效果仍有待检验。

本章思考题

1. 外国投资的审批机构分为哪些？哪些国家是典型代表？
2. 外国投资的审批程序有哪些？带来哪些审批法律后果？
3. 各国外资法通过哪些手段对外国投资进行鼓励和给予优惠？
4. 海外投资保险制度中的保险范围涉及哪些险种？海外投资保险制度具有什么功能和作用？

第三章

国际投资的国际法制

学习要点

国际法上对国际投资活动的规制主要体现为双边投资协定，在世界银行集团和 WTO 框架下的多边投资法律规制，以及联合国、世界银行所发布的关于国际直接投资的指导性文件。近年来，区域性投资协定也成为重要的国际投资法律渊源。联合国贸易与发展会议（UNCTAD）发布的《2021 年世界投资报告》显示，国际投资协定（IIA）体系正在经历一个合理化的过程。欧盟内部所有双边投资协定（BIT）的终止以及新的大型区域性国际投资协定的出现，如《非洲大陆自贸区的可持续投资议定书》《欧盟—英国贸易协定》《中欧全面投资协定》（CAI）、《区域全面经济伙伴关系协定》（RCEP）、《美国—墨西哥—加拿大协定》（USMCA）、《全面与进步跨太平洋伙伴关系协定》（CPTPP），促进了双边投资协定的整合以及区域规则的制定。

【关键词】国际投资协定；保护伞条款；区域性投资协定

第一节　国际投资的国际法律制度概述

国家通过主权行使而对国际投资行为进行管制是必要的，但同时也存在诸多缺陷。例如，东道国难以达到资本输出国所要求的那种开放程度和保护程度；第二次世界大战后，随着跨国直接投资不断增长，投资者和东道国之间的矛盾和纠纷日渐增加，长期得不到有效解决；东道国固守国家主权原则，强调争端发生后应当用尽当地救济，而投资者却倾向于将争端直接诉诸国际仲裁等。如果各国都只进行单边的管制而不采取任何合作的手段，整个国际社会就会变得分散、混乱，难以形成任何有机的秩序。在这种情况下，各国迫切需要加强国际投资协调与合作，具体可采取以下几类形式。

一、双边协定

由两个国家对投资问题进行系统的谈判，并将双方的权利义务以条约的方式确定下来，是解决国家间投资管制法律规则不一致的良好途径。双边协定以其内容较为具体和确定，谈判时间较短，涉及的问题特定化而易于解决。当然，假如一个国家要与世界上的很多国家签署双边协定，工作总量将非常浩大，其效率和实用性就值得推敲了。

二、区域性投资规范

某一区域的国家或者国际组织，为了避免竞争，协同步调，采取共同立场，可能会选择以区域性多边协定或者条约的形式，制定调整涉及本区域的资本跨国流动的行为规范或行动准则。区域性投资规范，是指区域内国家或国际经济组织旨在协调成员国之间的外资法律和政策而签订的条约。此类条约主要涉及各国投资政策自由化、投资待遇标准、投资保护与投资争议解决以及与外国投资者经营相关的内容，如不正当支付、限制性商业惯例、信息公开、转移定价、环境保护、就业与劳资关系等问题。此外，还包括对发展水平较低的国家的一些例外和特殊承诺条款，主要有 1970 年安第斯条约组织签订的《安第斯共同市场外国投资规则》、1980年阿拉伯国家的《阿拉伯资本投资协议》及1981年伊斯兰会议组织的《伊斯兰会议组织投资协议》等关于资本自由流动的原则性规定，1994年签署于里斯本的《能源宪章条约》、亚太经合组织的《非约束性投资原则》、1998年东盟国家签订的《东盟投资区域框架协议》等。

1994年签署的《能源宪章条约》（ECT）是各国合作解决国际能源问题的一个里程碑，是目前能源领域唯一的多边条约。该条约内容涵盖能源主权、能源投资、能源市场准入、能源过境运输等方面，旨在为建立开放和有效的能源市场创造有利条件，鼓励私人资本流向能源行业，同时确认国家对自然资源的主权，主张有效利用能源和保护环境。ECT为能源投资、能源过境、能源贸易提供了必要的法律保障，是同时覆盖投资保护和贸易的多边协定。

三、全球性投资规范

全球投资的增长和投资争端的增加使得资本输出国和资本输入国都认为有必要建立一个普遍性的调整国际投资关系的国际法制度。

（一）世界银行《多边投资担保机构公约》

1985年10月，在首尔召开的世界银行年会上通过了《多边投资担保机构公约》，简称《汉城公约》。中国于1988年4月30日正式批准了该公约，成为公约的原始缔约国。根据《汉城公约》成立的多边投资担保机构（MIGA）是世界银行集团的成员，其主要任务是为那些前往发展中国家参与直接投资的外国私人投资者提供非商业风险（政治风险）的担保。

（二）《解决国家与他国国民间投资争端公约》

由于构建实体性全球统一投资规则的方案纷纷受阻，各国政府和国际组织只能另辟蹊径，在解决投资争端的程序方面寻求出路。其成功的实例即世界银行所倡导的《解决国家与他国国民间投资争端公约》，简称《华盛顿公约》。根据《华盛顿公约》成立的解决投资争端国际中心（ICSID）是专门性的国际投资争端解决机构，旨在为解决国家与他国国民间的投资争端提供调解和仲裁的便利。中国于1990年2月9日签署了《华盛顿公约》，该公约自1993年2月6日正式对我国生效。

(三) 世界贸易组织与投资有关的协议

《与贸易有关的投资措施协议》（TRIMs）是乌拉圭回合多边贸易谈判的三个新议题之一。随着 WTO 的成立和运作，该协议已对成员国生效。它是第一个对投资措施进行国际管制的多边条约，该协议的实施标志着各国引导和管辖外资的权力开始受到多边条约的约束。但是，TRIMs 并没有为外国投资者设立新的保护和救济，也没有为投资自由化制定计划或进程。在 2004 年"新加坡议题"遭到抛弃后，WTO 将投资问题整体纳入其组织框架的努力终止。

《服务贸易总协定》（GATS）首次将服务贸易纳入多边管制，GATS 规定的以商业存在的方式提供服务必须遵守的多边纪律，确立了服务类投资的法律规则。所谓的以商业存在的方式提供服务，是指以任何类型的商业或专业机构在他国提供服务，是国际投资者拓展跨国服务的主要形式之一。

《与贸易有关的知识产权协议》（TRIPs）把对外国投资者的知识产权的认可和保护作为涉及外资待遇的一个首要问题，成为各国外资法的重要组成部分。由于知识产权日益成为重要的投资形式，知识产权的国际保护对于推动国际投资的发展，特别是技术密集型国际投资的发展，有着重大意义。

《补贴与反补贴措施协议》（SCM 协议）主要针对的是向出口和替代进口活动中提供的补贴，但该协议的实施也会影响到东道国的投资环境，进而影响国际直接投资。例如，如果有关国家采取的投资激励措施是以外资企业的出口实绩或以国内含量为要求而给予的补贴，将会受到该协议的制约。

(四) 自由贸易协定（FTA）中的投资规定

自 20 世纪 90 年代以来，以推动贸易自由化和投资便利化为核心的全球区域经济合作发展迅速。自由贸易协定的内容突破了传统的货物贸易范畴，扩展到服务贸易、投资、竞争、政府采购、知识产权保护、环境保护、劳动标准等领域。

第二节 双边与区域性投资协定

促进与保护国际投资，仅靠各个国家的国内法还远远不够。国际投资具有跨国性，一个国家鼓励与保护投资的法律规定，如果没有国家间的合作与配合是难以达到其目的的。无论是资本输入国还是资本输出国，都需要国家间的协定来加强其相关国内法的效力。因此，双边投资协定在战后有了很大发展。

近年来，双边或区域性的自由贸易协定（FTA）发展迅速。这种自由贸易协定的内容已不单是贸易自由化方面的安排，而是包括贸易、投资、服务、环境、竞争等诸多事项在内的综合性制度安排，投资规则是其中重要的内容之一。

一、双边与区域性投资协定概述

双边与区域性投资协定日趋精细化和综合性，给予缔约方的投资者以各项优惠与便利，引导国际投资规则持续深化与不断发展。

（一）双边投资协定

1. 双边投资协定的形式

在国际实践中，保护国际投资的双边协定分为两大类：一是美国型的"友好通商航海条约"；二是双边投资协定，分为美国式的"投资保证协议"和联邦德国式的"促进与保护投资协定"[①]。

两国政府间为相互保护和促进双方私人投资，通常订立双边投资协定。双边协定最早的形式就是"友好、通商、航海条约"，例如美国与法国1778年签订了第一个友好通商航海条约，而最近一个此类条约是于1966年与泰国签订的。[②] 此种条约内容重在通商贸易，对于投资一般只涉及待遇问题，但战后缔结的此类条约中，增加了很多投资保护方面的内容。友好通商航海条约毕竟不是专门性的保护国际投资条约，加之许多发展中国家对外资实行征收和国有化，其已经不能满足保护国际投资的需要。因此，双边投资保证协定和双边促进与保护投资协定这两种形式的条约就随之产生。

双边投资保证协定主要是资本输出国和发展中国家签订，以担保缔约国投资者在另一缔约国境内投资的政治风险，着重于求偿代位权及处理投资争议程序的规定。其协定保护的对象只是单方的投资，而不是相互的投资。双边投资保证协定主要为美国、加拿大等国所采用。

---

① 姚梅镇. 国际投资法 [M]. 武汉：武汉大学出版社，1987：282-285.
② K. J. Vandervelde, United States Investment Treaties: Police and Practice (1992).

双边促进与保护投资协定除了包含有关代位求偿、解决投资争端等程序规定外，大多属于实体性规定，内容包括待遇标准、政治风险的保证等，因此协定的内容较为具体详细。20世纪50年代末联邦德国最早采用促进与保护投资协定，20世纪70年代西欧的英国、法国、荷兰、比利时、卢森堡等国仿效联邦德国缔结双边投资保护协定。同时，发展中国家之间也开始签订促进与保护投资协定，我国与外国签订的双边投资协定也以这种协定为主。美国1977年后也开始采用这种形式，但比联邦德国式的协定对外资的保护要求更高，条件也更苛刻，现已成为通用常见的双边协定形式。

2. 双边投资协定的作用

双边投资协定是调整两国间私人投资关系最有效的手段，对于促进国际投资和国际经济技术合作的发展具有不可替代的作用。第一，双边投资协定在国际法上对双方当事人具有法律拘束力，不遵守会产生国家责任，因此，协定更有利于落实及加强双方关于投资保护的措施而被双方当事国所接受。第二，双边投资协定由缔约双方在多轮谈判、议定的基础上签署，相较多边投资协定谋求多国间的利益平衡，双边投资协定可以顾及当事双方国家的特殊利益而易于在互利的基础上谋求协调一致。第三，对于许多发达的资本输出国来说，投资保护协定可以加强国内投资保证制度；对于资本输入国来说，签订双边投资协定可增强外国投资者的安全感，吸引外资。第四，双边投资协定，特别是促进与保护投资协定，既含有实体性规定又有程序性规定，为缔约双方预先规定建立投资关系所应遵循的法律规范结构和框架，避免或减少法律障碍，保证投资关系的稳定，促进私人投资活动的发展，有助于投资者和东道国投资争端的解决。

当然，双边投资协定的效果与作用也有其局限性：首先，发达国家与发展中国家利害对立，因此往往难以订立条约，订立后在解释、实施上也存在颇多争执①。其次，双边投资协定只是两个国家间的特殊的国际法，仅对缔约国双方有拘束力。此外，在某种情况下，双边投资协定对缔约国双方未必能收到所预期的效果。任何协定既不可能完全确定未来可能发生的一切具体条件和情况，也不可能有约束一个国家未来立法的绝对效力②。

---

① 姚梅镇. 国际投资法 [M]. 武汉：武汉大学出版社，1987：305-307.
② 姚梅镇. 国际投资法 [M]. 武汉：武汉大学出版社，1987：305-307.

总的来说,双边投资协定仍是目前保护国际投资最有力的国际法措施,只要各国相互尊重主权,贯彻平等互利的原则,就能使双边投资协定发挥出自己应有的作用①。

(二) 区域性投资协定

随着近年来区域性合作的日趋加强,区域经济一体化程度不断提高。以前绝大多数优惠贸易与投资协定只是由同一个地区的国家签署,区域合作也主要集中在贸易领域。近年来,区域性投资协定的发展势头强劲,呈现以下特点:一方面,数量急剧增加,而且不再仅限于在同一地区的国家间缔结,呈现跨地区发展的特点。跨地区、跨大陆、跨海洋的不同国家与集团开始谈判与缔结优惠贸易与投资协定②。例如《全面与进步跨太平洋伙伴关系协定》(CPTPP)已有11个成员国,其旨在促进亚太地区的贸易自由化。另一方面,协定内容涵盖范围更广,合作也倾向于涵盖众多的经济事务,包括货物、服务贸易、资本以及投资等,目的不仅要促进贸易自由,更要促进投资与服务的自由,从而实现更高程度的经济一体化。

下面为几种典型的区域性投资协定。

1. 欧盟条约

欧盟是欧洲多国共同建立的政治及经济联盟,是世界上具有重要影响的区域一体化组织,拥有27个成员国(英国于2020年1月退出)。《里斯本条约》的通过和生效,推动了欧洲一体化进程,加强了欧盟对外关系的一致性。根据《欧洲联盟条约》,欧共体采取共同措施,成员国消除妨碍人员、资本、服务自由流动的障碍。随着欧盟的建立和欧元的采用,欧盟内投资高度自由化。

2. 自由贸易区协定

(1) 北美自由区投资规则。1992年8月12日,美国、加拿大和墨西哥三国正式签署了《北美自由贸易协定》(North American Free Trade Agreement, NAFTA)这一政府间自由贸易协定。1994年1月1日,该协定正式生效。

NAFTA是一个包括货物贸易、服务贸易、投资、知识产权保护、竞争政

---

① 余劲松. 国际投资法 [M]. 北京:法律出版社,2014:223-224.
② 韩冰. 国际投资法研究综述 [R]. 中国社会科学院世界经济与政治研究所国际问题研究系列,2012-11-23.

策、争端解决机制等内容的综合性协定。其中，第十一章专门规定了投资规则。从 NAFTA 的投资规则看，其规定涵盖了内容广泛的投资和投资者类型、高标准的投资待遇、严格的投资业绩要求、高水平的征收补偿标准以及高效而独特的投资争端解决机制，被公认为是在经济合作与发展组织（OECD）起草的《多边投资协定（草案）》（MAI）之前在投资保护方面范围最广泛和标准最高的区域多边国际协定条款[1]。

NAFTA 最具特色的部分是有关投资者与东道国投资争端解决机制的规定。NAFTA 规定私人投资者可以直接参与争端解决程序，成为国际投资协定争端解决机制的一个较大突破，为私人投资者提供了更广泛的实质性的保护。

（2）美国式自由贸易协定。美国从 20 世纪 80 年代中期起便开始了其自由贸易协定（FTA）的实践。1985 年美国与以色列签订第一个自由贸易协定[2]，不过该自由贸易协定中没有包含投资规定。1987 年美国与加拿大签订的第二个自由贸易协定中包含有限的投资规定[3]。1992 年美国与加拿大、墨西哥签订了《北美自由贸易协定》，对投资进行了专章规定。后来美国又与智利、中美洲的国家（危地马拉、萨尔瓦多、洪都拉斯、尼加拉瓜、哥斯达黎加）、多米尼加、澳大利亚、新加坡等达成了自由贸易协定。近年来，美国与其他国家协商和签订的自由贸易协定（FTA）均包括了投资问题。例如：美国与智利签订的自由贸易协定第十章就是规定投资问题。2004 年 2 月，美国国务院颁布 2004 年更新的《美国双边投资条约范本》（2004 BIT Modal），以代替 1994 年的条约范本。2012 年 5 月，美国公布了其在 2004 年范本基础上修改过的新的双边投资条约范本。2004 年后的范本包含三部分内容：投资待遇与投资保护、投资者与国家间争端解决、国家间争端的解决，其结构和内容与美国 FTA 中的投资章节也协调一致。

3. 东南亚联盟有关投资的协定

东南亚联盟是一个发展中国家的区域性合作组织，其区域性合作内容也包括投资。1987 年 12 月东盟成员国签订了促进和保护投资协定，1998 年又

---

[1] 叶兴平．《北美自由贸易协定》争端解决机制的创新及意义 [J]．当代法学，2002（7）：86．

[2] Agreement on the Establishment of a Free Trade Area, April 22, 1985, U.S.-Israel, 24 I. L. M. 653.

[3] Free Trade Agreement, December 22-23, 1987 and January 2, 1988, U.S.-Can, 27 I. L. M. 281.

签订了《关于东南亚联盟投资区的框架协定》，旨在建立一个自由透明的东盟投资区。2004年我国与东盟签订了《全面经济合作框架协议贸易协议》，2009年又与东盟签署了《中国—东盟自由贸易区投资协议》，2010年中国—东盟自贸区成立。2011年东盟提出"区域全面经济合作伙伴关系"（RCEP）倡议，旨在构建以东盟为核心的地区自贸安排。

二、双边与区域性投资协定中的主要条款与内容

（一）协定适用的对象——投资与投资者

投资协定通常需要先确定其适用的对象，即哪些投资者和投资应受到条约的保护。

投资的定义是国际投资协定中各种实体条款和程序条款的中心和出发点，也是将争议提交仲裁庭裁决的前提。国际投资协定中投资定义的模式有以下两种：

1. 基于财产的定义

此种模式定义为一方投资者在另一方领土内所投入的"各种财产"，并且还以"包括但不限于"的方式进行列举，不仅包含有形资产、股份、可通过诉讼取得的财产权，还包含知识产权、特许权等。例如中韩2007年签订的关于促进和保护投资的协定第一条对"投资"的定义是[①]："投资"一词系指缔约一方投资者依照缔约另一方在投资时的法律和法规在缔约另一方领土内所投入的各种财产，特别是包括但不限于：动产、不动产和其他财产权利，如抵押、留置、质押、用益物权和类似权利；公司、企业和中外合营企业的股份、股票、债券、公司债和其他形式的参股；金钱请求权或其他与投资有关的具有经济价值的行为请求权；知识产权，包括著作权、商标、专利、工业设计、工艺流程、专有技术、商业秘密、商名和商誉；法律授予的或依照法律通过合同、授权、许可而获得的权利，包括勘探、提炼、耕作或开发自然资源的权利。作为投资的财产发生任何形式上的变化，不影响其作为投资的性质。

对于纯粹为促进和保护投资的目的而言，一般采取宽泛的定义法，如上述的基于财产的定义法。这种定义法可以尽量扩大受保护投资的范围，使各

---

① http://tfs.mofcom.gov.cn/article/h/at/201811/20181102805372.shtml，2022-02-20。

种类型的投资都能受到保护。我国与其他国家签订的鼓励与促进投资的双边协定均采用这种定义法。

2. 基于企业的定义

此种模式是将投资定义为企业。也就是说,投资是与企业的所有权和控制权相关的,如建立一个新企业或是购买某一业已存在的企业的多数股权。显然这种定义是将投资定义为直接投资。以加拿大与美国间签订的自由贸易协定为例,其对投资的定义是:建立一个商业性企业;收购一家商业性企业;上述新建企业或收购的企业由进入投资的人来控制;如果企业继续受控于原投资者,那么该企业股票或其他投资利润归该投资方。

受保护的投资者:缔约一方的自然人和企业作为投资者,依法在东道国做出投资,一般均可以获得投资协定的保护。对于自然人投资者来说,要求根据缔约一方法律具有其国籍;对于企业来说,要求根据缔约一方的法律设立或组建,形式上包括公司、合伙等。

(二) 公平公正待遇

在国际投资案件中,公平公正待遇原则作为衡量投资者之间以及东道国与投资者之间利益关系的重要标准,往往被视为国际投资法中的帝王条款。它规定对外国投资者及其投资给予公平和公正的待遇,是绝对的、无条件的。在国际上,关于公平公正待遇的概念和范围在学说与实践中的解释不同,但主要有三种意见:第一种意见认为公平公正待遇是习惯国际法最低待遇标准的一部分,这主要为美国、加拿大等NAFTA缔约国支持;第二种意见认为公平公正待遇是包括所有渊源在内的国际法的一部分,即公平公正待遇的含义不限于习惯国际法,还应考虑一般法律原则、条约公约义务等,近些年一些ICSID案件裁决持此意见;第三种意见认为公平公正待遇是独立的条约标准,某些仲裁庭和学者持此意见。分歧的关键就在于公平公正待遇应依照习惯国际法中外国人待遇标准的限制性解释,还是应依照包括所有渊源在内的国际法的扩大性解释。

(三) 国民待遇

国民待遇是指主权国家在条约或互惠的基础上,一国给予外国国民或法人在投资财产、投资活动及有关司法行政救济方面等同于或不低于本国国民或法人的待遇。要求一国以对待本国国民之同样方式对待外国人,即外国人与本国人享有同样的待遇。由于该原则的适用直接关系到东道国本身的经济利益和经济安全,因此不同国家会采取不同对策。

(四) 最惠国待遇

最惠国待遇是指根据条约，缔约国一方有义务使缔约国另一方国民享受该国给予第三国国民的同等权利。也就是说，无论何时缔约国一方给予了第三国更优惠的条件，则缔约他方有权享有这种新的更优惠的条件。此待遇属于条约法上的制度。

(五) 关于政治风险的保证

双边投资协定对于政治风险的保证，重点是关于征收以及外汇转移的问题。几乎所有的双边投资协定都规定征收或国有化措施均须遵守某些条件，如公共利益或目的、非歧视性、正当法律程序与补偿。双边投资协定一般均规定，投资者的资本、利润及其他合法收益等可以自由兑换为外币，自由转移或汇回本国。对于战争和内乱遭受损失时，缔约国保证给予外国投资者及其投资非歧视待遇。

(六) "保护伞条款"

投资条约中的"保护伞条款"，通常表述为：缔约方须遵守其对缔约他方投资者（及其投资）所承担的（任何）义务或承诺。条约中的这个条款，可能被解释为将东道国与投资者间的纯粹合同义务转化为国际法上的义务。

(七) 例外条款

投资条约中的例外条款，为缔约国设置了一种免责机制，可以在例外情况发生时采用必要措施来维护国家安全与公共利益而不承担违反条约义务的责任，从而为维护国家安全和公共利益预留空间，平衡了投资保护与东道国的利益。例外条款根据国际条约的不同，规定也不一致，国家安全、公共秩序、公共健康与福利、金融审慎措施这几种例外情形值得关注。

(八) 投资者与东道国间投资争端解决

解决国际投资争议的方法主要有以下几种：协商或谈判解决；东道国当地救济；外国法院诉讼；外交保护；国际仲裁等。在实践中，双方究竟选择接受何种方法，在相当程度上取决于各自讨价还价的力量和实际需要。

2021年8月16日，UNCTAD发布《投资协定专题简报：国际投资协定制度的最新发展：加快国际投资协定改革》。这一简报将国际投资协定的发展趋势概括为双边投资规则的巩固和区域投资规则制定的加速，其中特别提及以下新兴区域性投资规则。

第一，《中欧全面投资协定》（CAI）。2020年12月30日，中欧达成《中欧全面投资协定》原则协议。该协定有一节专门讨论投资自由化问题，为投资者和类似情况下的企业的设立和经营提供国民待遇（NT）和最惠国待遇（MFN）。最惠国条款的例外不包括从其他国际贸易协定引入实质性条款和争端解决程序。《投资保护条例》并不包括在双边投资协定或投资争端解决机制中常见的所有投资保护标准。相反，它规定了一种国家机制，以避免和解决双方之间的争端，采用两步办法，包括协商和诉诸仲裁小组。双方同意继续谈判，以期在《投资保护协定》签署后两年内就投资保护和投资争议解决达成协议。该协定包括一个关于可持续发展的具体章节，其中包括关于劳工和环境保护的承诺，以及关于一个单独和专门的机制来解决分歧的规定。

第二，《区域全面经济伙伴关系协定》（RCEP）。RCEP 于 2020 年 11 月 15 日签署。谈判开始于 2012 年，最初包括印度，但印度在 2019 年退出了谈判。该协议关于投资的一章，提出了以改革为特色的规定，包括了对投资的细化定义，以非详尽的方式指明受保护投资应具备的特征（如资本或其他资源的承诺，收益或利润的预期，以及风险的承担）和一项投资可能采取的形式。RCEP 中有关于促进和便利投资的规定，例如，简化投资核准程序和设立一站式投资中心以提供援助和咨询服务。该章没有对投资者与东道国争端解决机制（ISDS）做出规定；各方应在协定生效之日起不迟于两年后开始就 ISDS 进行讨论，并在讨论开始后三年内完成这些讨论。除了投资方面的具体规定外，RCEP 对非投资问题的覆盖也将对国际投资产生影响。这包括 RCEP 的原产地规则及其对区域价值链的影响。

以 RCEP 投资章节为切入点分析其投资规则，有助于为完善我国外商投资法律提供参考。外国投资者在进入东道国投资之前，一般需要考虑如下问题：投资领域是否受到东道国限制，对股权比例和高级管理人员等是否有特殊要求，外商投资是否需要获得行政许可；对外国投资者是否有激励措施；投资完成后是否存在持续性义务，比如业绩要求；是否有相关的投资保护和争端解决机制。外国投资者权利的常见来源包括：①国际投资协定，由双边投资协定和包含投资条款的自由贸易协定组成；②单个投资合同，即某一外国投资者与某一国家或国有实体之间有关特定投资项目的国际商业合同。东道国的本国法律也可以为外国投资者提供保护。

RCEP 包含投资条款的自由贸易协定，其投资规则具体指 RCEP 的第十章投资共 18 条，随附"习惯国际法""征收"两个章节附件，以及 RCEP 附件三《服务和投资保留及不符措施承诺表》,其涵盖投资自由化、投资促进、投资保护和投资便利化措施四个方面的标准化内容(见表3-1)。

表3-1 RCEP投资章节主要内容

目标	RCEP 条款	主要内容
投资自由化	第3条国民待遇	投资的设立、取得、扩大、管理、经营、运营、出售或其他处置方面不低于本国投资者及其投资的待遇
	第4条最惠国待遇	其他缔约方之间的平等待遇,柬埔寨、老挝、缅甸和越南不适用该条款
	第5条投资待遇	公平公正待遇
	第6条禁止业绩要求	缔约方不得施加或强制执行业绩要求;部分条款不适用于柬埔寨、老挝和缅甸
	第7条高级管理人员和董事会	不得要求属于涵盖投资的该缔约方的法人任命某一特定国籍的自然人担任高级管理职务
	第8条保留和不符措施	允许缔约方保留采取、维持不符措施的权力
	第15条安全例外	允许缔约方为维持国际和平或保护自身根本安全利益保留必要措施
投资促进	第16条投资促进	鼓励投资,促进交流
投资保护	第9条转移	投资、收入、利润和清算资产等的自由转移,但允许通过公正、非歧视和善意的适用与特定事项有关的法律法规以阻止或延迟转移
	第10条特殊手续和信息披露	不得将未实质性损害投资保护的手续解释为特殊手续;外国投资者的保密信息受到保护
	第11条损失的补偿	对因武装冲突、内乱或者国家紧急状态遭受损失而采取或维持的措施,不低于缔约方在类似情形下给予本国、任何其他缔约方或非缔约方的投资者或其投资的待遇
	第12条代位	行使代位权
	第13条征收	不得直接征收或国有化,补偿应该及时、充分和有效

续表

目标	RCEP 条款	主要内容
投资保护	第14条拒绝授惠	被非缔约方或拒绝授予利益的缔约方控制，无实质性经营活动
投资便利化	第17条投资便利化	外商投诉的协调解决

从上述内容可以看出，RCEP 的投资规则包含投资自由化和投资保护的基本规则，体现了当今国际投资法的发展趋势：在给予外国投资者最大限度的投资准入机会及保护的同时，东道国可以因国内产业保护（以负面清单管理方式）和国家安全考虑保留一定的限制外资准入权力。

第三，《美国—墨西哥—加拿大协定》（USMCA）。美国于2020年1月29日、墨西哥于2019年6月19日和加拿大于2020年3月13日分别批准USMCA，USMCA 自2020年7月1日起生效。USMCA 取代了1992年签署的《北美自由贸易协定》（NAFTA）。该协定的特点是采用面向改革的语言，包括序言部分，该协定承认国家有权在卫生、安全和环境等领域进行管理。它对投资的定义局限于具有投资特征的资产，并明确提供了排除条款。各方在条约中重申企业社会责任（CSR）准则的重要性。新协定带来的主要变化包括经修订的 ISDS 条款，这些条款限制了 ISDS 只适用于美国和墨西哥之间的争端，并缩小了投资者可以根据该条款提出的索赔要求。除了投资条款外，有关原产地规则和劳动力成本的其他条款可能会对墨西哥作为北美制造业价值链投资地点的吸引力产生影响。

第四，《全面与进步跨太平洋伙伴关系协定》（CPTPP）。CPTPP 于2018年12月30日生效，是澳大利亚、文莱、加拿大、智利、日本、马来西亚、墨西哥、新西兰、秘鲁、新加坡和越南之间缔结的条约。2021年2月，英国正式要求启动加入 CPTPP 的谈判。关于投资（协定第9章），传统的 ISDS 模式仍然有效。但是，当事各方同意暂停适用与"投资协定"（投资者—国家合同）和"投资授权"有关的条款，包括关于提交 ISDS 索赔的条款（即限制在违反条约义务的情况下提出索赔）。因此，挑战政府措施的范围更小，因为私营公司有关投资合同和批准的要求目前被排除在外。参加国在双边基础上签署了多份双边协议，以终止现有的双边投资协定、排除适用 ISDS 条款或提供量身定制的 ISDS 安排等事项。该协议还包括帮助中小企业充分利用为其创造的机会的具体措施。

CPTPP 是从《跨太平洋伙伴关系协定》（TPP）发展而来，CPTPP 成员国为美国退出后的原 TPP 的成员十一国。很大程度上，RCEP 投资章节与 CPTPP 和 USMCA 在结构和内容上均保持一致。值得注意的是，可能是考虑到各方分歧和谈判难度，RCEP 投资章节对于投资争端解决机制未做出实质规定，提及了外商投诉的协调处理的独立机制，并明确不受 RCEP 项下任何争端解决程序的约束或影响。而 RCEP 项下的争端解决程序依据 RCEP 联合委员会通过的《专家组程序规则》设立专家组仲裁，未涉及将争端提交 ICSID（《华盛顿公约》下的国际投资争议解决中心）等仲裁机构的替代方式。

CPTPP 的投资章节明确规定了投资者与东道国争端解决机制（ISDS）。具体而言，申请人可以采用以下任一方法提出索赔：

①假设被申请人和申请人均为《华盛顿公约》的缔约方，可适用《华盛顿公约》和 ICSID 议事规则仲裁程序；

②适用 ICSID 附加便利规则，但前提是被申请人或申请人中有一方是《华盛顿公约》的缔约方；

③适用联合国国际贸易法委员会仲裁规则；

④如果申请人和被申请人同意，则提交任何其他仲裁机构或适用任何其他仲裁规则。

投资者与东道国投资争端解决机制，是国际投资中极为重要的保护和救济机制。ICSID 每年受理的案件数量均有上升，反映了投资争端解决机制对保护投资者利益和信心的重视程度的提升，同时也是约束东道国政府行为的重要救济机制。仅就此方面而言，RCEP 规则弱于 CPTPP 和 USMCA，CPTPP 和 USMCA 代表着更高标准的国际经贸规则。正如 RCEP 的内容所表述的，RCEP 中的投资争端解决机制会随着时机成熟得到完善。

第三节 多边投资担保机构公约

20 世纪 60 年代以来，随着国际投资的发展和国际经济合作的加强，国际社会越来越感到有必要制定多边投资条约，确立关于国际投资保护的国际法规范，以调整国际的投资环境。20 世纪 80 年代初，许多发展中国家面临严重的债务危机,流向发展中国家的外国直接投资出于对东道国征用等政治风险的担心,在全球国际直接投资流动总额中的比重急剧下降。为了鼓励投资者在发展中国家进行投资,有必要建立多边的国际性投资保证机构,向国际投资者提供非商业投资风险的担保。1985年通过的《多边投资担保机构公约》(Convention Establishing the Multilateral Investment Guarantee Agency,以下简称"MIGA公约")就是建立关于解决国际投资争议的国际公约及机构的实践做法。

该公约于1985年世界银行年会上通过并于同年10月在首尔开放签字。公约规定其生效应经过5个发达国家和15个发展中国家批准,并要求这些国家的总认缴股数额不少于该机构法定资本的1/3。至1988年4月12日,批准国达29个,认缴资本总额达53.38%,公约正式生效。根据该公约,多边投资担保机构组建成立,成为世界银行集团的第5个新增成员,但它同时又是独立的国际组织。中国于1988年4月28日签署该公约,两天后即交存了批准书,从而成为多边投资担保机构的创始会员国。截至目前,该公约的成员国已达182个,其中发达国家25个,发展中国家157个。

一、多边投资担保机构的宗旨与投资担保业务

MIGA公约共十一章六十七条,根据该公约的规定,多边投资担保机构的宗旨是鼓励在会员国之间,特别是向发展中国家会员国进行生产性投资,以补充国际复兴开发银行、国际金融公司和其他国际开发金融机构的活动。为达到这些目标,机构应:①在一会员国从其他会员国得到投资时,对投资的非商业性风险予以担保,包括共保和分保;②开展合适的辅助性活动,以促进向发展中国家会员国和在发展中国家会员国间的投资流动;③为推进其目标,行使其他必要和适宜的附带权力。通过向外国私人投资者提供政治风险担保,加强成员国吸引外资的能力,从而推动外商直接投资流入发展中国家。

(一)承保范围及排除

1. 货币汇兑险

根据MIGA公约第11条的规定,货币汇兑险是指东道国政府采取任何措施,限制投保人将其货币兑换成可自由使用货币或投保人可接受的另一种货币,转移出东道国境外,包括东道国政府未能在合理的时间内对该投保人提

出的此类汇兑申请做出行动。

货币汇兑险范围广泛，东道国政府采取的限制措施是指限制转移的一切新措施，无论是直接的还是间接的，法律上规定的还是事实上存在的。这些限制措施必须"可归因于东道国政府"，这一措辞也包含了东道国公共机构或其他公共机关所施加的限制。这一条款没有规定特定的期限，这一期限将在董事会制定的规则和细则中，尤其是在担保合同中加以规定。在确定何为"合理期限"时，机构需要在迅速汇兑对于投资者的利益与东道国政府在处理申请时被认为可能是正当的迟延之间求得平衡。

2. 征收或类似措施

根据MIGA公约第11条的规定，征收或类似措施是指东道国政府采取立法或行政的作为或不作为，实际上剥夺了投保人对其投资及其收益的所有权或控制权。但政府为管理其境内的经济活动而通常采取的普遍适用的非歧视性措施不在此列。

征收险包括可归因于东道国政府的措施，如国有化、没收、查封、剥夺、扣押和冻结资产等。MIGA条款中"任何立法行为，或行政上的作为"的措施包括行政机关采取的措施，但不包括司法机关在行使其职能时所采取的措施。政府通常采取的管理经济活动的措施，如税收、环境、劳动方面的立法，以及保护公共安全所采取的措施，都包括在这一条款中，除非这些措施是歧视性的。在认定这些措施时，机构在实践中不得损害成员国或投资者基于双边投资条约、其他条约和国际法的权利。

3. 违约险

根据MIGA公约第11条的规定，违约险是指东道国政府不履行或违反与投保人签订的合同，并且①被保险人无法求助于司法或仲裁机关对其提出的有关诉讼作出裁决，或②该司法或仲裁机关未能在担保合同根据机构的业务细则规定的合理期限内作出裁决，或③虽有这样的裁决但未能执行。

只有当投保人没有诉诸法庭向东道国政府提起违约诉讼时，或者当求诸这样的法庭但受到按担保合同规定属不合理的迟延的阻碍时，或者当投资者不能执行其所得到的于己有利的最终判决时，才得予以补偿。

4. 战争和内乱险

根据MIGA公约第11条的规定，战争和内乱险是指机构对东道国领土内的任何军事行动或内乱向投保人提供担保，包括典型的在东道国政府控制之外的革命、动乱、政变和类似的政治事件。然而，具体针对投保人的恐怖主义行为和类似活动不包括在这一条款之中，但可包括在以下所述的其他非商业险之中。

5. 不履行金融支付义务险

2009年多边投资担保机构理事会批准了对机构业务细则的重要修改，增加了一项新的承保业务，即不履行金融支付义务险。若主权国家或其下属机构、国有企业对投保人根据无条件的金融支付义务或与合格投资有关的担保，到期未能支付，给投保人造成损失，则机构可对投保人予以赔偿。并且该险种不要求投资者取得仲裁裁决。

6. 其他非商业风险

根据MIGA公约第11条的规定，应投资者与东道国的联合申请，董事会经特别多数票通过，可将本公约的担保范围扩大到上述提及的风险以外的其他特定的非商业性风险。但在任何情况下都不包括货币的贬值或升值。

多边投资担保机构对上述风险均可予以承保。但公约明确将由以下两种原因造成的损失排除在担保范围之列：①投资者对东道国政府的任何作为或不作为的同意或负有责任而造成的损失；②发生在担保合同缔结之前的东道国政府的作为、不作为或其他任何事件造成的损失。

（二）合格的投资

多边投资担保机构（以下简称"担保机构"）业务细则规定了合格投资：要具有承保的资格，必须在投资类型、投资资产、投资时间以及投资的东道国几方面满足一定的要求并符合规定的标准。

1. 投资类型

MIGA公约规定，合格的投资既包括股权投资（其中也包括股权持有者为有关企业发放或担保的中长期贷款），也包括非股权直接投资。同时，机构董事会经特别多数票通过，可将合格的投资扩大到其他任何中长期形式的投资。但是，除上述贷款外，其他贷款只有当它们同机构已担保或拟将担保的具体投资有关时，才算合格。

担保机构业务细则规定，承保范围扩大到以下范围的股权投资：东道国境内设立的公司或具有法人资格的其他实体中的股份；参与分享东道国境内合资经营企业的利润及清算所得收益的权利；投资者在东道国境内的非法人分支机构或其他企业中资产的所有权；有价证券以及直接股权投资，包括合资经营企业中的少数参与额，债券转换成的优先股，以及被给予同外国直接投资相结合的有价证券的优先权；项目企业股权所有人对该项目企业投放的贷款，但这种贷款的平均偿还期限不得少于3年或董事会在特别情况下批准的更短的期限。

非股权直接投资主要是指通过各种合同安排所进行的投资。董事会确定非股权直接投资的标准是：具有3年以上期限，并且其获利主要取决于该投资项目的生产、收益或利润。担保机构将只对这样的非股权直接投资提供担保。董事会认为，服务和管理合同等新形式的投资和投资者的收入依赖于企业运行的特许协议、许可证协议、租赁协议和产品分成协议的为直接投资。担保机构的业务细则进一步列举了在标准前提下机构的担保可及于下列形式的非股权直接投资，包括：①产品分成合同；②利润分享合同；③管理合同；④商标、专有技术特许协议；⑤技术许可协议；⑥交钥匙合同；⑦具有3年以上期限的租赁合同；⑧平均偿还期不少于3年的附属债券；⑨其他形式的非股权直接投资；⑩为贷款提供的担保，贷款的平均偿还期不少于3年，并且由非股权直接投资者所提供。

2. 投资资产

具有被承保的合格投资可以是公约规定的可自由使用货币或在做出承保决定时可自由兑换的任何其他货币，也可以是向投资项目提供的任何具有货币价值的有形或无形资产，如提供机器、专利、工艺流程、技术、技术服务、管理技巧、商标以及销售渠道等。为了承保的目的，这些实物投资的货币价值必须按照签发担保的货币确定。在这方面，承保签署权人可以接受投保人提供的可靠估价或者自行估价，或者要求一种独立的估价。

3. 投资时间

担保机构承保的投资限于新的投资。新的投资是指投保人提出的申请注册之后才开始执行的投资，包括用来更新、扩展、增强现存项目的财政活力或开发一个现存投资项目的投资，以及现存投资产生的、本可汇出东道国的收益。

4. 合格投资的标准

MIGA公约规定，担保机构在承保投资之前，应弄清下列情况：

（1）该投资的经济合理性，包括投资在技术上的可行性，财政上与经济上的生存能力以及相关的经济与财务因素等。

（2）对东道国发展所做的贡献，判断因素有：该投资为东道国创造收益的潜力，对最大限度地发挥东道国生产潜力的贡献，拓宽经济活动范围、增加就业机会以及改善收入分配的程度，向东道国转让知识和技能的程度以及对东道国社会基础设施和环境的影响等。

（3）该投资符合东道国的法律条令。

（4）该投资与东道国宣布的发展目标和重点相一致。

（5）在东道国的投资条件下，该投资将受享有公平、平等的待遇和法律保护。

5. 合格投资的东道国

MIGA 公约规定，担保机构只对在发展中国家会员国境内所做的投资予以担保。在"东道国政府同意机构就指定的承保风险予以担保之前"，机构不得缔结任何担保合同，任何东道国都可以拒绝同意指定的承保风险。这会促使东道国在同意之前评估拟议中的投资。担保机构根据这一条款取得同意的程序，这些程序还包括如果不反对即视为同意的规定。尽管不需要投资者母国的同意，但是如果投资者母国政府通知机构，该投资的资金是违反该国法律转移出境的，那么机构应拒绝提供担保。

（三）合格的投资者

MIGA 公约规定，下列条件的任何自然人和法人都有资格取得担保机构的担保：①该自然人是东道国以外一会员国国民；②该法人在一会员国注册并在该会员国设有主要业务点，或其多数资本为会员国或几个成员国或这些成员国民所有，在上述任何情况下，该成员国必须不是东道国；③该法人无论是否是私人所有，均按商业规范经营。

就投资者的国籍而言，作为适格的投保人，是自然人的投资者必须为东道国以外的成员国的国民。如果投资者是法人，那么其必须是在东道国以外的成员国登记并有其主要营业地，或者其资本主要由东道国以外的成员国或其国民所拥有。如果投资者有一个以上的国籍，成员国国籍应优先于非成员国国籍，东道国国籍应优先于任何其他成员国国籍。

根据投资者和东道国的联合申请，董事会经特别多数票通过，可将合格的投资者扩大到在东道国的自然人，或在东道国注册的法人，或其多数资本为东道国所有的法人。但是，所投资产应来自东道国境外。这是对于投资者不能与东道国有联系这一要件的例外，这一例外与担保机构将投资引入发展中国家的中心宗旨是一致的。现在一些发展中国家的国民侨居国外，并拥有大量的离岸资金，这一例外有助于资本流回发展中国家。

（四）担保合同与代位

1. 担保合同

（1）担保合同的范围。机构业务细则规定，机构和投保人双方的权利和义务应在担保合同中加以规定。担保合同应详细规定承保的范围和可能予以赔偿的损失类型，包括对于投资的全部损失承保的任何限制或延伸于业务中断代价的任何承保。合同中还应包含关于担保期限、合同的终止和调整、担保数额及货币、备用担保、投保人的保证与责任、争议与可适用的法律以及担保费和索赔的规定。担保合同的标准格式应于担保业务开始之前由董事会批准。

（2）担保期限及终止与调整。担保期限不应少于3年，也不应多于15年。但在特别情况下承保人与投保人可以协商约定长达20年的较长期限，或与投资所批准的较短期限相应的期限。如果担保合同中规定的担保期限短于上述最长期限，则以后可延长至该最长期限。

投保人可以于担保合同订立3年之后该合同订立的每个周年纪念日终止担保合同。除非担保合同另有规定，机构可以调整合同关于担保期限做任何延长的条件。担保合同应订明双方中任何一方可以终止、修改合同或对合同进行重新谈判的各种情况。

（3）担保数额及变动。担保数额由承保人与投保人约定，但无论如何不得超过最高担保额。最高担保额依投资类型的不同而有不同标准。对于股权投资来说，担保额不得超过投保人对投资项目的出资额加上投资的收益减去未予担保的数额；对于非股权直接投资，担保额不得超过投保人对投资项目所投入的资产的价值减去其未予担保的数额；对于贷款及贷款担保，担保额不得超过该贷款的存续期间所累积的利息减去其未予担保的数额。

投保人还可以使用其取得的备用担保来增加担保数额，也可依合同的规定减少担保额。目前机构对每个国家、每个项目的承保额都有限制。

（4）投保程序。关于投保程序，同样也涉及申请与批准等步骤。依据业务细则的规定，申请分为初步申请和正式申请。投保人可在提交决定性的正式申请之前，向机构提交一份初步申请，若机构初步认为该投资具有被予承保的合格性，则对初步申请予以登记。投保人应在收到登记通知后3个月内提交决定性申请。机构在接受申请后，应对投资项目、将承保的风险以及投保人所申请的担保对担保机构的担保容量和风险多样化的影响进行评价,并应取得东道国对机构就预定的风险进行担保的批准,然后尽可能在收到正式申请后的 120 天内做出决定。担保合同在董事会指导下由机构总裁批准。

2. 担保机构的代位权

一旦机构承保的各种非商业风险发生,就会出现两个方面的索赔:投资者根据其与机构订立的担保合同向机构索赔;根据公约机构支付或同意支付保险金后,有权代位向相关东道国索赔。

(1) 投资者向担保机构索赔。投资者在向机构索赔之前,要履行一些义务:寻求救济,遵守东道国法律与法令,对其投资项目加以控制,以避免或减少可能的损失,妥善地保存索赔的文档记录以备机构之需,并保留投资项目在投保期的账目。而机构支付赔偿的最终决定由总裁根据赔偿委员会的建议做出,赔偿委员会由总裁任命组成,由机构首席法律官员主持。赔偿额不得超过投保总额和投资者实际损失。投保人自己至少应承担投资额 10% 的风险。

(2) 担保机构代位向东道国索赔。MIGA 公约规定,在对投资者支付或同意支付赔偿后,本机构应代位取得投资者对东道国和其他债务人所拥有的有关承保投资的权利或索赔权。担保合同应规定关于代位的条款。东道国对于本机构按上述规定作为代位权人所获得的东道国货币,在其使用和兑换方面给予本机构的待遇应和原投保人取得这种资金时可得到的待遇一样。在任何情况下,担保机构均可将这笔资金用于支付其行政开支和其他费用;如该货币不能自由使用,机构还应设法就该货币的其他使用与东道国做出安排。

(五) 共保与分保

担保机构应通过与其他官方及私人保险人进行并行承保和共同承保分担风险。机构可以通过分保或类似的合伙经营风险的安排与成员国的投资担保机构,或与大部分资金由成员国所拥有的区域性机构以及私人实体进行合作。对于其担保或部分担保,可以在个别的或混合的基础上从适当的实体那里取得分保。

(六) 投资促进业务

MIGA 公约规定,担保机构有义务开展合适的辅助性活动,以促进投资向成员国和在成员国之间流动。机构应为促进投资流动进行研究和开展活动,并传播有关发展中国家成员国投资机会信息,以改善投资环境,促进外资流向这些发展中国家。此外,经成员国请求,机构可以提供改善投资条件的技术咨询和援助。在进行这些活动时，担保机构不仅应以成员国间有关的投资协定为指导，努力消除影响投资流向发展中国家成员国的障碍，与其他促进外国投资的有关机构，尤其是与国际金融公司进行协调；还应促成投资者和东道国之间争端的和解，确保机构在其担保的投资方面所受到的待遇不应低于有关成员国在投资协议中向享有最优惠待遇的投资担保机构或国家提供的待遇，推动和促进成员国之间缔结有关促进和保护投资的协定。

担保机构在发挥其促进投资的作用时，还应特别注意发展中国家成员国之间的投资融通的重要性。

二、多边投资担保机构的地位与组织形式

（一）多边投资担保机构的法律地位

多边投资担保机构属于世界银行集团的成员，但它同时又是独立的国际组织。作为自主的国际组织，多边投资担保机构根据国际法和其成员国的国内法具有"完全的法人资格"，特别是有权：①签订合同；②取得并处理不动产和动产；③进行法律诉讼。其主要目的是鼓励生产性投资在成员国之间，尤其是向发展中国家成员国流动。

为使多边投资担保机构能完成其职能，公约第七章规定机构的特权与豁免，其条款几乎完全模仿国际金融公司特权与豁免的模式，但根据机构业务的特征做出了调整。主要包括以下几个方面：

（1）针对担保机构的诉讼只能向与担保机构有某种特定联系的成员国境内的有权管辖的法院提起。但下列诉讼除外：产生于有关担保或分保合同各方之间的争端的诉讼，这种诉讼根据公约第五十八条的规定应提交仲裁；以及产生于担保机构与涉及被担保或被分保投资的成员国之间的争端的诉讼，这种诉讼根据公约第五十七条的规定应提交仲裁或有关其他程序的协定。特别规定，成员国或从成员国取得索赔权的个人或有关职员的事项不得提起诉讼。

（2）担保机构的资产（就本章而言，包括赞助信托基金的资产）免受搜查、征用、没收、征收或通过行政或立法行为的其他形式的扣押。但这种豁免没有扩大到司法诉讼。担保机构的财产和资产应不受任何性质的限制、管制、控制和延期支付。但是，应该注意，担保机构行使其作为投资者继承人或代位人所取得的财产，只有在担保机构从其代位取得的权利的投资者享有

这种待遇的范围内，免于东道国所适用的控制。

（3）档案和通讯方面：机构的档案不受侵犯，公务通讯应与对世界银行的公务通讯同等对待。

（4）税收方面：对机构及其资产、财产、收入和公约授权经营的业务和交易，应免予一切税收和关税，机构还免予征收或缴纳任何税收或关税的责任。机构的理事、副理事如非当地国家公民，对其自机构所得的费用津贴应免于纳税。机构的董事会主席、董事、副董事、总裁或职员，如非当地国家公民，对其自机构所得薪金、费用补贴和其他报酬也应免于纳税。

（5）机构的所有理事、董事、副董事、总裁和职员，在执行公务中所实施的行为，应免予诉讼程序。

应该注意的是，赋予机构以特权与豁免，其目的是使机构能履行其职能，如果这种放弃不损害其利益的话，机构可以放弃这些豁免。而且如果机构认为其职员的豁免会妨碍司法的进程，而放弃这种豁免又不会损害机构的利益，那么机构应该放弃这种豁免。

（二）成员国资格

1. 会员国资格的取得

MIGA 公约规定，机构会员国资格应向国际复兴开发银行所有会员国和瑞士开放。因此，会员国资格以世界银行成员国资格为先决条件，但世界银行成员国没有加入机构的义务。MIGA 公约会员国分为发达国家与发展中国家两大类。截至 2022 年 9 月 30 日该公约有成员国 182 个，其中包括发展中国家 154 个，发达国家 28 个。

机构的创始会员国为公约附表一中所列，并在 1987 年 10 月 30 日或在此之前加入公约的国家。原预期公约在开放签署两年内生效，后因情况发生变化，决定在 1988 年 4 月 30 日之前成为公约缔约方的国家均为公约创始成员国。

2. 会员国的退出与会员国资格的暂停

（1）会员国的退出。公约规定，任何会员国在本公约对之生效之日起 3 年期满后可随时以书面形式通知机构总部退出机构。机构应将收到该项通知一事告知作为本公约存放人的国际复兴开发银行。机构收到该项通知之日后 90 天，退出即开始生效。只要退出尚未生效，会员国仍可撤销该项通知。

（2）会员国资格的暂停。公约规定，如果会员国不履行公约规定的任何义务，理事会经持有多数总投票权的多数理事表决，可暂停其会员国资格。在暂停资格期间，会员国除有权退出和有按第三章及第九章给予的其他权利外，不再享有公约规定的任何权利，但将继续承担其全部义务。为了确定根据公约所作的担保或分保的合格性，一个已暂停资格的会员国不应作为机构的会员国对待。暂停资格的会员国自其暂停之日起1年后即自动终止为会员国，除非理事会决定延长暂停期限或恢复其会员国地位。

（3）已停止为会员国的国家之权利和义务。MIGA公约规定，当一国停止为会员国后，对其会员国资格停止之前依本公约已生效的义务，包括机构因担保提供可能引起的义务，继续承担责任。

（三）担保机构的资本和会员国的认股

1. 担保机构的资本

按世界银行早期方案的设计，担保机构没有股份资本，仅代表通过担保机构提供投资担保的成员国开展业务。根据公约规定，机构将拥有股份资本，并以自己的能力做出担保，同时可为会员国的投资提供担保作为补充，在后一种情况下，担保机构只充当管理者的角色。认缴资本可被扩大使用，允许担保数倍于其规模。

MIGA公约规定的法定资本为10亿特别提款权，分为10万股，每股票面价值为1万特别提款权。但是，会员国对于认缴股本的支付义务将根据1981年1月1日至1985年6月30日期间以美元标价的特别提款权的平均值计算，即每一特别提款权等于1.082美元。且机构理事会经特别多数票通过，可随时增加担保机构的资本。

2. 会员国的认股

每一会员国都应认缴担保机构的资本，公约规定最低认股数为50股（50万特别提款权），这将使所有成员国在机构中都有份额。创始成员国将按公约附表A规定的股份数额以票面价格认缴。其他会员国应按照理事会确定的资本股份数额和条件认购，但在任何情况下均不得按低于票面的发行价格认购。机构理事会可制定规则，使会员国得以增加法定股本的认购份额。

MIGA公约规定，认缴股份股金的10%将以现金支付，另有的10%将用不可转让的无息本票或类似债券缴付，并根据董事会的决定予以兑现。认缴资本剩余的80%待机构催缴，以清偿其债务。担保机构将在稳妥的商业基础上开展活动，并在任何情况下都保持其履行财务的能力，因此，实际动用不可转让的证券和催缴资本的情况预计是不会发生的。在会员国延迟支付催缴的股金时，机构可对未支付的认缴股份连续进行催缴。

认缴股份的实收部分和催缴部分必须用公约所指的可自由使用的货币支付。为了减轻发展中国家会员国的负担，公约允许发展中国家用当地货币支付其认缴股份的实收现金部分的25%。为了减轻会员国的财政负担，公约规定，在某些情况下，机构将把催缴股份的已缴数额退还给成员国。这些退款应按各成员国在退款之前所作的催缴支付的比例，用可自由使用的货币支付。

（四）担保机构的组织管理

担保机构的基本结构与其他国际金融机构类似，尤其是世界银行和国际金融公司，由理事会、董事会、总裁及职员组成。

担保机构的最高权力机构是理事会，理事会由每一会员国的一位理事及其副理事组成。副理事在理事缺席时行使投票权。理事会应推选一名理事为主席。理事会至少每年举行一次会议，可由理事会或董事会在其他任何时间召集。理事会可委托董事会行使其任何权力，但下列权力除外：接受新会员国并决定其加入的条件、暂停会员资格、决定资本的增减、提高担保总数的限额、确定发展中国家会员国资格；划分新会员国或重新划分现有会员国类别；确定董事报酬；停止业务和资产清算；资产清算后的分配、修改公约及其附件和附表。

担保机构的执行机构是董事会，负责机构的一般业务以及有关政策法规的一切事项，并且为履行这一职责，可采取公约所要求或许可的任何行动。理事会决定董事的任命。第一届董事会由理事会在举行开业大会时组成。董事会由不少于12名董事组成，董事人数可由理事会根据会员国的变动进行调整。每位董事可指定一名副董事在董事缺席或不能行使权力的情况下，代行其全部职权。世界银行行长为董事会的当然主席，其除在双方票数相等时得投一决定票外，无投票权。董事会应在其主席本人提议下，或根据3位董事的请求，召开会议。

担保机构的总裁在董事会的监督下，处理机构的日常事务与职员的组织、任命和辞退。总裁由董事会主席提名，由董事会任命。理事会决定总裁的薪金和任期条件。总裁在任命职员时，在确保达到最高的工作效率和技术水平的前提下，要适当注意从广泛的地区录用人员。总裁和职员在履行其职责时应完全对机构负责，而不对其他权力当局负责；对于在开展机构业务中所得到的情报,在任何时候均应予以保密。

(五) 机构的投票与表决制度

机构的投票权结构反映了两类会员国在机构具有平等的利益;两类国家之间的合作至关重要,当所有的适格国家都成为会员国时,两类国家应有平等的表决权(50%:50%)。会员国的投票权应反映其相应的资本认缴额。因此,公约规定,每一成员国享有177张会员资格票,再按照该会员国持有的股份,每持有1股就加上1张认缴股份票,认股越多投票权越大。会员资格票是经过计算的,以便确保在世界银行所有成员国加入时,发展中国家作为一个集团与发达国家作为一个集团将拥有相等的表决权。为了在取得这类平等之前保护少数票集团,在公约生效后的3年内,该集团将接受补充票,使之作为一个集团能拥有总投票权的40%。这样补充票将按其相应的认缴股份票的比例在有关集团的会员国之间分配,并根据情况自动增减,以便拥有该集团40%的表决权。即使在过渡期间,只要该集团通过认缴股份票和会员资格票达到总投票权的40%,补充票将被取消。理事会和董事会的一切决议都应经代表总认缴股份55%以上,且不少于总投票权的2/3的特别多数票做出,除非根据本公约需要更多的多数票,在这种情况下,应服从更多的多数票。

理事会和董事会的表决程序。理事有权为其所代表的会员国投票。除非本公约另有规定,理事会的决定均由实投票数的多数票通过。董事有权行使其当选的会员国在机构中的投票权,每一董事拥有的全部投票权应作为一个单位投票,除非本公约另有规定,董事会的表决均应经实际投票数的多数票通过。召开董事会的法定人数必须由拥有总投票权半数以上的多数理事组成。

(六) 与其他国际组织的合作

MIGA公约规定,机构应在公约条文范围内,与联合国相关领域内负有专门责任的其他政府间组织合作,尤其是包括国际复兴开发银行和国际金融公司。实践中,世界银行行长是机构董事会的当然主席,世界银行和国际金融公司致力于执行的发展计划和政策应得到多边投资担保机构的支持,而机构与解决投资争端国际中心也联系密切,二者在调整国际投资关系方面的职能不同但互有补充。

第四节　世界贸易组织有关投资的协议

世界贸易组织（WTO）的法律体制内，有关国际投资的协议主要有四个：《与贸易有关的投资措施协议》（TRIMs）、《服务贸易总协定》（GATS）、《与贸易有关的知识产权协议》（TRIPs）、《补贴与反补贴措施协议》（SCM）。这些协议形成了与投资有关法律规则的多边协定群，确立了有关投资的市场准入、国民待遇和取消数量限制的原则和措施，成为国际投资的国际法制的重要组成部分。

一、与贸易有关的投资措施协议

TRIMs在乌拉圭回合谈判中达成，是世界贸易组织针对国际投资法律问题达成的第一份协议。该协议适用于与货物有关的特定投资措施，专门处理对贸易具有不利影响的限制性措施。

在实践中，一些国家制定的关于管制和鼓励外国投资的法律措施会对贸易产生一些不利影响，包括两个方面：对贸易的限制和扭曲，以及对外资规定某些履行要求会被认为是对其施加额外负担，不利于外国投资。相应的，乌拉圭回合谈判达成的协议采取不同的方法来处理这两类影响。列入的与贸易有关的投资措施主要属于投资鼓励和履行要求两类。其中，投资鼓励是指那些影响投资决定的鼓励措施，通常包括税收减免、关税减免、补贴和投资津贴等投资鼓励措施，规定在SCM协议中；而履行要求则是对投资者施加的条件限制，如当地成分、国内销售、外汇限制等，由TRIMs专门处理。

TRIMs将投资问题纳入世界贸易组织的多边贸易体制，并以多边协议的形式将关贸总协定中的国民待遇原则和一般取消数量限制原则引入国际投资领域。协议第2条规定，各成员不得实施任何与《1994年关税与贸易总协定》第3条（国民待遇）或第11条（数量限制的一般取消）不一致的与贸易有关的投资措施。这是一条原则性的规定。协议附录的解释性清单详细列举了违反上述条款的投资措施。

二、服务贸易总协定

《服务贸易总协定》（GATS）也是在乌拉圭回合谈判中达成的，该协定首次将服务贸易纳入多边管制。提供服务往往需要在当地设立机构或商业场所，因此服务贸易与投资关系密切。GATS第1条第2款通过列举的方式，定义了服务贸易的四种形式，其中第三种规定为：一成员的服务提供者通过在任何其他成员境内的商业存在（commercial presence）提供服务。所谓的以商业存在的方式提供服务，GATS第28条做出了规定：为提供服务在一成员国境内设立的任何形式的商业或专业性场所，包括组建、收购或维持一个法人，或建立或维持一个分支机构或代表处。这也是国际投资者拓展跨国服务的主要形式之一。

GATS是在跨境支付、境外消费、商业存在、自然人流动等方面服务贸易的规定，其与国际投资联系较为密切的是市场准入（第16条）和国民待遇（第17条）的规定。GATS第16条规定，在市场准入方面，每一成员对其他任何成员的服务和服务提供者给予的待遇，不得低于其在具体承诺减让表中同意和列明的内容、限制和条件。同时，在作出市场准入承诺的部门，除非在其减让表中另有列明，否则不得采取所列举的六种限制性市场准入措施，其中前四种措施是关于数量限制措施的，后两种与投资密切相关，包括：限制或要求服务提供者通过特定类型法人实体或合营企业提供服务的措施；对参加的外国资本限制最高持股比例或对个人的或累计的外国资本投资额予以限制。这些都是限制市场准入的措施，应当予以禁止。关于国民待遇，GATS第17条规定，对于列入减让表的部门，依照表中所列各种条件和资格的前提下，每一成员在影响服务提供的所有措施方面，给予任何其他成员的服务和服务提供者不低于其给予本国同类服务和服务提供者的待遇。成员可通过给予他国与本国的服务或服务提供者形式上相同或不同的待遇，来达到上述国民待遇的要求。但若形式上相同或不同的待遇改变竞争条件，与任何其他成员相比对该成员的服务或服务提供者有利，则此类待遇应被视为较为不利的待遇。因此，GATS规定的待遇是一种有限制的国民待遇，而不是普遍适用于所有服务或服务提供者的待遇。

三、与贸易有关的知识产权协议

TRIPs 是在乌拉圭回合谈判达成的又一新的协议。它明确规定了在保护知识产权方面的基本原则,把对外国投资者知识产权的认可和保护作为涉及外资待遇的一个首要问题,成为各国外资法的重要组成部分。由于知识产权日益成为重要的投资形式,知识产权的国际保护对于推动国际投资发展,特别是技术密集型的国际投资的发展具有重大意义。

在乌拉圭回合谈判之前,已经有一些保护知识产权的国际公约,如《巴黎公约》《专利合作公约》《马德里协定》《伯尔尼公约》《罗马公约》等。但这些国际公约都或多或少地存在一些不足,不能有效实现保护知识产权的目的。例如,没有专门保护商业秘密的国际公约;《巴黎公约》没有规定专利的最低保护期限;已有公约对假冒商品的处理不够有力;对计算机软件和录音制品缺乏国际保护;再有,缺乏一个有效的争端解决机制来处理与贸易有关的知识产权问题。针对以往国际公约的不足,TRIPs 就是在参考和吸纳前述公约的基础上,进行了有效的补充和修改,成为世界范围内知识产权保护领域涉及面广、保护水平高、保护力度大、制约力强的一个国际公约。它的制定目的是减少国际贸易中的扭曲及障碍,促进对知识产权有效和充分的保护,以及确保实施保护产权的措施及程序本身不会成为合法贸易的障碍。它的内容也创设了许多特色:TRIPs 第一次把最惠国待遇原则引入了知识产权保护领域;创建了完善的知识产权实施体系,包括一般义务、民事行政程序、临时措施和刑事制裁等措施,确立了复合式的执法手段;版权的保护扩及计算机程序等方面,保护期限为 50 年;对驰名商标的保护扩展适用到服务和那些与注册商标不相似的商品和劳务中,并且把驰名商标的保护从相对保护扩大为绝对保护(跨类保护),提高了驰名商标的保护层次;关于专利的保护,最重要的是对专利性作出了规定,而且所有的产品发明和程序发明,包括药物和微生物领域的发明,都可以被授予发明专利。这些措施保护了知识产权,促进了国际投资的发展。

四、补贴与反补贴措施协议

《补贴与反补贴措施协议》(SCM)目的是对补贴的使用进行有效约束和规范。它既是多边贸易规则,同时又是衡量补贴合法性的标准。其作用在于:一方面,通过补贴争端的多边解决或采取单边的反补贴措施(反补贴税等)努力恢复公平贸易,避免使国内产业在与享受政府补贴进口产品的竞争中处于不利地位;另一方面,通过规范反补贴的程序和标准,防止用于抵销补贴的反补贴措施本身阻碍公平贸易,以遏制贸易保护主义的泛滥。

(一)补贴

该协议第1条第1款规定,如果在某一成员方领土内存在政府或任何公共机构提供的财政资助或存在1994版《关税与贸易总协定》的第16条意义上的任何形式的收入支持或价格支持,以及由此而给予的某种优惠,这种情况则被认为有补贴存在。

(二)专向性

补贴具有专向性是指补贴只给予一部分企业或产业。某项补贴是否合法,取决于它是否具有专向性。补贴协议规定了4种类型的专向性补贴:①企业专向性补贴:政府对一个或几个特定公司进行补贴;②产业专向性补贴:政府对某一个或几个特定产业进行补贴;③地区专向性补贴:政府对其领土内的特定地区的某些企业进行补贴;④禁止性补贴:与出口实绩或使用国产投入相联系的补贴。

(三)补贴的分类

补贴协议将专向性补贴分为禁止性补贴、可诉补贴、不可诉补贴。

1. 禁止性补贴

协议明确地将出口补贴和进口替代补贴规定为禁止性补贴,任何成员不得实施或维持此类补贴。农产品的出口补贴的削减由农业协议规定。出口补贴是指法律上或事实上以出口实绩为条件而给予的补贴,协议附件1专门列出了一个出口补贴例示性清单,列举了12种可归于出口补贴的典型情况。进口替代补贴是以使用国产货物为条件而给予的补贴。

2. 可诉补贴

可诉补贴是指那些虽然不是一律被禁止,但又不能自动免于质疑的补贴。

协议第 5 条对这类补贴规定了总体原则，即任何成员不得通过使用协议规定的专向性补贴而对其他成员的利益造成不利影响。所谓"不利影响"，是指以下三种情况：对另一成员的国内产业造成损害；使根据 1994 版《关税与贸易总协定》所获得利益的丧失或减损；"严重侵害"另一成员的利益。

3. 不可诉补贴

不可诉补贴包括两大类，即不具有协议第 2 条规定的专向性的补贴和符合特定要求的专向性补贴。符合特定要求的专向性补贴，是指研发补贴、贫困地区补贴和环保补贴。补贴协议第 8 条对以上这些补贴规定了非常详细的限定条件。协议第 31 条规定，有关不可诉补贴的规定临时适用 5 年。

对于禁止性补贴和可诉补贴，受损害的成员方可以采取反补贴措施或者救济方法对其损失予以弥补。在国际投资中，由于该协议普遍适用于一国所有内资和外资企业，因此东道国的投资激励措施有可能构成该协议所定义的补贴行为而受到该协议的管制。

（四）发展中国家成员方的特殊和差别待遇

WTO 成员方认识到补贴可在发展中国家成员的经济发展计划中发挥重要作用，因此，补贴协议详细规定了各类发展中国家的特殊和差别待遇。与 WTO 其他协议相比，补贴协议中的优惠待遇可能是涉及范围最广、对发展中国家具有重要和实质意义的优惠。协议按照联合国标准将发展中国家分为三类，即 48 个最不发达国家、列入附件 7 的年人均国民生产总值低于 1 000 美元的 20 个发展中国家和其他发展中国家。优惠待遇包括：禁止性补贴方面的优惠（协议第 27 条）、可诉补贴方面的优惠（第 27 条）、反补贴调查中的优惠（第五部分）。

五、WTO 和"与投资有关的贸易措施"问题

"与投资有关的贸易措施"（Investment-Related Trade Measures，IRTMs），是指那些影响外国直接投资的数量、部门构成以及地理分布的、较为一般性的贸易政策措施。对比"与贸易有关的投资措施"，它们通常不涉及具体的贸易或外国直接投资交易。根据联合国贸发会议的有关研究，与投资有关的贸易措施大致分为市场准入限制、市场准入发展优势、出口鼓励措施、出口限

制措施四类①。近年来,区域性自由贸易协定的增加,扩大了对外国直接投资的影响,原产地规则以及国家技术标准等措施对投资的影响日益增强。以下重点介绍这两种最为重要的与投资有关的贸易措施。

(一) 区域性的自由贸易协定

自由贸易区或区域经济一体化促进了区域内的贸易自由化,对于推动更大区域乃至全球经济一体化有着积极的作用。《关税与贸易总协定》(GATT)规定,关税联盟或自由贸易区所实行的特惠制,属于多边贸易体制中最惠国原则的例外。GATT第24条规定,总协定不妨碍关税联盟或自贸区或为成为关税联盟或自贸区而订立的临时协议的安排,只要求这类联盟或临时协定对非缔约国所实施的关税和其他贸易规章,大体上不得高于或严于未建立联盟或达成临时协议时各组成领土所实施的关税和贸易规章的一般限制水平。如此,区域一体化措施可与GATT/WTO多边贸易体制长期并行共存。

这类协定可能构成最重要的"与投资有关的贸易措施"。这些区域贸易协定允许成员国规定和实施非最惠国待遇,以及仅对区域内营业的企业有利的贸易措施,并在相对封闭的区域内实行贸易和投资优惠,因此有利于吸引外国投资或将投资留于区域内,促进本区域经济的发展。

(二) 特殊优惠区的原产地规则

原产地规则分为两类,一类是对最惠国待遇普遍适用的一般原产地规则;另一类是仅适用于特殊优惠区(关税联盟或自由贸易区)的原产地规则(以下简称"特惠区原产地规则")。特惠区原产地规则通常比一般原产地规则要严格得多,通常借助辅助标准来形成严格的规则。虽然对于特惠区吸引外资有利,但整体而言会影响国际投资流向,对其他国家的贸易和投资可能会产生不利影响,因此也需要通过多边贸易体制进行规制。

由此可见,贸易措施如果不考虑对投资的影响,会对部分国家甚至整个世界的投资及经济发展产生某些负面影响,导致国家间投资与发展机会的不平等。因此,国际社会应协调、规范与调整,使贸易措施有利于促进投资在国际间的自由流动,促进资源的合理配置。

---

① UNCTAD. Investment-related trade measures [M]. Geneva: United Nations, 1999: 3-4.

第五节 国际社会对国际投资立法的努力

自 20 世纪 70 年代以来,国际社会一直致力于制定关于外国投资与跨国公司的国际规范,包括:联合国的跨国公司行为守则,世界银行关于外国投资的指南,经济合作与发展组织(以下简称"经合组织")草拟的《多边投资协议》以及联合国的《全球契约》与《工商企业与人权:实施联合国"保护、尊重和救济"框架的指导原则》等。这些文件虽然有的因为争议太大而被搁置并未生效,有的不具有强制约束力,但这些文件为国际投资法制构建了框架,对国际投资立法产生了重要作用与积极影响。

一、联合国跨国公司行为守则

(一) 守则背景

跨国公司是国际投资活动的重要参加者与最为活跃的主体。为此,联合国经济与社会理事会专门成立了跨国公司委员会,负责协调和研究有关跨国公司的事务,并设立"跨国公司中心",作为其业务执行机构。而后该委员会建立了跨国公司行为守则政府间工作组,负责守则的拟定。工作小组于 1982 年向委员会提交了《跨国公司行为守则(草案)》的报告(以下简称"守则草案")。

守则草案对跨国公司的活动及对东道国的态度、跨国公司的待遇、各国政府为实施守则的合作以及守则的实施等问题做出了规定,成为指南。守则草案提出后,跨国公司委员会每年召开会议对草案内容进行讨论和修改,但由于发达国家和发展中国家在跨国公司应否受东道国法律管辖、征收与国有化的赔偿标准等核心内容以及守则的法律地位等关键问题上存在分歧,守则最终未能生效。

(二) 主要内容

守则草案分六个主要部分,共 71 条:①序言和目标;②有关定义和适用范围;③关于跨国公司的活动,可分为三个方面:一般性和政治性的规定,具体的经济、金融和社会问题,资料公开;④跨国公司的待遇,可分为三个方面:业务所在国对跨国公司的一般待遇,国有化与赔偿,管辖权;⑤政府间实施《行为守则》的合作；⑥《行为守则》的实施，可分三个方面：在国家一级的行动，国际体制机构，审查程序。

守则草案的序言规定了其目标：最大限度地增加跨国公司对经济发展和增长的贡献并减少跨国公司行动的消极影响。关于跨国公司的定义，由在两个或两个以上国家的实体所组成的企业，而不论这些实体的法律形式和活动范围如何；这种企业的业务是通过一个或多个决策中心，根据一套决策经营的，因而具有一贯的政策和共同的战略；该企业的各个实体由于所有权或别的因素相互关联，其中一个或一个以上的实体能对其实体的活动产生重要影响，尤其是可以同其他实体分享知识、资源以及分担责任。

（三）守则的意义

守则草案虽经努力修改，但由于资本输入国与输出国利益冲突较大，一些重要问题无法达成共识，国际社会十多年努力拟定的守则草案未能生效，最终被搁置。然而，努力并非没有意义，草案涉及的对跨国公司活动的管制仍是国际社会亟待解决的问题之一，而草案已达成部分的共识对于国际社会成员立法具有重要参考价值，也为未来多边投资的谈判奠定了基础。

二、世界银行制定外国直接投资待遇指南

（一）指南背景

20世纪80年代以来，跨国投资发展迅猛，世界银行和国际货币基金组织联合设立的发展委员会认为有必要构建一个国际投资法律框架。鉴于各国尤其是南北双方歧见犹存，以往尝试编纂国际投资法典的努力屡告失败，发展委员会意识到制定一项无法律拘束力的投资指南，更容易为各国所接受。制定指南的任务由世界银行集团总裁指派的一个工作小组承担，该小组于1992年向发展委员会提交了报告和《外国直接投资待遇指南》（以下简称《指南》）[1]。

（二）重要内容

1. 序言

《指南》序言明确指出："《指南》并不是终极标准，而是普遍接受的国

---

[1] Development Committee. Guidelines on the Treatment of Foreign Direct Investment [J]. ICSID Review-Foreign Investment Law Journal, 1992 (2): 297.

际标准发展进程中的重要一步,它可以补充但不替代双边投资条约。"《指南》不具有法律拘束力,但对于创造良好的投资环境的发展进程来说,确实极为重要。

2. 适用范围

主要规定《指南》可被世界银行集团成员国适用于其境内的"外国私人投资",但以投资本着"善意"并符合东道国法律和规章为条件。

3. 外资准入

虽然《指南》载明东道国对外资准入享有管制的权利,但又力主开放外资准入,建议各国放宽外资准入的条件(包括业绩要求),并具体提议各国对限制性清单之外的外国投资,不经审批即予放行。《指南》规定了关于外资自由准入的例外:东道国基于对国家安全的威胁、经济发展的目标或国家利益的需要、公共政策、公众健康及环境保护等原因,可拒绝外资进入。

4. 外资待遇

《指南》对外国投资者普遍实行"公平与公正"待遇,且给予充分保护和安全。同时,外资得在准入和经营领域广泛取得国民待遇及最惠国待遇;保障外国投资项目及时开业,并自由雇用外籍国民(除东道国已有合格人才之外);强调外国投资财产的汇兑自由和再投资自由,只有在国家遭遇外汇严重短缺的例外情况下,才能要求外资清算所得及征收补偿在一定期限内(最长不超过5年)分期转移;东道国应在利用外资过程中采取适当措施预防和控制贪污腐败的商业行为;对国家间竞争性给外国投资者提供税收豁免之类的鼓励做法持不赞同态度;等等。

5. 征收及单方面修改或终止合同

在征收的条件方面,《指南》规定:除非依据可适用的法律程序、为了公共目的、不根据国籍实行歧视以及支付适当补偿,否则不得征收外国投资。补偿应符合"充分、有效、及时"准则,方为"适当"。对于东道国改废其与外国私人投资者间合同的问题,若东道国出于非商业性原因修改或撤销与外国投资者之间的合同,适用上述关于征收的条件及补偿的规定;若东道国因商业性缘由毁约,则依合同准据法确定其责任。

6. 争端解决

《指南》提出了多种途径以解决投资争议。其中规定东道国与外国投资者之间的争端可通过协商、国内法院诉讼、调解和仲裁等多种途径解决,但特别鼓励各国采用"解决投资争端国际中心"仲裁体制。

显然,《指南》倾向于保护外国投资者的利益,并主要反映了经济发达国家关于外资保护的理论和实践。在所涉国际投资的重要法律问题上,《指南》大多把发达国家的观点上升为"原则"对待,而将发展中国家的主张降为"例外"处理。不过,世界银行报告强调,该《指南》不构成世界银行贷款的条件限制或起立法作用。

三、经合组织的《多边投资协议》

《多边投资协议》(MAI)是由经济合作发展组织(OECD)着手起草并组织谈判的一份协议。MAI 自 1995 年起开始谈判与制定,1998 年因意见抵触而搁浅。虽然该协议最终未能生效,但其是国际社会建立统一国际投资法律框架的一次重要立法努力,不失为对构建未来国际经济秩序的一项有益尝试。

当初拟定 MAI 时,经合组织旨在制定一部关于投资制度的自由化和投资保护高标准、范围广泛的国际投资多边框架协议,并从一开始就设计为一个开放性协议,对象不限于经合组织成员,还向发展中国家开放。草案主要由谈判文本正文(12 个部分)和两个附件组成。以下内容体现了投资自由化和投资保护方面的高标准:①范围及适用。适用范围既包括直接投资,又包括间接投资;明确将债券、贷款和其他债务形式及由此产生的权利包括在内。②外资待遇。最惠国待遇和国民待遇的适用范围扩大,也规定了绝对待遇标准。③投资自由化。要求取消贸易有关的要求、技术转让要求、总部设立地点要求、研发要求等,还涉及投资激励、私有化、劳工标准和环境保护等问题。④投资保护。在征收和补偿、关于战争和内乱以及支付转移方面实行高标准的保护。⑤投资争端的解决。草案规定以协商、调解、仲裁等方式解决国家之间、投资者与国家间的投资争端。但草案条文也存在很多争议:①草案规定国民待遇和最惠国待遇适用于外资准入阶段,同时允许各国提交保留的除外清单。由于各国提交清单数量和性质有很大不同,因此会出现难以平衡各国义务的问题。②较为广泛的履行要求具有侵蚀东道国管制能力的效果。③间接征收的规定也受到非政府组织的强烈质疑。④关于投资者与国家的争议解决通过第三方仲裁的规定也受到质疑。

MAI 虽未能生效,但其体现了国际投资制度的发展趋势,也为我们提供了一些经验教训：国际投资协议的谈判，由于外国直接投资问题和国内政策交织，因此需要进行详尽的调查研究；谈判方式应渐进，所涉议题不应太广，这样更容易达成一致意见；内容上应适当考虑国家政策，平衡权利与责任，才可以被普遍接受；谈判程序应透明。

四、联合国关于企业和人权方面的指导原则

（一）《全球契约》

1999年1月31日，联合国时任秘书长科菲·安南在达沃斯世界经济论坛年会上提出"全球契约"（Global Compact）构想。2000年7月26日，联合国总部正式成立"联合国全球契约组织"，号召全球企业遵守国际公认的价值观和原则。"全球契约"明确了关于人权、劳工、环境和反腐败方面的十条原则：①企业应尊重和维护国际公认的各项人权；②企业决不参与任何漠视与践踏人权的行为；③企业界应维护结社自由，承认劳资集体谈判的权利；④消除一切形式的强迫性劳动；⑤支持消灭童工现象；⑥杜绝任何在用工与职业方面的歧视；⑦企业应采取预防性方式应对环境挑战；⑧主动增加对环保所承担的责任；⑨鼓励开发和推广环境友好型技术；⑩反对各种形式的腐败，包括索贿和行贿受贿。其中，①和②为人权方面的原则，③~⑥为劳工标准方面的原则，⑦~⑨为环境方面的原则，⑩为反腐败方面的原则。

"全球契约"是自愿性的关于公司公民资格的倡议，是国际社会在强化跨国公司社会责任方面采取的最为重要的一个措施。它使得各企业与联合国各机构、国际劳工组织、非政府组织以及其他有关各方结成合作伙伴关系，建立一个更加广泛和平等的世界市场。其目标是：第一，使十条原则在世界商业活动中成为主流；第二，促进支持联合国目标的行为，推动形成共同的价值观和原则。

（二）《工商企业与人权：实施联合国"保护、尊重和救济"框架的指导原则》

2003年8月13日，联合国促进和保护人权分委员会起草了《跨国公司和其他工商业企业关于人权责任的准则（草案）》（以下简称《准则草案》），通过直接根据国际法，要求企业承担人权义务，义务范围与各国根据其所批准条约而接受的义务范围相同。但各利益方对此准则草案反响不一，争论的

焦点是应否让工商企业直接承担人权保护的国际法义务。反对方认为只有国家才负有保护人权的义务。由于分歧较大,联合国人权委员会放弃了这一努力,转而寻求新的路径,通过指派特别代表确认和澄清现行标准和做法。2008年6月,特别代表提出了经研究和协商后制定的"保护、尊重和救济"框架。2011年6月16日,联合国人权理事会一致通过了《工商企业与人权:实施联合国"保护、尊重和救济"框架的指导原则》。虽然该指导原则没有强制的约束力,但其在推进商业人权问题的国际规范的发展方面起到重要作用,为预防和应对工商企业侵犯人权问题提供了全球标准,建立了国际社会可接受的商业与人权方面的框架。

这一框架建立在三大支柱基础上:一是国家有义务保护人权不受包括工商企业在内的第三方侵犯;二是企业有责任尊重人权;三是应增加受害者获得有效救济的机会。根据国际人权法、国际人权宪章以及国际劳工组织宣言,国家有义务保护人权,工商企业也应尊重人权。

五、构建可持续发展的国际投资法制

第二次世界大战后至20世纪90年代,国际投资主要以发达国家将资本投入发展中国家为主,相应的,在国际投资法制中发达国家总是力图强化投资者保护制度以保护本国及投资者的海外利益。进入21世纪,发展中国家和经济转轨国家更多地在吸引外资的同时也在发展对外投资,发达国家在国际投资中也兼具了资本输出国与投资东道国身份,国际投资的地位与作用发生了变化与发展。

联合国贸发组织2012年提出"可持续发展的投资政策框架",以便为决策者在制定国内投资政策和国际投资协定谈判时参考①。建设新一代的可持续发展的国际投资法制,不仅要兼顾资本输出国与资本输入国的利益、合理平衡投资者保护与东道国主权的利益,而且在投资准入和投资者自由化以及投资者与东道国的争端解决机制方面,也要采取必要的改革和改进措施,建立互利互赢的国际投资法律秩序。

---

① UNCTAD. Investment policy framework for sustainable development [M]. Geneva:United Nations Publication,2012:1.

本章小结

本章介绍了国际投资的国际法制。第一节为概述,介绍了国际法对国际投资活动规制的几种形式。第二节到第五节具体介绍针对国际投资的国际法规制度。第二节介绍双边与区域性投资协定的具体形式,如友好通商航海条约以及双边投资协定等,以及典型的区域性协定中的投资规则,如欧盟、北美自由贸易区协定等,并列举双边与区域协定中的主要条款与内容。第三节介绍了多边投资担保机构与担保机构公约。第四节着重介绍了 TRIMs、GATS、TRIPs、SCM 这几个重要的多边协议。第五节介绍了国际社会对跨国公司和国际投资立法付出的诸多努力。

本章思考题

1. 双边与区域性投资协定中的主要条款与内容有哪些?
2. 简述多边投资担保机构的作用。
3. 国际社会关于跨国公司和国际投资立法有哪些努力?
4. 世界贸易组织有关投资的协议有哪些?

第四章

国际投资的实体保护

学 习 要 点

在国际经济一体化进程中,促进与保护国际投资是国际社会共同关心的问题。资本的流动以有利的投资环境为前提,而外资待遇则构成一国投资环境的基础。所谓外资待遇,是国际法上外国人待遇问题在国际投资领域的具体体现,其决定了外国投资者及其投资在东道国的法律地位,因而在有关的国际投资协定及国内投资制度中外资待遇都处于核心地位。实践中,外资待遇不仅是外国投资者的关注焦点,也是投资东道国及投资者母国共同看重的利益之所在。就投资东道国而言,外资待遇牵涉处理好利用外资与发展本国经济问题,公平对待外资与保护本国民族经济、幼稚产业问题,平等对待各国投资者问题,国内立法与投资条约的协调问题等。从投资者母国的角度来看,则相对简单一些,其主要关注通过待遇标准确定国际投资者的法律地位,保护本国海外投资者的合法利益,进而维护本国的国家利益。正因如此,外资待遇成为各方利益相互交错、协调的焦点,也是各国在缔结国际投资条约时争议的主要问题。在某种程度上，确定外资待遇的标准是整个投资条约的核心。尤其是在双边投资协定中，缔约方正是通过待遇标准的确定以保护本国投资者在缔约对方国家的投资。

【关键词】外资待遇；最惠国待遇；公正公平待遇；保护伞条款

第一节　国际投资条约的保护范围及投资的定义

一、国际投资仲裁管辖权与可仲裁性

国际投资仲裁是专门针对投资者与东道国之间的争议解决方法，其仲裁范围通常限于当事方基于国际条约或习惯国际法而产生的权利义务争端[①]。近年来，对于投资仲裁与商事仲裁的关系，学理上多有争论。仲裁在起源之初是作为诉讼替代性的私人间商事争议解决方法存在的，其历史源远流长；而以国际投资争端解决中心（International Center for the Settlement of Investment Disputes，ICSID）为代表的投资仲裁，直至20世纪中叶才逐渐成形。从历史溯源上看，说投资仲裁发轫于商事仲裁是大体成立的。不过，现如今的投资者与东道国争端解决机制（Investor-State Dispute Settlement，ISDS），由于其独特性突出，而日渐发展出相对独立的法定程序，其演变可以理解为是一个从母体剥离逐渐独立，甚至与母体并立的过程。

根据国际投资条约而成立的仲裁庭，其争端解决的权力（仲裁权）是受限的，这尤其体现为投资仲裁管辖权的法定性，意即仲裁庭有权作出裁决的争端范围需要建立在法律授权的基础上。以ICSID仲裁为例，仲裁庭管辖权的行使必须同时满足1965年《华盛顿公约》第25条第1款所列明的各项条件，有学者将该条款所涵盖的管辖权要件归为四类：其一，仲裁庭就争端标的物的管辖权，即直接因投资而产生的法律争端，且争端所涉的投资类型符合条约确立的法定投资含义（对事管辖权）；其二，仲裁庭就争端当事人的管辖权，即因投资受损害而提出仲裁请求的当事人必须符合条约确立的投资者的定义，其国籍满足了相关投资条约的启动要件，且东道国相关政府部门的行政行为可归因于国家（对人管辖权）；其三，仲裁管辖权建立在当事双方书

[①] 但仲裁庭的管辖范围亦存在例外，当案件所适用的投资条约中包含"保护伞条款"时，投资仲裁庭亦有权管辖投资者与东道国之间的投资合同争议。

面仲裁合意的基础上,而非强制仲裁(管辖权合意);其四,争端及其诉因的产生必须满足投资条约中的仲裁条款所设定的仲裁时效(属时管辖权)①。

在以上四点管辖权要件中,仲裁庭必须先要做出判断的是对事管辖权的外延。简言之,即仲裁庭对基于何种事实而产生的何种争端享有仲裁管辖权,相比于其他的管辖权要件,其重心集中于争端的客体方面,因此该问题也可转换为,怎样界定用以判断国际投资条约争端可仲裁性的标准问题。从近年来国际投资条约缔结的主流趋势以及国际投资仲裁争端解决的实践来看,ICSID受理案件的属物范围是"直接因投资而产生的法律争端"②。解决这一问题的核心取决于,引发争端的经济活动是否被包含在投资条约的"投资"定义当中。具体而言,即投资条约中如何定义"投资"。但是显然,法律必须经过解释,否则无从适用。仲裁庭在认定管辖权时,不仅要着眼于立法,还要同时对争端本身做出分析,才能够完成法律适用所必经的涵摄过程。尤其是在投资条约的立法中对"投资"进行了定义的前提下,如果该定义不够清晰,仲裁庭在解释条约中的"投资"定义时需要更加谨慎。

二、可仲裁性的概念内涵及其法律效果

国际投资争端的可仲裁性与当事人的仲裁权利及能力问题息息相关,前者旨在回应何种争议可以通过仲裁方式加以解决,后者处理的则是谁可以提起仲裁的问题③。二者中任何一项不满足,都将导致仲裁程序无法有效启动④。因此,倒不妨将当事人缔约能力的满足视为讨论可仲裁性的要件之一。反过来看,从广义上理解仲裁事项的可仲裁性,其不独取决于立法对选用仲裁方式解决这类争议的肯定,也离不开当事人之间有效的仲裁协议,因此,

---

① Jan Paulsson 曾使用"无默契仲裁"的措辞来表达投资仲裁中当事人合意的范式转换,但在投资条约仲裁中,仲裁庭在行使管辖权之前,仍然需要先行确认当事人之间达成了争端解决的合意,这与商事仲裁中合意的区别仅在于意思表示是否同时进行。PAULSSON. Arbitration without privity [J]. ICSID Review-Foreign Investment Law Journal, 1995 (2): 232.
② 杨卫东. 双边投资条约研究:中国的视角 [M]. 北京:知识产权出版社, 2013: 162.
③ BOCKSTIEGEL. Public policy and arbitrability [A]. P. Sanders. Comparative arbitration practice and public policy in arbitration [C]. Deventer: Kluwer Law and Taxation Publishers, 1987: 181.
④ CHUKWUMERIJE. Choice of law in international commercial arbitration [M]. London: Quorum Books Publisher, 1994: 38.

可仲裁性实属主客观的结合。而至于仲裁当事人的能力问题，尽管从案件主体的角度考虑，这更多被归类为主观问题，但自然人与法人的权利能力、行为能力的判定标准仍然取决于立法的客观认可，而不容当事人随意约定。

如前所言，与商事仲裁相似的是，投资仲裁是基于双方当事人的共同合意。这意味着，仲裁庭管辖权的范围不仅取决于仲裁协议中所约定的具体争议，也取决于当事人可以约定此类仲裁的能力。仲裁协议是国际商事仲裁的基石，因此，缺乏当事人的合意将直接构成对仲裁员管辖权的限制。但不同的是，投资仲裁中当事人的合意未必是以对话式意思表示的方式同时达成，而是存在更多可予以解释的空间。特别是当仲裁合意系争端当事国与投资者母国通过国际投资协定的争端解决条款加以承诺时，这种承诺对投资者而言属于涉第三人的约定，因而这类条款的启动依赖于投资者申请仲裁的具体行为。有学者将此类仲裁合意的模式称为"无默契仲裁"，不无道理①。

三、将投资与其他经济活动相区分的法律意义

哲学家斯蒂芬·图尔敏曾经有一段经典表述，来表达语言文字的波段宽度对概念界定灵活性的影响，其称："定义如同皮带，其越是短小精悍，就越需要灵活的弹性。短小的皮带并不能适应其佩戴者的身材，但通过拉伸，可对其加以调试，并使之与任何人合身。②"在国际投资协定文本与争端解决领域，对"投资"定义的表述方式可谓五花八门，永远没有完全相同的"投资"定义条款，也没有截然不同的"投资"定义条款。就法律条款的篇幅来看，长短不一；就定义的具体模式来看，有的采用抽象的概念要素界定方法，也有的采用不完全的具体列举式方法。但值得肯定的是，投资法领域对"投资"的界定与经济学中对"投资"的界定不尽一致，投资条约的制定者倾向于将"投资"视为特定的资产组合，而经济学家则多将"投资"视为一种经济现象、一类过程或一项行动。不同主体所界定的"投资"，不仅出发点与侧重点不同，且内涵与外延上都有较大的差异。"投资"定义的多元化，使得不

---

① PAULSSON. Arbitration without privity [J]. ICSID Review-Foreign Investment Law Journal, 1995 (2): 232.

② TOULMIN. Foresight and understanding: an inquiry into the aims of science [M]. New York: Harper & Row Publishers, 1963: 18.

同仲裁庭在行使自裁管辖权时，可能对同一经济活动是否属于受条约保护的"投资"得出相反的认定，这无益于保持国际投资法的体系化、稳定性，反倒可能使投资法制进一步碎片化。

从国际投资法发展的历史来看，早期的投资条约最初并未明确将投资与其他的经济活动区分开来。例如，现代国际投资条约的前身——《友好通商航海条约》（Friendship, Commerce and Navigation treaties, FCN），对缔约国采取的影响贸易与投资的政府措施，都允许提交至国家间争端解决机制进行裁判。关税与贸易总协定（GATT）的出台，首次对贸易与投资行为进行区分，并将在GATT体系下争端解决机构的裁判范围限定为贸易争端，只有对贸易产生禁止或限制等消极效果的投资措施，才可根据《与贸易有关的投资措施协议》（TRIMs）寻求在世界贸易组织体系下的争端解决程序。1948年的《哈瓦那宪章》也对促进资本跨国流动确立了若干指导方针，却未规定具体的权利与义务关系，而是留待后续的未来谈判由缔约国来商定外资保护法律待遇的硬性义务。20世纪50年代后，各国开始了专门对相互投资的权利义务关系进行谈判，出台了一系列的投资条约，包括1965年《华盛顿公约》及各类双边投资协定在内的规范性文件。这些条约在一定程度上是缔约国政治妥协与主权让步的结果，之所以这样理解，原因是缔约后东道国将从法律上承诺给予对方国家的投资者及其投资以特定水平的保护，相应地，东道国的外资管制权将受到协定的抑制而不得恣意行使。正如《华盛顿公约》序言部分所言，发达国家与发展中国家之所以都乐于签订此类条约，其目的旨在促进私人国际投资与经济发展的国际合作，因此其范围限于特定的跨境经济活动，即"投资"，而其他的经济活动则未必能够达到投资条约缔约国所旨在实现的法律效果。例如，以贷款或买卖为代表的短期资本流动，由于其经济利益的不稳定性，因此并不值得东道国为此而抑制自身的经济管制权。特别值得一提的是，伊恩·布朗利在CME诉捷克仲裁案发表的反对意见中提出：投资，并不包括各种类型的财产，对仲裁庭而言，有必要将投资保护条约中的保护和利益仅授予有资格被视为投资的财产权利。如果不这样做，将违背仲裁当事方及投资条约缔约方关于提交仲裁的合意的范围[1]。

---

[1] CME Czech Republic B. V. v. The Czech Republic, UNCITRAL, Separate Opinion of CME v. Czech Republic by Ian Brownlie, C. B. E., Q. C., 14 March 2003.

那么，为什么在早期的投资条约中，只赋予投资者以直接的诉权来对抗东道国的不法投资措施，但没有赋予私人对抗国家不法贸易行为的诉权？诺亚·鲁宾总结了以下三点主要原因：首先，跨国贸易通常是进口国与出口国的双向行为，而长期的资本注入则多为单向流动，因此，贸易伙伴国之间更容易从国家层面对另一国的贸易限制措施进行制裁或报复，以此换取公平的国际贸易环境；而投资则不同，资本输入国对投资进行征收或国有化后，如果东道国的国民没有相反地向投资者母国进行投资，则资本输出国无法单方进行对等的投资制裁。其次，在20世纪50年代至20世纪末相当长的一段时期内，外国投资的总体流量远不及国际贸易流量，资本输出国为了避免伤及国家间的贸易关系，不愿将投资者的个人损失升格为外交保护或国家间的司法程序，因此亟须建立投资者与国家间直接的争端解决机制。再次，不法贸易措施与不法投资措施的影响效果不同：贸易限制措施通常只会影响外国贸易商的可得利润，而不法投资措施（如征收或国有化）则可能完全剥夺外国投资者的财产或继续经营其投资的能力，因此违法贸易行为可以通过贸易救济措施进行弥补，而不法投资措施的后果则更多地需要借助争端解决程序请求损害赔偿①。因此不难理解，为何要区分投资与贸易两类经济行为，并对二者适用不同的争端解决程序。

四、"投资"定义的主要方法及其要素

通常认为，国际投资法所调整的对象是私人投资者或企业投资者的跨国直接投资的法律关系，将证券投资或间接投资排除在外，从而与国际金融法的界定相区分。这与经济学的界定是相关的，经济学中通常将以下特征作为界定直接投资的要素：其一，资金的转移；其二，长期的计划；其三，以固定收益为目标；其四，资金转移的主体参与投资项目的经营与管理；其五，存在商业风险。这些要素使直接投资与证券投资区分开来，后者通常不存在对投资目标的管理和控制；同时，这些要素也使直接投资与提供货物或服务

---

① RUBINS. The notion of "investment" in international investment arbitration [A]. Norbert Horn, Arbitration foreign investment disputes: procedural and substantive legal aspects [C]. Hague: Kluwer Law International, 2004: 283-285.

的普通交易相区分,后者不存在持续的固定收益[1]。如前所述,从法律意义上分析,现代的国际投资条约通过对"投资"的定义来廓清自身的属物适用范围,并确立仲裁庭的对事管辖权,然而,长久以来,采用何种方法来界定"投资"却成为困扰投资条约谈判者的重要议题[2]。以 ICSID 仲裁为例,《华盛顿公约》第 25 条虽然将管辖权限定为"直接因投资而产生的法律争端",但并未就"投资"概念详加界定。为了使"投资"的概念在仲裁中更具可操作性,各国常用两种途径来进一步界定第 25 条中的"投资":一种思路是将第 25 条中的"投资"与投资条约中的定义联系起来;另一种思路是以经济学意义上的"投资"来填补第 25 条中的概念空白。事实上,大多数的双边投资协定都包括关于投资定义的一般条款,并伴有若干类型的列举。在仲裁实践中,如果案件所适用的仲裁条款囊括了导致争端的投资活动,则不会产生过多的争执;但是,如果条约中的"投资"定义条款采取的是准用性规范,要求按照投资东道国的国内法来界定"投资",则存在争论。有观点称,在后一类情况下,投资是否有效设立以及是否能适用条约所规定的争端解决机制,取决于其在国内法的审查;但从仲裁实践来看,多数仲裁庭认定,准用国内法的规定,并不能表示可以根据国内法来判断投资的设立及其存在,而只是涉及投资合法性的判断[3]。即使投资条约中未规定清晰的投资定义,考虑到存在"裁判者不得以法无规定为由拒绝裁判"的法理原则,仲裁庭亦须完成漏洞填补的工作,所以为了确保裁判论证的合理性,仲裁庭必须遵循特定的标准来定义"投资"。从案例法的演变与形成来看,"投资"定义的实践标准始终处于发展之中,其中最著名的案例莫过于萨里尼(Salini)诉摩洛哥仲裁案[4]。

如前所述,《华盛顿公约》第 25 条没有详细界定何为"投资",一种说法认为这是公约起草者故意留白以保持概念灵活性的处理方式,即便如此,萨里尼标准(资金的实质投入、特定的持续期、承担风险、对东道国发展具有

---

[1] DOLZER, SCHREUER. Principles of international investment law [M]. Oxford: Oxford University Press, 2012: 60.

[2] MANCIAUX. The notion of investment: new controversies [J]. The Journal of World Investment & Trade, 2008: 1-24.

[3] DOLZER, SCHREUER. Principles of international investment law [M]. Oxford: Oxford University Press, second edition, 2012: 64.

[4] Salini Costruttori S. p. A. and Italstrade S. p. A. v. Kingdom of Morocco, ICSID Case No. ARB/00/4, Decision on Jurisdiction, 23 July 2001.

重要意义）却因其清晰和易于操作的优势而被相当一部分仲裁庭普遍接受，该标准的生成在一定程度上可被视为经济概念法律化的产物①。在后续的一系列裁决中，该标准被多次援引并被接受为通行方法。随着该标准的普及化，有学者开始对其合理性进行反思，其中，最能引发争论的焦点在于第四项要素，即若想将某项经济活动定义为"投资"，是否必须对东道国的发展具有重要意义②？在仲裁实践中，最早偏离萨里尼标准的案件是白瓦特高夫（Biwater Gauff）诉坦桑尼亚仲裁案③。在该案中，仲裁庭从两个方面批判了萨里尼标准：其一，《华盛顿公约》第25条并没有明确提及或援引萨里尼标准；其二，参与公约谈判的历史和起草者的评注表明，立法者有意没有对"投资"进行刻板的定义，正是为了保持这一概念在仲裁实践认定中的灵活性、开放性，因此，个案的仲裁庭也无权将自己解释出来的标准强加于其他仲裁庭的案件裁判中。基于此，白瓦特高夫案的仲裁庭采取了另一种更为灵活且实用的方法，不仅将萨里尼标准所囊括的投资特征纳入考虑，而且也考察案件中的其他具体条件。

另一个涉及投资定义的典型案例是英国的马来西亚历史打捞公司（MHS）公司诉马来西亚仲裁案。在该案中，撤销委员会对于确定某经济活动是否构成投资时应否考虑其对东道国发展贡献的问题，采取了截然相反的立场。总体上看，该案专门委员会肯定了白瓦特高夫诉坦桑尼亚案仲裁庭的定义方法，并认定即使被申请人能够证实该案中的经济活动未满足萨里尼标准，也并不能当然导致该案仲裁庭丧失管辖权④。在该案裁决作出后，审查撤销请求的专门委员会并不同意该案仲裁庭的管辖权结论。专门委员会称，该案仲裁庭关于不具有管辖权的认定完全错误，因仲裁庭没有依照投资条约的授权行使其本应行使的管辖权，这种行为已构成明显越权，因此该案裁决应予撤销。从推理来看，专门委员会对仲裁管辖权的判断基于以下要点：

---

① 张建. 论国际投资条约仲裁：主要机构及其管辖权［A］. 仲裁与法律（第134辑）［C］. 北京：法律出版社，2017：110.

② SCHREUER. The ICSID convention: a commentary［M］. New York: Cambridge University Press, 2009: 131.

③ Biwater Gauff (Tanzania) Ltd. v. United Republic of Tanzania, ICSID Case No. ARB/05/22, Award, 24 July 2008.

④ 有学者结合MHS案、Phoenix案的裁判结论主张，仲裁庭在解释和定义投资的问题上展现出新的发展趋势，开始重视《华盛顿公约》与BIT条款的作用，逐步放弃对萨里尼标准的过度依赖，在扩张客观主义标准的同时重拾主观主义标准；王璐. 投资定义问题再探讨：基于ICSID仲裁新实践的分析［J］. 国际经济法学刊，2011（4）：205.

其一，该案所适用的马来西亚与英国 BIT 采取了非常宽泛的投资定义方法，其包含了各类主要的经济活动，而未对投资的范畴进行甄别和限制。但仲裁庭并没有认真解读 BIT 中的投资定义条款，就认定该案经济活动不构成"投资"而草率地驳回了管辖权。

其二，仲裁庭在对萨里尼标准进行分析时，将此标准不当地提升为管辖权要件，并且苛刻地将"对东道国发展具有贡献"这一标准非常狭隘地限定为较为重大的经济贡献，从而排除了小的贡献、文化及历史性质的贡献，这实际上并不具有法律根据。

其三，仲裁庭未能考察《华盛顿公约》起草过程中的准备文件，尤其是其管辖权决定在一些关键事项方面与准备资料并不相符。特别明显的是，起草过程中的资料显示，公约的起草者并不打算在判定某项活动是否构成投资时设定最低金额限制，也不打算详细限定投资项目的持续期，而是故意将投资的定义留待争端当事双方自行约定。因此，过于高估甚至依赖萨里尼标准，不符合立法者的真实意愿①。

正如该案撤销委员会的报告中公布的裁决异议（dissent opinion）所显示的，该案所围绕的焦点并不仅仅是简单的投资定义，还触及公约的宗旨、目标乃至观念问题：ICSID 的管辖权是否仅仅依赖于当事人的意愿？抑或 ICSID 的管辖权虽然取决于争端当事方的合意，但合意本身不得违反 ICSID 的首要目标，而促进东道国的经济发展应构成 ICSID 的目标之一。相比之下，前一观点可被概括为主观视角，后一观点则可归纳为客观视角，这种观念的分歧，表明资本输出国与资本输入国之间存在着难以弥合的冲突。

值得一提的是，外资保护法律制度的本质特征之一体现为，无论是以条约为基础还是以合同为基础，其都具有促进经济发展的重要职能。与此同时，投资自由化所伴生的投资保护，在一定程度上限制着东道国的外资管理权，而国家只有在确认相关投资活动有利于促进其国内经济发展的范围内，才甘愿对经济主权予以部分让渡。类似地，服从于以 ICSID 为代表的国际投资争端解决机构，在一定程度上意味着对国内司法主权的抑制，而缔约国之所以愿意将部分投资争端提交国际仲裁，也主要是出于吸引外资并促进本国经济

---

① Malaysian Historical Salvors, SDN, BHD v. The Government of Malaysia, ICSID Case No. ARB/05/10, Decision on the Application for Annulment, 16 Apr. 2009.

增长的考量。正因如此，无论投资条约的谈判者，抑或裁判个案的仲裁庭，在对"投资"加以界定时，既不宜过宽，也不宜过窄①。对于非 ICSID 投资仲裁，情况略有不同，主要差异是，非 ICSID 仲裁中的可仲裁事项范围与"投资"定义并不需要遵循《华盛顿公约》，而只需满足投资条约中的争端解决条款即可②。当然，投资条约也存在适用范围的限制，部分条约甚至将对东道国经济贡献的要求作为定义投资的内在要素。

由此可见，仲裁庭在判定涉案纠纷是否具备可仲裁性、是否满足投资定义的问题上，遵循"两步走"的思路。通常，当仲裁申请人将其仲裁请求提交至仲裁庭后，其必须向仲裁庭证实导致当事人之间发生纠纷的交易行为属于仲裁合意的范围之内，无论该仲裁合意事先规定于合同中、条约中还是国内立法中。如果当事人的交易不属于仲裁合意的范围内，则相关纠纷将缺失可仲裁性，仲裁庭亦欠缺对事管辖权，不再继续审查满足"投资"定义。而一旦申请人向仲裁庭证明了涉案纠纷属于仲裁合意之内的受案范围，则仲裁庭将继续审查是否属于《华盛顿公约》中的"投资"，如果不属于公约所界定的"投资"，即使能够通过国际仲裁方式解决争端，也不能通过 ICSID，而只能采用非 ICSID 的其他仲裁方法。总结而言，若是前一项标准未能满足，则根本不存在国际仲裁的合意，也不可能启动仲裁程序③。若是争议所涉及的经济活动符合了前一项标准，但不符合公约所要求的 ICSID 管辖的标准，则仍然可以采用仲裁方法解决争端，但可选仲裁机构不包括 ICSID，而只包括 ICC 及其他的国际商事仲裁机构，具体选择哪个机构，又取决于东道国仲裁合意中所表达的同意选项。因此，基本可以认定，《华盛顿公约》确立的可仲裁

---

① 过于宽泛地解释"投资"定义，虽可扩张投资仲裁庭的管辖权，却可能对东道国经济主权造成不当损益；过于狭义地解释"投资"定义，虽可捍卫东道国外资管制权，但可能导致投资条约的保护范围过窄，无法发挥保护外资和促进经济发展的缔约目标。近年来，越来越多的学者明确反对仲裁庭滥用条约解释权，放大"投资"定义以扩张仲裁管辖权，认为这种解释路径会减损投资仲裁的公信力，甚至造成正当性危机。徐树. 国际投资仲裁庭管辖权扩张的路径、成因及应对[J]. 清华法学 2017（3）：190.

② In Petrobart v Kyrgyz Republic (2005), a case under the Energy Charter Treaty, a contract to sell gas over a twelve-month period was held to be an investment by a Stockholm Chamber of Commerce arbitral tribunal, just because the treaty included 'trade, marketing and sale' within its definition of investment.

③ RUBINS. The notion of "investment" in international investment arbitration [A]. Norbert horn. Arbitration foreign investment disputes: procedural and substantive legal aspects [C]. Hague: Kluwer law international, 2004: 290-291.

事项的范围与 BIT 等文件中"投资"定义的范围并非相互排斥的关系，而是相辅相成、共同作用的。同时，要进一步强调的是，即使两类标准均已满足，国际投资仲裁庭也不可无序扩张仲裁管辖权，而是仍然受到其他关于行使管辖权的程序性限制，限制仲裁管辖权的常用方法包括但不限于规定仲裁前置程序、通过向 ICSID 发送通知的方式以限缩可仲裁的事项。

五、国际仲裁实践中制约管辖权与可仲裁事项的常用方法

（一）投资条约的仲裁前置程序及其规避

在一些国际投资条约的争端解决条款中，虽然允许投资者选择以国际仲裁的方式解决其与东道国之间的条约争端，但往往设置一定的仲裁前置程序，例如要求在将投资争端提交至国际仲裁庭之前必须经过一定的"等待期"、协商程序或用尽当地救济等。已有的仲裁先例表明，这类仲裁前置程序可能会通过当事人对最惠国待遇条款（Most Favored Nation Treatment，MFN）及其他投资条约中更优惠的争端解决条款的援引而加以规避。在将 MFN 条款适用于争端解决程序性事项的问题上，最具典型的仲裁案件莫过于 2005 年的玛菲兹尼（Maffezini）诉西班牙仲裁案。尽管国际投资仲裁中不存在"遵循先例"的传统，玛菲兹尼案对后续类似案件不具有先例意义上的拘束力，但该案却被视为具有解释上的说服力，特别是考虑到中国对外缔结的部分投资条约中有将国内行政复议程序作为提交国际仲裁的前置程序的趋势，MFN 被部分投资者视为可以用来规避中国行政复议前置程序的重要手段。

不过，值得一提的是，玛菲兹尼系列案件关于 MFN 可适用于程序事项的裁判意见，在其他的一些仲裁庭遭到了批判，有些仲裁庭甚至明确提出，投资条约中关于当地救济的规定不能通过 MFN 条款加以规避，进而适用其他投资条约中对投资者更为优惠的争端解决程序[1]。例如，在温特斯豪（Wintershall）诉阿根廷仲裁案中，仲裁庭认定，投资条约中的国际仲裁条款是附条件的争端解决机制，只有在 18 个月的当地救济要求满足之后，投资者才可以就条约争

---

[1] Plama Consortium Ltd. v. Republic of Bulgaria, ICSID Case No. ARB/03/24, Decision on Jurisdiction, 8 February 2005; Daimler Financial Services AG v. Republic of Argentina, ICSID Case No. ARB/05/1, Award, 22 August 2012.

第四章　国际投资的实体保护

端提起国际仲裁。但投资者在未采用当地救济的前提下径直提起国际仲裁，仲裁庭根据自裁管辖权原则认定缺乏管辖权，原因正在于当事人之间缺乏作为仲裁协议根本性前提的"合意"，而"合意"是不能简单地通过解释 MFN 条款从其他投资条约的争端解决条款中进行援引的①。当然，对于投资条约中的国际仲裁前置程序是否构成仲裁管辖权的真正障碍，尚取决于相关前置程序的具体措辞：如果争端解决条款中明确以用尽这些前置程序作为国际仲裁的前提，则投资者未采用这类程序会使仲裁庭行使管辖权的正当性遭受质疑；但如果条约中仅将这类条款作为一般的程序性建议，例如，建议先行协商或和解，则投资者未采用这类程序并不会对仲裁管辖权构成实质障碍。此外，如果投资者有证据证明按照该类条款在东道国国内寻求救济已经明显徒劳，则其亦可说服仲裁庭在未用尽当地救济的前提下接受管辖权。

（二）可仲裁事项通知

中国于 1993 年被批准加入《华盛顿公约》的同时，根据公约第 25 条第 4 款向 ICSID 发送了一份通知（notification），通知中声明中国政府仅考虑将因征收和国有化而引起的赔偿争议提交 ICSID 管辖。对于中国政府所发布的该项通知的性质，是否构成《维也纳条约法公约》第 2 条第 1 款 d 项下"条约的保留"？是否妨碍投资者依据中国缔结的第二代双边投资协定将与投资有关的所有争端提交投资者-东道国仲裁？各界的争执颇为激烈。从该条款的出发点来看，其旨在为公约的缔约国预留一定的空间，使缔约国有权力通过向 ICSID 发送通知的方式，声明其考虑或不考虑将某一类或某几类投资争端提交至 ICSID 仲裁。而从历史背景出发，中国当时所发送这项通知的内容，也符合中国第一代双边投资协定对 ICSID 仲裁谨慎接受的限制性立场。不过，自从 1997 年中国在 BIT 中全盘接受 ICSID 仲裁并将可仲裁事项扩张至所有与投资有关的争端以来，该项通知是否从根本上限制了可仲裁事项并使第二代 BIT 的自由化立场沦为"空头支票"，这还不能轻易判断。当然，即使该项通知构成保留，投资者虽不能再就征收与国有化赔偿以外的事项提交国际仲裁，但仍然可以寻求国内行政诉讼。但相较而言，由本国法院对本国政府的投资管理行为进行判断，毕竟不及由中立的第三方——国际仲裁庭对一国政府行为进行裁判来得公正、高效、令人信服。

---

① Wintershall AG v. Republic of Argentina, ICSID Case No. ARB/04/14, Award, 8 December 2008.

对此，本书的观点是，中国根据《华盛顿公约》第 25 条第 4 款发送的限制可仲裁事项的通知，仅仅表明一种立场，但并不能构成根据中国第二代 BIT 的争端解决条款对非征收赔偿类事项提起国际仲裁的根本限制。原因在于，根据《华盛顿公约》第 25 条第 1 款，ICSID 仲裁庭行使管辖权的要件之一是必须存在争端当事双方提交国际仲裁的书面合意，而第 4 款中的通知既不构成此种同意，也不构成否认。真正的可仲裁事项范围最终应依据当事人之间的投资合同或 BIT 中的争端解决条款加以厘定。国际仲裁的实践也表明，被申请人依据第 25 条第 4 款作出的通知进行国际仲裁管辖权的抗辩，从未取得过仲裁庭的认可，包括牙买加、厄瓜多尔、土耳其、秘鲁在内的东道国都曾试图向仲裁庭主张该类通知对管辖权的制约，却屡屡被驳回，可见这类通知的适用效果非常有限①。

六、"投资"定义的作用

准确界定"投资"的涵义，不仅是识别投资条约保护外延的重要标准，也是据以确定可仲裁事项的先决要件，更是判定国际投资仲裁庭对事管辖权的核心基础。然而，由于国际条约千差万别，习惯国际法中亦不存在明确且一致的"投资"定义，因此由仲裁庭通过法律解释的途径以案例法的方式形成定义"投资"的方法便颇为必要②。当前，中国业已转型成为对海外投资与吸引外资并重的双料大国，所以在对外缔结或重订投资协定、参与国际投资争端解决时，中国既不应盲目乐观、无限扩张保护外资的水平，也不宜故步自封，对本国海外投资者的利益置若罔闻，而是应当采用利益平衡的思路对"投资"加以定义，以保证资本跨越国界的有序、自由流动，从而在稳定的、可预期的目标内可持续地开展国家间的合作。

---

① MARKERT. Arbitration under china's investment treaties: does it really work？ [J]. Contemporary asia arbitration journal, 2012 (2): 229-231.
② 赵骏. 国际投资仲裁中"投资"定义的张力和影响 [J]. 现代法学, 2014 (3): 161.

第二节 最惠国待遇条款的适用及其限制

一、最惠国待遇的含义

最惠国待遇是非歧视待遇的标准之一。传统上，对最惠国待遇的探讨主要与贸易协定结合在一起，国家希望借此保证取得授予国已经或即将给予任何第三国的利益、优惠或特许权。1947年《关税与贸易总协定》（GATT）中第1条就规定了最惠国待遇，这意味着 GATT 将最惠国待遇原则纳入多边贸易体制当中，使最惠国待遇由双边走向了多边。正因如此，关于最惠国待遇的种种学术争鸣主要围绕着国际贸易法而展开。联合国国际法委员会为了在联合国范围内促进多边条约的谈判，在1978年通过了《关于最惠国条款的草案》，其中共规定了30个条文，几乎涉及国家间条约中关于最惠国待遇条款的所有问题。该草案虽然不具有法律约束力，但却为理解和适用最惠国待遇提供了一般性指南。该草案第5条规定："最惠国待遇是授予国给予受惠国或与之有确定关系的人或物的待遇不低于授予国给予第三国或与之有同于上述关系的人或物的待遇。"其中，授予国指承担给予最惠国待遇的国家，受惠国指授予国已向之承担给予最惠国待遇的国家，第三国则指授予国或受惠国以外的任何国家。受惠国享受最惠国待遇的权利来源于授予国与受惠国之间达成的最惠国条款，享受最惠国待遇的主体包括受惠国自身以及与之有确定关系的人或事。所谓最惠国条款，是指一项条约规定，据此规定一国向另一国承担一种义务，在约定的范围内给予最惠国待遇[1]。

在国际投资法中，最惠国待遇（MFN）条款特指，东道国给予外国投资者的待遇不低于其已经或即将给予第三国投资者的待遇。MFN 条款不仅要求缔约国遵守基础条约即缔约国之间签订的包含有 MFN 条款的条约下的国际义务，而且把这些缔约国与任何第三国签订的其他国际条约即第三方条约作为实施 MFN 条款的参照系。在国际投资法领域，无论是理论界还是实务界，大

---

[1] 杨慧芳. 外资待遇法律制度研究 [M]. 北京：中国人民大学出版社，2012：121.

多将 MFN 条款适用于实体待遇视为一种当然既定事实，认为 MFN 条款作为双边投资条约待遇"多边化"的工具适用于实体事项不存在争议。换言之，投资者可以利用基础条约中的 MFN 条款，享有第三方条约中更为优惠或者基础条约未规定的实体待遇。学界关于 MFN 条款的讨论通常限于其适用范围能否从实体性事项扩及程序性事项，特别是自 2000 年玛菲兹尼诉西班牙案以来，这一争论持续发酵。

二、新近投资条约中 MFN 条款适用于实体待遇的限制性规定

传统投资条约对 MFN 条款的规定较为宽泛，其关于 MFN 条款适用范围的限制主要体现为三种常见的 MFN 义务适用例外的规定，即对经济一体化协定（关税同盟、自由贸易区）、税收条约和边境贸易的排除适用（可将之称为"一般适用例外条款"）。也有少数条约会纳入一些特定的适用例外条款，例如《北美自由贸易协定》中规定，MFN 条款不适用于政府采购和国有企业。随着世界投资格局的不断调整，国际投资条约体系也处于持续变革之中。特别是 2008 年金融危机之后，缔约方更加关注自身的规制空间，国际投资条约发生了不同以往的转型。考察各国于 2009 年之后尤其是近几年缔结的投资条约中的 MFN 条款，可以发现缔约方在上述传统适用例外的基础上，开始注重通过以下四种路径对 MFN 条款适用于实体待遇的范围做出更加严格的限制。

（一）引入"公共目标"限制 MFN 条款的适用

引入"公共目标"来限制 MFN 条款对实体待遇的适用是 2016 年以来投资领域缔约实践的一大创新，主要表现为以下两种方式：

一是将"公共目标"作为判断"相似情形"的考量因素。"相似情形"（like circumstances 或 similar situations）意指投资者所援引更优惠待遇的适用情形与投资者的投资情形具有同类性。理论上，MFN 条款的适用要求对处于"相似情形"下的投资者或投资享有的待遇进行比较。由于这一词语的抽象性，仲裁实践并未就"相似情形"的具体评估标准形成一致认识。正因如此，仲裁庭在解释 MFN 条款时常常忽视对这一标准的考量。投资条约通常将投资行业、投资行为（如投资的设立、管理、维护、使用、收益和处分等）作为判断"相似情形"的主要考量因素。晚近，缔约方在起草条约文本时开始尝

试增加新的考量因素来确定投资者或投资是否处于"相似情形","公共目标"便是其中之一。一方面,考量因素越多,意味着对"相似情形"的要求越高,启用 MFN 条款的难度越大;另一方面,"公共目标"更加强调对东道国公共政策空间的维护,在一定程度上限制了投资者对于 MFN 条款的援引。例如 2018 年 11 月 30 日正式签署的《美国—墨西哥—加拿大协定》第 14.5 条,2018 年 12 月 30 日生效的《全面与进步跨太平洋伙伴关系协定》投资章节第 9.4 条脚注 14 中的说明均做出相同的规定,即"本条款中'相似情形'下是否给予待遇取决于整个情况,包括相关待遇是否根据合法的公共福利目标(或公共政策目标)区分投资者或投资"。该规定旨在为投资仲裁庭提供解释指引,促使仲裁庭积极考量"公共目标"要素,避免其对 MFN 条款的宽泛解释侵蚀东道国的公共政策空间。

二是针对 MFN 条款增加特定的"公共目标"保留和"公共目标"例外。例如 2016 年巴西和秘鲁签订的《经济贸易扩展协议》(Economic and Trade Expansion Agreement,ETEA)中规定,就国家为公共利益提供的社会服务(如社会福利、公共教育、公共培训、保健和儿童护理服务)或为社会和经济中处于不利地位的少数群体和族裔提供的待遇做出明确的 MFN 保留规定。2016 年的《斯洛伐克—伊朗双边投资协定》(以下简称"斯洛伐克—伊朗 BIT")将追求合法公共目标采取的措施作为 MFN 条款的适用例外,包括保护健康、安全和环境采取的措施,为了国内外公认的劳工权利采取的措施,为了消除贿赂、腐败所采取的措施。

与传统的一般适用例外条款相比,将"公共目标"引入 MFN 条款更加明确地表达出缔约方维护国家公共政策自主空间、限制 MFN 条款适用范围的意图。

(二)限制 MFN 条款的时际适用

与引入"公共目标"例外这一"含蓄"限制相比,从时际法层面限制 MFN 条款适用的效果更为直截了当。只要明确规定 MFN 条款不适用于旧有条约中的待遇,即可排除缔约方之前签署的所有条约中赋予投资者的更优惠待遇,而无须分析相关措施是否为了实现东道国的"公共目标"。例如,就 MFN 条款产生的非预期多边化效果可能对发展中国家造成的不必要风险,2012 年南部非洲共同体(Southern African Development Community,SADC)双边投资协定范本起草委员会建议《南部非洲共同体双边投资协定范本》中纳入 MFN 条款，并且排除 MFN 条款适用于"在本协议之前生效的双边投资协定或者自由贸易协定中规定的特许权、优惠、豁免或其他措施……"。2015 年加拿大与布基纳法索签订的《促进和投资保护协定》明确指出，该协定中的 MFN 条款不适用于协定生效前已经生效或签署的所有双边或多边协定给予的待遇。相似规定也可见于 2016 年斯洛伐克—伊朗 BIT 第 4.5 条。

(三) 限缩 MFN 条款中"待遇"的语义

相较于限制 MFN 条款的时际适用而言，主动限缩 MFN 条款中"待遇"的语义，在排除 MFN 条款适用于实体待遇方面的效果更为彻底。现有条约中限缩"待遇"语义的核心表达是"其他国际投资条约中的实体义务本身并不构成'待遇'"，因此一国没有义务为基础条约的外国投资者提供其他国际投资条约规定的实体待遇。这就否定了 MFN 条款对缔约方签订的其他一切投资条约的可适用性。在缔约实践中，限缩 MFN 条款"待遇"一词的表述分为两种：一是较为激进的表述，从根本上否定 MFN 条款"待遇"与其他投资协定实体待遇的相关性，这能够完全排除 MFN 条款对于其他一切投资条约中待遇的适用。例如，加拿大和欧盟于 2014 年签署并于 2017 年暂时适用的《全面经济与贸易协定》（Comprehensive Economic and Trade Agreement，CETA）中第 8.7 (4) 条和 2016 年《泛非投资法草案》（Draft Pan-African Investment Code）第 7.5 条均规定："……其他国际投资条约和其他贸易协定中的实体义务本身并不构成'待遇'，因此一方没有采取或维持这些义务，并不会构成对本条款的违反。"加拿大和智利于 2017 年修订双边自由贸易协定时，对原来第 G-03 条 MFN 条款增加了同样规定。

另一种表述的限制效果更为缓和。例如 2018 年日本与欧盟签署的《经济合作伙伴协定》（Economic Partnership Agreement，EPA）中第 8.9 (5) 条规定："一方与第三方缔结的其他国际协定中的实体条款本身并不构成本条下的待遇。需要明确的是，一方当事人就这些条款作出的行为或不行为可构成待遇，只要违反行为并非仅仅基于第三方条约中的待遇条款，即可构成对本条款的违反。"EPA 虽然也明确规定第三方条约中的实体待遇本身不构成 EPA 中的"待遇"，但是并没有排除投资者就基础条约和第三方条约中规定的东道国的共同义务，要求获得更加优惠"待遇"的权利。也就是说，这一条款的限制效果在于，明确排除使用 MFN 条款从第三方条约中引入基础条约中根本不存在的待遇。

（四）移除 MFN 条款

将 MFN 条款从投资条约中移除可谓是从根本上排除了投资者援用 MFN 条款获得第三方条约中更为优惠待遇的权利。与其他几种方式相比，这种手段最为激进。例如，2015 年《印度双边投资协定范本》的最终文本就没有纳入 MFN 条款。尽管印度法律委员会曾一度指出该范本草案缺少 MFN 条款，但是最终公布的范本仍然没有纳入这一条款。由此可见，将 MFN 条款移除在投资协定范本之外是印度政府仔细斟酌之后的审慎决定。这意味着投资者无法借由印度签订的其他投资条约中的潜在有益的条款主张更优惠的实体待遇。同样的法律实践也出现在 2014 年达成的《欧盟—新加坡自由贸易协定》，2011 年达成的《印度—马来西亚自由贸易协定》和 2009 年达成的《东盟—澳大利亚—新西兰自由贸易协定》等条约之中。

三、投资仲裁实践对 MFN 条款适用的解释：从宽泛到限制

在当前的投资仲裁实践中，大多数仲裁庭允许外国投资者根据基础条约中的 MFN 条款引入第三方条约规定的实体待遇，认为这是投资条约 MFN 条款的本质所在。仲裁实践中采取该立场较为典型的案例是巴音迪尔诉巴基斯坦案。与此形成鲜明对比的是 2016 年的安卡拉诉土库曼斯坦案。两个案件中基础条约的 MFN 条款规定和序言条款中对公正公平待遇（FET）的规定如出一辙，但是安卡拉诉土库曼斯坦案的仲裁庭采取了与巴音迪尔诉巴基斯坦案仲裁庭截然不同的解释进路，首次以基础条约中的 MFN 条款本身不被允许为由，拒绝使用 MFN 条款引入第三方条约中的实体保护待遇。下面以上述两案为例，剖析仲裁庭解释进路的转向。

（一）仲裁庭的宽泛解释进路

土耳其投资者巴音迪尔因公路建设合同与巴基斯坦政府产生纠纷，争端被诉至 ICSID。其中，巴音迪尔主张适用 1995 年《土耳其—巴基斯坦双边投资协定》（以下简称"土巴 BIT"）第 2.2 条的 MFN 条款，从第三方条约（包括巴基斯坦与法国、荷兰、中国、澳大利亚、瑞典和英国签订的 BIT）中引入 FET，并主张土巴 BIT 的序言条款及其目的宗旨支持通过 MFN 条款引入 FET。巴基斯坦则辩称，土耳其和巴基斯坦在缔结 BIT 时有意将 FET 排除在外。

针对上述争议，仲裁庭做出如下分析：首先，虽然仲裁庭承认序言条款提及 FET 不会为缔约方设定任何具体的可操作性义务，并且土巴 BIT 的实体待遇中没有纳入 FET，可能表明土耳其和巴基斯坦有意将 FET 排除在条约之外；但是仲裁庭认为，上述举措并未排除通过适用土巴 BIT 中的 MFN 条款援引第三方投资条约中 FET 的可能性。其次，土巴 BIT 的序言条款中提到"缔约方一致认为 FET 有助于保持稳定的投资框架和最大限度地有效利用经济资源"。根据《维也纳条约法公约》（VCLT）第 31.1 条中的目的解释原则，使用 MFN 条款引入 FET 符合土巴 BIT 的目的和宗旨。最后，仲裁庭依照"明示其一即排除其他"解释原则，认为土巴 BIT 第 2.4 条规定的 MFN 例外并没有排除引入第三方条约中更优惠实体待遇的情形。为支持自己的观点，仲裁庭还援引了同样使用"目的解释+明示其一即排除其他"解释进路的"MTD 诉智利案"的裁决。

除巴音迪尔诉巴基斯坦案之外，在其他多数案件中，仲裁庭对 MFN 条款适用于实体待遇也采取了相似的解释进路，即"目的解释+明示其一即排除其他"，而非关注不同条约中 MFN 条款的具体文本和措辞。也有将仲裁庭这种立场视为以一般国际法为基础对 MFN 条款含义的一种默示认知，即投资仲裁庭在一般国际法的背景下，基于对 MFN 条款"多边化"待遇的功能预设，倾向于对 MFN 条款的适用进行宽泛解释。支持此观点的学者进一步指出，基础条约并没有为创建一类特定的"具体谈判"条款留出空间，这些条款本身并不能规避第三方投资条约中更优惠的待遇，除非这些条款可被理解为构成 MFN 条款的适用例外。例如，在怀特工业公司诉印度案中，仲裁庭并不认同被申请方所主张的"使用 MFN 条款纳入基础条约中不包含的待遇，意味着从根本上颠覆了缔约方经过仔细谈判达成的平衡"这一论断，反而认为这恰恰实现了缔约方规定 MFN 条款的意图。由此可见，这种观点认为通过 MFN 条款实现 BIT 实体待遇的"多边化"效果优先于缔约方在谈判具体条款用语中体现出的意图。

（二）仲裁庭的限制解释进路

2016 年安卡拉诉土库曼斯坦案的仲裁庭与之前案件的仲裁庭作出了截然不同的裁决。安卡拉是来自土耳其的投资者，在土库曼斯坦设立公司，后因建筑合同问题与当地政府发生争议。根据 1992 年土耳其和土库曼斯坦签订的双边投资协定（以下简称"土土 BIT"），安卡拉将土库曼斯坦政府诉至

ICSID。安卡拉根据土土 BIT 规定认为，土库曼斯坦政府违反了实体保护待遇，包括 FET、充分保护和安全、非歧视和保护伞条款以及不合法征收。被申请方土库曼斯坦辩称，除了保护不合法征收，土土 BIT 不包含任何其他保护标准，申请方不能援引这些保护标准。安卡拉则主张根据土土 BIT 第 2 条的 MFN 条款，其可以援引土库曼斯坦与埃及、巴林岛、英国签订的双边投资协定中的待遇。

ICSID 仲裁庭于 2016 年作出裁决，依据下述理由驳回安卡拉的上述仲裁请求。根据 VCLT 第 31 条的条约解释规则，仲裁庭仔细考察土土 BIT 中 MFN 条款的文本含义及其非歧视的法律效果之后认为，只有当母国投资者的投资与第三国投资者的投资处于"相似情形"时，东道国才负有 MFN 义务，否则东道国不负有 MFN 义务。仲裁庭进而指出，"相似情形下给予的待遇"要求比较母国投资者和第三国投资者投资的实际情况，来确定给予母国投资者待遇是否低于给予任何第三国投资者的待遇。鉴于 MFN 条款的适用范围局限于"相似情形"，从善意角度不能将"相似情形下给予的待遇"解释为缔约国和第三国之间其他投资条约中包含的所有投资保护待遇标准。同时，仲裁庭提出，根据有效解释原则，应该赋予"相似情形"特定的含义和法律效果，不能仅将之解读为"与条约的领土适用范围一致"，即不能仅仅因为投资者都在某一特定国家投资，就认定二者处于"相似情形"。此外，申请方曾主张，土土 BIT 第 2.4 条关于 MFN 条款的例外中没有排除实体待遇标准，因此可以适用 MFN 条款援引这些实体待遇。仲裁庭对此并不认同，指出第 2.4 条仅确认 MFN 条款的规定对任何关税同盟或税收协议不产生任何影响，不能由此推断出 MFN 条款可以不受限制地适用于这些例外协议之外的、所有投资条约中的实体待遇。仲裁庭最后裁定，当将"相似情形"一词纳入土土 BIT 第 2.2 条时，必须视为当事方已经同意限制 MFN 的适用范围，即只有在这些投资处于"事实上的相似情形"（factually similar situation）之时，申请方才有权享有不低于第三国投资者所享有的实体待遇。否则，申请方只能援引土土 BIT 中的已有待遇。

对比上述两项裁决可以发现，面对同样措辞的条款，安卡拉诉土库曼斯坦案仲裁庭对 MFN 条款适用于实体待遇问题做出了限制性解释。其一，就解释对象而言，安卡拉诉土库曼斯坦案仲裁庭更倾向于优先考虑 MFN 条款本身的规定（即土土 BIT 第 2.2 条），紧紧围绕"相似情形"一词展开详尽的条款分析。与之相比，巴音迪尔诉巴基斯坦案仲裁庭的关注点并不在 MFN 条款本身，而是分析条约的序言条款和 MFN 条款的例外规定（即土巴 BIT 第 2.4 条），进而确定 MFN 条款的适用范围。其二，就解释原则而言，安卡拉诉土库曼斯坦案仲裁庭更加强调文本解释和有效性解释原则，而巴音迪尔诉巴基斯坦案仲裁庭更关注条约的目的解释。其三，具体到 MFN 条款所依赖的解释原则而言，安卡拉诉土库曼斯坦案仲裁庭对于"相似情形"的关注意味着其更加强调依据"同类原则"解释 MFN 条款对实体待遇的适用。这意味着，MFN 条款只能适用于与基础条约中明确提及的事项相似的事项。相反，巴音迪尔诉巴基斯坦案仲裁庭则认为"同类原则"主要适用于 MFN 条款引入程序待遇而非实体待遇的评判标准。该案仲裁庭依赖"明示其一即排除其他"解释原则，强调 MFN 条款可以扩展适用于条款中没有明确排除的任何事项。2016 年的安卡拉诉土库曼斯坦案并非仲裁庭根据 MFN 条款文本规定明确拒绝使用该条款引入基础条约中不存在的实体待遇条款的唯一案例。2017 年坦威尔诉阿根廷案仲裁庭在分析基础条约中的 MFN 条款具体用词后，也同样作出限制性解释。与安卡拉诉土库曼斯坦案类似，坦威尔诉阿根廷案的争议双方和仲裁庭主要就 1991 年西班牙—阿根廷 BIT 第 4.2 条 MFN 条款中的"在本协议管辖的所有事项"这一限定语词进行分析，并强调正是因为这一限制语，MFN 条款不能被用于援引基础条约中不包括的"保护伞条款"。另外，仲裁庭认为，如果缔约方有意纳入保护伞条款，缔约文本应该会有明确规定和体现。这种解释思路显然与"明示其一即排除其他"的解释原则相悖。

正如有学者指出的，安卡拉诉土库曼斯坦案和坦威尔诉阿根廷案的裁决所体现的解释进路是对传统解释进路的明确挑战。虽然学者对于 MFN 条款适用于投资实体待遇的限制性解释进路尚存异议，但是可以看出近年来仲裁庭对于 MFN 条款的解释更倾向于关注条约的文本、具体语词的分析，强调从具体语词中考察缔约方的意图，不同于过去从条文的目的进行解释，"明示其一即排除其他"是从例外条款入手做出宽泛解释。

四、MFN 条款适用于投资实体待遇的限制性发展之正当性

晚近缔约方和仲裁庭限制 MFN 条款适用于实体待遇的做法，与长期以来的缔约实践和仲裁实践持有的立场相比，发生了重大转变。这很有可能引发

学界对限制性做法的正当性产生怀疑。本书认为，限制 MFN 条款适用这一做法，不仅符合国际投资法中 MFN 条款的基本属性，而且可以满足维护东道国规制权的现实需要，具有现实的正当性基础。

(一) 限制适用符合 MFN 条款的基本属性

新近条约对 MFN 条款适用范围做出严格限制，甚至删除该条款的做法，符合 MFN 条款的基本属性。根据 1978 年《最惠国待遇条款草案》第 7 条规定及草案评论可知，一国所负有的 MFN 义务并不是习惯国际法下的义务，仅源自其所缔结条约中的 MFN 条款。这意味着，MFN 义务是一项以条约为基础的义务，是基于缔约方自愿承诺产生的。事实上，国家有权力对进入其领土的投资者和投资进行规制，也有权力对它们进行区别对待。但是缔约方为了吸引外国投资并保障其海外投资者享有非歧视待遇，通常都会在投资条约中纳入 MFN 条款。与国际贸易关系中 MFN 条款的纳入会为缔约方带来确定的经济利益不同，在国际投资关系中，MFN 条款的待遇"多边化"可能会使东道国负有更多不可预期的、超出其意愿的额外义务，从而面临更大的被诉风险。所以 MFN 条款作为缔约方自愿磋商的产物，当它们认为 MFN 条款为其带来的风险大于利益时，就会对 MFN 条款的适用范围做出限制。至于缔约方在多大程度上限制 MFN 条款的适用范围，是否将 MFN 条款从投资条约中彻底删除，取决于其自身意愿而不受习惯国际法的约束。纵观投资条约的发展历程，可以发现随着国际投资条约目标重心从投资保护向维护东道国规制权的转移，MFN 条款用语也由宽泛向限缩转变。这明显体现了 MFN 条款的适用范围与缔约方意愿之间的密切关系。

根据 MFN 条款的基本定义，其适用范围主要取决于三个要素，一是"待遇"语词的范围；二是可比的参照对象（comparator）；三是东道国给予投资者的待遇水平，即基础条约投资者获得的待遇水平是否低于参照对象。当前，关于 MFN 条款的限制性解释问题主要集中于对前两个要素的讨论。

其一，MFN 条款中的"待遇"是否包含存在于第三方条约而非基础条约中的待遇，限制性解释路径倾向于做出否定性回答。一方面，一国在第三方条约中承担的义务可以构成但并不必然构成基础条约中 MFN 条款下的"待遇"。投资条约可能会明示或默示排除 MFN 条款对于基础条约中不存在待遇的引入。其中，明示排除可见于 EPA 中的规定；默示排除体现为"本条款所管辖的所有事项"等类似用语，将"待遇"范围框定在基础条约之内。另一方面，国际法院在1952年英国—伊朗石油案的裁决中，支持伊朗主张的"第三方条约只能改变基础条约中缔约方承担的义务范围，而不能向基础条约中植入新的义务……"，即强调"第三方条约不能影响基础条约缔约方的既得利益"。这一立场也体现在国际法委员会就1978年《最惠国待遇条款草案》做出的评论之中。此外，虽然VCLT第31、32条的规定表明，文本解释优先于缔约国意愿解释，但是不可否认的是，探究文本含义很大程度上也是为了确定缔约方的主观意图。如果基础条约中没有规定FET或者保护伞条款这些常见的"待遇"，表明缔约方是有意这样为之，若适用MFN条款引入第三方条约中的条款，明显从根本上破坏了缔约方仔细谈判的基础条约所意图达成的平衡效果。所以仲裁庭限制"待遇"的解释范围是有理可寻的。

其二，仲裁庭的限制解释还体现在强调以"相似情形"语词和"同类原则"限制参照对象的范围。MFN条款中纳入"相似情形"语词，相当于以属物原则（ratione materiae）限制参照对象的范围。当前，关于"相似情形"的具体审查标准并不存在共识，并且"相似情形"这一限制条件是否对MFN条款做出了额外约束也尚无定论。但是，正如2010年联合国贸易和发展会议（UNCTAD）在报告中所强调的"即便缔约方未在投资条约中规定'相似情形'或其他比较标准，并不意味着缔约方意图放弃这种比较，因为这会曲解MFN条款的本质和整体含义"。再加上2015年国际法委员会就MFN条款出具的研究报告重申，1978年《最惠国待遇条款草案》第9、第10条要求适用MFN条款时遵循"同类原则"，即与"受惠国有确定关系的人或事可以获得好处的前提是，他们必须和与第三国有确定关系的人或事属于同样类型，他们与受益国的关系也必须和与第三国有确定关系的人或事与第三国的关系相同"。从多边机构发布的官方文件可以看出，使用"相似情形"和"同类原则"限制性解释MFN条款符合该条款的基本属性。

（二）限制适用基于维护东道国规制权的现实需要

限制MFN条款适用的正当性不仅符合该条款的基本属性，也体现在这一举措有助于避免投资条约改革成果落空。自20世纪80年代末各国达成"华盛顿共识"以来，以新自由主义和市场原教旨主义为意识形态的投资条约盛行于世，其将保护投资作为投资条约的价值取向与主要内容，极大地削弱了东道国的规制权，甚至导致"规制寒蝉"效应，不利于东道国的公共利益和根本安全。后来，随着国际投资格局的巨变，2008年金融危机后新自由主义理念的衰退，以及国际投资法体系遭受的"合法性质疑"，当前国际投资条约体系正处于改革阶段。2015年UNCTAD发布的《世界投资报告》明确将保障东道国的规制权列为国际投资条约改革的五大目标之一，MFN作为影响东道国规制权的重要条款，其适用范围理应受到限制。限制MFN条款适用于投资实体待遇的直接效果是，降低投资者通过基础条约的MFN条款援引第三方条约中更有利待遇的可能性，减少东道国的被诉风险。鉴于新近缔结的条约更加强调维护东道国的规制权，难免会降低对投资者的保护水平，例如有的投资条约删除了FET条款。若继续沿用传统上用语宽泛的MFN条款，无疑为投资者利用该条款进行"挑选条约"提供了较大空间。投资者可以使用新近条约中的MFN条款，援引先前条约中更有利的待遇标准，导致新近条约的改革成果付诸东流。所以限制新近条约中MFN条款的适用范围能够维护投资条约的改革成果，有效保障东道国的规制权。

诚然，限制MFN条款的适用难免会引发降低投资条约保护价值的担忧，但是如何平衡投资者权利与东道国规制权是当前国际投资体系"正当化"改革的重要课题。MFN作为投资者享有的重要待遇之一，有利于其获得更高水平的保护，投资条约限制MFN条款的适用固然会降低对于投资者及其投资的保护水平，但只要适度，就相当于是对曾经过度保护投资的一种修正。此外，从根本上讲，限制MFN条款的适用符合国家主权原则的要求，因为"MFN待遇原则乃是国家主权原则的衍生物，它应当附属于、服从于国家主权原则……MFN条款应依缔约主权国家的自由意志，通过平等磋商，作出适当的真正平等互惠的自我限制"。

由此可见，无论是基于国际投资法中MFN条款的基本属性，还是维护东道国规制权的根本需要，限制MFN条款的适用将成为一种趋势，而非仅仅对该条款过去宽泛适用的"一时反动"。

五、MFN条款适用于投资实体待遇的限制性发展之中国因应

限制MFN条款适用于投资实体待遇发展之根本原因在于，维护东道国规制权之根本需要。国际投资法中MFN条款的基本属性为这一发展趋势提供了理论基础；不仅如此，国际投资格局的变动，即发展中国家和发达国家在国际投资活动中"角色"的转变，以及"逆全球化"背景下"投资保护主义"

情绪的滋生与蔓延，推动美欧等发达经济体积极开展限制 MFN 条款适用于实体待遇的缔约实践，仲裁庭也开始从宽泛解释走向限制解释。这一发展趋势固然有利于维护东道国的规制空间，但是过度限制 MFN 条款的适用范围甚至移除这一条款极有可能将投资者置于不利之地。所以在这一情形下，有必要考察既有中外投资条约中 MFN 条款的规定，并结合中国的具体国情提出应对之策。

（一）中外投资条约中的 MFN 条款

UNCTAD 的统计数据显示，中国目前签署了 129 个 BIT，生效数目为 108 个；中国签署的包含投资条款的其他条约（如自由贸易协定和区域性投资协定）有 22 个，生效数目为 19 个。中国签署的所有与投资相关的条约中均包含 MFN 条款。但是，因为绝大多数条约签署时间较早，MFN 条款的规定较为粗略和宽泛，只有少数条约对 MFN 条款的适用范围做出了较为具体的表述，而将"相似情形"纳入 MFN 条款的这一做法仅出现于晚近缔结的条约之中。

中国签署的中外投资条约中也规定了 MFN 条款适用于实体事项的例外。从当前的缔约实践看，中国主要采取"一般适用例外"的方式排除 MFN 条款在某些情形下的适用；少数条约中规定了其他诸如公共秩序和安全例外等特定适用例外条款以限制 MFN 条款的适用。

由此可见，既有中外投资条约中 MFN 条款的规定与 USMCA 和 2015 年印度投资协定范本中 MFN 条款的新近发展相比有较大差距，甚至罕有条约排除基础条约中 MFN 条款对旧约中待遇的适用。

（二）中国的因应之策

当前，中国在投资仲裁实践中并未涉及关于 MFN 条款适用于实体待遇的争议，但是随着中国投资者"走出去"及中国对于外资"引进来"活动的不断增多，加上中国与其他国家开展的缔约谈判（如中欧 BIT）的持续进行，未来很有可能就相关问题引发争议。考虑到中国在投资活动中的"双重身份"，所以其对于 MFN 条款适用于实体待遇的限制性发展既不可贸然全盘接受，也不能一味故步自封；而应在综合考虑东道国规制权和海外投资者利益的基础上审慎待之。故此，中国宜从以下三方面着手应对，以便未雨绸缪，防患于未然。

1. 警惕过于严苛的 MFN 条款

在中外投资条约的草案谈判中，中国应该结合本国国情，审慎对待谈判对方就 MFN 条款适用于实体待遇提出的过于严苛的限制方案。限制 MFN 条款的适用固然会赋予东道国更大的自主权，但是也应该警惕在"逆全球化"背景下，过度限制 MFN 条款的适用，可能会为"投资保护主义"和"不公平的歧视"披上合法外衣。美国、加拿大、欧盟的最新缔约实践均反映出其有意加强 MFN 条款适用于实体待遇的限制，这与当前甚嚣尘上的"民族主义"和"孤立主义"思潮相契合，导致经济保护主义的逆流在全球范围内涌动。与之相反，中国作为"多边主义"的受益者以及开放、有益投资政策环境的一贯支持者，应始终坚持、倡导更具包容性的"多边主义"，防范"保护主义"等不利因素的滋长。同时，随着"一带一路"倡议的深入实施，中国企业对沿线国家的投资合作与日俱增，MFN 条款适用于投资实体待遇的范围过窄不利于对中国海外投资者的利益保护。所以中国未来在磋商投资条约时要考虑到自己的"双重身份"，认识到严苛限制 MFN 条款所带来的不利后果，积极利用自身的谈判能力，在维护国家利益的同时，尽力为投资者保护预留合理空间，不宜像 CETA 或印度投资协定范本一样，对 MFN 条款进行过于严格的限制，甚至完全移除。

2. 选择性借鉴限制 MFN 条款适用范围之最新实践

基于保护中国海外投资者的立场，中国政府在既有和未来缔约实践中宜排除对 MFN 条款严苛限制和移除条款的缔约选择。那么，中国在未来缔约实践中是应该延续传统投资条约中宽泛的 MFN 条款，还是应该选择性借鉴 MFN 条款适用范围之限制的最新实践并对既有投资条约中的 MFN 条款进行修订？相比之下，中国宜采取后一方案，引入 MFN 条款限制性发展实践中的时际法限制，并且采纳细化"公共目标"限制的做法。

一方面，对 MFN 条款进行时际法上的限制是基于维护投资条约改革成果的考虑。纵观 1982 年至今的中国投资缔约实践，可以发现中国政府对于国际投资条约的态度经历了从"留权在手"到"全面开放"再到"注重平衡"的发展历程。显然，在"全面开放"时期缔结的投资条约以投资者保护为重心，包含较高的投资保护标准。由于中国新近签订的投资条约中并未限制 MFN 条款对旧一代投资条约中待遇的适用，这将为投资者"挑选条约"提供较大便利，他们会利用 MFN 条款"扯平"不同代际条约给予投资者的待遇"差距"，这无疑会损害中外投资条约代际更迭的努力。所以中国有必要对 MFN 条款的规定补充时际法上的限制。另一方面，从可实施性角度考虑，中国宜借鉴新近条约实践中对"公共目标"限制的具体化规定。虽然中国对外缔结的既有投资条约中存在使用"公共目标"限制 MFN 条款适用范围的情形,但是与 2016 年以来巴西—秘鲁 ETEA 和斯洛伐克—伊朗 BIT 中对"公共目标"的限制表述方式有所差异。2016 年以来新的缔约实践倾向于将"公共目标"的限制具体细化为"公共教育""健康""贿赂"等内容,而中国缔结的多数投资条约中关于"公共目标"的限制过于抽象。例如,仅提及"公共政策",而未进一步澄清这一概念的内涵。为避免争议,增强例外条款的可实施性,中国政府未来可以考虑赋予"公共目标"的限制表述以更为具体的内容。

3. 为投资仲裁庭解释 MFN 条款提供明确指引

晚近,中国缔结的投资条约在 MFN 条款中开始纳入"相似情形"语词规定;即便未包含这一语词,1978 年《最惠国待遇条款草案》也规定,"同类原则"构成 MFN 条款解释的一般实践,不以将"相似情形"等语词写入投资协定为前提。"相似情形"和"同类原则"均构成对 MFN 条款的适用限制,但国际社会对于如何评判"相似情形",如何正确适用"同类原则"尚不存在统一的认知。中国作为投资条约的缔约方可通过以下两种路径为仲裁庭的解释提供更为明确的指引。一是在具体 MFN 条款中纳入更加细致的指引。例如,明确规定就投资行业、规模等进行比较测试,或者引入"人权保护""环境安全"等公共福利指标作为判定"相似情形"的考量因素。二是可以考虑在投资条约中设立"联合解释委员会",由缔约方以"联合声明"的方式对"相似情形"的判断标准发表解释声明;也可以由国家做出"单方声明",就"相似情形"做出符合国家利益的解读。因为,无论"联合声明"和"单方声明"是否具有法律约束力,其作为 VCLT 第 31.1(2)条中的"嗣后协议"和"嗣后实践",都可以构成仲裁庭裁决的考虑要素。通过以上两种方法为 MFN 条款提供解释指引可以约束仲裁庭的自由裁量权,防止其对"相似情形"做出过于狭隘的解释,不利于投资者的保护;也避免其对"相似情形"做出过于宽泛的解释,侵蚀东道国的规制权。

第三节　国际投资法中的公正公平待遇

一、公正公平待遇的概念源起与演变

公正公平待遇（Fair and Equitable Treatment，FET）是当前国际投资争端中被援引最为频繁的保护标准。国际仲裁中相当比例的成功索赔案件皆以作为被申请人的东道国违反了 FET 为基础。即便相关仲裁实践日益丰富，但该待遇却始终不存在普适性的抽象定义，以致遭遇欧洲议会的强烈谴责。但客观分析，定义的模糊性未必是缺陷，反倒构成相比于其他待遇标准的一项优势，其原因在于：任何投资协定与仲裁实践都不可能抽象预估到全部可能侵害投资者权益的不法行为类型，而 FET 则为具体标准填补了漏洞，以切实达到双边或多边投资协定中所规定的投资者保护水准。

在国际条约层面，最早规定 FET 待遇的是 1948 年旨在建立国际贸易组织（ITO）的《哈瓦那宪章》第 11 条第 2 款（a）项："ITO 可以建议并促使各国达成双边或多边协定，以确保一成员国境内来自另一成员国的企业、技能、资本、工艺享有公正和公平的待遇（Just and Equitable Treatment）。"但严格来讲，本条尚未将 FET 升格为强制性的有约束力的成员国义务，更多体现的是行动纲领及倡导宗旨，且因 ITO 计划流产，《哈瓦那宪章》最终未能生效。在双边层面，FET 条款可追溯至美国《友好通商航海条约》（FCN）时代，诸如美国与比利时、法国、希腊、德国签订的 FCN 条约均明确要求成员国对投资过程中的相关活动提供 FET 待遇，但无论措辞抑或标准都不尽一致，宣誓性特征显然强于义务性特征。

就效力角度审视，真正将 FET 提升为缔约国义务的文件当属经济合作与发展组织（OECD）1967 年制定的《关于保护外国人财产公约草案》、1983 年《联合国跨国公司行动守则草案》及 1998 年 OECD《多边投资协定草案》（MAI）。这一系列公约草案推动了国际投资协定中逐步引入 FET 待遇标准，如 1985 年《多边投资担保机构公约》（MIGA）第 12 条、1992 年《北美自由贸易协定》（NAFTA）第 1105 条第 1 款、1994 年《能源宪章条约》（ECT）

第 10 条第 1 款。

公正公平待遇普遍出现在双边、多边、区域协定中。在现代的国际投资条约缔结实践中，公正公平待遇条款为投资者应对东道国的专断、歧视或权力滥用提供了有力的法律武器。在国际投资仲裁实践中，公正公平待遇的适用经常会因其内容的模糊性与解释的不确定性而出现分歧，以至于国际社会难以清晰地界定该条款究竟涵盖哪些具体的法律义务，东道国也难以确知究竟哪些行为会构成对公正公平待遇的违反，故而仲裁庭在个案中对该条款的解释具有相当宽泛的自由裁量权，甚至还有将公正公平待遇视为国际投资法中的"帝王条款"。

从合理性出发，对公正公平待遇条款的解释需要满足利益平衡的要求。以投资者视角分析，为了降低投资风险，规避东道国投资环境的不确定性，其通常期望降低公正公平待遇的适用条件，而东道国则希望对公正公平待遇的内涵进行必要的限制，从而平衡投资者与东道国的利益。在国际投资争端解决层面，仲裁庭未能对此类条款做出为各方所信服的解释，常常过多维护了投资者的权益而忽视了东道国的利益。尽管国际社会也曾为此作出过一系列努力，但收效甚微。

在《跨大西洋贸易与投资伙伴关系协定（草案）》（TTIP 草案）和《综合性经济贸易协定》（CETA）中，欧盟对公正公平待遇条款采取了列举式清单的立法模式，明确规定了公正公平待遇的内涵，并将稳定条款纳入其中。对于该项列举的性质，从文本上来看其近乎封闭式列举，但其性质为"半封闭式列举"或"非绝对的封闭式清单"。理由是，TTIP 草案第 3.2 条 f 项明确，违反公正公平待遇义务的具体情形还包括违反成员国根据第 3.3 条认定的公正公平待遇义务的其他构成要素。具体来看，这些已列明的情形包括：①在刑事、民事与行政裁判程序方面不得拒绝司法的义务；②根本违反正当程序，包括根本违反透明度要求和给有效实现司法和行政程序的正当性设置障碍；③明显的专断；④有针对性的歧视行为，基于性别、种族或宗教信仰等明显错误的理由；⑤骚扰、强迫、滥用权力或者相似的恶意行为。TTIP 草案第 3.4 条指出，当适用公正公平待遇条款时，法庭应考虑东道国是否向投资者做出过具体陈述，以此来促使投资行为的达成。并且法庭还应考察这样的陈述是否使投资者形成了一个合理的期待，投资者据此合法期待做出了投资决定，但东道国随后又破坏或取消了这样的合法期待。由此可以发现，公正公平待遇原则的适用与投资者的合理期待及稳定的法律环境之间存在紧密的联系。投资者对东道国的合理期待是公正公平待遇的重要构成要素，而合理期待的对象则是东道国稳定的法律环境①。

二、公正公平待遇与习惯国际法的关系

作为外资保护的绝对待遇标准，发达国家与发展中国家对 FET 的解释一度出现分歧，争论更多围绕着 FET 标准是否仅反映习惯国际法所要求的国际最低标准，抑或要求高于一般国际法要求之上的自治标准，即构成一项独立且自洽的待遇标准。所谓"国际最低标准"，最早确立于美国—墨西哥综合求偿委员会于 1926 年审理的尼尔（Neer）案，该案关涉东道国墨西哥对于无法解释的美国国民死亡情形进行适当调查的义务问题。当美国国民尼尔的妻子向墨西哥申诉委员会就墨西哥政府的失职提出赔偿请求时，该委员会就东道国在何种情况下会为违反最低标准负责发表如下声明："政府的行为只有达到暴行、恶意或者故意漠视的程度才构成国际不法行为；或者政府的行为低于国际标准以至于任何公正的理性人都会毫不迟疑地认定该行为是不适当的。"仲裁庭还特别补充道：非善意（bad faith）不必然违反公正公平待遇，但是可以作为一项条件考虑。由此可见，彼时国际最低标准的适用门槛相当之高，申诉方的举证责任需要达到相当高的证明标准才能认定东道国有不法行为的存在。

曼恩（F. A. Mann）强烈反对将 FET 简单理解为对习惯国际法所要求的最低待遇标准的重复，而强调 FET 是远高于最低标准的客观标准。发展中国家则更倾向于主张：只要给予了对方缔约国的投资与本国或任何其他国家的投资相同的待遇就应当认为这种待遇是公正公平的，即包括国民待遇和最惠国待遇的无差别待遇。对这一问题，不同国际条约的立场也有微妙的差异：部分条约规定 FET 标准不低于国际法的要求，部分条约则规定缔约国对外资的保护需符合国际法的 FET 标准，这里不仅仅是表面上的消极不违反与积极符合的分歧，对国际法所要求的保护水平本身也并不统一。陈安教授提出，FET

---

① 董静然. 欧盟新型国际投资规则法律问题研究 [M]. 北京：中国政法大学出版社，2019：95.

与习惯国际法所要求的待遇标准既有联系又有区别，习惯国际法所要求的最低标准强调该标准的普遍性与约束力，而 FET 则更多地体现为缔约国的解释而并不必然延及非缔约国，NAFTA 自由贸易委员会（FTC）将二者等同的背后是对 NAFTA 第 1105 条第 1 款的过度限缩解释。

从条约具体文本条款的归类出发，对 FET 的规定分为未提及国际法与提及国际法两种类型。前者如 2003 年《中国双边投资协定范本》第 3 条第 1 款、2005 年《英国双边投资协定范本》第 2 条第 2 款、2008 年《德国双边投资协定范本》第 2 条第 2 款。后者则进一步体现为三种模式：第一种即将 FET 等同于国际最低标准，例如，2012 年《美国双边投资协定范本》第 5 条第 1 款，"缔约方得根据习惯国际法给予所涉投资待遇，包括公正与公平待遇以及充分保护及安全"，NAFTA 第 1105 条第 1 款也有类似规定；第二种即根据国际法给予 FET 标准但并未简单地与最低标准等同，例如瑞士、卢森堡等国与外国缔结的投资协定；第三种即规定所给予的 FET 标准不得低于国际法，例如，阿根廷与美国 BIT 第 2 条第 2 款，言外之意，FET 要显然高于国际最低标准。

抛开条款争执，实践角度下的 FET 待遇之功能不仅体现为对其他待遇标准的补充，以及对其他实体性投资条款（如征收和透明度）的转述，而且尚具备相对独立的价值取向。尽管该条款作为成文形式拟定在具体条款中已有近 70 年历史，但首次适用于投资仲裁实践却在 1997 年 ICSID 仲裁庭所审理的艾兹尼亚（Azinian）案。该案中，墨西哥的诺卡尔彭市政府单方撤销了事先授予美国投资者艾兹尼亚（Azinian）在墨西哥所成立的 DESONA 公司关于废物收集与处理的特许协议，DESONA 公司不服该项撤销决定便启动了国内诉讼，无奈墨西哥法院皆维持了政府行为的合法性，DESONA 公司的诉请遭遇驳回后依据 NAFTA 中的仲裁条款提请国际仲裁。仲裁庭指出：诉诸法院的权利、公正审判的权利、禁止拒绝司法等原则关系到司法程序的三个阶段，即提出索赔的权利，双方在司法程序中受到公平待遇的权利以及在程序结束后的执行阶段获得合理裁定的权利，而程序正当性争议的解决实际上大多依赖于 FET 标准审查处理。该案之后，仲裁庭就 FET 标准的宽泛解释激发了外国投资者利用国际投资争端解决机制的热情，并直接关系到东道国投资条约项下义务的承担水平。那么，在利益平衡观念的引导下，究竟适宜采用何种原则对 FET 标准进行解释及准确适用？这一点尤其有必要围绕着稳定性、透明度及投资者合理期待加以展开。

三、公正公平待遇标准的解释要素

无论是在 ICSID 抑或是在 NAFTA 的仲裁庭，都未形成在普通法视野下的遵循先例原则（Stare decisis），意即 ICSID 仲裁庭的仲裁先例对后续案件并无强制约束力。但这并不意味着可以忽视从先例中所提取的重要规则的可适用性，恰恰相反，为保持对相同条款在不同案件中法律解释的稳定性与连贯性，仲裁庭会有意去考察先例的适用与否问题。通过回顾既往的投资仲裁案件，对 FET 标准的含义可以抽离出以下基本解释要素。

（一）正当程序与拒绝司法

将正当程序原则（due process）确定为 FET 的重要方面，向来很少引发争议。例如，2012 年美国 BIT 范本第 5 条第 2 款第 a 项明确提及："FET 包括体现在世界主要法律体系中的正当程序原则在刑事、民事与行政裁判程序方面不得拒绝司法的义务。"比较早的实践可追溯至 1989 年国际法院所审理的美国诉意大利案，该案中，美国投资者在意大利所设立的一家工厂被当地政府临时征用，国际法院的法官判决指出："公共当局的某项行为在国内法上可能是非法的，但并不必然表明行为在国际法上也是违法的……专断性是对法律正当程序的故意漠视，从司法妥当性意义上说它是一种令人震惊或令人吃惊的行为。"蒙多夫案的仲裁庭则将正当程序进一步限定为拒绝司法的情形，该案申请人蒙多夫向 ICSID 质疑美国马萨诸塞州高等法院驳回其合同请求以及法院的审级，仲裁庭则提出只关注 NAFTA 第 1105 条第 1 款所规定的拒绝司法问题，即东道国法院或国内仲裁庭在判决方面适用于外国人的待遇标准，而无权也无义务审查国内法院的实体裁判正确与否。而西亚格诉埃及案则体现出，即使东道国的国内法院作出了有利于投资者的裁判，却拒绝执行，仍然构成拒绝司法。

除了拒绝司法之外，在东道国采取相关管制措施而未给予投资者申述申辩的权利时，也被视为正当程序的违反而触犯 FET 标准。例如，在梅特克莱德诉墨西哥案中，市政府拒绝颁发许可证却未能听取投资者的陈述，进而被仲裁庭裁定为违反 NAFTA 第 1105 条的 FET 标准；在泰克麦德诉墨西哥案中，东道国环境监管委员会撤销垃圾填埋场的经营许可却没有事先告知行动意图，导致申请人被剥夺了表达立场的机会，进而被认定为违反 FET 标准；在中东水泥运输和装卸有限公司诉埃及案中，东道国将投资者的船舶实施了扣押及拍卖，却未将拍卖活动告知对方进而被仲裁庭认定为不符合 FET 标准。

(二) 透明度与保护投资者合理期待

晚近对 FET 的扩张解释实践中，对东道国法律及措施的透明度要求与外国投资者合理期待的保护越来越受到仲裁庭的重视。投资者的合理期待正是基于东道国对法律体制和东道国的任何明示或默示的保证与陈述，投资者有权信赖的法规文本既涵盖条约与国内立法、法令担保，也包括许可执照和与契约性保证相似的执行声明，而东道国对于这类立法与行为皆有披露的义务以保证自身行为的透明度，不至于因透明度的缺乏而造成投资者的合理期待损失。在 SPP 诉埃及案中，被申请人声称申请人所信赖的埃及官方行为因触犯公有土地不可转让的规定而归于无效，但仲裁庭并未采信此种抗辩，并强调投资者有权信赖政府发出的正式陈述。

梅特克莱德诉墨西哥案的仲裁庭也指出：NAFTA 第 102 条第 1 款关于透明度的规定包括政府对所有与投资或即将发生的投资的启动、完成及成功经营有关的法律要求，应能够轻易被其他缔约国的投资者所知悉。墨西哥政府关于该市政建设许可证的颁发要求，不应当存在任何怀疑或不确定性。然而，在 MTD 股权私人有限公司诉智利案中，仲裁庭也明确投资者的信赖必须是合理的，这意味着投资者在投资前有调查的义务以自行了解东道国的法律与基本政策，对于因为投资者未在投资前对东道国的法律做出足够调查而导致的商业损失，投资者应当自己负责；法国电力公司（EDF）诉罗马尼亚案的仲裁庭则指出，商务与法律框架的稳定是公正公平待遇的一个实质要素，但这种稳定不是对经济活动相关法律进行实质性的冻结，否则将与东道国正常的监管权和经济活动的灵活多变相悖。因此，如何平衡投资者的调查义务与东道国透明度义务，并就投资者要求稳定的权利与东道国要求监管的权力之间寻求调和，甚为关键。

(三) 善意原则

从投资仲裁庭的一系列活动来审视，善意（good faith）行事既是 FET 标准的基本义务，也是 FET 概念的核心并普遍渗透于所有保护投资者的方法之中。在历克斯金宁诉爱沙尼亚案中，仲裁庭提出：违反公正公平待遇的行为包括主观恶意，对公正公平待遇的承诺是国际法公认的善意原则的体现。废物管理公司诉墨西哥案的仲裁庭则认为,善意行事是 NAFTA 第 1105 条中 FET 标准的一项基本义务,东道国政府机关蓄意联合起来阻碍实现投资协定目的的行为显然违反第 1105 条。尽管自 FET 标准初创以来,善意原则始终构成判定是否违反公正公平待遇的考量因素,但显然存在一个演变的过程。早期的尼尔案要求政府行为必须达到恶意或故意失职,显然仅仅非善意尚不足以判定,主观状态要达到恶意的程度,其证明标准相对较高。而前述蒙多夫案在引述尼尔案时却阐明:不公正与不公平的行为并不需要达到令人愤怒或震惊的程度。由此推论,恶意的存在并非违反 FET 标准的必要条件,现实中即使存在东道国政府的善意行为或者既非善意也非恶意的行为,也可能被认定为违反 FET 标准。这可以做两种理解:一方面,仲裁庭所要求的善意原则本就是法律意义上的善意,更多地通过政府行为的结果进行推论认定,而并不当然等同于现实中的主观状态,更何况政府作为拟制主体很难像自然人这般判断主观善恶意;另一方面,在善意原则的遵守这一高标准与严重恶意的存在这一最低限度的道德中间,尚且存在中间状态,法律意义上的善意与恶意都归于故意范畴,而故意的内涵在于明知某种后果必然或可能发生而积极追求或消极放任其发生,但东道国政府的某些经济管制行为未必明知某些侵害投资的后果发生又谈何恶意?基于此,善意与恶意更多地作为违反 FET 标准的参考要素之一而不应该作为认定违反 FET 标准的必要条件,进而确保外资的切实保护。

(四)非胁迫或骚扰

FET 标准还适用于东道国针对投资者所为的胁迫或骚扰行为。在波普与塔波特公司诉加拿大案中,东道国政府监管机构针对投资者的投资进行了激进的、严苛的"验证审查",此种审查被仲裁庭认定为"威胁和歪曲的""难以承担的且挑衅的",进而违背 FET 标准;但该案仲裁庭同时指出,NAFTA 第 1105 条并没有要求被诉行为必须是极其过分、令人愤慨、令人震惊或其他异乎寻常的情形,该条中的 FET 待遇是"根据国际法所享有的待遇"之外的待遇,这一点似乎与 FET 的解释背道而驰,不仅有偏袒投资者、动辄归咎东道国之嫌,也给政府公共管理行为的受益者(市民社会)带来了不利影响。

而沙漠连线项目有限责任公司诉也门案的仲裁庭则申明:申请人的雇员、家属被逮捕且设备被扣留,随后的强制性"建议"要求投资者必须接受赔偿数额减半的结果,都无法符合国际法上的最低标准,也不可能是公正公平的调解结果。从相关案例来看，由于投资者与东道国在经济实力上的真正差距，FET标准要求东道国在采取有关措施时，不能在精神方面对投资者构成胁迫或骚扰，进而强行要求后者基于非真实意愿而做出对己方不利的投资让渡。

（五）政府违约行为

投资者与东道国的投资合同直接体现了投资者合理期待的内容，该等协议通常发挥最典型的昭示法律稳定性和可预见性的功能，也因为保护伞条款的存在而与东道国的条约义务相挂钩。瑞士通用公证行（SGS）诉巴拉圭案对东道国的合同义务设定了"可期待底线"：东道国没有履行合同项下的义务，当达到一定程度时可能会构成对FET标准的违反。例如，拒绝承认合同、合同经济目的的丧失或合同价值的剥夺。但正如杜克能源公司诉厄瓜多尔案的仲裁庭所阐明的，东道国单纯对合同的违反行为并不当然构成对条约中公正公平待遇的违反，条约下的责任必须是公权力支配下所采取的主权性质的措施所致。但值得进一步反思的是，国家豁免法当中对国家主权行为与国家商事行为的区分是否能直接贯穿于国际投资仲裁中？即使国家从事商行为，其目的仍然可能是主权性的，前述废物管理公司案的申请方控诉亚加布尔科政府拒绝支付特许权协议项下的款项构成政府违约从而违反FET，但仲裁庭却主张：即使政府坚持不偿还债务也并不构成违反NAFTA第1105条的FET，因为这不属于不合理的拒绝交易，何况政府曾试图提供补救措施作为解决方案。

四、公正公平待遇与任意性措施的交错

禁止任意性措施被视为评价投资待遇的重要标准之一，其正当性来源于现代文明社会所内生的正当程序原则，意即东道国无正当理由而未经正当程序的任意妄为将被归为不法行为，而投资者则有权合理期待东道国能够遵守禁止任意妄为的行为准则。从术语层面，"任意"与"不公正""不合理"并不容易区分，对于投资者所控诉的东道国任意措施，不同仲裁庭的裁判可归为两类：一类坚持所谓文义解释，如劳德诉捷克案的仲裁庭查阅《布莱克法律词典》后将"任意"解释为"依赖于个人意志的""基于偏见或偏信而非事实依据"的行为；另一类从"法治"的视角出发，如国际法院审理美国诉意大利案时指出：与其说任意妄为是对某法律规则的违反，不如说是对法治的践踏……任意妄为是对法律正当程序的漠视，它践踏或至少扰乱了司法正

当性。基于"任意性"概念的外延宽泛，某些仲裁庭会注意到东道国的任意性措施会同时触犯 FET，这在 NAFTA 仲裁中尤其突出，BIT 仲裁中也开始有二者的交错融合趋势。即便如此，二者仍然具有彼此所不具备的独特功能，仲裁庭也会在个案中对东道国违反 FET 的行为与任意性或歧视性待遇的举措加以分别审查，如杜克能源公司诉厄瓜多尔案。

第四节 国际投资法中的保护伞条款

一、保护伞条款的含义

所谓保护伞条款，是国际投资条约中对投资保护的一种专门的条款类型，其最初源自对国家契约尤其是特许权协议在传统国际法体系下寻求保护所面临困局的一种突破[①]。此类条款一般规定，每一缔约方应遵守其对另一缔约方投资者及其投资所做出的任何承诺。就其功能而言，保护伞条款最初的定位旨在对缔约方之间创设一种互惠性的制度安排，使缔约方受制于更加严格的国际法约束。但是，随着越来越多的国际投资条约明确赋予投资者直接以自己的名义在国际争端解决机构申诉并出庭的权利，该类条款日渐频繁地被投资者所援引，以期将东道国对投资者所做出承诺纳入国际法的保护范畴下，进而跨越国内法上的司法、行政或仲裁管辖，径直将国内法意义上的争议（如合同争议）提交至国际投资仲裁庭加以解决。从现有的研究来看，学术界对于保护伞条款的权利主体、义务主体、义务性质和义务范围等基本命题还存在严重的分歧。

二、解释与适用保护伞条款的不同立场

在国际投资仲裁实践当中，个案仲裁庭对投资者基于保护伞条款所提出的仲裁请求采取了不同立场，主要包括四种情形。

---

① 王彦志. 投资条约保护伞条款的实践及其基本内涵 [J]. 当代法学，2008（5）：50.

(一) 否定解释：瑞士通用公证行诉巴基斯坦案

1994年，瑞士通用公证行（SGS）与巴基斯坦签订了一份《装运前检验协议》。该协议中订有仲裁条款，约定因本协议所产生的纠纷应提交临时仲裁庭在伊斯兰堡解决，仲裁准据法为巴基斯坦法律。1996年，巴基斯坦政府单方面终止履行协议，于是瑞士通用公证行以巴基斯坦政府非法终止协议为由在瑞士法院对其提起了索赔诉讼。因受制于国家主权豁免原则，瑞士法院最终未对该案行使管辖权。2000年，巴基斯坦向伊斯兰堡法院申请签发禁诉令，禁止瑞士通用公证行向瑞士法院起诉，命令将该案争议提交仲裁庭在伊斯兰堡解决，该申请得到伊斯兰堡法院的支持。2001年，瑞士通用公证行根据1995年瑞士与巴基斯坦双边投资协定（Bilateral Investment Treaty，BIT）对巴基斯坦政府提起国际投资仲裁，要求索赔。在投资仲裁程序进行过程中，瑞士通用公证行向伊斯兰堡法院提出申请，要求法院中止正在伊斯兰堡进行的商事仲裁程序。瑞士通用公证行主张，根据瑞士与巴基斯坦BIT第11条[①]规定的保护伞条款，国际投资仲裁庭有权就涉案合同纠纷行使管辖权，理由是保护伞条款将投资者与东道国之间的所有合同请求提升为因违反BIT所产生的条约请求，因此瑞士通用公证行与巴基斯坦之间因终止商事合同所产生的国内法争议业已通过保护伞条款的执行而升级为国际法争端。然而，该案中国际投资仲裁庭并不同意瑞士通用公证行的观点，而是倾向于对瑞士与巴基斯坦BIT第11条作限缩解释。仲裁庭认为，瑞士通用公证行的主张若想成立，前提是BIT的保护伞条款在措辞上足够宽泛，并且需要经受得住扩张解释。然而，该案BIT的保护伞条款在措辞方面仅意在增强缔约双方的互信，以及在不同法律秩序下协定不同缔约方之间关系的利益平衡[②]。

瑞士通用公证行诉巴基斯坦案仲裁庭关于保护伞条款适用范围的推理可概括如下：

第一，该案BIT第11条所规定的"承诺"一词在范围上非常宽泛，容易产生不确定性，如果再对此做扩张解释，很可能将缔约方对外签署的所有国家契约都纳入其中。而事实上，该案BIT的文本并未规定投资者所指控的东

---

① 瑞士与巴基斯坦BIT第11条规定：各缔约方应当始终确保遵守其对另一缔约方的投资者就投资所达成的承诺。

② SGS Société Générale de Surveillance S. A. v. Islamic Republic of Pakistan, ICSID Case No. ARB/01/13, Decision of the Tribunal on Objections to Jurisdiction of 6 August 2003, at para. 168.

道国违反合同的行为将自动被提升为对国际条约法的违反。

第二，鉴于投资者自身对投资合同的违反并不能直接等同于对国际法的违反，相应地，东道国对投资合同的违反也不应当产生更为繁重的负担和更为恶劣的结果，除非存在清晰的、令人信服的证据表明 BIT 缔约双方确已就此达成合意，明确任何违反合同的指控都等同于对 BIT 的指控。

第三，如果按照瑞士通用公证行对保护伞条款的理解进行裁断，将导致该案 BIT 第 3 条至第 7 条事实上成为冗余规定。与此同时，如果认可投资者的意见，则 BIT 中关于争端解决机制的规定将归于无效，投资者只需基于保护伞条款提出合同请求，即可轻易规避东道国的当地救济。

第四，由于该案中的保护伞条款并未与 BIT 中的其他实体条款规定在一起，故保护伞条款并非实体法义务。

第五，在解释国际条约时，应遵从"遇有疑义从轻解释原则"（Principle of in dubio mitius）。据此，在对 BIT 进行条约解释时，如遇用词含混不清的情况，则应采取使负担义务之一方较少负担之解释。由此，仲裁庭反对投资者对保护伞条款的解释，认定该案中的保护伞条款并不能使国际投资仲裁庭当然取得对合同争议的管辖权。

（二）自动解释：菲达克斯公司诉委内瑞拉案；美国天然气运输公司诉阿根廷案；LG&E 诉阿根廷案

与瑞士通用公证行诉巴基斯坦案相反，另一些仲裁庭对保护伞条款的适用持相对开放的立场，其认为保护伞条款自动地将投资者与东道国之间的合同义务转化为国际义务。

在菲达克斯公司诉委内瑞拉案中，双方当事人的争议焦点之一在于对保护伞条款的解释。仲裁庭虽然没有对保护伞条款做过多的推理和深入的分析，但却申明了其立场。该案中，菲达克斯公司指控委内瑞拉未能如约兑现某本票。对此，仲裁庭认定：根据荷兰与委内瑞拉 BIT 第 3 条[①]所规定的保护伞条款，委内瑞拉有义务严格遵守条约中对投资加以保护的实体待遇，同时也有义务履行在本票中对投资者的付款承诺[②]。该案仲裁庭的这一认定，事实上肯

[①] 荷兰与委内瑞拉 BIT 第 3 条规定：各缔约方应当遵守其与另一缔约方的投资者就投资待遇所已经达成的任何义务。

[②] Fedax N. V. v. The Republic of Venezuela, ICSID Case No. ARB/96/3, Award of 9 March 1998, at para. 29.

定了保护伞条款具有自动转化的功能，意即只要 BIT 中订有保护伞条款，则东道国对于投资合同的违反，亦即构成对条约的违反。遗憾的是，该案仲裁庭在裁决中并未就其上述意见给出进一步的推理和阐述。

此种自动解释在后续的 LG&E 能源公司诉阿根廷案中再次被仲裁庭所采用。在该案中，仲裁庭结合该案事实认定，阿根廷通过制定《天然气法》及一系列法规，并通过发行备忘录的方式对这些承诺加以宣传推广，最终明确允许外国资本进入其国内市场，允许外国私人投资者投资阿根廷公共行业的私有化项目。由于阿根廷是面向特定投资者的特定投资展开合作，故这些国内法律法规已经创设了保护伞条款项下的国际义务，并根据保护伞条款而产生了国家责任[1]。

美国天然气运输公司诉阿根廷案的仲裁庭对保护伞条款采取了类似解释。在该案中，仲裁庭认定：根据该案 BIT 中的保护伞条款，东道国有义务不对关税制度加以冻结、不将关税受制于价格控制、在被许可方反对的情况下不对有关许可证的规则加以修改。鉴于阿根廷违反了与投资有关的法律及合同义务，据此即违反了保护伞条款，并进而导致了对投资条约中实体保护标准的违反[2]。不过，该案仲裁的裁决最终被专门委员会以仲裁庭明显越权为由予以撤销，理由是仲裁庭没有明确阐述保护伞条款在该案中是如何适用的，亦未对保护伞条款的适用如何得出裁决结论进行充分说理。由此，关于保护伞条款的适用，该案仲裁庭与专门委员会持不同观点。专门委员会将该案从保护伞条款的自动解释重新退回至否定性解释，其在撤销决定中指出：该案 BIT 的保护伞条款所规定的"义务"一词特指法律义务，而非合理期待；保护伞条款的适用效果并不能将合同义务转化为条约义务，正如合同准据法的内容不会因保护伞条款的适用而自动转变一样，合同当事方所承担的义务在内容方面亦不受影响[3]。

---

[1] LG&E Energy Corp., LG&E Capital Corp., and LG&E International, Inc. v. The Republic of Argentine, ICSID Case No. ARB/02/1, Decision on Liability of 3 October 2006, at para. 175.

[2] CMS Gas Transmission Company v. The Republic of Argentina, ICSID Case No. ARB/01/8, Decision of the Tribunal on Objections to Jurisdiction of 17 July 2003, at para. 86.

[3] CMS Gas Transmission Company v. The Republic of Argentina, ICSID Case No. ARB/01/8, Decision of the ad hoc Committee on the Application for Annulment of the Argentine Republic of 25 September 2007, at para. 95.

第四章 国际投资的实体保护

(三)"政府行为"解释：泛美公司诉阿根廷案；埃尔帕索诉阿根廷案

关于保护伞条款的解释方法，第三种观点认为：根据含有保护伞条款的 BIT 成立的国际投资仲裁庭仅对条约请求具有管辖权，此种请求权的基础，包括国家以主权者身份与投资者订立的投资合同，但不包括国家以非主权者身份所订立的合同①。相较之下，上述前两种方案着眼于保护伞条款的适用效果，第三种观点更关注保护伞条款的适用范围、请求权基础及东道国订立投资合同时所凭据的主权者身份。

泛美公司诉阿根廷案与埃尔帕索诉阿根廷案均属第三类解释的典型实践。这两起案件具有相似的事实背景，且均适用了同一 BIT 中的保护伞条款，最终就管辖权问题做出了一致的认定。值得一提的是，这两起案件的仲裁庭强调了对 BIT 进行平衡解释的重要性，在对保护伞条款进行适用时，既要顾及对东道国国家利益的维护，又有必要对外国投资者的投资提供保护以促进资本的持续流动。此种解释否定了将保护伞条款毫无例外地简单解释为将合同请求转换为条约请求的方案。仲裁庭特别指出：对保护伞条款的正确解读，需要与 BIT 中涉及投资争端解决的规定联合起来一并进行；保护伞条款的适用，并不能将条约提供的国际保护拓展至东道国或国有企业订立的所有普通商事合同，但是却可以涵盖东道国以主权者身份对投资者做出的嵌入合同的保护及承诺②。据此，东道国一旦违反其以主权者身份所签订的投资合同，则将引发条约下的索赔请求，由此将保护伞条款的适用范围做出了一定限制。

(四)"执行"解释：瑞士通用公证行诉菲律宾案

在瑞士通用公证行诉菲律宾案中，仲裁庭就保护伞条款的解释进行了深入地剖析和阐述，做出了与瑞士通用公证行诉巴基斯坦案迥然不同的处理。1991 年，瑞士通用公证行与菲律宾政府签订了合同。1997 年，瑞士与菲律宾的 BIT 生效实施。2002 年，瑞士通用公证行依据 BIT 对菲律宾提起了国际投资仲裁，主张菲律宾应按照 1991 年签订的合同偿付相应的款项。瑞士通用公

---

① SASSON. Substantive law in investment treaty arbitration: the unsettled relationship between international law and municipal law [M]. Netherland: Wolters Kluwer, 2017: 228.

② Pan American Energy LLC and BP Argentina Exploration Company v. The Argentine Republic, ICSID Case No. ARB/03/13, Decision on Preliminary Objections of 27 July 2006, at para. 109.

证行声称，该案 BIT 第 10 条第 2 款①规定的保护伞条款，赋予仲裁庭就涉案合同争议行使管辖权。

仲裁庭在梳理了瑞士通用公证行诉巴基斯坦案后指出，在国际投资仲裁中不受遵循先例原则约束，亦不存在适用保护伞条款管辖合同纠纷的先例。继而，仲裁庭就该案中保护伞条款的适用做出如下解释：其一，保护伞条款适用了具有强制性的措辞"应当"；其二，根据 BIT 的宗旨与目的，应尽量对 BIT 第 10 条第 2 款做有效性解释，在解决不确定性问题时，合理的方式是对条约涵盖范围内的投资做有利解释；其三，在对保护伞条款进行解读时，应将东道国就特定投资所做出的合同性承诺纳入 BIT 的条约框架内，进而理解为东道国根据条约承担了有约束力的义务，此种解释完全符合 BIT 的宗旨与目的；其四，瑞士通用公证行诉巴基斯坦案并未对保护伞条款的准确含义做出界定，且瑞士与巴基斯坦 BIT 中的保护伞条款在措辞上远不及瑞士与菲律宾 BIT 中的保护伞条款清晰，前者缺乏明确性和强制性②。故而，该案仲裁庭不同意瑞士通用公证行诉巴基斯坦案仲裁庭的意见，意即不同意从一开始就推定为反对就保护伞条款进行扩张解释，且瑞士通用公证行诉巴基斯坦案的涉案合同当中明文订有仲裁条款，即使对保护伞条款进行扩张解释，也并不能当然地逾越合同中的争议解决条款。但是，该案仲裁庭亦不赞同保护伞条款可自动使合同法问题转化为条约法问题的意见。仲裁庭认为，BIT 中的保护伞条款并不能强行改变涉案合同的准据法，换言之，尽管 BIT 中订有保护伞条款，但该案合同的准据法并未从菲律宾法律转变为国际法。特别是，保护伞条款旨在针对的是东道国对投资者所作承诺的履行，而不涉及此类承诺范围的扩张。

从裁决结果来看，瑞士通用公证行诉菲律宾案的仲裁庭最终形成了两种裁判意见：多数意见认为，应当暂停投资仲裁程序，命令当事人按照合同中订明的争议解决条款处理因合同所产生的纠纷；仲裁员克里维拉洛（Crivellaro）提出了反对意见，其采取了前述自动解释方法，认为瑞士与菲律宾 BIT 创设了全新的法律体系，并且授予瑞士通用公证行在争端产生后就法

---

① 瑞士与菲律宾 BIT 第 10 条第 2 款规定：各缔约方应当遵守其对另一缔约方的投资者在东道国境内的特定投资所承担的任何义务。

② SGS Société Générale de Surveillance S. A. v. Republic of the Philippines, ICSID Case No. ARB/02/6, Decision of the Tribunal on Objections to Jurisdiction of 29 January 2004, at para. 124.

院地重新进行选择的权利,故而 BIT 虽然签署于涉案合同之后,但是为投资者创设了比合同更优惠的待遇,如果对保护伞条款做限缩解释,则不符合投资保护的合理预期①。细究而言,多数意见与少数意见貌似分歧较大,实则亦不乏共识。具言之,两种意见均不满于瑞士通用公证行诉巴基斯坦案的裁决,其中,少数意见采取了前述自动解释的立场,对投资者提供了较高的保护,将合同请求与条约请求纳入一体保护的范畴;而多数意见的重心则旨在批判对保护伞条款的否定性解释,但是亦未采取自动解释立场,对投资者援引保护伞条款规避投资合同中的争议解决条款设定了较高的限制性要求。

在托托建筑公司(Toto)诉黎巴嫩案中,仲裁庭的意见与瑞士通用公证行诉菲律宾案的多数意见不谋而合。该案仲裁庭指出,保护伞条款的实质是一种仲裁请求的执行机制,其并不能将纯合同请求提升为条约请求②。换言之,投资者依据合同提出的仲裁请求,其基础仍然是合同权利,此类请求应受合同法的调整,并且可能受到合同中其他条款的影响。据此,仲裁庭认定对该案所涉合同争议无管辖权,当事人应将此类纷争提交黎巴嫩国内法院专属管辖。

克里维拉洛的意见被之后的瑞士通用公证行诉巴拉圭案的仲裁庭所采纳,该案仲裁庭特别指出:BIT 中的保护伞条款对 BIT 缔约双方创设了国际义务,要求其必须遵守对另一方投资者的合同义务;在明确了国际投资仲裁庭对东道国违反保护伞条款的仲裁请求享有管辖权的基础上,仲裁庭尚须进一步决定是当仁不让地行使管辖权,抑或依据合同中约定的争议解决条款将案件移送至国内法院或商事仲裁庭行使管辖权。在瑞士通用公证行诉巴拉圭案中,仲裁庭最终决定行使管辖权,其原因主要基于以下几个方面:其一,该案仲裁申请人的请求并不仅仅是合同索赔,还包括东道国对 BIT 中其他国际义务的违反,因此并非所有基于保护伞条款提出的请求均可落入合同争议解决条款的范围内;其二,对合同中法院选择条款的执行,将限制投资仲裁庭的管辖权,使投资仲裁的管辖权沦为"空壳"甚至使 BIT 的争端解决条款归于无效;其三,一项关于保护伞请求不具有可受理性的决定,可以被理解为对 BIT

---

① SGS Société Générale de Surveillance S. A. v. Republic of the Philippines, ICSID Case No. ARB/02/6, Dissenting Opinion of Antonio Crivellaro of 29 January 2004, at para. 2.

② Toto Costruzioni Generali S. p. A. v. The Republic of Lebanon, ICSID Case No. ARB/07/12, Decision on Jurisdiction of 11 September 2009, at para. 202.

权利的默示放弃，该案中虽然东道国存在弃权，但投资者并未弃权，故双方未就排除投资仲裁庭的管辖权达成一致意见①。由此可见，在 BIT 中的保护伞条款与投资合同中的争议解决条款共存的情况下，如投资者的仲裁索赔中不仅包括合同请求，还包括条约请求，则合同中约定的争端解决机制不具有排他性，而一旦将所有的合同请求排除在投资仲裁的管辖权范围之外，将实质上使保护伞条款归于无效。考虑到在国际投资争端解决实践中，应尽可能使条约做有效性解释，故而对保护伞条款的范围和功能不能一概加以否决，而有必要认可其确有将合同请求纳入管辖范围的实践价值。

---

① SGS Société Générale de Surveillance S. A. v. The Republic of Paraguay, ICSID Case No. ARB/07/29, Decision on Jurisdiction of 12 February 2010, at para. 176.

本章小结

以维护东道国规制权为改革目标的国际投资法体系当前正发生深刻变革，这必然会影响到国际投资条约具体条款的起草和适用，作为国际投资法重要原则的 MFN 正是其中的关键。近年来，投资条约的缔约方开始在新一代条约中严格限制 MFN 条款对于实体待遇的适用，仲裁庭对于 MFN 条款的适用也由宽泛解释转向限制解释。MFN 条款适用于实体待遇的限制性发展符合其基本属性和国际投资体系的改革需要，将成为一种未来趋势。在这一背景下，考虑到作为重要资本输出国和输入国的"双重身份"，中国宜审慎选择因应之策：一方面应选择性地对中外投资条约中的 MFN 条款进行与时俱进的发展，作为有效维护自身规制权的重要手段；另一方面也要警惕过度限制 MFN 条款适用的做法可能对中国的海外投资者造成的负面影响。

公正公平待遇被大量订入双边及多边投资条约当中俨然已成为不争的事实，但在个案中对 FET 的适用很大程度上是个法律解释的问题。FET 既可以作为一项标准用以奠定投资条约的基调，也可以作为解释条约中专门规定的辅助因素，或者用以填补条约或有关国内法或投资合同的漏洞。在仲裁实践中，据以确立"符合国际法的待遇"存在两种解读：部分案件将国际法宽泛解释为包括所有国际条约、国际习惯、一般法律原则，违反其中任何之一即构成对 FET 的违反；部分案件则仅仅将习惯国际法中的最低待遇标准作为衡量依据。FET 所采纳的后一种解释路径颇受质疑，由于将国际法限缩解释为习惯国际法而构成了对 NAFTA 第 1105 条的实质修正而非单纯的法律解释。要着眼于公正公平待遇内容的解释要素加以把握，晚近投资仲裁实践对东道国提供 FET 的标准明显更趋严格而具体，前面所列任一解释要素都为仲裁庭提供了宽裕的自由裁量空间，以实现在个案中东道国外资保护义务与国家经济管制权的平衡。

本章思考题

1. 在国际投资实体保护中,最惠国待遇原则的适用范围受到哪些限制?
2. 国际投资法中的保护伞条款具有什么功能?
3. 如何理解国际投资法中的公正公平待遇?

第五章

国际投资仲裁规制跨国企业人权的困境与方案

学习要点

国际人权法的深入发展和投资范围的全面扩张导致东道国的人权保护与跨国企业投资行为之间冲突频频,加之国内法院规制跨国企业人权责任在某些情形下存在一定局限,这使得间接规制跨国企业人权责任的国际投资仲裁机制越发受到国际社会的重视。但是,国际投资仲裁面临的程序难题和实体困境使其难以发挥相应的作用。当下正值国际投资法体系的变革时代,国际社会可借此从程序和实体两个层面对国际投资的仲裁体制进行完善,促使其在规制跨国企业人权责任方面发挥更为积极的作用,继而推动"人类命运共同体"理念在国际投资领域的实现。

【关键词】跨国企业;人权责任;国际投资仲裁;程序难题;实体困境

第一节　国际投资法与国际人权法的互动及其困境

一、国际投资仲裁与国际人权保护的关系

近年来，投资者与国家间仲裁（Investor-State Arbitration，ISA）和东道国的人权保护在理论和实践层面的互动越发频繁。将人权议题纳入ISA之中不仅可以平衡投资者与东道国之间的利益冲突，而且在一定程度上能够起到规制跨国企业人权责任的作用。跨国企业人权责任问题之所以会进入ISA机制，原因有二。

其一，在全球化背景下，随着投资领域的急剧扩张和国际人权法体系的深入发展，日益凸显出跨国企业投资行为和东道国的人权保护之间的紧张关系，增加了二者冲突的可能性。资本市场的全球化使得跨国企业将触角伸入东道国的供水系统、排污系统、电力供给和公共交通等与民生息息相关的公共服务产业，不断拓展自身在东道国投资的广度与深度。此外，国际人权法的代际发展推动人权的内涵从公民政治权利（第一代人权），向经济、社会、文化权利（第二代人权），以及自决权、环境权、公共健康权和发展权等（第三代人权）持续扩张[1]。投资领域的扩张与国际人权法体系的发展，导致人权保护与投资行为的冲突越发明显。随着跨国企业侵犯人权的大量事实不断被披露，国际社会要求主权国家之外的跨国企业作为人权责任主体的呼声也日益高涨[2]。当跨国企业认为东道国的人权保护措施侵犯了其投资利益并将相应的投资争端提交ISA仲裁时，便不可避免地将人权问题带入ISA仲裁之中，ISA也就间接发挥出规制跨国企业人权责任的作用。

其二，国内诉讼规制跨国企业人权责任在某些情形下存在一定的局限。通常而言，国内法院（包括东道国、母国和第三国法院）涉外诉讼是规制跨

---

[1] SMITH. Textbook on international human rights [M]. Oxford: Oxford University Press, 2012: 45.
[2] 金利. 全球化走向文明：人权和全球经济 [M]. 孙世彦，译. 北京：中国政法大学出版社，2013: 12.

国企业人权责任最为直接和主要的途径。但这存在一定的局限性：母国法院通常没有义务和动力规制本国海外投资者的域外人权责任，现有国际人权条约并不要求母国对其领土或管辖范围内企业的境外活动进行规制①；投资者为母国创造税收使得母国更倾向于保护其海外企业的投资权益而非规制其人权责任②。就经济实力较为弱小的东道国法院而言，其很有可能缺乏有效规制跨国企业人权责任的能力；同时，此类东道国很有可能将经济发展置于更为优先的地位，而对跨国企业侵犯人权的行为"视而不见"，甚至成为跨国企业的"同谋"③，因此缺乏有效规制跨国企业人权责任的意愿。就第三国法院而言，虽然美国等少数国家倾向于将普遍管辖适用于民事诉讼领域④，使外国人权受害者通过第三国法院寻求救济成为可能，但是近年来美国开始限缩自身对外国私人诉讼的管辖范围。

鉴于国内法院诉讼的局限性，国际社会越来越重视通过国际投资仲裁来规制跨国企业的人权责任，甚至有学者视其为解决跨国企业人权问题的"良方妙药"⑤。但是，ISA机制本身因面临程序难题和实体困境而难以真正发挥相应的作用，亟待改革。

二、国际投资仲裁规制跨国企业人权的程序难题

在投资仲裁实践中，仲裁庭可以通过东道国抗辩、东道国反请求和法庭之友三项程序来发挥规制跨国企业人权责任的作用。其中，东道国抗辩是指针对外国投资者提出的诉求，东道国提出异议和反驳。此一程序之提起虽然

---

① UN Guiding Principles on Business and Human Rights (UNGPs), para.2, Commentary. pp.3-4.

② DUMBERRY, DUMAS-AUBIN. When and how allegations of human rights violations can be raised in investor-state arbitration [J]. The journal of world investment & trade, 2012 (13): 369.

③ 在一些重视经济发展忽视人权的国家，就存在东道国容忍甚至与跨国企业共谋的现象。Luke Eric Peterson and Kevin R. Gray, International Human Rights in Bilateral Investment Treaties and in Investment Treaty Arbitration, A Research paper prepared by the International Institute for Sustainable Development (IISD) for the Swiss Department of Foreign Affairs, 2003, p.16-17.

④ 如1789年美国的《外国人侵权请求法》(The Alien Tort Claims Act, ATCA) 规定："当侵权行为违反国际法或美国缔结的条约时，(联邦) 地方法院对外国人据此提起的民事诉讼享有初审管辖权。"

⑤ CHOUDHURY. Spinning straw into gold: incorporating the business and human rights agenda into international investment agreements [J]. University of pennsylvania journal of international law, 2016 (12): 29.

阻碍较小，但由于和实体问题高度相关，以东道国抗辩的方式实现人权目标的主要障碍存在于实体层面。本部分主要阐释东道国反请求和法庭之友的意见采信标准所面临的阻碍。

（一）东道国反请求的管辖程序之难题

ISA 语境中的反请求源于国内法的反诉制度，系指由被请求方提出的旨在反对申请方诉求的主张，这相当于对申请方提出一项独立的诉求。与东道国抗辩的被动防御相比，反请求的主动出击明显更有利于规制跨国企业的侵权行为。但在 ISA 实践中，绝大多数反请求均以失败告终，其中管辖程序是核心障碍。

广义的管辖程序由管辖权（jurisdiction）和案件可受理性（admissibility）构成。管辖权是指仲裁庭审理案件的能力，主要源于当事方同意；可受理性是指案件本身是否适合提交仲裁庭审理[1]。在安东尼戈茨诉布隆迪案中，仲裁庭审查东道国反请求时就采用了上述两项标准[2]。

其一，确定仲裁庭对东道国反请求的管辖权。路径有二：一是考察投资条约的规定。若投资条约明确载有东道国反请求条款，即可确立仲裁庭的管辖权。2007 年《东南非共同市场投资条约》第 28.9 条就有关于东道国反请求的具体规定。二是考察投资条约的争端解决条款和准据法条款。但是，很多投资条约的争端解决条款将管辖范围限于投资者就东道国违反投资条约义务提出的诉求，而将东道国反请求权排除在外[3]；由于很少有国际法规则直接要求跨国企业承担责任，东道国提出反请求通常依据本国国内法，然而很多投资条约的准据法仅限于国际法，导致东道国反请求缺乏必要的法律基础。所以可尝试借助《华盛顿公约》和仲裁机构（如 UNCITRAL）的相关仲裁规则推断出投资者同意仲裁庭管辖反请求。即投资者同意向 ICSID 提请仲裁不仅意味着接受仲裁庭对原请求的管辖权，也意味接受仲裁庭对反请求的管辖权。这样大大降低了反请求程序的难度，但这样的推断因遭到众多主张管辖权只

---

[1] WAIBEL. Investment arbitration: jurisdiction and admissibility [J]. University of cambridge faculty of law legal studies, 2014（1）: 7-8.

[2] KENDRA. State counterclaims in investment arbitration—a new lease of life? [J]. Arbitration international, 2013（29）: 590.

[3] Agreement Between the Government of Romania and the Government of the Hellenic Republic on the Promotion and Reciprocal Protection of Investments, 1997, Art. 9.

能基于投资条约本身之规定的学者质疑,适用效果非常有限。

其二,东道国反请求的可受理性需要考察反请求与原请求之间的关联性。若不符合关联性要求,仲裁庭也会拒绝管辖;《华盛顿公约》第46条"……反请求直接产生于(arising directly out of)争端的内容……"之规定是关联性要求的法律依据。实践中,仲裁庭对于关联性的严格解释是导致反请求的程序失败的重要原因。例如萨路卡投资公司诉捷克案的仲裁庭主张,捷克基于其国内法所提出的反请求未与原请求构成不可分割的整体(indivisible whole),不符合事实层面的"密切关联"(close connexion)标准,因此拒绝管辖①。在保舍克诉蒙古案中,仲裁庭在法律层面确立了更加严苛的关联标准,不接受以一般国内法为依据提起的反请求,只接受东道国依据国际法提出的反请求②。

综上所述,管辖程序阻碍了东道国反请求的实现。更何况,即便是仲裁庭判断管辖程序的两项标准本身也并未被仲裁实践普遍接受③。因此,现实中东道国很难利用反请求程序提起人权诉求。

(二) 法庭之友的意见采信标准之阻碍

所谓法庭之友(Amicus Curiae),特指独立于争端双方当事人的第三方,通过递交书面文件或其他方式以独立的身份参与到诉讼或仲裁之中④。提起法庭之友程序的第三方通常是关注人权保护、以维护公共利益为己任的非政府组织(Non-Governmental Organization, NGO),它们参与ISA的机制在一定程度上有利于敦促仲裁庭正视跨国企业投资行为对东道国人权的负面影响,促使跨国企业承担应有的人权责任。虽然相关公约和仲裁规则对法庭之友程序均持肯定态度[如2003年NAFTA自由贸易委员会(Free Trade Committee, FTC)公布了关于法庭之友的参与声明;2006年修订的ICSID仲裁规则第37.2

---

① Saluka Investments B. V. v. The Czech Republic, UNCITRAL, Decision on Jurisdiction over the Czech Republic's Counterclaim, paras. 79-80.

② ATANASOVA, BENOIT, OSTRANSKY. The legal framework for counterclaims in investment treaty arbitration [J]. Journal of international arbitration, 2014 (31): 382.

③ KENDRA. State counterclaims in investment arbitration—a new lease of life? [J]. Arbitration international, 2013 (29): 590. 作者指出,对于东道国反请求的分析可能(likely)采用上述两个标准。也即,并非每个仲裁庭的分析都采用这两个标准。

④ 张庆麟. 国际投资仲裁的第三方参与问题研究 [J]. 暨南学报(哲学社会科学版),2014 (11): 70.

条规定了法庭之友的参与条件①；2013 年 UNCITRAL 仲裁规则中也增加了法庭之友制度］，但在实践中法庭之友的意见采信标准之模糊和严格导致其很难为仲裁庭采纳。以 ICSID 仲裁规则第 37.2 条为例。一方面，该条本身对法庭之友意见可采信标准的规定——"提出的观点不同于任一争端方""提交的诉求应该解决争端范围内的问题""提出的诉求不应该对任一争端方构成不公平的偏见"等——具有抽象性，缺乏详细的解释指引，导致其无法为仲裁庭提供清晰明确的裁判标准。另一方面，仲裁庭对上述规定的解读过于严苛。比如近期伯纳德诺尔茨等诉津巴布韦案的仲裁庭指出，所谓"提出的观点不同于任一争端方"和"提出的诉求不应该对任一争端方构成不公平的偏见"，要求法庭之友具有独立性和中立性。然而，该案法庭之友的诉求与申请方的主要立场相冲突，并且接受了津巴布韦政策支持者所领导的 NGO 的支持，明显违反了上述要求，仲裁庭因此拒绝接受其提交的意见②。但是，在规制跨国企业人权责任的案件中，法庭之友作为东道国人权受害者的代言人，其立场必然会与作为申请方的投资者相悖，很难满足如此严格的独立性和中立性要求③。该仲裁庭还指出，争端当事方均没有提起原住民的人权问题，因此法庭之友对原住民团体权利的主张超出了该案的"争端范围"④。这意味着，适格的法庭之友不能提起人权或者其他非投资利益的诉求，除非投资条约中明确载有适用人权规范的条款，或者任一争端方提出人权诉求。从东道国对人权问题的回避态度来看，这种解释无疑将作为"人权卫士"的法庭之友阻挡在 ISA 程序之外。正如有学者所言，与其说仲裁庭接受法庭之友意见是为了确保人权受到不利影响的个人或团体获得法律救济，不如说仲裁庭将之视为增强自身合法性的工具⑤。

---

① ICSID Rules of Procedure for Arbitration Proceedings, Art. 37.2.

② Bernhard von Pezold and Others v. Republic of Zimbabwe, ICSID Case No. ARB/10/15, Procedural Order No. 2, 2012, paras. 51, 55-56.

③ SCHADENDORF. Human rights arguments in amicus curiae submissions: analysis of ICSID and NAFTA investor-state arbitrations [J]. Transnational dispute management (TDM) special issue "aligning human rights and investment protection", 2013 (10): 12.

④ Bernhard von Pezold and others v. Republic of Zimbabwe (ICSID Case No. ARB/10/15), Procedural Order No. 2, 2012, paras. 57-60.

⑤ HARRISION. Human rights arguments in amicus curiae submissions: promoting social justice? [A]. in Pierre-Marie Dupuy et al. human rights in international investment law and arbitration, Oxford University Press, 2009: 405-406.

三、国际投资仲裁规制跨国企业人权的实体困境

与东道国反请求和法庭之友的提起程序相比,东道国的抗辩程序更具稳定性且阻碍更小①。即便如此,由于仲裁庭解决人权问题时在准据法和条约解释方面存在以下实体困境,因此使东道国抗辩规制跨国企业人权责任的效果大打折扣。

(一) 准据法难题

ISA规制跨国企业人权责任面临的实体问题首要是法律的适用,即准据法问题。ISA通常涉及投资条约的实体条款、序言条款和其他国际人权规范三项准据法②。它们在规制跨国企业人权责任的投资仲裁实践中存在如下问题:

其一,投资条约的实体条款很少明确规定跨国企业的人权责任或者东道国保护人权的义务。鉴于人权的政治敏感性和概念模糊性,以及东西方国家对人权内涵的认识分歧,缔约方对于在投资条约中纳入"人权"一词通常持十分谨慎保守的立场③,而是选择其他表述委婉地要求投资者承担人权责任。例如巴西和马拉维2015年投资条约第10条规定,投资者负有促进东道国可持续发展的义务④。虽然人权是"可持续发展"的应有之义,但是人权目标的实现仍取决于仲裁庭的解释。由于缺少明确的"人权条款",仲裁庭很难依据投资条约的实体条款要求投资者承担人权责任。此外,为使投资条约获得跨国企业支持,有关"人权条款"的用语多选用"鼓励""尽力而为"等非强制性词语⑤。这些"软条款"并不具有强制性的法律拘束力,仲裁庭难以据此规制投资者的人权责任。

---

① 陈正健. 投资者与国家争端解决中的国家反诉 [J]. 法商研究, 2017 (1): 165.
② 《华盛顿公约》第42.1条规定:"仲裁庭在解决纠纷中应该根据当事方同意决定……可适用的国际法规则。"此处"可适用的国际法规则"包括其他国际人权规范。
③ REINER, SCHREUER. Human rights and international investment arbitration, in P. M. Dupuy, F. Francioni, and E. U. Petersmann (eds). Human rights in international investment law and arbitration [C]. Oxford: Oxford University Press, 2009: 83.
④ The Brazil-Mozambique and Brazil-Angola Cooperation and Investment Facilitation Agreements (CIFAs): A Descriptive Overview, Art. 10 [EB/OL] (2017-09-28). http://www.iisd.org/itn/2015/05/21/the-brazil-mozambique-and-brazil-angola-cooperation-and-investment-facilitation-agreements-cifas-a-descriptive-overview/.
⑤ Barnali Choudhury, supra note 10: 36.

其二，投资条约序言条款中人权目标的实现有赖于仲裁庭的解释。虽然当前已有条约将人权目标纳入序言之中——例如，2017年9月21日起暂时生效的加拿大—欧盟《综合性经济贸易协议》（Comprehensive Economic and Trade Agreement，CETA）在序言中明确规定人权保护目标和企业负责任投资的原则①，但是鉴于序言规定并不能为当事方直接创设实体权利和义务，其能否发挥规制投资者人权责任的作用赖于仲裁庭对条约的目的解释。遗憾的是，仲裁庭并未认真对待序言规定的人权目标。

其三，国际人权法规范本身存在模糊性。争端当事方同意的国际人权规则也可能被作为处理投资争端的准据法。但是，国际人权规则在权利义务分配方面存在极大的模糊性，如国家和跨国企业之间权利义务分配不清②、经济、社会、文化权利领域中义务的"渐进性"而非强制性主张③，等等。如何适用这些权利义务不甚明晰的国际人权规范解释投资条约，尚不明确。

（二）解释难题

仲裁庭规制跨国企业人权责任面临的准据法选择和适用难题还可以通过条约解释得到缓解，但是条约解释过程中所遇到的技术性难题使其无法发挥相应的作用，可能最终导致仲裁庭对跨国企业人权责任问题持回避态度。

1. 目的的解释

《维也纳条约法公约》（Vienna Convention on the Law of Treaties，VCLT）第31.1条虽然规定条约之解释应当参照其"目的及宗旨"，但是仲裁庭通常以投资条约序言规定多重对立之目标而不予参照。例如，在2011年Grand River诉美国裁决中，仲裁庭指出NAFTA的序言中同时包括"促进投资"和"保护公共福利"双重目标，但是没有明确强调任何一个目标，因此无法参照该序言做出有利于任何一方的解释④。循此逻辑，即便在投资条约序言中纳入人权保护目标，也可能会因与投资保护目标相对立而被仲裁庭忽略，从而无

---

① 该序言中规定："……承认国际安全、民主、人权和法治在国际经济贸易合作中的重要性……鼓励企业尊重国际认可的企业社会责任准则与原则，包括《经合组织跨国企业指南》以及负责任企业行为的最佳实践……协定的实施应该遵从劳动法和环境法，提高劳工和环境保护的水平……"

② KINLEY, CHAMBERS. The UN human rights norms for corporations: the private implications of public international law [J]. Legal studies research paper, 2007 (7): 21.

③ 《经济、社会和文化权利公约》第2.1条之规定。

④ Grand River Enterprises et. al. v. United States of America, UNCITRAL (NAFTA), Award, 12 January 2011, para. 69.

法实现规制跨国企业人权责任的目的。

2. 系统解释

除目的解释外,有观点认为VCLT第31.3(c)条的系统性整合功能同样可以协调投资与人权之间的冲突①。因为VCLT第31条的解释规则已经具有习惯国际法的地位,仲裁庭可以直接适用31.3(c)"应与上下文一并考虑者尚有:(c)适用于当事国间关系之任何有关国际法规则"的规定对投资条约和其他国际人权规范进行系统解释。然而实践中,仲裁庭出于如下两个原因很少对投资条约进行系统解释。

其一,第31.3(c)条自身存在模糊性,导致其在适用中存在很多技术性难题②。例如,该条中的"当事国"是指投资条约的"所有缔约方"还是"争端方",尚存疑义。例如,若《能源宪章条约》的两个缔约国发生投资纠纷涉及人权问题,那么作为"有关国际法规则"的人权条约之当事国是仅包括上述两个争端国即可,还是需要认定ECT所有52个缔约国均为人权条约的缔约国?再如,由于学界对"相关"一词的范围理解不一,"任何相关国际法规则"的范围也殊难界定③。这些悬而未决的难题极大地限制了第VCLT 31.3(c)条系统整合功能规制跨国企业人权责任的效果。

其二,仲裁庭担心第VCLT 31.3(c)条的系统解释规则会打开"潘多拉的盒子",未来可能会面临更多类似人权争端的"非投资诉求"。仲裁庭通常由投资专家或商事仲裁员组成,对于人权等非投资领域的专业知识掌握毕竟有限④,系统解释规则难免会增加仲裁庭负担。此外,第VCLT 31.3(c)条的适用也可能因向"其他国际法规则"过度扩张,从而加剧仲裁庭的正当性危机。

---

① 有学者乐观表示,随着投资条约的专业化发展以及人权条款的纳入,第31.3(c)条系统解释未来将会在处理投资与人权冲突中发挥更大的作用。GAZZINI. Interpretation of international investment treaties [M]. Oxford: Oxford University Press, 2016: 239.

② KALDERIMIS. Systemic integration and international investment law–some practical reflections [J]. Society of international economic law (SIEL), 3rd Biennial global conference working paper, 2012 (46): 24.

③ 有学者对此做出狭义解释,即仅指与条约争议条款内容相关的规则;有学者则做出稍微宽泛的解释,即指与条约条款或者待解释条款或者以任何方式影响条款解释的内容提及相同的内容;也有学者以功能性标准对规则的相关性做出评价,即通过解释是否能够阐明条约条款的内涵。YOTOVA. Systemic integration: an instrument for reasserting the state's control in investment arbitration [J]. University of cambridge faculty of law research paper, 2017 (37): 2.

④ SIMMA. Foreign investment arbitration: a place for human rights [J]. International and comparative law quarterly, 2011 (60): 576.

第二节　国际投资仲裁规制跨国企业人权责任的方案

一、克服程序困境的方案

国际投资法体系当前恰逢变革时期：在争端解决机制层面，UNCITRAL 于 2017 年底组建了处理 ISDS 改革问题的第三工作小组，拟解决东道国反请求、透明度、条约解释的一致性等问题；在条约层面，若干有影响力的投资协定正在磋商中，包括东盟主导的 RCEP、中美 BIT、中欧 BIT 以及美欧 TTIP 等，南非、印度尼西亚等国也纷纷主张对现有 BIT 进行重新磋商和谈判。借此改革良机，探索未来 ISA 程序和实体的改革进路，促使其在规制跨国企业人权责任中发挥更大作用。

（一）提高东道国反请求程序的成功率

其一，解决东道国反请求程序中管辖权难题的最优选项是在投资条约中直接纳入反请求条款。具体操作既可采取 2007 年《东南非共同市场投资条约》第 28.9 条明确提及反请求的模式[1]，也可仿照 2015 年印度 BIT 范本第 14.11 条在独立条款中赋予东道国提起反请求的权利的模式。但鉴于大多数国家对反请求条款的态度尚不明朗，因此上述方案短期内很难形成统一实践。在此情形下的次优选择是，缔约国设计投资条约的争端解决条款时，应为东道国提起反请求预留必要空间，包括对争端范围进行宽泛界定，而非局限于"东道国的义务"，如 1989 年比利时—卢森堡经济联盟—布隆迪 BIT 第 8.1（b）条的规定[2]；将仲裁程序发起者的范围扩大至包括东道国在内，而非仅限于投资者，如 1991 年西班牙—阿根廷 BIT 第 10 条中的规定[3]。

---

[1] Investment Agreement for the COMESA Common Investment Area, Art. 28.9, "A Member State against whom a claim is brought by a COMESA investor under this Article may assert as a defence, counterclaim, right of set off or other similar claim…"

[2] Art. 8.1 (b) of BLEU (Belgium-Luxembourg Economic Union) -Burundi BIT states as follows: "A dispute related to an investment is defined as a dispute concerning, among others, the interpretation or the application of investment authorisations granted by host State authorities that govern foreign investments."

[3] Art. X. 3 of Argentina-Spain BIT states as follows: "The dispute may be submitted to an international arbitral tribunal in any of the following circumstances: (a) At the request of either party to the dispute…"

其二，对于东道国反请求可受理性的关联性问题，有必要澄清关联性标准是否构成东道国反请求管辖程序的必要条件。既有实践表明，有的仲裁庭并没有考察原请求与反请求的关联性问题，而有的却将之视为仲裁庭受理反请求的前提要件①。为了促使反请求程序在规制跨国企业人权责任中发挥更大作用，仲裁庭应降低反请求可受理性的关联性要求。具言之，仲裁庭可以考虑将法律层面的关联标准视为仲裁庭需要考量的因素，而非反请求可受理的前提条件。如此可以赋予仲裁庭足够的灵活性，即便在法律层面缺少关联性的情形下，仲裁庭也可以根据事实层面的密切关联进行裁决。由于在国际法层面尚不存在规制跨国企业人权责任的规范，降低法律关联性的要求无疑会大大提高东道国利用反请求程序提起人权诉求的成功率。

（二）放宽法庭之友的意见可采信标准

实践表明，ISA 关于法庭之友的意见接受条件尚未提供明确标准，主要依赖于仲裁庭的自由裁量，加之仲裁庭对法庭之友的意见缺少相应的反馈，限制了法庭之友程序规制跨国企业人权责任作用的发挥。从规范层面看，主要投资仲裁机构（如 NAFTA、ICSID 和 UNCITRAL 等）的仲裁规则和一些有影响力国家或地区（如美国、欧盟等）的投资协定范本应该为当前条约所定法庭之友的意见抽象可采信规则（如 ICSID 仲裁规则第 37.2 条）提供详细具体的解释或明确的操作细则，以此加速可采信标准的成型与推广②。如此可激励更多人权领域的 NGO 和市民社会组织积极利用法庭之友的程序参与 ISA，为权利受影响的东道国居民寻求救济。

从解释层面看，在法庭之友意见与人权相关时，应适当放宽对可采信标准的适用。考虑到人权问题的政治敏感性，东道国可能因国内人权记录不佳或者其他原因，在 ISA 中有意回避国内人权遭受负面影响的事实。而 NGO 和市民社会团体以及其他国际组织可不考虑东道国意愿，借助法庭之友程序向投资仲裁庭表达人权关切③。正因如此，有学者将法庭之友程序视为实现人权保护的关键进路。因此，若 ISA 争端当事方均没有提出人权诉求，投资条约也未规定人权

---

① HOFFMANN. Counterclaims in investment arbitration [J]. ICSID review, 2013（2）：451.
② 陈剑玲. 国际投资仲裁中的"法庭之友"参与问题研究 [J]. 暨南学报（哲学社会科学版），2012（7）：31.
③ KUBE, PETERSMANN. Human rights law in international investment arbitration [J]. Asian journal of WTO & international health law and policy, 2016（11）：91.

条款，只有法庭之友提出人权诉请的情形下，仲裁庭应酌情放宽对 ICSID 仲裁规则第 37.2 条"提交的诉求应该解决争端范围内的问题"中"争端范围"的解释，避免将法庭之友诉求范围僵硬地限于争端当事方的诉求范围之内，而是应该从事实层面深入考察法庭之友人权关切与投资争端之间的联系，进而裁定是否采信法庭之友的意见。此外，应当在法庭之友程序设置中要求仲裁庭对法庭之友的意见予以反馈。即，投资仲裁庭应该就法庭之友的意见对其推理过程和裁决结果的影响予以说明。这不仅能够促进仲裁员对法庭之友的意见的实际考虑与分析，而且能够强化法庭之友程序对于跨国企业人权责任的规制效果。

二、突破实体困境的方案

（一）灵活设计投资条约中的"人权条款"

在投资条约中纳入"人权条款"是摆脱实体困境的重要出路。通过对"人权条款"的表述和纳入形式进行设计，可以在一定程度上增强"人权条款"在投资条约中的存在，实现对跨国企业人权责任的规制。

就"人权条款"的表述而言，投资条约可以不使用"人权"这一模糊词语，而是将其具化为生命健康权、文化权利、劳工权利、水权、原住民权利等特定权利类型。当前投资条约的实际规定表明，只有少数几个条约明确使用了"人权"一词，包括加拿大和布基纳法索《促进和保护投资协定》第 16 条、加拿大—欧盟 CETA 的序言条款等。曾多次参与投资条约磋商的学者表示，缔约国很少提及"人权"一词，遑论对其进行深入讨论[①]。原因在于，"人权"之内涵存在极大的模糊性，国际社会对此存在颇多分歧。国际人权法的产生和发展也伴随着东西方国家、发展中国家和发达国家以及基督教国家和伊斯兰国家之间的政治和意识形态冲突[②]。主权国家并不情愿为国际人权纠纷设置一个国际人权法庭，更不可能将人权争议完全交由投资仲裁庭这一经济纠纷解决机制处理。

[①] GARCIA. The role of human rights in international investment law [A]. N. Jansen Calamita, David Earnest and Markus Burgstaller, The future of icsid and the place of investment treaties in international law [C]. London：British institute of international and comparative law, 2013：33.

[②] HIRSCH. Investment tribunals and human rights：divergent paths [A]. PM Dupuy, F Francioni, EU Petersmaan, human rights in international investment law and arbitration [C]. Oxford：Oxford University Press, 2009：112-113.

因此，投资条约中不使用"人权"一词情有可原。但这并不意味缔约国不期望仲裁庭裁决其规制措施时考量人权保护目的，进而作出与国际人权规范相一致的裁决。随着新一代投资条约的兴起，关于"健康、安全和环境"和"劳工或劳工权利"等具体权利的规定越来越常见，且以此取代内涵模糊且争议颇大的"人权"一词，不失为规制跨国企业人权责任的有效途径。

"人权条款"的纳入可采取以下几种形式：第一，设置"冲突条款"，明确规定当人权与投资者权利相冲突时，人权保护优先；第二，规定"公共利益监管的绝对例外条款"，当东道国为了公共利益（包括人权）采取的规制措施损害投资者权利时，该措施不受投资条约义务之约束；第三，将《联合国工商业与人权指导原则》（以下简称为《指导原则》）纳入投资条约，要求投资者承担相应的人权责任。不过，上述方案在实践中可能会因过分限制投资者权利而遭其强烈反对①。所以，第二种纳入方式更具可行性，包括使用：①一般性的"例外条款"，例如，2004年加拿大BIT范本第10.1（a）条规定"本协议中的任何内容不得解释为阻碍当事方采取或实施必要措施来保护人类、动物或者植物的生命或健康"；②"不得降低人权标准"条款，例如加拿大BIT范本第11条规定"当事方承认，以放松国内的健康、安全或环境措施来鼓励投资的做法是不合适的"；③特定待遇的"除外条款"（carve-out），例如2011年土耳其和尼日利亚签订的BIT第7.2条规定"非歧视性的，意图保护合法的公共福利目标，例如健康、安全和环境的法律措施，不构成间接征收"。这类条款虽然见于一些投资条约之中，但尚未得到普及。笔者认为，以上述规定为基础，在用语上进行相应调整，纳入水权和原住民权利等更多具体权利，可增强其规制跨国企业人权责任的效果。

此外，可以效仿现有环境条款的丰富表现形式，将人权考量纳入投资条约之中。当前投资条约关于环境保护已经发展出"环境协作条款"，如比利时卢森堡经济联盟—巴拿马BIT规定："缔约双方承认，彼此之合作为提升环境保护水平提供了进一步机会。一俟收到一缔约方之请求，另一缔约方应同意就本条约的任何事务进行专家磋商。"② 未来投资条约可以仿此设置"人权协

---

① 挪威就曾在其BIT范本规定"公共利益监管的绝对例外条款"，但因遭到投资者的强烈反对，草案未获得批准。GIEST. Interpreting public interest provisions in international investment treaties［J］. Chicago journal of international law，2017（18）：348.

② BLEU（Belgium-Luxembourg Economic Union）-Panama BIT, 2009, Art. 5（3）.

作条款",缔约方就有关跨国企业的人权责任问题可请求进行专家磋商。国家层面的协作更有利于增强规制跨国企业人权责任的力度。甚至,随着投资条约纳入人权种类的不断拓展,可以仿照《全面与进步跨太平洋伙伴关系协定》中的"环境章节"设置专门的"人权章节",对与人权相关的问题进行统一规定,促进投资条约规制跨国企业人权责任规范的体系化发展。

(二) 增强条约解释的一致性与灵活性

仲裁庭对于投资条约的解释对投资法和人权法的整合能够产生重要影响。为促使条约解释对规制跨国企业人权责任发挥更大作用,仲裁庭应增强条约解释的一致性和灵活性。仲裁庭对投资条约解释的不一致是 UNCIRTAL 着力解决的重要议题。如果能就目的解释和系统解释的适用形成统一的指引,无疑可增强解释的一致性。就目的解释而言,仲裁庭不应该只偏重于保护投资者利益,更应正视序言条款所规定的人权保护目标,实现对投资者保护和东道国人权保护的平衡。退而言之,即便仲裁庭在某些情形下确实无法实现两者的平衡,至少可以在裁决赔偿数额时,将人权保护目标纳入考量,酌情减少东道国的赔款。就 VCLT 第 31.3（c）条的体系解释而言,可以考虑澄清其模糊之处,尤其是"任何相关国际法规则"之规定。鉴于国际社会直接规制跨国企业人权责任的规范都具有软法性,所以宜将可适用的国际法规则之范围扩张至约束投资者人权责任的软法规范,如经济合作与发展组织（OECD）出台的《跨国公司行为准则》,以此强化投资者的人权责任。

此外,国际投资仲裁庭应灵活运用 VCLT 第 31.3（c）条的系统解释,充分发挥其在规制跨国企业人权责任中的作用。菲利普·莫里斯（Philip Morris）诉乌拉圭案表明,仲裁庭适用该规定协调投资与人权之冲突的方式并不仅限于直接援用国际人权法规则解释投资条约,也可以援用权利义务更为明确的其他国际法规范来间接协调两者之间的关系。在该案中,仲裁庭通过 VCLT 第 31.3（c）条援引作为习惯国际法规范的警察权理论（police power doctrine）,以此解释瑞典—乌拉圭 BIT 第 5 条的征收条款,最终裁决东道国为保护其居民公共健康权而采取的措施不构成征收,进而间接规制了跨国企业的人权责任。仲裁庭通过援用习惯国际法规范进行系统解释,不仅回避了"当事国"的范围争议,而且缓解了仲裁庭直接处理人权等"非投资诉求"的担忧。

本章小结

随着投资范围扩张与人权法发展，两者之间的碰撞不可避免；由于传统国内法机制在规制跨国企业人权责任方面存在局限性，ISA作为规制跨国企业人权责任的新平台，与国内法机制共同发挥作用。但是，ISA在程序和实体方面存在较大缺陷，有碍其在规制跨国企业人权责任中发挥更大作用。通过提高东道国反请求程序的成功率、放宽法庭之友的意见可采信标准、灵活设计投资条约"人权条款"的表述和纳入形式以及增强条约解释的一致性与灵活性，可在一定程度上弥补上述缺陷。诚然，ISA程序和实体层面的改革是一个艰难且漫长的过程，但是考虑到人权保护已成为国际社会广为尊奉的价值理念，增强ISA规制跨国企业人权责任的能力，提高东道国人权保护水平是ISA未来改革的必然方向。当前，中国提出的"人类命运共同体"理念被相继载入联合国大会、安理会和人权理事会相关决议，为国际社会广泛接受。为在国际投资领域贯彻这一理念，国际社会宜积极考虑采用本章提出的方案，强化ISA规制跨国企业人权责任的能力，推动跨国企业实施负责任的投资行为，勉力解决投资和人权之间的紧张关系。

本章思考题

1. 国际投资仲裁庭是否有权对跨国企业履行人权义务的状况进行审查？
2. 如何运用法庭之友制度促进国际投资仲裁程序的优化？
3. 增强国际投资条约解释一致性与灵活性的方案有哪些？

第六章

欧盟法与《能源宪章条约》下的国际投资争端解决

学习要点

欧盟在对外推行其常设投资法庭制度的同时,试图对欧盟成员国内部及外部双边投资协定的争端解决机制进行重构,由此导致了以现有机制与欧盟法的兼容性为依据进行合法性评价的必要。相比于双边投资协定,《能源宪章条约》属于典型的国际性多边条约,其缔约方不仅包括欧盟成员国,也包括非欧盟国家,还包括欧盟自身,故而能否以其与欧盟法的兼容性为标准对其适用范围加以限制,实践中出现了分歧。在阿赫玛(Achmea)案与康斯特罗伊(Komstroy)案的判决中,欧盟法院分别认定欧盟成员国内部的双边投资协定、《能源宪章条约》的争端解决机制与欧盟法不兼容。但是,在国际投资仲裁实践中,仲裁庭驳回了东道国基于与欧盟法的兼容性提出的管辖权异议。对于在欧盟开展投资的中国投资者而言,如果意图通过仲裁方式解决争端并确保裁决的执行力，应确定适当的仲裁地，必要时还要考虑对投资进行重组。

【关键词】欧盟法；《能源宪章条约》；国际投资仲裁；欧盟法院

第一节 《能源宪章条约》争端解决机制与欧盟法的兼容性

一、欧盟内部 BIT 与欧盟法的兼容性分析

2020 年 12 月,历经长达 7 年 35 轮的艰辛谈判,《中欧全面投资协定》(The China-EU Comprehensive Agreement on Investment,CAI) 如期达成。各界普遍认为,CAI 不仅将惠及中欧双方,也将有力拉动后疫情时期的世界经济复苏,促进全球贸易和投资自由化、便利化,为构建开放型世界经济做出重要贡献。2021 年 12 月,德国新任总理朔尔茨上任,积极与中方开展沟通对话,谋求改善中欧关系,并明确表态希望促使之前被欧洲议会宣布"冻结"的 CAI 能够尽快落地实施。值得一提的是,在 CAI 之前,我国已经与多个欧盟成员国订有双边投资协定(BIT),且在"一带一路"65 个沿线国家中,包括了 7 个独联体国家和 16 个中东欧国家,如何解决我国投资者与这些国家间的国际投资争端,成为摆在各方面前的现实问题。尤其是欧盟当前正在推广其所创建的常设投资法庭制度,而我国则试图对外推广国际商事争端预防与解决组织下的投资仲裁制度,二者之间如何取舍,成为国际社会关注的热点。根据目前的公开报道,CAI 文本中并不包含任何关于 ISDS 条款的内容,而是采取与 RCEP 相类似的路径——缔约国同意将先行公布和签署实体内容,然后在一段时间内就 ISDS 条款另行协商和确定。如此一来,就最终 ISDS 条款将采取何种模式,则存在进一步博弈的空间①。近年来,欧盟内部的投资争端解决机制备受争议,尤其是研究欧盟成员国签署的内部及外部 BIT、欧盟与其成员国同为缔约方的《能源宪章条约》(Energy Character Treaty,ECT)与欧盟法之间的关系,已成为刻不容缓要解决的议题。本章旨在以典型案例为切入,对有关欧盟法兼容性问题的背景、症结、裁判要旨及其法律影响加以阐述。

国际投资协定是为了据以确定投资保护,欧盟内部投资协定(Intra-EU

---

① 宋俊荣. 中欧全面投资协定的国家间争端解决机制 [J]. 中国流通经济,2022 (1):2.

Investment Agreements）主要针对的是欧盟内部成员国之间相互签署的 BIT，但是否涵盖欧盟成员国相互之间签署的多边投资协定（Multilateral Investment Agreements，MAI）及区域性投资协定（Regional Investment Agreements，RIA），尤其对于是否涵盖 ECT，实际上尚无定论。

尽管欧盟旨在将自身打造为比欧洲共同体更具凝聚力的一体化组织，但其客观上存在欧盟与其成员国之间的权力分配问题①。具体而言，与欧盟相关的法律关系包括四类：欧盟与第三国的外部关系、欧盟成员国与第三国的外部关系、欧盟与其成员国之间的内部关系、欧盟成员国相互之间的内部关系。

其中，欧盟内部投资协定及其所确立的欧盟内部投资仲裁机制问题现在越来越成为困扰国际法学界的重要法律问题。为此，欧盟委员会（European Commission）强烈推动其成员国废止彼此之间相互签订的内部 BIT，欧盟委员会之所以如此坚决，理由是其认为成员国相互之间缔结的这些内部 BIT 在一定程度上破坏了欧盟法的自治性，导致欧盟内部的法律秩序处于不确定的状态，同时也导致欧盟内部不同成员国的投资者在同一共同市场内客观上受到不平等待遇。但是，也有一部分欧盟成员国表达了反对意见，拒绝欧盟委员会关于终止内部 BIT 的提议，并对内部 BIT 持积极和肯定的立场。他们的观点主要从政治经济学角度寻求正当性依据，他们认为，恰恰是由于欧盟成员国之间缔结的内部 BIT，能保护一成员国的投资者免受来自其他成员国政府的不公正待遇，故而此类 BIT 不仅应当予以保留，而且应当给予正面评价，使其能够继续发挥独特作用②。持这种立场的国家，主要是那些陷入财政困境的欧盟国家。2018 年 3 月，欧盟法院（Court of Justice of the European Union, CJEU）就斯洛伐克诉阿赫玛案（以下简称"Achmea 案"）作出判决③。该判决在一定程度上解决了尚处于争论中的焦点问题，即欧盟成员国内部的投资协定及其确立的投资仲裁条款是否与欧盟法上的相互信任原则（mutual trust）及欧盟法律秩序的自治性原则相兼容④。该案中，CJEU 明确认定，捷克斯洛

---

① 孙南翔. 论欧盟及其成员国在投资争端解决中的责任分配 [J]. 欧洲研究，2018（1）：98.

② BONNITCHA. The political economy of the investment treaty regime [M]. Oxford: Oxford University Press, 2017: 20.

③ Achmea B. V. v. The Slovak Republic, UNCITRAL, PCA Case No. 2008-13 (formerly Eureko B. V. v. The Slovak Republic), Judgment of the Grand Chamber of the European Court of Justice, March 6, 2018.

④ 相互信任原则和基本权利保护都是欧盟法框架中的基础性原则，二者处于同样的法律位阶。但在实践中，二者在自由、安全、司法领域产生了频繁而尖锐的冲突。

伐克与荷兰政府于 1991 年订立的 BIT 第 8 条规定的争端解决条款与欧盟法不兼容,其违背了相互信任原则。

二、欧盟与其成员国在对外投资领域的权能分配

在欧盟法体系下,欧盟与其成员国之间存在职能方面的基本分工和权力方面的基本配置。具体而言,欧盟的权能包括四类,分别是:

第一,专属权能(exclusive competence)。根据《欧洲联盟条约》[①] 与《欧洲联盟运行条约》(Treaty on the Functioning of the European Union,TFEU)的规定,在某些领域,只有联盟可以立法和通过具有法律约束力的法令,成员国仅在获得联盟授权或为了实施联盟法令的情况下才可以立法或通过具有法律约束力的法令。欧盟在此类领域的权能就称为专属权能,主要涵盖关税同盟、竞争规则、货币政策、共同商业政策等。

第二,共享权能(shared competence)。根据上述两部基础条约的规定,在某些领域,联盟与成员国共同享有权能,即共享权能,在这些领域,联盟与成员国均可立法和通过具有法律约束力的法令,但联盟拥有优先权,只有在联盟未行使其权能或者决定停止行使其权能的情况下,成员国才可行使该项权能。共享权能的主要领域有:内部市场、能源、安全和公正等。此外,联盟在研究、技术开发和空间、发展合作和人道主义援助领域也拥有共享权能,但其行使不得导致成员国无法行使其权能。

第三,政策协调权能。在某些领域,欧洲联盟虽然没有立法权,但可以进行政策协调。

第四,支持、协调和补充成员国行动的权能。落实到与 ECT 相关的事项上,欧盟对于贸易问题拥有专属权能,同时对于资本流动、能源、交通、环境事项拥有共享权能。相比之下,成员国保留了对外直接投资的、投资保护、服务贸易等事项的权能。由于 ECT 在其所规制的具体内容上较为宽泛,因此其便不可避免地涉及混合性批准。值得注意的是,在 20 世纪 90 年代早期,关于欧盟与成员国之间在对外经济关系方面的权力分配,始终是一个具有高

[①] 1991 年 12 月,第 46 届欧共体首脑会议在荷兰马斯特里赫特举行,代表们在会上通过并草签了《欧洲经济与货币联盟条约》和《政治联盟条约》,统称《欧洲联盟条约》,也称《马斯特里赫特条约》。

度敏感性的议题。为了避免误解、消除分歧,在 ECT 谈判过程中,欧盟的谈判代表坚决主张,ECT 不应当调整欧盟内部成员国相互之间的贸易关系及投资关系。为此,欧盟谈判代表提出议案,建议在 ECT 草案中订入断开条款,明确澄清对于成员国相互之间的贸易及投资关系应当适用的法律为欧盟法而不是 ECT。然而遗憾的是,不知究竟出于何种原因,断开条款最终并没有被订入 ECT 的正式文本中。为此,有学者对断开条款最终缺失的原因进行了种种推测:在 1993 年至 1994 年 ECT 进入最后谈判期时,美国、欧盟、俄罗斯等主要的谈判参与方将目标集中于若干关键问题:美国要求 ECT 能够考虑到美国内部所特有的联邦制情形;欧盟则主张在 ECT 中订入断开条款及区域经济一体化组织条款,从而明确成员国内部的关系不适用 ECT 而适用欧盟法;俄罗斯为了防范 ECT 对本国的能源安全和经济主权造成冲击,希望争取较长的一段过渡期,从而能够在此期间内逐渐适应西欧的经济法并履行自己对投资自由化的承诺。经过反复的博弈与调和,许多缔约方的意图得到了其他缔约方的理解,但有些主张最终未获得支持,以至于美国最终愤然离席、退出谈判进程。这些出人意料的事态变迁使得欧盟国家内部产生了一定的紧迫性,为了避免俄罗斯也像美国那样退出谈判,本着尽可能加快谈判进程"速战速决"的考虑,欧盟最终放弃了在 ECT 文本中订入断开条款的努力,并认为即使没有订入此类条款,亦不影响 ECT 应排除适用于欧盟成员国的内部关系①。

2009 年 12 月 1 日生效的《里斯本条约》对原有的《欧洲联盟运行条约》(TFEU) 进行了修订,将各成员国对外直接投资 (Foreign Direct Investment, FDI) 的权能并入欧盟共同商业政策 (Common Commercial Policy, CCP) 的范围内,由欧盟统一行使对外缔结投资条约的专属权力②。自 2013 年起,欧盟在对外缔结经贸协定的谈判中加入了投资保护的内容,不仅先后与新加坡、

---

① BASEDOW. Moldova v. Komstroy and the future of intra-EU investment arbitration under the energy charter treaty: what does the ECT's negotiating history tell Us? [EB/OL]. (2021-12-23). http://arbitrationblog.kluwerarbitration.com/2021/04/24/moldova-v-komstroy-and-the-future-of-intra-eu-investment-arbitration-under-the-energy-charter-treaty-what-does-the-ects-negotiating-history-tell-us.

② 尽管欧盟将 FDI 职能并入 CCP 中,但对 FDI 的范围尚存在争论。通常,各国缔结投资协定时对投资的定义方式包括两类,即以资产为标准定义投资与以企业为标准定义投资。前者不仅包括直接投资,还包括间接投资,范围相对宽泛,重在投资保护;而后者则仅涵盖直接投资,重在促进投资自由化。而如果将纳入欧盟 CCP 的外资职能仅限于直接投资,则缔结涵盖所有投资类型的条约的能力仍然归属于各成员国,且各成员国保留了管理间接投资的权能。梁咏. 欧盟自贸协定新实践对中欧、中蒙双边投资协定谈判的启示 [J]. 内蒙古社会科学,2016 (2): 98.

第六章 欧盟法与《能源宪章条约》下的国际投资争端解决

美国、加拿大、东盟等开展自由贸易协定（Free Trade Agreement，FTA）的谈判，而且与中国、缅甸等启动了双边投资协定（Bilateral Investment Treaty，BIT）的谈判。

众所周知，在对外缔结投资保护条约方面，欧盟是最为活跃的条约当事国聚集地①。在《里斯本条约》生效后，如何处理欧盟各成员国之间既存的BIT（Intra-EU BIT）及成员国与第三国缔结的BIT（Extra-EU BIT），以及欧盟统一对外缔结的BIT的关系，曾一度引发激烈讨论②。对于欧盟国家与第三国缔结的BIT，所面临的主要困境在于，FDI权能收归欧盟统一行使后，这类BIT是否还继续有效？对此，主流观点认为，FDI权能的统一化并不能当然导致各成员国现有的BIT自动失效，而是有待对现有的BIT进行考察后，再就其与欧盟法之间的兼容性及相互冲突之处做出评判。特别应注意的是，即使现有的BIT与欧盟法存在不符或冲突之处，亦不当然导致条约的失效，而是应由欧盟授权成员国对现有的BIT进行重订谈判，以消除冲突之处，或由成员国决定是否终止其现有的BIT③。具体而言，在欧盟2012年通过的《处理成员国与第三国所签双边投资协定过渡性安排》中，部分问题已解决。

另一方面，对于欧盟成员国之间既存的BIT，问题的症结在于欧盟与成员国间内部权限的纵向分工，即欧盟在管理成员国之间资本跨境流动方面的权力如何行使。之所以如此，是因为就内容而言，欧盟成员国之间的BIT与《欧洲联盟运行条约》第63条关于资本跨境自由流动的规定明显存在范围上的重叠，即两套法律规则都涉及外国投资的法律保护，但外资的待遇与保护的标准不尽一致。此外，即使两套规则保护外资的标准无异，根据欧盟法效力位阶的一般规则，也可能有基于《欧洲联盟运行条约》对欧盟国家间BIT的优先效力提出的异议。

事实上，早在2006年，欧盟委员会内部市场与服务工作委员会就向经济

---

① 据统计，在全球范围内所有的BIT中，近一半的缔约国是欧盟成员国或欧盟，这使其形成了具有独特性的BIT范本，与"美式"BIT相对，欧盟国家对外签订的BIT被称为代表最佳实践的"欧式"BIT。在2009年《里斯本条约》生效后，德国、荷兰等个别国家并不愿全部放弃其已缔结的大量经得住实践检验的BIT。TITI. International investment law and the European union [J]. The European Journal of International Law, 2015（3）：640.

② DIMOPOULOS. EU foreign investment law [M]. Oxford：Oxford University Press, 2011：67.

③ EILMANSBERGER. Bilateral investment treaties and EU law [A]. Noah Rubins. Investment arbitration decisions [C]. New York：Jurisnet LIC, 2011：1110.

与金融事务委员会发布了一份说明，其认为在欧盟统一市场中不复存在使用 BIT 的必要，因为各个成员国一旦加入欧盟，BIT 的大多数内容就已被共同体法所取代。在这份说明中，欧盟委员会还建议各成员国互换意见明确表态相关 BIT 不再具有可适用性，或者正式废止类似的协定①。在这份说明发布后，捷克终止了其与其他欧盟成员国缔结的所有 BIT。

三、混合性条约与断开条款的法律意涵

混合性条约（Mixed Agreement），也称混合协定，特指由国际组织、部分或全体成员国以及一个或更多的第三国作为缔约方，并且国际组织与成员国均不享有其全部实施权能的一种条约类型②。由于权能所限，欧盟在对外缔结部分条约时，如果该条约的内容既涵盖欧盟的专属权能，又关涉与成员国共享的权能，则此类协定就属于混合协定，ECT 即属于典型的混合协定。混合协定与欧盟法、欧共体法之间的关系，常常受到关注③。这种特殊协定的出现，是欧共体行使国际条约缔约权的产物，也是欧共体与成员国分享缔约权限的结果。尽管欧盟机构在日常工作实践中常常将混合协定纳入为欧盟法律体系的一部分，但是此类协定在缔约主体、条约种类、缔约权限等方面尤为独特，其给现代条约法增添了新的元素。众所周知，欧盟是处于动态演进、发展变化的区域性一体化组织，辅助性原则是欧盟法的一项基本宪法性原则，其具体规定于《欧洲联盟条约》第 5 条，是欧盟框架内处理欧盟、各成员国以及成员国国内地区和地方政府等多层次行为体之间权能配置的基本原则④。欧盟的权能从设计之初就带有超国家因素，故而混合协定与欧共体型协定相比，前者在数量上占有优势地位，且其重要性日渐提升。

欧盟法语境下的断开条款（Disconnection Clause），指的是欧盟/欧共体在对外订立条约时就规定的、在共同体成员国之间适用欧盟/欧共体条款而非公约的一类特殊条款。该条款目前被作为一种格式化条款在欧盟对外条约中得

---

① EC Note of November 2006 on the Free Movement of Capital, see Eastern Sugar B. V. (Netherlands) v. The Czech Republic, SCC Case No. 088/2004, Partial Award, 27 March 2007, at para. 126.
② 章成. 论对外关系法视野下的欧盟混合协定［J］. 广西大学学报（哲学社会科学版），2019（2）：122.
③ 张华. 刍议欧共体对外关系中的混合协定问题［J］. 国际论坛，2007（3）：68.
④ 回颖. 欧盟法的辅助性原则［M］. 北京：中国人民大学出版社，2015：311.

到经常性的运用,它保障了欧盟内部法制的统一和欧盟法律的最高性,但却对欧盟的对外关系、人权公约和国际法本身带来了一些负面影,因此需要在实践中对该条款的适用进行平衡和个案分析①。

准确地理解混合协定、断开条款这两个概念,对于阿赫玛案及康斯特罗伊案的判决具有重要价值。通过对 ECT 的谈判史进行回顾可以发现,欧盟之所以参与 ECT 的谈判,是为了促进西欧国家与中欧、东欧国家乃至欧亚大陆之间的政治及经济一体化进程。苏联解体后,原东欧国家迫切地需要吸引外资,并促进能源对外出口,为了使那些在历史上曾经处于敌对状态的国家之间重新建立起和平与友好关系,构建起能源合作关系及经济一体化关系,无疑是有效途径。在谈判过程中,欧盟曾经试图在 ECT 这一混合协定中纳入断开条款,维护欧盟内部的关系,使之免受 ECT 的干扰。但因为种种原因,ECT 中并未订入断开条款,这也是实践中导致 ECT 能否适用于欧盟内部争端存在分歧的原因之一。

第二节　国际投资争端解决的典型案例分析

一、阿赫玛案及其法律影响

(一) 阿赫玛案的法律程序及裁判结论

阿赫玛案起因于荷兰投资者阿赫玛公司与斯洛伐克政府之间的争端。2004 年,斯洛伐克推行健康保险市场的自由化政策,向私人投资者开放允许社会资本在该领域投资。于是,荷兰保险商阿赫玛公司(此前称为欧瑞科公司)在斯洛伐克设立了子公司,打算在斯洛伐克提供私人健康保险服务。然而,2006 年,斯洛伐克部分地撤销了健康保险市场开放的自由化政策,最终导致阿赫玛公司的斯洛伐克子公司被禁止营利。为此,阿赫玛依据荷兰与斯

---

① 叶研. 浅议欧盟/欧共体对外条约中的"断开条款(disconnection clause)"[J]. 齐齐哈尔大学学报(哲学社会科学版),2018 (3):89.

洛伐克 BIT 对斯洛伐克政府提起了国际投资仲裁，称斯洛伐克改变投资框架构成对条约义务的违反，并由此对阿赫玛子公司造成了经济损失，应予赔偿。2012 年，审理本案的临时仲裁庭作出最终仲裁裁决，认定斯洛伐克确实违反了荷兰与斯洛伐克 BIT，遂命令斯洛伐克向阿赫玛支付大约 2200 万欧元的损害赔偿金。考虑到该案的仲裁庭是德国缅因河畔的法兰克福，斯洛伐克遂向法兰克福地区法院申请撤销仲裁裁决，理由是仲裁庭对阿赫玛提出的仲裁请求并不具有管辖权，原因是荷兰与斯洛伐克 BIT 第 8 条的仲裁条款与欧盟法不兼容，故而该条款并不能赋予仲裁庭以管辖权，无管辖权的仲裁庭所作出的仲裁裁决违反欧盟的公共政策。具体而言，斯洛伐克声称，荷兰与斯洛伐克 BIT 第 8 条的仲裁条款违反了 TFEU 第 18 条、第 267 条、第 344 条。对此，法兰克福地区法院经审理后认定，荷兰与斯洛伐克 BIT 第 8 条并没有违反 TFEU 的相关规定，遂驳回撤裁申请。斯洛伐克不服，于是提起上诉，德国联邦最高法院就该问题请求 CJEU 发布初步判决，希望对荷兰与斯洛伐克 BIT 第 8 条规定的仲裁条款是否违反欧盟法给出意见。

在 2016 年 3 月出具的一份裁定中，德国联邦最高法院事实上表明了自己的立场，即其并不认可斯洛伐克的主张，而是认为欧盟法既没有排除适用欧盟内部成员之间的 BIT，也没有排除适用此类 BIT 中包含的 ISDS 条款。然而，由于欧盟委员会的介入，特别是欧盟委员会明确表达了欧盟内部 BIT 与欧盟法不兼容的观点，同时也由于 CJEU 在该案之前没有其他可供援引或参照的判例法，故而德国联邦法院决定终止该案的审理程序，而是将以下三个法律问题提交至 CJEU 寻求意见：

第一，TFEU 第 344 条是否排除适用欧盟成员国相互之间缔结的内部 BIT？特别是，当 BIT 中允许一成员国的投资者对另一成员国的政府基于对方加入欧盟之前签署的 BIT 在其加入欧盟之后提起国际投资仲裁程序解决争端时，其是否被 TFEU 第 344 条所禁止？第二，TFEU 第 267 条是否排除适用 BIT 中的仲裁条款？第三，TFEU 第 18 条第 1 段是否排除适用 BIT 中的仲裁条款？

针对以上问题，捷克、爱沙尼亚、希腊、西班牙、意大利、塞浦路斯、拉脱维亚、匈牙利、波兰、罗马尼亚、欧盟纷纷向 CJEU 提交了书面意见，支持斯洛伐克的主张，即欧盟成员国内部 BIT 及其中订立的仲裁条款违反欧盟法。与此相反，德国、法国、荷兰、奥地利、芬兰则持有不同意见，他们认为，欧盟成员之间订立的内部 BIT 以及其中包含的 ISDS 条款是合法有效的，并没有违反欧盟法。欧盟法院总法律顾问也持有类似的观点,其认为:尽管TFEU第18条确实规定了非歧视原则,但是其并没有排除欧盟内部BIT及其中包含的ISDS条款的适用。但是,CJEU最终并没有采纳总法律顾问的意见,而是支持了第一类观点。

具体而言,首先,CJEU在判决中强调,任何国际条约或协定都不得影响已经被欧盟法所确立下来的权力分配规则,也不能损害欧盟法律体系的自治性原则。正如CJEU所言,这些原则明确规定在TFEU第344条中,根据该条款,欧盟成员国有义务不把涉及解释和适用欧盟法的争端提交至这些条约本身规定的争端解决机制以外的其他机制。CJEU重申了欧盟法的自治性,强调欧盟法既独立于成员国的国内法,也独立于欧盟法以外的国际法,其优先于成员国的国内法,并且对欧盟成员国的公民以及欧盟成员国自身具有直接效力。在CJEU看来,基于以上这些特征,欧盟成员国有义务在其各自的领土内确保欧盟法得到统一的解释和一致的适用。CJEU还提出,为了确保欧盟法的这些具体特征得到遵守,同时也为了维护欧盟法的自治性,欧盟条约已经设立了专门旨在保障欧盟法得到统一解释和适用的权威司法机构,而该司法体系得以有效运转的关键要素就在于TFEU第267条所规定的初步裁决程序,这项程序实质上为欧盟成员国的国内法院与CJEU之间展开有序的司法对话提供了法定基础,确保欧盟法的一致性、充分的有效性及自治性。

其次,与总法律顾问的意见不同,CJEU在阿赫玛案的判决中提到,国际投资仲裁庭可能会被要求对欧盟法的解释或适用发表意见。换言之,尽管仲裁庭是依据欧盟内部BIT成立的,主要是为了对缔约方实施的可能违反欧盟内部BIT的行为进行审查和裁断,但实践中,为了对争端当事方行为的不法性作出认定,仲裁庭往往不得不考察BIT缔约国的国内法以及BIT缔约方彼此同为缔约方的其他协定,其中就包括欧盟法。因而,仲裁庭在对涉及欧盟内部BIT的行为进行裁判时,可能会被要求就欧盟法的解释与适用给出意见,尤其是欧盟法中关于基本自由(尤其是企业设立自由与资本自由流动)的条款。

再次,CJEU特别提出,依据欧盟内部BIT(比如该案中荷兰与斯洛伐克BIT)成立的国际投资仲裁庭,其不应当被视为TFEU第267条所规定的欧盟成员国的国内法院或国内仲裁庭。而TFEU第267条恰恰是关于初步裁决程序的规定。换言之,国际投资仲裁庭无论对欧盟法做出何种解释,其无权将涉案的法律问题提交至 CJEU 寻求初步裁决。

最后，CJEU 在 Achmea 案的判决中进一步提出，根据欧盟内部 BIT（比如该案中荷兰与斯洛伐克 BIT）作出的仲裁裁决，原则上是终局的，其仅受仲裁地所属国的国内法院依据可适用的仲裁程序法进行的司法审查。至于仲裁地，如果当事人没有特殊的约定，原则上将由仲裁庭加以确定。至于仲裁地所在国的法院，其对仲裁裁决的审查往往是非常有限的，不做实体性审查，而仅仅进行程序性审查，譬如仲裁协议无效或者仲裁庭组成不当等。CJEU 认为，在私人之间的国际商事仲裁中，只允许法院进行有限的司法审查并无不当。但是，对于投资者与国家间依据荷兰与斯洛伐克 BIT 第 8 条进行的国际投资仲裁，法院如果只进行有限的程序性审查，而不去审查实体问题（包括法律适用、事实认定等），则并不合理。国际商事仲裁与国际投资仲裁存在着显著的差异，前者的管辖权源自私人的合意；后者的管辖权则主要建立在两个欧盟成员国之间所缔结的 BIT 的基础上，是一种典型的法定管辖权，其不仅具有排除成员国国内法院诉讼管辖的效果，且进一步地排除了依据 TFEU 寻求司法救济的机会。而 TFEU 事实上要求欧盟成员国应当保障此种向 CJEU 寻求司法救济的权利。基于以上分析，CJEU 指出，斯洛伐克与荷兰这两个欧盟成员国通过签署 BIT 创设了一种解决私人投资者与欧盟成员国政府间投资争端的外部机制，这种机制并不受欧盟成员国国内法院及 CJEU 全面的司法审查，因此无法保障其能够对欧盟法进行统一的适用，也无法保障其能够赋予欧盟法以充分的有效性。故而，荷兰与斯洛伐克在 BIT 中的仲裁条款事实上损害了欧盟法的自治性，因此其与欧盟法并不兼容。作为对德国联邦法院所提出前两个问题的回应，CJEU 最终总结道：TFEU 第 267 条、第 344 条必须被解释为排除了国际协定中的仲裁条款（例如荷兰与斯洛伐克 BIT 第 8 条），因为此类条款赋予缔约方投资者将其与另一缔约方政府间的投资争端提起国际投资仲裁，尽管此类仲裁的管辖权为 BIT 缔约双方所接受，但是它无疑破坏了欧盟法的自治性，故而是不可兼容的。

事实上，CJEU 作出这样的判决，背离了时任欧盟总法律顾问于 2017 年 9 月针对该案出具的意见（Opinion）。总法律顾问认为，无论是欧盟内部的 BIT 还是 BIT 中规定的 ISDS 条款，都没有违反欧盟法。为此，其特别强调：ISDS 条款构成 BIT 中一个不可分割的组成部分，缺少 ISDS 条款将损害 BIT 的整体目标，原因是如果没有此种条款，则 BIT 将无法确保为鼓励和吸引投资所要求的充分保护。

（二）阿赫玛案的判决产生的法律影响

尽管阿赫玛案的判决并没有自动终止欧盟成员国内部的 BIT，但是其对内部 BIT 的存在及其适用却产生了不容忽视的深远影响。2020 年 5 月，在对阿赫玛案判决的结果及投资保护政策进行两年多的辩论后，欧盟的多数成员国（23 个成员国）签订了一份终止协议，终止欧盟成员国之间缔结的 190 多项 BIT①。这一终止协议，是对阿赫玛判决结论的延续和执行。事实上，针对阿赫玛判决，欧盟成员国早在 2019 年 1 月就曾经发表过声明（Declaration），称将会采取措施终止 Intra-EU BITs②。在此背景下，欧盟多国起草并签署了此次发布的终止协议，没有签署的 4 个成员国为奥地利、爱尔兰、芬兰和瑞典，当然，业已脱欧的英国也不在签署国之列。终止协议虽然尚待批准才可能发生效力，但是欧盟各国将放弃基于欧盟内部 BIT 提起投资仲裁已成事实。另一方面，尽管终止协议终止了大量欧盟内部 BIT，但欧盟成员国之间的内部投资争端仍然可以依据 ECT 提起投资仲裁。截至 2020 年 12 月，ECT 不仅在 43 起欧盟涉外的投资争端中被援引，而且在 83 起欧盟内部投资争端中被援引。严格来讲，ECT 并没有受到阿赫玛案件判决的直接影响，原因在于：ECT 并不是纯粹的欧盟成员国之间的内部协定，而是一项由欧盟整体、欧盟成员国、第三国共同参与缔结的多边能源贸易及投资协定，其属于欧盟法上的混合性协定。故而，从国际条约法视角分析，由于欧盟是 ECT 的缔约方，基于条约必须信守的原则，欧盟法自身的制度安排应当受到 ECT 的约束。并且，由于 ECT 的缔约方不仅涵盖欧盟成员国，还涵盖第三国，故而具有涉他性，不能通过欧盟法来径行修改、变动或废止 ECT 中的仲裁条款。基于以上考虑，在阿赫玛案的判决作出后，理论界与实务界针对 ECT 中投资仲裁条款的合法性，以及欧盟成员国内部根据 ECT 提起的投资争端的管辖权等问题展开了激烈的论辩。

具体来看，终止协议第 2 条规定：附件 A 中列明的所有 Intra-EU BIT 均

---

① COMMISSION. EU member states sign an agreement for the termination of Intra-EU bilateral investment treatie［EB/OL］. (2021-12-23). https：//ec.europa.eu/info/publications/200505-bilateral-investment-treaties-agreement_ en.

② ROBERT. The achmea judgment and the applicability of the energy charter treaty in intra-EU investment arbitration［J］. Journal of international economic lawvolume 23, 2020 (1)：271-292.

将终止生效。第3条在此基础上说明，终止的效力及于BIT中的"日落条款"，即其并没有给予投资者任何的缓冲或过渡期①。第4条则重申，Intra-EU BIT中的ISDS条款尤其是仲裁条款，违反欧盟法。因此，自BIT的两个缔约国均成为欧盟成员国开始，BIT中的投资仲裁条款就不得作为申请人提起仲裁的管辖权基础。如果只从字面含义进行文义解释，第4条的适用范围似乎并无明确的限制，那么就意味着已经结案的依据Intra-EU BIT审理的投资仲裁也将受到合法性的质疑。然而，考虑到维护程序安定性和法不溯及既往的需要，终止协议的第6条对不兼容的BIT范围进行了澄清和框定，其特别明确终止协定不影响已经结案的国际投资仲裁程序及仲裁裁决，具体指的是那些已经在2018年3月6日作出仲裁裁决或达成和解协议的投资仲裁案件，前提条件是满足以下二者之一：第一，已结案的仲裁程序所作的仲裁裁决在该日期之前业已获得执行，且在该特定日期前没有针对该仲裁裁决启动审查、撤销、执行等类似的未决程序；第二，已结案的仲裁程序所作出的仲裁裁决在本终止协议生效日期前业已被撤销。据此可知，那些在阿赫玛案的判决作出之后的仲裁裁决，或者尚在法院执行程序中的仲裁裁决，并不属于不受终止协议影响的已结案仲裁程序，此可谓例外之例外，故仍要受到终止协议的影响。

所谓不在例外条款范围内的仲裁程序和仲裁裁决，其究竟受到何种具体影响，终止协议第7条做出了如下制度安排：成员国应当通知仲裁庭继续仲裁程序或作出仲裁裁决可能面临的法律后果，并请求国家法院撤销裁决或者不予承认执行。换言之，即使某一裁决在2018年3月6日前就作出了，但是只要执行程序在这一日期之后，成员国也有权力请求法院撤销裁决或不予执行涉案裁决。这一点可能会影响我国及其他非欧盟国家对依据Intra-EU BIT作出的投资仲裁裁决的处理，尤其是对于非ICSID裁决的处理。

此外，终止协议的第9条确立了"结构对话"机制，帮助投资者和东道国达成协议。在"结构对话"中，一位中立主持人将在仲裁庭外和法庭外协助争端双方尽可能地达成和解方案，但至于是否真的能够达成合意协议并化解争端，最终决定权仍归属于投资者和东道国。"结构对话"机制的启动前提

---

① 张明瑾. 论欧盟法与BITs下国际投资仲裁条款的冲突与影响：以欧盟法院对Achmea BV. 案的态度为视角 [J]. 北京仲裁, 2019 (4).

第六章　欧盟法与《能源宪章条约》下的国际投资争端解决

是，投资者中止尚在进行中的投资仲裁，或者暂时地搁置或放弃仲裁裁决的承认与执行程序。特别需要强调的是，"结构对话"的和解结果，必须与欧盟法保持协调及兼容，否则将归于无效。欧盟法是据以检验和评估"结构对话"正当性的判定标准，其不仅及于最终协议的内容，而且涵盖整个对话过程。例如，依据终止协议第9条第4款，如果CJEU或者成员国的国内法院已经作出最终判决，或者欧盟委员会已经作出裁定，认定投资者所挑战的规制措施合乎于欧盟法，则"结构对话"将无从启动。从效果上分析，"结构对话"本身构成一种软性机制，其在预防及化解投资争端方面是否真的能够起到良好的效果，仍然有待于实践的检验与观察。严格来讲，欧盟成员国的内部BIT终止后，投资者可供选择的司法机制主要是在国内法院提起诉讼，故而终止协议的第10条对于投资者在成员国国内法院解决争端的诉讼时效进行了放宽处理。相比于国际投资仲裁机制，终止协议确立的"结构对话"机制在法律适用方面亦有所不同，这意味着协商过程中据以定分止争的实体法依据较为特殊，"结构对话"达成的任何安排，首先必须服从于欧盟法的优先性原则，但国际投资仲裁不受此限①。

值得进一步追问的是，阿赫玛案判决作出后，欧盟成员国之间的国际投资仲裁是否必然终结？② 得出此种结论为时尚早。具言之，基于欧盟成员国之间内部BIT提起的投资仲裁确已被CJEU确认为不合法，但是这并不代表欧盟准备完全放弃投资者与东道国之间的争议解决。终止协定的序言部分述及，终止的欧盟内部BIT并不包含ECT，成员国将在今后另行处理这一问题。这表明，欧盟成员国虽然就终止彼此之间的BIT达成了共识，但是对于如何处理成员国参与的多边投资保护框架还没有得出结论。在推进终止协议的进程中，欧盟也积极参与了ECT的重新协商，并相继发布了欧盟对ECT的修改提案，试图将《欧盟—加拿大全面经济和贸易协定》（CETA）关于多边投资法庭的特殊考虑嵌入ECT。由此也体现出，终止协议只是欧盟在投资争议解决方面整合实体和程序机制的步骤之一。

---

① DANIELA, TOMÁŠ. The common european investment policy and its perspectives in the context of the achmea case law [J]. TalTech Journal of European Studies, 2021: 153-169.
② KUBSIK. Consequences of the achmea judgement for intra-EU arbitrations based on the Energy Charter Treaty [EB/OL]. (2021-12-23). https://s3.amazonaws.com/documents.lexology.com/3e369e96-6bd1-4144-a10c-ff1d8a0827dd.pdf? AWSAccessKeyId = AKIAVYILUYJ754JTDY6T&Expires = 1640246553&Signature=KMhxJsV333EtSZCNledQbERqCm8%3D.

从中国的视角来看，作为非欧盟成员国，欧盟成员国的终止协议表面上对我国投资者及政府与欧盟的合作没有造成显著影响，但如果据此漠视欧盟的行动，则并不明智。一方面，依据欧盟内部 BIT 作出的仲裁裁决，很有可能在非欧盟国家的国内法院申请撤销或承认及执行，终止协议否决了欧盟内部 BIT，由于直接消除了仲裁的管辖权基础，很难说其裁决对非欧盟国家境内的仲裁裁决撤销及执行程序毫无影响；另一方面，终止协议仅是欧盟整合 ISDS 机制的一个环节，欧盟的目标不仅是在欧盟内部实现投资争议解决多边化，更是旨在通过欧盟对外的 BIT 谈判，将其多边投资法庭机制对外输出，由内而外逐渐对投资实体规则进行多边整合，争取国际规则制定及争端解决程序革新的话语权。立足大局，从长远来看，终止欧盟内部 BIT 只是一个开端，以欧盟为主导促进包括 ECT 在内的多边国际投资争端解决机制的谈判及重构，才是阿赫玛案判决及终止协议带来的最主要的法律影响①。

二、康斯特罗伊案及其法律影响

（一）康斯特罗伊案的法律程序及裁判结论

在 2021 年 3 月，欧盟法院总法律顾问梅西什·斯普纳（Maciej Szpunar）对摩尔多瓦诉康斯特罗伊（Komstroy）案出具法律意见，再次使国际投资仲裁与欧盟法关系的论辩进入公众视野②。在该案中，斯普纳重点分析并审查了 ECT 第 26 条关于投资争端解决的规定是否与欧盟法律秩序相兼容。与 CJEU 在阿赫玛案的判决中的推理一致，斯普纳认定 ECT 第 26 条极有可能不符合欧盟法律秩序，原因是它损害了欧盟法的自治性。为此，斯普纳明示邀请 CJEU 借助于审理本案的机会对欧盟成员国内部根据 ECT 而提起的投资仲裁与欧盟法的兼容性作出最终的认定，并结束这个久悬未决的论辩③。

---

① 赵越. 欧盟成员国签署协议终止内部双边投资协定：欧盟将国际投资仲裁推向何方？［EB/OL］. https：//mp.weixin.qq.com/s/JBjmM4pUsHL3by8HmC7gOw, 2021-12-23.

② TILLEN. AG Szpunar's opinion in case C－741/19: preparing the end of Intra－EU Investment arbitration under the energy charter treaty?［EB/OL］.（2021-12-29）. https：//www.lexology.com/library/detail.aspx? g=b83210b6-e12d-410a-a48d-3774413988a4.

③ MELLAH. The consequences of the CJEU ruling in the republic of Moldova v. Komstroy case: Achmea 2.0?［EB/OL］.（2021-12-29）. https：//drs.deminor.com/en/blog/the-consequences-of-the-cjeu-ruling-in-the-republic-of-moldova-v.-komstroy-case-achmea-2.0.

第六章　欧盟法与《能源宪章条约》下的国际投资争端解决

2021年9月，CJEU就康斯特罗伊案作出判决，认定因电力供应合同产生的争端并不在ECT的投资定义范围内，同时，尽管本案并不是一起涉及欧盟成员国的投资争端，但CJEU仍然利用审理本案的机会作出附带性说明，认定Achmea案的判决结论不仅适用于BIT，也适用于ECT，ECT第26条的ISDS条款不能涵盖欧盟成员国内部的投资争端。

从该案的事实背景来看，案涉争议产生于乌克兰的康斯特罗伊公司与摩尔多瓦的公共机构之间，前者向后者供应电力，后者则拒绝向前者偿付债务。为此，康斯特罗伊公司先后在乌克兰的国内法院和摩尔多瓦的国内法院提起诉讼程序，向摩尔多瓦索赔，但均未成功。无奈之下，康斯特罗伊公司依据ECT对摩尔多瓦提起了国际投资仲裁。审理该案的临时仲裁庭，依据当事人的约定在法国巴黎作出了仲裁裁决。从案件实体来看，仲裁庭适用了ECT，并最终支持了康斯特罗伊公司的仲裁请求，命令摩尔多瓦支付相关款项。然而，摩尔多瓦在仲裁程序中败诉后，转而向仲裁地的国内法院（即法国巴黎上诉法院）申请撤销仲裁裁决，并得到了支持，理由是涉案电力供应合同并不属于ECT定义的投资，故而不受ECT的保护，仲裁庭也没有属物管辖权。随后，康斯特罗伊公司向法国最高法院提起上诉，请求撤销巴黎上诉法院的一审判决。为此，法国最高法院就该案所涉及的法律问题向CJEU提出请求，希望CJEU作出初步意见。值得一提的是，该案争端双方所属的国家，即乌克兰与摩尔多瓦，均不是欧盟成员国，虽然仲裁地所在的法国是欧盟成员国，但是CJEU是否有权为该案作出初步意见，并非毫无争议。对此，CJEU认定自身对法国最高法院提出的请求具有管辖权，理由是：依据TFEU第217条及第218条，CJEU对欧盟的机构、官员、代理人及实体所作出的行为拥有解释权，其中涵盖了欧盟理事会（The Council of the European Union）所批准的、作为欧盟法律秩序组成部分的国际协定解释权，鉴于ECT是欧盟所签署的国际协定，故而CJEU有权对其适用发表意见。在论证自身有权力就该案发表意见的基础上，CJEU进一步认定：首先，在理解和适用ECT第1条第6款及第26条第1款时，应当明确，起因于电力销售合同的费用支付请求主要是一种贸易行为和商业行为，但不属于ECT定义的投资范畴。其次，CJEU利用该案的机会，处理了ECT中ISDS条款与欧盟法的兼容性问题。CJEU在简要回顾阿赫玛案判决的基础上，重申了欧盟法律制度的自治性原则，CJEU认为，一旦允许国际投资仲裁庭对欧盟法进行解释和适用，无疑将破坏欧盟法的自治性，因为依据 ECT 成立的仲裁庭并不属于欧盟内部司法体系的一部分，而是一种外部机制。CJEU 还补充说明，国内法院虽可对投资仲裁裁决施加控制，但这种控制极为有限，仅限于明显的程序性不合法，而无法对仲裁庭关于欧盟法的解释给出充分的评估和有效的纠正，这就意味着，一旦认可了 ECT 中的 ISDS 条款可适用于欧盟内部投资争端，就将欧盟法的解释权终局认定给了仲裁庭，从而难以确保 CJEU 对欧盟法的统一性解释和自治性维护。基于以上论断，CJEU 最终认定，ECT 等多边条约中的仲裁条款并不能适用于欧盟内部的投资者与国家间争端。

（二）康斯特罗伊案的判决产生的法律影响

该案判决公布后，法国财政部对于在欧盟境内其他成员国领土内存在投资的法国投资者进行了提示，要求其不得再依据 ECT 中的仲裁条款对其他欧盟成员国提起国际投资仲裁。有观点甚至认为，康斯特罗伊案作出的判决，宣告了 ECT 的争端解决条款开始步入终结[1]。

从长远来看，康斯特罗伊案的判决对欧盟投资者与非欧盟投资者均可能会产生不同程度的影响。就欧盟投资者而言，如果他们仍然打算在未来以国际投资仲裁方式解决与其他欧盟成员国的争端，那么当务之急是有必要对自身的投资进行审视，如果有必要，需要对投资项目进行重组。这具体涵盖两方面：其一，欧盟投资者可以考虑将仲裁地选定在欧盟以外，从而避免自身基于 ECT 或欧盟内部 BIT 对其他欧盟成员国提起的仲裁程序及仲裁裁决被 CJEU 认定为不合法，选择及变更选择仲裁地的成本远小于对整体投资项目进行重组或迁移；其二，如果确有必要，欧盟投资者也可以对其投资进行重组，譬如在非欧盟国家设立子公司，从而在争端产生后，不再依据欧盟内部 BIT 提起仲裁，而是依据作为东道国的欧盟成员国与子公司所在国的非欧盟国家缔结的欧盟外部 BIT（Extra-EU BIT）提起仲裁。当然，归根结底，国际投资仲裁的有效性最终取决于裁决的合法性和可执行性，尤其是司法机关对于裁决合法性的承认及强制执行的保障。故而，无论如何，欧盟投资者需要去查证清楚，作为东道国的欧盟成员国在哪些国家拥有资产，财产所在地的国家

---

[1] ECKES, ANKERSMIT. Komstroy: the beginning of the end for the energy charter treaty? [EB/OL]. (2021-12-23). https://europeanlawblog.eu/2021/10/04/komstroy-the-beginning-of-the-end-for-the-energy-charter-treaty.

豁免立场如何，这些财产是否可被当地法院所强制执行。只有在综合权衡这些因素的基础上，才能使仲裁地的选择更加中立、合理。

三、《能源宪章条约》第 26 条与欧盟法兼容性的实践分析

结合 CJEU 对阿赫玛案与康斯特罗伊案作出的判决，可能会得出这样一种结论，即 ECT 第 26 条与欧盟法不兼容，因此前者不能用于解决欧盟内部的投资者与国家间争端。支持这一论点的依据主要在于欧盟法律体系的基本原则，尤其是 TFEU 第 267 条和第 344 条在欧盟法与成员国国内法之间所确立的优先性与自治性原则。CJEU 在关于欧盟法优先性的裁决中强调，每一个欧盟成员国的国内法院都必须在其管辖范围内完全适用欧盟法和该法赋予个人的各项权利，并且必须将任何与该法相抵触的国内法规定置之不理，而不论此等规定是先于还是后于欧盟法规则①。可见，欧盟法的优先地位是绝对的和无条件的。但是，ECT 并不是仅针对欧盟的法律，其缔约国既包括欧盟成员国，也包括非欧盟国家，还包括欧盟自身，是一种典型的国际协定。ECT 与欧盟法之间的关系，大体上可以归结为国际法与欧盟法的关系，这二者之间的关系与欧盟法同成员国的国内法二者之间的关系不可等同视之。也正因如此，在康斯特罗伊案的判决作出前后，有不少仲裁庭曾经对 ECT 第 26 条与欧盟法的兼容性做出过分析，并认定二者不存在抵触之处，对典型案例进行实践分析，可以更好地对这一问题加以探究。具体来看，这些案例具有共同点，其通常是投资者依据 ECT 第 26 条对欧盟成员国提起仲裁请求，而成员国则以 ECT 第 26 条与欧盟法不兼容、ECT 第 26 条不适用于欧盟内部投资争端为由对仲裁庭的管辖权提出异议，但此类异议罕有仲裁庭支持。

例如，在沙拉那（Charanne）诉西班牙案②中，西班牙试图对仲裁庭的管辖权提出异议，理由是 ECT 的争端解决条款与欧盟法不兼容，而 TFEU 第 344 条规制涉及欧盟成员国责任的所有争端，其中也包括投资者与国家间争端，故而要求所有此类争端都只能在欧盟机构的管辖下予以解决，因为其不可避

---

① 曾令良. 欧洲联盟法总论：以《欧洲宪法条约》为新视角 [M]. 武汉：武汉大学出版社，2007：182.

② Charanne and Construction Investments v. Spain, SCC Case No. V 062/2012, Award, January 21, 2016.

免地涉及对欧盟法的解释及适用。然而,仲裁庭驳回了西班牙的管辖权异议,并指出 TFEU 第 344 条的文本仅仅指向的是欧盟成员国相互的国家间争端,而根本不涉及某一欧盟成员国与另一成员国的私人或实体间的争端。此外,仲裁庭特别强调,一旦支持了西班牙的这种异议,那么几乎相当于承认所有的仲裁庭(无论是国内仲裁庭还是国际仲裁庭)都不得审理任何触及欧盟法解释与适用争端的案件。然而,对于绝大多数的案件而言,在仲裁程序刚一启动之际,几乎无从判定涉案争端的准据法是否是欧盟法,以及案件是否可能在某一个争点上涉及欧盟法的理解与适用,而且也看不出来把这些争端提交至仲裁如何会导致违背 TFEU 第 344 条的必然结果。与此同时,该案的仲裁庭还引证了 CJEU 在爱步盖世威(Ecco Swiss)诉贝纳通(Benetton)案的判决①,并据此提出,当一个国家加入欧盟之后,欧盟法将自动地成为该国法律体系的一部分,故而,仲裁庭不仅有权力,也有义务去适用欧盟法,从而妥当地化解争端、定分止争。

  无独有偶,在睿富资产管理公司(RREEF)诉西班牙案②中,仲裁庭提到,鉴于 ECT 的缔约方不仅包括欧盟成员国及欧盟,而且还包括非欧盟国家,因此并不能认为,签署和批准 ECT 后,欧盟法对于非欧盟国家也称为至高无上、绝对优先的法律体系。恰恰相反,鉴于 ECT 是该案中确立仲裁庭管辖权的法律基础,就相当于是该案仲裁程序的"宪法性"文件,如果 ECT 与欧盟法之间真的存在冲突,应当优先适用的也是 ECT 而不是欧盟法,仲裁庭有义务捍卫和维护 ECT 的充分适用和首要约束力。该案仲裁庭还特别提到,鉴于 ECT 第 16 条规定了冲突规范,在欧盟法与其他法律相互抵触时明确了孰优孰劣,故而 ECT 的地位更是无可撼动。如果真的有必要在 ECT 与其他可适用的法律体系之间构建其层级关系和优先性顺位的话,其标准应当基于国际公法尤其是以《维也纳条约法公约》(VCLT)为代表的国际条约法,而不是以 TFEU 为代表的欧盟法。事实上,即使是 CJEU,其也在判例中对欧盟法与国际法的关系作出过论述,如果案件将同时适用两个条约,应当尽可能以不导

---

  ① GRIERSON. SNF V cytec industrie: national courts within the ec apply different standards to review international awards allegedly contrary to article 81 Ec [J]. Stockholm international arbitration review,2007(2):39.

  ② RREEF Infrastructure (G. P.) Limited and RREEF Pan-European Infrastructure Two Lux S. à r. l. v. Kingdom of Spain, ICSID Case No. ARB/13/30, Decision on Jurisdiction, June 6, 2016.

致二者冲突的方式对其彼此间的关系进行解释。例如，在委员会诉德国案[①]中，CJEU 提出，欧盟法（该案中特指共同体委员会的二级共同体立法条款）应当尽可能以一种符合欧盟所订立的国际条约的方式加以解释。为此，仲裁庭特别回顾了欧盟参与 ECT 谈判和缔结的历史，并强调如果欧盟真的认为 ECT 与其自身的内部立法相冲突，那么将很难想象欧盟还会继续参与 ECT 的谈判并积极签署之。尤其是 TFEU 第 207 条第 3 款已明确规定，欧盟理事会与欧盟委员会应当保障欧盟缔结的协定与其内部政策和规则相兼容。

类似地，在伊索鲁（Isolux）诉西班牙案[②]中，仲裁庭采取了与睿富资产管理公司案的仲裁庭一致的观点。在该案中，仲裁庭强调，应当按照 VCLT 第 32 条来解释 ECT。具体而言，VCLT 第 32 条规定，为了确定条约的具体含义，可以使用那些旨在解释条约的补充资料，包括条约的准备工作及缔约情况在内[③]。仲裁庭注意到，引人注目的是，如果 ECT 当中订入了断开条款，明确将 ECT 排除适用于欧盟内部投资争端，那么似乎结论是不言而喻的，也就不需要依据 VCLT 加以解释。但真实的情况却是，ECT 的条约文本中从未规定断开条款，从谈判的历史情况看，尽管有缔约方提出过此种提案，但却从未对此达成一致意见，由此导致 ECT 中未包含断开条款。

故而，最为合理的解释是，欧盟实际上已经从整体上接受了 ECT，并确认 ECT 中的所有条款均可充分地适用于欧盟成员国内部的投资关系和投资争端。结合 VCLT 第 21 条，如果某个国际条约的当事方希望排除或摒弃条约的部分规定对其适用，则有必要争取在条约中订入断开条款，或者另外单独在加入或缔结条约之际提出保留声明。从文本来看，ECT 第 46 条明文规定："对本条约不得有任何保留"，这表明 ECT 没有例外地排除了缔约方的保留权，而在欧盟参与 ECT 谈判时，虽然提出了纳入断开条款的建议，旨在排除该条约在欧盟内部的适用，但这一提案最终归于"流产"，而欧盟最终仍然签署并批准了 ECT。ECT 缔约过程中的种种表现都从侧面反映出，对欧盟而言，断开条款或保留条款并非一个不可或缺的关键问题，否则欧盟根本不会考虑

[①] Case 178/84 Commission v Germany [1987] ECR 1299.
[②] Isolux Netherlands, BV v. Kingdom of Spain, SCC Case V2013/153, Final Award, July 17, 2016.
[③] WÄLDE. Interpreting investment treaties experiences and examples [A]. Christina binder et al., international investment law for the 21st century: essays in honour of christoph schreuer [C]. Oxford: Oxford University Press.

签署该条约。因此，仲裁庭的推断是，尽管在谈判初期存在踟蹰和某种犹疑不决，但在谈判的最后，欧盟委员会已经默示地认可了 ECT 与欧盟法之间的兼容性，即便 ECT 中最终并未订入断开条款，也没有影响欧盟的决策。由此，也就不难理解，为何多数的仲裁庭都否决了欧盟成员方所提出的 ECT 第 26 条与欧盟法不兼容的抗辩主张。

在瑞典大瀑布电子公司诉德国案[1]中，仲裁庭在此就 ECT 没有订入断开条款的问题进行了深入分析。该案中，德国以仲裁庭没有管辖权为由，请求仲裁庭驳回投资者的请求，仲裁庭驳回了德国提出的仲裁庭没有管辖权的主张。对此，仲裁庭指出，欧盟在许多其他的 BIT 中订入了断开条款，但最终却没有在 ECT 中订入断开条款，结合谈判的整个过程来看，尽管欧盟曾经争取过并提出了议案，但最终的 ECT 文本并未规定断开条款。更加合理的解释是，ECT 的缔约方有意没有在该条约中规定断开条款。尽管 ECT 订入或者不订入断开条款看似小事一桩，但其关系到 ECT 究竟能否适用于欧盟内部的投资者与国家间争端，而没有订入就是没有订入，这一点无从辩解和否认，故而，没有理由将 ECT 排除适用于欧盟内部的投资争端，更没有理由认为 ECT 第 26 条规定的争端解决条款与欧盟法不兼容。为了对这一论断进行说理，仲裁庭分别从法律文本和司法实践两个角度展开了论证：一方面，对比 TFEU 第 267 条、第 344 条与 ECT 第 26 条可以发现，两套法律规则之间不存在相互抵牾；另一方面，从欧盟委员会自身来看，签署 ECT 的缔约行为本身即视为对 ECT 规定内容的接受，欧盟在缔结 ECT 后就开始将 ECT 作为其开展外部能源政策的工具，同时也以缔约的实际行动表明其确认了 ECT 的争端解决条款与欧盟法是完全可以兼容的。

故而，包括第 26 条在内的 ECT 的所有规定，应当适用于所有的缔约方之间，且并没有适用范围方面的相应例外或限制，也没有理由将其局限于欧盟内部或欧盟外部的投资争端。对此，西德意志银行（Landesbank）诉西班牙案[2]的推理尤其具有代表性，该案仲裁庭指出：一方面，作为一项多边条约，ECT 涉及每一缔约方对其他所有缔约方所负担的义务，它不仅是多个双边关

---

[1] Vattenfall AB and others v. Federal Republic of Germany, ICSID Case No. ARB/12/12, Decision pursuant to ICSID Arbitration Rule 41（5），July 2, 2013.

[2] Landesbank Baden-Württemberg and others v. Kingdom of Spain, ICSID Case No. ARB/15/45, Decision on the Intra-EU Jurisdictional Objection, February 25, 2019.

系的简单汇总，而是一个与双边关系存在显著差异的多边法律框架；另一方面，ECT 作为一项生效的单一法律文件，其在所有的缔约方之间具有法律拘束力，鉴于 ECT 第 46 条明文禁止缔约方提出保留，故而这种拘束力越发得到强化。

至于 CJEU 在阿赫玛案判决中申明的欧盟内部 BIT 与欧盟法不兼容的观点，其是否可以类推适用于 ECT 第 26 条，也有许多仲裁庭在具体案件中给出了明确的回应。譬如，在马斯达（Masdar）诉西班牙案①中，仲裁庭首次就阿赫玛案判决对国际投资仲裁庭管辖权的影响进行了探讨。特别是，该案仲裁庭驳回了西班牙基于阿赫玛案判决提出的抗辩，理由是阿赫玛案的判决仅仅适用于荷兰与斯洛伐克，即便将其加以类推适用，也只能扩展至两个欧盟成员国相互之间缔结的国际协定，而不能延伸至 ECT 这种欧盟本身也是其缔约方的多边协定。类似地，在城市公共事业公司诉西班牙案②中，仲裁庭直截了当地指出，CJEU 在审理阿赫玛案时根本无意去考虑基于 ECT 所成立的仲裁庭的管辖权，其仅关注基于两个欧盟成员国相互之间所缔结的 BIT 成立的仲裁庭的管辖权，这种理解不仅可以从德国最高法院向 CJEU 请求初步裁决的具体问题中看出，也可以从 CJEU 的初步裁决中看出。ECT 第 26 条同荷兰与斯洛伐克 BIT 第 8 条不具有可比性，原因就在于前者是一个国际协定，后者是一个欧盟成员国之间的内部协定。对前者而言，欧盟本身尚且是其成员，且成员国中还包括非欧盟国家，更遑论将其置于欧盟法的评价体系之下。对后者而言，由于是欧盟成员国相互之间缔结的内部协定，确实应当置于欧盟法的评价体系之下来审视其兼容性与合法性。

值得一提的是，CJEU 还在 2019 年 4 月出具的意见中对 CETA 中的投资法庭制度与欧盟法的兼容性做出了认定。与阿赫玛案和康斯特罗伊案的判决均有不同的是，CJEU 在该案中听从了总法律顾问的意见，认定 CETA 中的投资法庭制度并不违反欧盟法，原因在于欧盟法中确立的共同信任原则并不适用于欧盟与第三国的关系③。

---

① Masdar Solar Wind Cooperation U. A. v. Kingdom of Spain, ICSID Case No. ARB/14/1, Award, May 16, 2018.

② Stadtwerke München GmbH, RWE Innogy GmbH, and others v. Kingdom of Spain, ICSID Case No. ARB/15/1, Award, December 2, 2019.

③ BEHLES. European court finds EU-Canada dispute settlement mechanism compatible with EU Law [EB/OL]. (2019-04-30), https://www.asil.org/ILIB/european-court-finds-eu-canada-dispute-settlement-mechanism-compatible-eu-law-april-30-2019.

本章小结

因欧盟法的自治性及其有关欧盟缔约权能的分配,欧盟有关 ISDS 机制的改革面临欧盟法的挑战。CJEU 对相关 ISDS 机制与欧盟法之间兼容性的分析和判断,以及对欧盟在 ISDS 机制上缔约权限的澄清,一方面推动欧盟原有 ISDS 机制的退出和新机制的构建,另一方面也增加了后续 ISDS 机制缔约程序的复杂性,并带来对部分案件的适用争议。CJEU 的司法实践折射出,欧盟内部 BIT 及 ECT 中的 ISDS 机制,其与欧盟法、欧盟成员国的国内法之间在适用与解释上存在难以回避的困境,应当在仲裁庭对国内法体系的尊重和保持仲裁庭对国内法客观独立的适用之间寻求平衡[1]。特别是,国内法院在国际投资仲裁司法审查中理应扮演着更重要的角色,但目前的情况是,对国际投资仲裁的司法审查停留在与国际商事仲裁的司法审查一视同仁的境地,未考虑到投资仲裁"去商事化"的客观需要[2]。值得一提的是,在欧盟宣布碳中和目标并采取措施逐步淘汰化石能源后,部分跨国公司对 ECT 中的 ISDS 条款提出仲裁申请,向荷兰、德国、西班牙等国政府索赔。为避免 ECT 相关条款危及欧盟绿色转型目标,以法国为首的部分成员国政府呼吁欧盟考虑退出 ECT。2020 年 5 月,欧盟发布了最新版本的 ECT 现代化提案,拟对 ECT 的关键条文进行修订,以提升该条约的法律确定性,进一步强化其对外国投资的法律保护。ECT 的修订涉及投资和投资者的定义、缔约国的规制权、公正公平待遇的定义、利益否决条款的适用等议题。未来,ECT 的争端解决机制将如何更新,CAI 又将如何回应欧盟在 ISDS 方面的最新变迁,值得进一步关注。

---

[1] 曹兴国. 欧盟 ISDS 机制改革中的欧盟法挑战:欧盟法院的解释与启示[J]. 中国海商法研究,2021(4):29.

[2] 肖芳. 国际投资仲裁裁决司法审查的"商事化"及反思:以美国联邦最高法院"BG 公司诉阿根廷案"裁决为例[J]. 法学评论,2018(3):152.

本章思考题

1. 《能源宪章条约》下的国际投资争端解决机制是如何设计的？
2. 欧盟成员国对外签署的双边投资条约是否符合欧盟法？
3. 依据欧盟法，在对外直接投资方面，欧盟法院应如何在欧盟与欧盟成员国之间分配权能？

第七章

国际投资仲裁中的股东直接诉权

学习要点

海外投资者基于各种考量,在对外直接投资过程中常采用复杂的资本结构和股权设计以实现对东道国目标公司的间接持股,由此衍生了股东对公司损失主张求偿的需要。在运用外交保护及投资仲裁解决国际投资争端的实践中,对股东直接诉权问题存在不同观点,总体趋势体现为从否定到逐步放宽的状态。新一代国际投资条约和经贸协定也对投资及投资者定义采取了宽泛的界定,这很可能加剧"挑选条约"及平行程序等现象,为此有必要引入利益拒绝条款等措施,对股东的直接诉权设定合理的约束。

【关键词】投资仲裁;外交保护;股东;直接诉权

第一节　国际投资仲裁中的股东直接诉权概述

在对外直接投资实践中，相当一部分比例的投资是以在东道国或第三国设立公司的方式实现的，而投资者往往是通过多层控制公司从而对目标投资进行间接控制的，复杂的资本设计和多层次的公司结构对国际投资争端的解决提出了现实挑战。就其动因而言，资本结构的复杂化不仅仅体现在投资者为了满足东道国当地的法律要求而按照东道国国内法成立项目公司，还包括在东道国之外的其他法域设立多层控制公司从而满足"挑选条约"等目的。也正因如此，投资公司的股东可以在多大程度上就东道国境内的投资所受损失提起索赔请求，已成为国际法中的关键问题[①]。特别是，当东道国的某一行为导致其境内的外商投资公司遭遇损失时，客观上也导致该公司的外国股东遭受了股权损失。在评判损失如何求偿和救济时，首先需要解决的问题是，应当由谁作为行使直接诉权的适格主体？其次，索赔所针对的损失范围，是基于公司所遭受的财产损失抑或是股东所遭受的股权损失？这两个问题又可进一步概括为，当位于东道国的目标公司受损时，国际投资仲裁中是否存在股东代表仲裁制度，从而允许外国股东以自己的名义代表公司所受损失提起国际投资仲裁？换言之，是由外商投资公司抑或其外国股东提出仲裁申请？是二者择取其一主张索赔，抑或二者均可主张索赔？这一系列问题，不仅关乎股东在程序上的出诉权问题，也涉及股东在实体上的索赔能否实现的问题[②]。

总体上看，跨国公司的股东作为外国投资者时，其所遭受的投资损失大抵可以包括两类：其一，股东就其股权的丧失所遭受的直接损失，例如，股东被剥夺在其所投资的外国公司的经营管理和控制权；其二，股东因其所持股的公司遭受损失而间接受到的"反射损失"（reflective loss），例如，因股东

[①] VALASEK, DUMBERRY. Developments in the legal standing of shareholders and holding corporations in investor-state disputes [J]. ICSID Review-Foreign investment law journal, 2011 (1): 34.

[②] DUMBERRY. The legal standing of shareholders before arbitral tribunals: has any rule of customary international law crystallised? [J]. Michigan state university college of law journal of international law, 2010 (3): 353.

所投资的外国公司在东道国受到征收或其他不公正对待时,客观上导致股东的股权市场价值出现贬损①。相较之下,股东就直接损失提起国际投资仲裁索赔并无法律上的障碍,但对于股东能否就其间接损失主张国际求偿,则存在不同意见。在国际投资仲裁实践当中,有相当一部分的案件起因于后者,而为数不少的仲裁庭对股东就其"反射损失"提起的间接求偿给予了肯定的结论②。值得追问的是,在国际投资仲裁实践中赋予股东直接诉权并允许股东对所持东道国公司股权遭受的间接损失提出索赔请求,是否已经形成了一般性的普遍化国际趋势,有待探讨。基于此,本章在分析和梳理有关国际投资条约、外交保护方面习惯国际法的基础上,以主权国家进行外交保护和股东私人提起投资仲裁这两种争端解决方式为重点,对在实践领域处理股东直接诉权的问题趋势加以研判,以期对中国的海外投资者及中国政府参与投资仲裁提供相应的借鉴。

第二节　国际投资争端解决中股东行使直接诉权的法律依据

一、国际投资条约与协定中就公司和股东关系的界定

就海外投资争议解决中各方当事人之间的法律关系而言,外国投资者是作为股东出现的,其以对东道国境内设立的目标公司持有股份的方式参与相应的经营管理并行使控制权。原则上,目标公司本身不能径直以国际投资仲裁方式对东道国政府提起索赔,原因在于此类公司属于具有东道国当地国籍的主体,其与东道国的投资争端不具有国际性,而属于国内投资争端,故其应当遵循当地救济原则。不过,1965年《华盛顿公约》第25条第2款对此目标公司的索赔做了灵活处理。根据该条,当东道国境内成立的外商投资公司

---

① 이재우. Regulation of Shareholder's claims in International Investment Arbitration [J]. Dong-A Journal of International Business Transactions Law, 2020（1）: 69.

② 王格. 股东反射损失的救济途径探讨：以公司法与国际投资法的分歧为视角 [D]. 上海：华东政法大学, 2018：31.

受到外国国民的控制时,其可依据争端双方的协议被当作外国国民予以对待,从而取得针对东道国政府的国际投资仲裁出诉资格。由此可见,外国投资者以股东身份所持股的目标公司具有东道国的国籍,目标公司本身与东道国政府的争端不属于国际投资争端,因此外国投资者不具有提起投资仲裁的直接诉权。但在同时符合两方面条件的前提下仍可作为适格投资者提起投资仲裁,具体要求:其一,东道国与投资者之间订有此类协议;其二,该目标公司受到外国股东的控制。在对外投资实践中,法人结构的安排远比这一规定复杂得多,自然人投资者除了可以在本国成立公司以法人股东身份对东道国投资,还可以直接以自然人股东身份直接对东道国投资,另外还可以借助于国籍筹划和挑选条约以法人股东或自然人股东身份在第三国设立公司,继而以该第三国作为股东向东道国进行投资。此外,投资者在东道国境内开展投资的形式也是多样的,既可能在东道国境内设立子公司、分支机构、办事处开展商业活动,也可能仅通过持有股份、股权等参股方式实现投资利益的最大化,还可能通过与当地实体开展合资经营乃至公私合营的模式实现投资目标。在借助于多层资本对目标公司进行间接投资时,外国投资者是否可以就最终的目标公司受损提起国际投资仲裁?国际投资仲裁庭能否运用穿透式思维,通过"刺破公司面纱"等制度性工具实现抽丝剥茧,越过目标公司背后的层层嵌套关系直接将外国股东确立为仲裁当事人,这些都尚有疑问。

  类似的,其他国际投资条约和经贸协定中的投资定义条款及投资者定义条款也将间接持股纳入国际条约的保护范畴。例如,《全面与进步跨太平洋伙伴关系协定》(CPTPP)第九章第9.1条中规定:"投资指一投资者直接或间接拥有或控制的具有投资特征的各种资产,此类特征包括资本或其他资源的投入、获得收入或利润的预期或风险的承担等。投资可采取的形式包括:(a)一家企业;(b)某一企业中的股份、股票和其他形式的参股;……"再如,《美国—墨西哥—加拿大协定》(USMCA)第十四章第14.1条中亦规定:"投资指由某个投资者所直接或间接地拥有或控制的符合投资特征的各种资产,这些特征包括资本或其他资源的投入、获得收入或利润的预期或风险的承担等。投资可以包括:(a)一家企业;(b)某一企业中的股份、股票和其他形式的参股;……"此外,《区域全面经济伙伴关系协定》(RCEP)第十章第1条第3款规定:"投资指一个投资者直接或间接,拥有或控制的,具有投资特征的各种资产,此类特征包括承诺资本或其他资源的投入、收益或利润的期待或风险的承担。投资可以采取的形式包括：1. 法人中的股份、股票和其他形式的参股，包括由此派生的权利……"总体来看，这些新一代国际经贸协定对投资的定义具有高度的相似性，其均将股东对另一国家（东道国）的目标公司所直接或间接持有的股权或股份作为投资加以保护，相比之下，RCEP 将股东因对目标公司持股所享有的派生权利纳入保护范围，这一点稍有不同。

二、关于对公司和股东进行外交保护的习惯国际法

当投资者母国与投资东道国之间不存在可适用的国际投资条约或其他专门调整此类问题的特殊投资协定（lex specialis）时，损失的索赔和救济就需要依赖于就该类损失具备诉权的主权国家依据习惯国际法启动外交保护或国际诉讼。作为保护海外投资的传统方式，外交保护对于维护、巩固、拓展中国公民的海外投资权益发挥了重要作用[1]。随着国际法的现代化和国际投资争端解决方式的多元化，国际投资仲裁、国际争端预防、国际民事诉讼、国际商事调解等方式也逐步受到越来越高的认可，但外交保护时代所确立的规则对当下仍然具有重要的借鉴价值，在判定外国股东就跨国公司遭受的投资损失是否享有直接诉权和间接求偿权的问题上，外交保护的传统实践对当下不无启示。

通常认为，联合国国际法委员会于 2004 年通过的《外交保护条款草案》在很大程度上反映了习惯国际法关于外交保护的基本规则。根据该草案的相关规定，国家行使外交保护以遭受另一国国际不法行为侵犯的投资者持续具备本国国籍，且用尽当地救济仍无法得到满意赔偿作为前提[2]。而实践中，出于维护国家间正常交往、避免私人争端升级为政治争端等多重考虑，投资者母国往往不愿行使外交保护权。由此，在国际投资协定中赋予投资者以私人诉权、就国际投资法中的实体保护设定私人执法机制已成为一种普遍趋势。关于股东的国际求偿权及外交保护问题，《外交保护条款草案》确立的习惯国

---

[1] 周忠海. 海外投资的外交保护 [J]. 政法论坛，2007（3）：53.
[2] 张磊. 论外交保护中认定跨国公司国籍的法律标准 [J]. 政治与法律，2013（1）：129.

际法规则在很大程度上源自国际法院于1970年审理的巴塞罗那电车案①。该案被国际争端解决机构频繁引用，借此说明公司股东的国籍国无权代表该股东所持股的外国公司提出国际索赔，相比之下，该公司注册成立地所在的国家是在多数情况下唯一有权提起此类请求的国家。

就裁判要旨而言，该案强调了国际法与大多数国家的国内法一样承认公司与其股东的人格具有可分性和独立性，二者分别享有不同的权利。基于这一理念，跨国公司的股东无权直接就该公司所遭受的损失主张索赔和求偿。在巴塞罗那电车案中，法院认定，尽管巴塞罗那电车、电灯和电力有限公司的股东是比利时公民，但比利时政府无权代表该股东就西班牙政府据称违反国际法的行为提起国际求偿，即便西班牙的行为是导致该公司遭受破产的直接原因，但由于该公司是一家在加拿大成立的公司，故西班牙不享有直接诉权。与此同时，国际法院也承认，比利时股东的确因为该公司的破产而遭受了股权损失，但是股东的经济利益与法律权利是不同的，西班牙的国际不法行为并没有直接侵害股东的法律权利，故西班牙对比利时并不负有相关义务。从法院的裁判意见来看，比利时在该案中的诉讼权利能力取决于其是否享有一项归属于自身且受到国际法所承认和保护的权利，而答案显然是否定的。至于股东所享有的不同于公司自身的权利范围，国际法不曾给出答案，故必须将目光回归至国内法。法院认为，国际法必须承认公司是由国家在其本国领域内就国内管辖范围内的事项所创设的一种独立实体，这就意味着，只要案件所涉及的争议焦点是关于国家对公司及股东的待遇问题，而国际法并无直接的规则时，就不得不将目光投向相关的国内法，而国内法已经明白无误地认可了公司属于不同于其股东的独立人格者，并由此限定了股东的责任及其权利。从国内法来看，有限责任公司及其持股者的地位不能混为一谈，二者之间存在多重法律壁垒，公司的概念和结构建立在其独立人格和独立财产权的基础上，即使是直接负责公司管理和决策的股东，对公司的财产亦不享有直接的法律权利，只有以公司的名义才能做出相应的处分行为。换言之，股东对公司的资产享有的权利是有限的，而这与股东对公司所负的有限责任是相互对应的。

---

① Barcelona Traction, Light and Power Company, Limited (Belgium v Spain), Judgment, 5 February 1970, ICJ Reports (1970) 3.

当然，在国内公司法上，公司的独立人格和股东的有限责任不乏例外，"刺破公司面纱"制度的存在使债权人可以在满足特定情况的前提下搁置公司的独立外观，直接向其股东直索责任，而国际法亦容许此种例外情形的存在①。在巴塞罗那电车案中，国际法院指出：基于特定目的的"刺破公司面纱"在特定情况下是合理的和公正的，国内法中所积累的丰富实践已经表明，为了防范股东滥用法人人格进行欺诈或渎职、保护债权人或购买人等第三方利益、打击对法定条件或义务的规避，"刺破公司面纱"具有积极的意义，而在国际法中其同样可以扮演类似的角色。特别是在特定情况下，出于对股东利益的保护，亦可启用"刺破公司面纱"制度。例如，当公司本身已经终止，而正是公司所在国的措施引发了公司的损失以至于其没有采取任何救济时，出于公平考虑，股东所在国有权提起外交保护。事实上，法院已经注意到，随着国际投资协定的大量缔结，越来越多的条约赋予股东投资者以直接诉权，在此类情形下国际法上的一般规则将不再适用。

如前所述，国际法院在巴塞罗那电车案中所阐明的关于股东诉权的习惯国际法规则，已经被《外交保护条款草案》（以下简称"条款草案"）所纳入，并集中体现在该草案第9条至第12条中。作为基本规则，当公司遭遇损失时，原则上应由该公司成立地所在国家代表该公司行使外交保护权，这意味着，该公司的外国股东所在国不能径直对该公司行使外交保护权。然而，草案承认，当存在"邮箱公司"等情形时，即公司在其成立地没有实质性的商业活动，则控股股东的母国及该公司的管理中心所在国可以代表该公司提出外交保护，从而保证"实质大于形式"的标准得以贯彻。不过，在此类情形下，外交保护所据以代表的是公司的权利而非股东的权利。作为一种动态的视角，该条款草案注意到公司可能不定期地发生重组，从而改变公司的注册成立地，为了防止公司的重组给国际求偿造成过多的不确定性，只有在该公司遭受损害之际与提出求偿之际或因受损而停止存续之际持续地具有某一国国籍时，该国才有资格对该公司行使外交保护权。然而，作为例外，无论基于何种原因，只要受损的公司获得了对其实施不法行为的国家的国籍，则公司的原籍国不得再对不法行为实施国提起外交保护。

---

① SMUTNY. Claims of shareholders in international investment law［A］. Christina binder et al. international investment law for the 21st century: essays in honour of christoph schreuer［C］. Oxford: Oxford University Press, 2009: 365.

至于公司的股东，条款草案中强调了处理该类问题的基本原则是，公司股东的国籍国不得对公司遭受的损失提起外交保护，只有据称的不法行为是直接针对并导致股东的权利受损时，该股东才享有独立诉权并可由其国籍国据以提出外交保护。不过，这一基本规则存在两种例外：第一，当根据成立地的法律，公司已经不复存续，且导致公司终止的原因与案件所涉的不法侵害无关时，公司成立国便不得对股东所受损失提出外交保护；第二，当受损的公司具备了不法行为实施国的国籍，且其原成立国以公司在该国境内经营作为提起外交保护的前提条件时，因前提条件的缺失，公司成立国不得再对公司所受损失提起外交保护。

条款草案还明确，当股东自身的权利遭受国际不法行为的侵害时，股东的母国有权对股东所受损失直接提起国际索赔和外交保护。不过，对这一规定的适用，要取决于对股东个人权利与公司权利的准确区分，尤其是关于股东在参加公司的经营管理时，其有可能实际上是在代表公司行使相应的权能①。但遗憾的是，条款草案并没有对公司和股东分别享有哪些权利进行事无巨细的界定，而是将这一问题留待国内法层面加以解决。

第三节 股东所属国就公司损失行使直接诉权的外交保护实践

一、迪亚洛案的法律分析

在涉及艾哈迈杜·萨迪奥·迪亚洛（Ahmadou Sadio Diallo）的案件中，国际法院重新对习惯国际法上关于跨国公司遭受损失时股东寻求外交保护的范围问题进行了分析②。该案涉及的是几内亚代表其国民迪亚洛（Diallo）所提起的索赔，迪亚洛是两家石油公司（非洲扎伊尔公司和非洲集装箱扎伊尔

---

① 梁丹妮，邱泽. 国际投资仲裁中股东行使间接求偿权问题研究 [J]. 国际贸易法论丛，2015 (1)：134.

② Case Concerning Ahmadou Sadio Diallo (Republic of Guinea v Democratic Republic of Congo), Judgment (Preliminary Objections), 24 May 2007.

公司）的经理和唯一股东，这两家公司均成立于刚果民主共和国（以下简称"刚果金"），且截至本案发生时迪亚洛本人已在刚果居住32年。几内亚诉称，刚果金（以前称扎伊尔）所采取的措施不仅侵害了两家公司的权益，也侵害了迪亚洛本人作为两家公司股东的权益。当迪亚洛试图依据合同向刚果金追讨欠款时，遭到刚果金当局两个半月的非法监控，迪亚洛被剥夺了数额可观的投资、公司动产及不动产和银行账户，并于1996年2月被刚果金当局驱逐出境。据此，几内亚行使外交保护权，代表迪亚洛向国际法院起诉索赔，指控刚果金的行为侵害了迪亚洛个人的人身权利、作为公司股东的直接权利以及公司的权利。在诉讼过程中，刚果金提出初步反对意见，请求国际法院驳回此案，理由是几内亚没有权利行使外交保护，因为其提交的诉状实际上是试图就不属于几内亚的公司所遭受的侵权主张损害赔偿。

在该案审理过程中，国际法院首先引述了巴塞罗那电车案的判决，继而重申了国际法承认公司与其股东的人格独立性，且只有公司成立国才有资格代表公司提出国际诉求。至于该案，法院认定，根据刚果金的国内法，涉案两家公司拥有不同于其股东的独立人格，因此按照习惯国际法及先例中确立的裁判规则，几内亚无权就涉案公司遭受的损害要求国际赔偿。值得一提的是，法院肯定了《外交保护条款草案》中关于一般规则的例外，但同时明确例外条款的适用应当设定严格的限制，即只有当公司成立于对其权利进行侵害的国家时，公司股东的母国才有权代表公司自身对不法行为实施国提出国际索赔请求。但是，在考察该案所有相关事实和刚果金国内法的基础上，法院认定，该案并不满足《外交保护条款草案》第11条的适用要件，原因是该案的两家公司在刚果金的成立并非依据法律而设立的。

法院特别指出，几内亚所主张的外国投资促进与保护协定及《华盛顿公约》等国际协定的存在，虽然针对国际投资保护和争端解决确立了特别规则，但是并没有充分证据表明这些国际协定改变了关于外交保护的习惯国际法。最终，国际法院以14：1的票数作出判决，宣布几内亚关于保护迪亚洛作为股东的直接权利的诉求予以受理，但关于几内亚代表两个公司进行国际求偿的诉求，则不符合应由公司成立国行使外交保护权的一般国际法规则，且该案中并不存在例外情形，故法院对此不予受理①。

---

① 余劲松.公司的外交保护［J］.政法论坛，2008（1）：103.

二、西古拉案的法律分析

关于国际法对股东所遭受的损失赋予保护的性质问题,学理上常有争论,而国际法院对西古拉案作出的判决就此给出了明确的意见。与巴塞罗那电车案和迪亚洛案不同,该案并没有解决一项依据习惯国际法所提出的索赔。在该案中,股东系两家美国公司,即雷神公司和马赫勒特公司,两家公司共同在意大利成立了西古拉公司。后美国代表其国内的股东依据1948年《美国与意大利友好通商航海条约》对意大利提起国际索赔。案件的基本事实是,西古拉公司在遭遇经济损失后,其美国股东开始谋划有序清算。鉴于西古拉公司陷入经济困境对当地经济具有严重的消极后果,尤其是对于该公司的债权人和众多劳工造成了重创,故意大利巴勒莫的市长征用了西古拉公司的资产,并且以远低于股东所评估的价值对西古拉的资产进行了拍卖。于是,美国依据《美国与意大利友好通商航海条约》就美国股东所遭受的损失提起了多项诉求,但鉴于西古拉公司本身是意大利公司,故条约的保护不适用于西古拉公司本身对意大利的索赔。因此,法院在审理期间,逐一考察了对于每一项诉求而言,雷神公司和马赫勒特公司作为西古拉公司的股东是否享有以及在多大程度上享有一项受法律保护的权利,且此项权利可以构成索赔的基础。特别值得一提的是,《美国与意大利友好通商航海条约》第3条第2款规定:"任一缔约方的国民、公司及社团应当被允许组织、控制、管理另一国境内的公司或社团,以便参与商事、制造、加工、采矿、教育、慈善及科学活动。"美国诉称,巴勒莫市长的征用行为及其他可归因于意大利的行为,否定并剥夺了雷神公司和马赫勒特公司对西古拉公司的管理权和控制权。意大利辩称,该案所涉情形并不构成对《美国与意大利友好通商航海条约》第3条第2款规定的违反,原因是该案的征用及其他行为并没有影响股东对公司的控制,仅仅涉及公司对其自身所拥有的财产的管理。然而,法院在这一问题上并没有采信意大利的抗辩,而是认定:雷神公司和马赫勒特公司作为西古拉公司的股东,有权主张他们依据《美国与意大利友好通商航海条约》第3条第2款所享有的管理权和控制权受到了侵犯。法院特别指出,毋庸置疑,巴勒莫市长所发布的征用命令旨在防止西古拉公司关闭工厂、解雇员工和可能的财产损失,但由于该征用命令客观上使雷神公司和马赫勒特公司无法行使其对西古拉公司的管理权和控制权，故而的确存在该征用行为涉及违反《美国与意大利友好通商航海条约》第3条第2款的问题。尽管法院的判决中并没有明确地探讨和区分公司自身对其事务进行管理的权利和股东管理及控制公司的权利，这可能是出于其没有理由去探讨这些问题，原因是在征用发生之时，西古拉公司与其股东均已无法有效行使管理权和控制权。鉴此，法院认定，该案所涉及的包括征用在内的一系列行为，并没有剥夺美国股东对西古拉公司的管理权和控制权，原因是，一旦西古拉公司在法律上进入破产状态，股东根本就没有对该公司的经营管理权和控制权，更谈不上此类权利被剥夺。

此外，法院在该案中还对《美国与意大利友好通商航海条约》第5条第1款和第3款进行了分析和论述。根据这两个条款，每一缔约方的国民将会受到对其人身及财产最持续的保护及安全，并且在这方面应当享有国际法所提供的充分保护及安全，而"国民"一词应解释为包括公司和社团在内。意大利辩称，尽管依据该条款，意大利承诺对属于美国本土公司的财产予以保护，但这种保护并不适用于美国公司位于意大利的财产。因此，根据该条款提起的国际诉求不能适用于该案中对西古拉公司财产的征收行为。与此相反，美国诉称，雷神公司和马赫勒特公司在意大利的财产正是西古拉公司自身，而意大利有义务保护西古拉公司整个实体免受征用行为的不当影响。对于这一争议焦点，法院指出，尽管《美国与意大利友好通商航海条约》第5条第1款规定的"财产"一词在适用于股东时是否可以超越股权本身，从而延伸至股东所投资的目标公司及该公司资产，尚且存疑。但是，合议庭认为在该案中《美国与意大利友好通商航海条约》所保护的并不仅仅是征用令所针对的工厂和设备，而是西古拉公司自身这一实体。不过，法院虽然认可了美国在审查范围方面的观点，但是最终认定该案情形不存在对《美国与意大利友好通商航海条约》的违反，原因是意大利所采取的有关行动并不属于国际不法行为。基于此，法院拒绝去深入分析股东的财产是否可以被理解为涵盖目标公司及其资产，而是选择在这一问题上给双方当事人预留辩论的空间。

第四节　股东就公司损失行使
直接诉权的实践

一、国际投资条约中投资定义的泛化为股东诉权确立基础

晚近的国际投资条约缔约与投资争端的仲裁实践旨在将国际法对外资的保护范围以投资定义的方式呈现在条约的属物适用范围和仲裁庭的属物管辖权之下。外国投资者与东道国政府关于投资的争端，通常由解决投资争端国际中心（ICSID）以仲裁方式加以解决[1]。从投资条约文本来看，投资的定义大体涵盖以资产为基础的模式、以企业为基础的模式及混合模式[2]。不同的国际投资条约文本，对投资采取了不同的定义方式。以促进资本和资源的跨境流动为主要目标的条约，通常用限制性的术语界定投资，并以外国投资者对东道国企业的控制作为基本要素；相较之下，以对跨境投资提供法律保护为主要目标的条约，往往基于资产方式对投资采取宽泛和全面的定义，不仅涵盖跨国资本流动，也涵盖其他形式的商业资产[3]。当前，许多条约采取后一种方式，将其所保护的投资界定为包括那些由适格投资者所直接或间接拥有或控制的资产。

在述及美国双边投资协定（Bilateral Investment Treaty，BIT）的缔约历史时，范德威尔德教授曾指出：条约用语的重要性体现在宽泛而巧妙的表述能够有效确保将投资保护适用于股东通过公司进行的投资，使股东能够对公司所遭受的损害提出索赔，从而避免出现巴塞罗那电车案中所反映的关于股东直接诉权的限制[4]。具言之，1983 年美国 BIT 范本第 1 条 c 项规定了受保护的投资包括那些"直接或间接被拥有或控制"的资产，这并没有对美国投资者

---

[1] 张月姣. 国际商事争议解决途径综析 [J]. 太平洋学报，2007 (3)：27.
[2] 刘芳. 投资者—国家仲裁机制中"投资"概念的界定及中国的选择 [J]. 国际商务研究，2020 (1)：63.
[3] 张磊. 论国际投资中对公司股东的外交保护 [J]. 世界贸易组织动态与研究，2009 (9).
[4] VANDEVELDE. U.S. international investment agreements [M]. Oxford：Oxford University Press，2009：45.

所直接持有的缔约国投资与美国投资者通过层层公司设计所间接控制的投资进行区分。据此，如果某一美国公司拥有一家依据法国法律在法国成立的子公司，而该法国子公司向与美国订有 BIT 的缔约国投资，则此类投资将能够受到美国与该国 BIT 的保护。事实上，美国 BIT 范本中的投资定义条款正是基于对巴塞罗那电车案的回应，如前所述，国际法院在该案中认定在加拿大注册成立但其股权被比利时人所拥有的公司不能由比利时行使外交保护权或在国际法院直接起诉要求索赔。其合理性在于，根据习惯国际法，一家公司可以受到其成立地国家的保护，但不能受到其所有权所属国的保护，因为后者具有较强的变动性和不确定性。不过，巴塞罗那电车案所确立的国际习惯法规则在很大程度上使问题的处理趋于僵化，为此，美国 1983 年 BIT 范本的投资定义条款则旨在拓展投资条约所保护的投资范围，客观上使巴塞罗那电车案确立的裁判规则无法适用于美国 BIT 所涵盖的投资。换言之，由美国国民所拥有或者控制的投资均应被涵盖在 BIT 的保护范围之内，而无论此类投资是否通过在东道国依据该国法律设立公司予以运行。此后，尽管美国 BIT 先后于 1994 年、2004 年、2012 年做过多轮修订，但是其关于投资定义这一关键条款并未做出明显调整，仍然保持了相对宽泛的表述，从而使美国股东有权就东道国境内的目标公司所遭受的投资损失主张国际仲裁索赔。

二、股东就东道国公司受损的国际投资仲裁诉权典型案例

（一）控股股东与少数股东

从实践层面来看，股东依据 BIT 或其他国际投资条约就其在东道国境内的投资公司所受损失提起国际投资仲裁的实践并不罕见①。根据外国投资者作为股东对目标公司持股的多寡，可以区分为拥有控制权的控股股东和仅持有少数股权的少数股东，二者在就目标公司所受损失提起国际投资仲裁索赔的出诉权问题上受到不同程度的挑战。相较之下，控股股东因其具有控制权，更容易获得条约对外国投资者的实体保护和作为申请人的仲裁主体资格；而

---

① GAUKRODGER. Investment treaties as corporate law: shareholder claims and issues of consistency [J]. OECD Working Paper, 2013 (3): 399.

少数股东则因缺乏对公司经营管理的决策权和控制权，其在作为外国投资者提起仲裁索赔方面受到更多的约束和限制，在管辖权和法律适用上遇有更多的障碍和局限。鉴于此，对国际投资仲裁的各类股东诉权的处理采取了不同的分析路径。

在控股股东的国际投资仲裁出诉权问题上，阿姆科（Amco）诉印度尼西亚案[①]具有深远的影响。在该案中，阿姆科是一家美国公司，其通过在印度尼西亚注册的子公司 PT 阿姆科（PT Amco）进行投资，具体投资领域为酒店建设与经营。后 Amco 公司将部分股权转让给泛美公司，因此后在酒店管理问题上产生争端，印度尼西亚政府撤销了对 PT Amco 的投资许可，Amco 公司遂依据其与印度尼西亚政府的投资协定向 ICSID 提起仲裁索赔。鉴于在 Amco 公司的仲裁申请中涵盖仲裁条款，其中体现出印度尼西亚业已批准并同意其与 PT Amco 的任何投资争端提交 ICSID 仲裁解决，故仲裁庭认定，争端双方之间已经存在仲裁合意。至于 Amco 公司是否具备出诉资格，仲裁庭在分析各公司之间法律关系的基础上指出，PT Amco 只是 Amco 公司实现投资目标的工具，仲裁条款的最终目的是为投资者提供保护，PT Amco 因受外国控制而享有仲裁条款的利益，故只给予被控制者以保护而不给予控制者以保护是不合乎逻辑的。鉴于此，仲裁庭认定，Amco 公司有权基于《华盛顿公约》第 25 条第 2 款提起国际投资仲裁，对东道国当地公司拥有控制权的外国股东具备出诉权。值得一提的是，仲裁庭明确强调，虽然承认股东的诉权，但该股东是以投资者身份对自身的股权投资遭受的损失进行求偿，而不是以享有控制权的股东身份代表公司就公司所受损失进行求偿。

在大多数情况下，东道国的外资企业由多位股东共同持股，由此便不能排除外国投资者是以非控股股东的少数股东名义对公司遭受的损失以及由此引发的股权贬损提出索赔。例如，在天然气运输公司（CMS）诉阿根廷案中，美国股东系依据美国与阿根廷 BIT 提起的国际仲裁索赔，该 BIT 将投资保护拓展至在一缔约方领土内由另一缔约方的国民或公司所直接或间接拥有或控制的各种投资类型。该案中，天然气运输公司（CMS）是一家美国投资者，其是一家阿根廷公司的少数股东。在对阿根廷的管辖权异议进行回应时，仲

[①] Amco Asia Corporation and others v. Republic of Indonesia, ICSID Case No. ARB/81/1, Award, November 20 1984.

裁庭在援引巴塞罗那电车案中所阐明的习惯国际法规则的基础上，确认了该案 BIT 允许一名股东，即便只是一名少数股东，亦有权提起国际投资仲裁请求。在撤销程序中，专门委员会在对阿根廷的撤销请求进行回应时，明确指出：与投资保护有关的国际条约应当被作为特别法（lex specialis）予以适用，其在公司股东国际诉权方面确立的规则优先于习惯国际法。由此可见，CMS 案的裁决证实，当一项国际投资条约将实体保护拓展至包括那些直接或间接所有或控制的投资时，作为适格投资者的公司股东不仅有权主张就其所直接持有的投资提起索赔，也有权就其间接持股的公司资产所受损失要求国际求偿[①]。

（二）直接股东与间接股东

在国际投资争端仲裁中，索赔主体不仅限于受损公司的直接股东，也包括受损公司的间接股东。从大多数国际投资条约的投资定义来看，受保护的投资包括股东所直接或间接拥有和控制的目标公司股权。但也有部分条约没有将直接股权与间接股权都明确涵盖在内。尤其是对于间接持股的股东而言，其是否有权基于其在目标公司的间接股权所受损失主张求偿，有待分析和论证。从已有的仲裁案例来看，对于间接股东的出诉资格问题存在正反两种意见。

在塞德尔迈尔诉俄罗斯案[②]中，申请人系一位德国公民，斯普林豪斯是注册成立于美国密苏里州的一家美国公司。申请人不仅是斯普林豪斯的全资控股股东，而且也是斯普林豪斯的首席执行官。斯普林豪斯公司主要在俄罗斯进行投资。斯普林豪斯公司与俄罗斯政府产生争端，申请人依据德国与俄罗斯 BIT 向瑞典斯德哥尔摩商会仲裁院（SCC）提起国际投资仲裁主张赔偿。俄罗斯向仲裁庭提出管辖权异议，理由是在俄罗斯进行投资的主体系美国投资者而非德国投资者，故该案申请人无权申请仲裁。仲裁庭则认定，仲裁庭有权基于德国与俄罗斯 BIT 对该案行使管辖，理由是申请人对斯普林豪斯公司拥有全部控制权，基于控制理论，可以肯定德国公民的投资者身份。但是，仲裁庭同时指出，鉴于 BIT 的目的在于为缔约国双方的投资者相互投资提供法律保护和争端解决，如果某一间接投资者对东道国境内的投资没有控制权，

[①] CMS Gas Transmission Company v. Republic of Argentina, ICSID Case No. ARB/01/8, Decision on Objections to Jurisdiction, July 17 2003.

[②] Mr. Franz Sedelmayer v. The Russian Federation, SCC, Award, July 7, 1998.

则不应当承认此类股东的出诉权。该案事实上对间接股东的国际投资仲裁出诉资格问题给出了否定的答案，即原则上间接股东无权就目标公司的损失提请国际投资仲裁，除非有充分的证据显示该间接股东的持股已经形成了对目标公司的有效控制。故而，对外国股东是否形成控制的审查将成为判定其是否享有出诉权的关键。不过，在后续的案件中，上述立场发生了实质性的转变，仲裁庭基于对 BIT 中投资定义的扩张性解释而使间接持股情形纳入保护范围之内，从而确立了间接股东的国际投资仲裁出诉权。

在佩朗科（Perenco）诉厄瓜多尔案①中，申请人佩朗科是一家依据巴哈马联邦法律成立的厄瓜多尔公司，其由另一家依据巴哈马联邦法律成立的厄瓜多尔公司佩朗科（加蓬）全资控股，而佩朗科（加蓬）公司有92.5%的股权由另一家依据巴哈马联邦法律成立的厄瓜多尔公司 Perenco S. A. 持有，Perenco S. A. 公司100%的股权由佩朗科国际公司持有，而 Perenco S. A. 公司92.9%的股权持有人是法国籍公民佩罗德（Perrodo），但之后佩罗德无遗嘱去世。由此，申请人主张穿透层层资本控制，主张佩朗科公司因受法国国民控制，故有权根据《华盛顿公约》第25条第2款 b 项及厄瓜多尔与法国 BIT 提起国际投资仲裁申请，主张索赔。仲裁庭总结称，该案的争议焦点在于投资者佩罗德间接控制在东道国的目标公司佩朗科是否意味着佩罗德的继承人有权基于厄瓜多尔与法国 BIT 主张求偿？换言之，仲裁庭能否"刺破公司面纱"从而获得对间接控股投资者的属人管辖权？从仲裁庭的裁决意见来看，其对上述问题给出了肯定的答案。在法律依据方面，仲裁庭"刺破公司面纱"的重点不在于《华盛顿公约》而在于对 BIT 中"控制"标准的阐释②。具体而言，仲裁庭认为，该案 BIT 规定了"受外国国民"控制的主体可作为外国投资者提起投资仲裁，尽管没有明文指出此种控制是否包括间接控制，但应当基于投资保护的目的进行扩张解释，只要没有明示排除间接控制即属于保护的范围，故仲裁庭拥有对该案的管辖权。

在西门子诉阿根廷案中，申请人西门子系一家德国公司，其通过另一家德国公司西门子利多富在德国设立了西门子 IT 服务公司（SITS），后西门子以 SITS 在阿根廷遭受的投资损失提起国际投资仲裁。阿根廷抗辩称，申请人

---

① Perenco Ecuador Ltd. v. Republic of Ecuador and Empresa Estatal Petróleos del Ecuador (Petroecuador), ICSID Case No. ARB/08/6, Award, September 27, 2019.
② 刘翠霞. 试析 ICSID 仲裁案例中"投资者"界定 [D]. 长沙：湖南师范大学，2012：12.

在德国持有的投资与 SITS 在阿根廷进行的投资并无关联,该案争端系由 SITS 公司在阿根廷进行的投资所引起的,并非申请人的直接投资,阿根廷与德国 BIT 虽未规定直接投资的标准,但是保护投资者在阿根廷的直接投资是 BIT 本身的范围所决定的。仲裁庭最终并未采信阿根廷的抗辩,与之相反,仲裁庭认为,该案 BIT 并未将间接投资者排除在外,故德国股东的间接股权应当纳入 BIT 的涵盖之内,申请人作为间接股东具备投资者身份,对其出诉权应予认可。总结国际投资仲裁案例如表 7-1 所示。

表 7-1 总结了国际投资仲裁中股东行使直接诉权的典型案例。

表 7-1 国际投资仲裁中股东行使直接诉权的典型案例

案件名称	案号	争端起因	仲裁庭认定
CMS 天然气运输公司诉阿根廷	ICSID Case No. ARB/01/8,Award,May 12,2005	申请人系一家美国天然气运输公司,其持有阿根廷当地公司钢铁和管道制造公司共 29.42% 的股权,并取得了天然气运输许可证,后阿根廷政府采取一系列关税措施暂停了钢铁和管道制造公司的许可证,申请人依据美国与阿根廷 BIT 提出投资仲裁索赔	仲裁庭支持了申请人的主张,并认定投资并不要求达到控制状态或持有多数股权才能允许外国投资者索赔,无论根据《华盛顿公约》抑或本案 BIT,CMS 天然气运输公司都享有独立的间接索赔权。只要股权在 BIT 中属于受保护的投资定义范围,股东即可就股权利益损失主张求偿
加卢奇国际公司诉阿根廷	ICSID Case No. ARB/03/02,Decision on Objection to Jurisdiction,May 11,2005	申请人通过私有化而获得并持有阿根廷当地两家公司苏迪加斯苏尔和苏迪加斯潘帕纳全部股份的 56.91%,而这两家公司持有 CGS 公司共 90% 的股权和 CGP 公司共 86.09% 的股权。CGS 与 CGP 均持有阿根廷政府所签发的供应和分销天然气的许可证,后阿根廷上调了许可证持有人的关税,申请人依据阿根廷与比利时—卢森堡 BIT 提出索赔申请	本案 BIT 对投资采取了较为宽泛的定义,目的是确保双方遵守投资协议,以防止公司人格干扰保护与投资有关的实际利益。涉争争议直接产生于申请人所持有的股权投资。尽管《华盛顿公约》没有对股权是否属于受保护的投资做出规定,但本案 BIT 持肯定态度,故股东行使间接索赔权具有充分的法律依据,应予支持

续表

案件名称	案号	争端起因	仲裁庭认定
埃尔帕索能源国际公司诉阿根廷	ICSID Case No. ARB/03/15, Award, October 31, 2011	申请人系阿根廷公司的美国股东，其依据美国与阿根廷BIT，就美国投资者在阿根廷投资所遭受的损失和美国股东股份价值的减损及其他合同权利损失要求索赔	无论是多数股份还是少数股份，申请人在目标公司的股份符合投资定义，投资包括外国人拥有或控制的资产份额，基于保护外国股东的考虑，申请人的投资受到BIT的保护
奥地利欧美投资银行诉斯洛伐克	PCA Case No. 2010-17, Award on Jurisdiction, October 22, 2012	申请人系一家奥地利银行，作为斯洛伐克EIC电讯有限公司的股东，而ECI电讯有限公司是一家公共健康保险公司阿波罗的股东。申请人依据奥地利与斯洛伐克BIT，就因斯洛伐克立法修改使阿波罗无法向ECI电讯有限公司分配股息所导致的投资损失要求赔偿	本案BIT下的投资包括奥地利投资者通过斯洛伐克子公司向斯洛伐克投资的资产，本案争议焦点在于资产与投资者之间的经济联系，当奥利的投资者通过子公司向斯洛伐克投资时，无论是以投资者的名义还是子公司的名义，均应受到BIT保护
戴姆勒金融服务公司诉阿根廷	ICSID Case No. ARB/05/1, Award, August 22, 2012	申请人是一家德国公司，其自1995年起投资于阿根廷的商业融资业务，购买了阿根廷集散控制系统公司99.9971%的股权，而集散控制系统公司对阿根廷德诚财富公司和研生实业公司全资控股。阿根廷自2001年起为应对经济危机颁布一系列举措，申请人依据德国与阿根廷BIT就其投资损失索赔	本案BIT及其议定书的"投资"定义表明股东保护不应仅限于权利保护，申请人在集散控制系统公司持有的99.99%的股权构成条约下受保护的投资。股权只是宽泛的、非穷尽的投资定义中保护各类形式投资的要素之一，BIT并未区分直接投资与间接投资、直接索赔与间接索赔，对投资应作扩张解释
渣打银行诉坦桑尼亚	ICSID Case No. ARB/10/12, Award, November 2, 2012	申请人渣打银行是一家英国银行，其持有一家香港公司红杉中国七期控股有限公司的全部股权，而该香港公司是渣打银行的大股东。渣打银行依据贷款协议购买了IPTL对坦桑尼亚电力供应公司的债权。申请人渣打银行以渣打银行间接控制股东的名义，依据英国与坦桑尼亚BIT向ICSID申请仲裁，要求就该笔债权索赔	英国与坦桑尼亚BIT项下的投资特指投资人作出（made）的，而非持有（held）的投资。作为投资过程的一部分，申请人须直接或授意代理人间接采取行动。涉案BIT序言部分明确互惠保护，如允许英国主体基于BIT，为世界各地的中间公司所作投资进行保护，则违背互惠原则，故不应将间接持股纳入保护

续表

案件名称	案号	争端起因	仲裁庭认定
乌尔巴赛尔等诉阿根廷	ICSID Case No. ARB/07/26, Decision on Jurisdiction, December 19, 2012	申请人乌尔巴塞尔系阿根廷公司AGBA的西班牙股东，根据阿根廷国内法，乌尔巴塞尔没有资格就美联商汇公司的利益损失将阿根廷政府诉诸其国内法院，故乌尔巴塞尔依据西班牙与阿根廷BIT主张索赔	申请人拥有合法的基于其作为投资者在股权方面的身份提出申请的权利，股票是不受公司法限制的资产和投资，同时也是BIT保护的投资，BIT确立的投资权利受国际条约保护，不能被国内法所修改，故应当肯定申请人的索赔主体资格
意法半导体公司诉保加利亚	PCA Case No. 2011-06, Award on Jurisdiction, July 18, 2013	保加利亚公民巴列夫通过拍卖方式从保加利亚手中购买了营运管理资金，并将其所持有的40%股份转让给申请人，后申请人以德国投资者的名义依据德国与保加利亚BIT对保加利亚提出索赔，指控后者非法征收了前者所持有的工厂、商业建筑及相关土地，应予返还	仲裁庭首先肯定了股东作为投资者可以就反射损失受偿，但本案申请人成为投资者的时间远远晚于不法行为产生的事件，属于典型的"挑选条约"行为，且申请人在提起投资仲裁前并未用尽当地救济，已构成对投资仲裁程序的滥用，故拒绝支持申请人的索赔请求

由上述案例可以看出，国际投资仲裁庭在对股东作为投资者就反射损失所提起的索赔请求进行裁断时，首先需要对股东的适格投资者身份进行审查和认定，其次需要分析引发涉案争端的股权和财产是否符合BIT的投资定义，最后需要判定股东的投资是否因另一国的国际不法行为遭受损失，且股东在提起国际投资仲裁索赔时不存在滥用国际投资仲裁机制的故意。

第五节 国际投资争端解决中确立股东直接诉权的后果与因应

一、法律后果分析

通过之前论述可知,在习惯国际法框架下,只有当股东自身的直接权利受损时,方可向其母国寻求以外交保护方式介入提起国际求偿;而当股东所持有或控制的东道国目标公司受损时,则属于股东的间接损失,此时只能诉诸该公司成立地的法律保护和国际救济。相比之下,现代以 BIT 等投资保护条约和协定为主体的国际投资法赋予了股东以私人诉权,其可以外国投资者的身份直接向国际投资仲裁庭提出仲裁申请,向实施了不法行为对其自身及目标公司造成投资损失的国家主张索赔。这就意味着在国际投资仲裁程序中,作为投资者的外国股东不仅可以代表自身利益提起直接求偿,还可以代表公司利益提起间接求偿,从而大大拓展了股东的救济方式[①]。例如,USMCA 附件 14-D 第 14.D.3 条第 1 款关于投资者提出仲裁申请的规定,既允许申请人代表自身的利益以自己的名义提起索赔,也允许申请人代表以其在东道国所直接或间接拥有或控制的法人的利益提起间接求偿。CPTPP 第九章第 9.19 条第 1 款也有类似的规定。事实上,这种规定滥觞于 1993 年《北美自由贸易协定》第十一章第 1116 条、第 1117 条,其既允许缔约一方投资者代表自身提出仲裁请求,也允许缔约一方投资者代表企业提出仲裁请求[②]。对于做出如此规定的缔约意图,美国曾经做出解释称:国际法院在巴塞罗那电车案中作出的判决表明,作为法人的公司与其股东在法律人格方面是相互独立的,尽管对公司实施的不法行为也间接损害股东利益,但公司受损这一事实本身并未自动给股东创设赔偿请求权,故通过在条约中订入股东代表仲裁条款,可以为作为股东的外国投资者创

---

① 张小桃. 国际投资仲裁中的股东保护问题探究 [J]. 国际商务研究,2014(3):68.
② 张圣翠. NAFTA 投资规则及其影响 [J]. 政治与法律,2005(2):156.

设派生求偿权,使其有权代表东道国的目标公司提起投资仲裁①。如此,既没有混淆公司与股东的主体资格,又可实现间接保护股东利益的目的。换言之,当前国际投资条约和经贸协定中之所以越来越多地规定股东代表仲裁条款,在很大程度上根源于巴塞罗那电车案中否定了股东就公司所受损失享有直接诉权。

不过,在国际投资条约中无所限制地引入股东直接诉权,也引发了新的实践问题。尤其是公司债权人、被解雇的劳工以及其他相关当事方获得救济的可能性及其获偿比例将因股东提起通过国际投资仲裁寻求赔偿而受到影响。与此同时,如前所言,以美国 BIT 范本为代表的新一代投资协定在"投资"及"投资者"等关键概念的定义方面采取了较为宽泛的措辞,且仲裁庭多以促进与保护投资作为首要目标,这就在一定程度上导致了股东诉权的泛化,甚至诱发了国际投资仲裁平行程序和双边条约多边化等现象②。为此,部分国际投资协定开始增设利益拒绝条款,对股东在国际投资争端解决中的直接诉权加以必要限制,促进投资者与国家间仲裁的可持续发展③。

二、解决对策探讨

随着包括 BIT 在内的国际投资条约缔约实践的充分发展,世界上已经形成了多边、区域、双边彼此相互交织的投资条约网络。由于各个条约在适用范围上不乏交叉和重叠,而每个条约确立的实体保护标准和争端解决程序多有不同,为了追求投资保护的最大化,趋利避害的跨国投资者便可能借助于投资重组或国籍规划等行为挑选条约④。在国际投资仲裁中,申请人既可以是投资者,也可以是投资者在东道国设立的企业,由此便形成了两种诉权:第一类是投资者作为股东代表其自身提出的仲裁请求;第二类是股东代表其在东道国控制的企业而提出请求。当投资者代表其自身提出索赔时,求偿范围可以涵盖其正在或已经完成的投资遭受的损失;相比之下,当投资者作为股

---

① 魏艳茹. 国际投资争端解决中的股东代表仲裁条款研究 [J]. 国际经济法学刊, 2007 (4): 124.

② 王稀. 国际投资仲裁中股东诉权问题研究 [J]. 世界贸易组织动态与研究, 2013 (5): 78.

③ 明瑶华. 国际投资条约中的利益拒绝条款研究 [M]. 苏州: 苏州大学出版社, 2019: 10.

④ 黄世席. 国际投资仲裁中的挑选条约问题 [J]. 法学, 2014 (1): 62.

东代表目标企业而提出索赔时，则属于以股东代表就目标公司怠于履行求偿权而行使的次级救济，此时尤其要特别注意防范因股东和目标公司分别求偿所引发的平行程序问题①。譬如，作为股东的投资者通过在第三国设立的中间公司来"选购"第三国与东道国间投资条约以寻求保护。而一般国际法并不禁止投资者"选购"条约，揭开公司面纱制度与善意原则对于限制"条约选购"而言作用有限。此外，在国际投资仲裁中，仲裁庭能否在何种情况下可以揭开外商投资公司的面纱以寻求受东道国承诺保护的投资者，本身就存在不同的观点②。

基于此，允许股东对公司损失直接提请国际投资仲裁，极易使投资者采取各种手段"挑选条约"。同时，在东道国的目标公司背后存在多重资本控制，股东间具有层层嵌套关系时，不同国家的股东与股东之间、股东与目标公司如果均行使诉权，极易引发国际投资仲裁平行程序乃至多重程序，既无益于争端解决的高效展开，也可能造成矛盾裁决，从而使整个国际投资争端解决机制的公信力和公正性大打折扣。对国际投资条约缔约国而言，尤其是对于目标公司所在地的东道国而言，有必要采取各类手段对外国投资者的"挑选条约行为"加以必要的规制，对目标公司外国股东的直接诉权进行合理的约束，可采用的手段包括但不限于对投资者及投资的定义进行限缩，同时订立利益拒绝条款、运用嗣后联合解释，从而排除那些在其他缔约国没有实际经营活动的主体以"邮箱公司"的身份滥用条约中的争端解决条款启动仲裁索赔③。在必要时，可考虑国际投资仲裁条款，就投资者的直接诉权设定用尽当地救济、冷静期条款、强制协商期限等前置要求，防范投资者的法律规避和"挑选条约"行为。

---

① 陶立峰. 美国双边投资协定研究 [M]. 北京：法律出版社，2016：103.
② 王鹏. ICSID 仲裁中的揭开公司面纱问题研究：路径与协调 [J]. 武大国际法评论，2014 (1)：139.
③ 徐树. 国际投资仲裁中投资者的"条约选购"问题研究 [J]. 国际经济法学刊，2013 (2)：121.

本章小结

近年来，随着"一带一路"向纵深拓展，对外开放等政策得到了进一步的推行，相应地，我国对外投资和吸引外资前所未有地增加，相较于其他国家，更应当审慎评估和应对投资者的"挑选条约行为"，从而将其不利影响控制到最小。总之，确立股东在国际投资争端解决中的直接诉权，固然有利于中国海外投资者积极维护自身合法权益，但考虑到中国政府本身近年来也频频遭遇国际投资仲裁索赔，实有必要就股东的直接诉权设定合理的限制，以促进和保障全球治理体系能不断接近于平衡维护东道国公共利益与保护私人投资权益的"黄金分割点"。

本章思考题

1. 什么是国际投资法中的"挑选条约"？有哪些对策可以应对"挑选条约"？
2. 股东能否就投资者遭受的损失提起国际投资仲裁？
3. 控股股东与少数股东在国际投资仲裁诉权方面是否存在差异？

第八章

国际投资仲裁的透明度原则与临时措施

学习要点

临时措施是仲裁庭为了维护仲裁管辖权、保障仲裁程序顺利进行、确保裁决有效执行而采取的举措。在国际商事仲裁中,临时措施发布权应归属于法院抑或仲裁庭不无争论;但在国际投资仲裁中,国际公约及仲裁规则往往授权仲裁庭在紧急且必要的情况下发布临时措施。根据相关行动的不同目的,临时措施涵盖多种类型,包括但不限于维持现状、阻却风险、证据保全、费用担保、行为禁令等。在审查及决定是否采取临时措施时,仲裁庭必须要具备初步管辖权,在满足紧迫性和必要性的前提下,确信相关举措是适当的,方可发布相关命令。尽管《华盛顿公约》规定仲裁庭仅可建议采取临时措施,但结合案例法可知,此种临时措施的建议具有法律拘束力,当事人应予以遵守。

【关键词】临时措施;国际投资仲裁;必要性;证据保全

第一节　国际投资仲裁的透明度原则

一、国际投资争端解决中引入透明度原则的成因

所谓透明度,是指根据法律或协议的规定,由负有披露义务的一方,通过一定的方式将其所获知的信息如实对外公布,并予以清晰地描述,从而消除信息不对称、确保受信息影响的公众知晓的有效手段[①]。在国际投资法视阈下,透明度原则体现为实体与程序两个维度:就实体法而言,透明度规则特指具体规定信息披露权利和义务的行为准则;就程序法而言,透明度规则要求仲裁庭将案件中的非保密信息对外界妥为公布,从而使社会公众有权获知案件信息及具体进展并通过法律所认可的手段表达意见或参与到仲裁程序中来。

传统上,保密性被视为私人之间选择国际商事仲裁而不选择法院诉讼的主要优势。但在投资者与国家间的国际投资仲裁中,由于公共利益元素的存在,社会公众对公开性和透明度的要求越来越高。在白瓦特高夫公司诉坦桑尼亚仲裁案中,仲裁庭明确指出:在投资仲裁中,保密性和隐私问题的处理方式不同于国际商事仲裁,在根据条约启动的投资仲裁中具有显著的透明化趋势[②]。具言之,投资仲裁虽然发轫于商事仲裁,但前者的仲裁裁决结果不仅关系到外国投资者与东道国政府,一旦判定东道国败诉并支付赔偿,还将对东道国的公众产生财政负担。鉴于此,如果将商事仲裁的保密性原则贯穿于投资仲裁,则东道国的公众将可能对正在进行的仲裁程序毫不知情,更无从陈述意见,这不利于在全球治理中确立民主与法治的价值理念。而透明度原则的引入,恰恰可以保证东道国公众对影响自己切身利益的案件拥有知情权,使其有机会在裁决作出前与同样受到裁决影响的外国投资者、东道国政府进行充分对话、沟通意见,并有效地参与到辩论和商讨过程中来,促使仲裁庭

[①] 张建军.国际投资协定之透明度规则研究[M].北京:中国社会科学出版社,2016:24.
[②] Biwater Gauff (Tanzania) Ltd. v. United Republic of Tanzania, Procedural Order No. 3, ICSID Case No. ARB/05/22, 29 September 2006.

在协商民主的基础上作出理性而合宜的裁决,并消除外界对投资仲裁合法性的种种质疑①。

基于上述考量,本节以透明度原则作为主线,分别探讨国际投资协定中的透明度条款(规则条款角度)、国际投资争端仲裁中的信息公开与第三方参与问题(仲裁实践角度),并就联合国国际贸易法委员会(UNCITRAL)制定的《透明度规则》及我国的应对方案进行评述。

二、国际投资协定中的透明度规则

国际投资协定(International Investment Agreement,IIA)是指两个或两个以上的国家所缔结的关于规范其相互投资过程中所涉及的投资准入、投资保护、投资运营、投资退出及投资争端的解决的协议。就其内涵而言,国际投资协定既包括两国政府间签署的双边投资协定(Bilateral Investment Agreement,BIT),也包括规定了投资章节或投资条款的自由贸易协定(Free Trade Agreement,FTA)或更为广泛的综合性经贸协定(Comprehensive Economic and Trade Agreement,CETA)。在国际投资协定中确立透明度规则,不仅有助于保障跨国投资者获知投资信息的自由,而且对维护国际投资市场的公平竞争秩序、提高跨国投资活动的效率亦具有实质意义。

为了便于对 IIA 中的透明度规则进行更为清晰的观察,本书选取了若干典型 BIT 及 FTA 的相关条款(如表 8-1 所示)。

表 8-1 典型 BIT 及 FTA 的相关条款

条约名称	签约日期	条款	透明度规则的内容
中国与澳大利亚 BIT	1988 年签订,同年生效	第 6 条第 1 款	缔约各方为促进了解有关或影响缔约另一方国民在其领土内的投资的法律和政策,应当公开并随时提供该法律和政策
美国与卢旺达 BIT	2008 年签订,2012 年生效	第 10 条第 1 款	各缔约方应保证任何有关本条约所覆盖事项的法律、法规、程序、普遍适用的行政裁定、裁判性决定及时地公布或者以其他方式使公众获知

---

① 张光. 国际投资法制中的公共利益保护问题研究 [M]. 北京:法律出版社,2016:120.

续表

条约名称	签约日期	条款	透明度规则的内容
中国与韩国BIT	2005年签订，同年生效	第11条第1款	各缔约方应及时公布或通过其他方式使公众获得对缔约另一方投资者在其境内可能产生影响的法律、法规、程序、行政规章和普遍适用的司法裁决及国际协定
加拿大与罗马尼亚BIT	2009年签订，2011年生效	第16条第2款	各缔约方应在切实可行范围内，确保与本协定涵盖的任何事项有关的法律、法规、程序和普遍适用的行政裁决及时公布或以其他方式提供，以便使利害关系人和缔约另一方知晓
中国与加拿大BIT	2012年签订，2014年生效	第17条第3款	鼓励缔约各方提前公布其计划采取的任何措施，并向利害关系人及另一缔约方提供对其计划采取的措施进行评论的合理机会
日本与秘鲁BIT	2008年签订，2009年生效	第9条第4款	除非情况紧急，缔约各方应按照本国法律法规，在通过、修订或废除影响本协定所涵盖事项的普遍适用的法规前，提供给公众进行评论的合理机会
中国与瑞士FTA	2013年签订，2014年生效	第1.5条第1款	缔约双方应公布，或以其他方式公开提供可能会影响本协定实施的法律、法规、司法判决、普遍适用的行政裁决和各自参加的国际协定
新加坡与哥斯达黎加FTA	2010年签订，2013年生效	第15.3条第1款	缔约各方应确保与本协定覆盖任何事项有关的法律、程序和普遍适用的行政裁决及时公布或以其他方式使缔约另一方和利害关系人获知
美国与韩国FTA	2010年制定，2012年生效	第21.1条第2款	缔约各方应当尽可能：提前公布其计划采取的任何措施，并向利害关系人及缔约另一方提供其计划采取的措施进行评论的合理机会
美国—墨西哥—加拿大协定	2018年签订	第29.2条第1款	缔约各方应确保与本协定所覆盖的任何事项有关的法律、法规、程序和普遍适用的行政裁决及时公布或以其他方式使缔约另一方和利害关系人获知。在可行的范围内，上述措施应在网络上公开
美国—墨西哥—加拿大协定附件	2018年签订	第8条第1款	被申请人在收到下列文件后，应及时地转交给非争端当事人的附件缔约方，从而使这些文件公开。具体包括：意向通知、仲裁通知、申请书、备忘录、要点摘录及根据第7.2条、第7.3条、第12条提交的任何书面文件、仲裁庭审记录及其副本、仲裁庭的命令、裁决及决定

由表 8-1 可知，IIA 中的透明度规则在条文措辞方面具有较多的共性，其中最为常见的模式是：缔约国在制定或修改任何为本条约所涵盖的事项有关的法律、法规、程序、裁决时，应当及时对外界公布以保证为利害关系人所知晓。但仔细观察，又不难发现，有些 IIA 的透明度条款在确立原则的同时还存有例外（如日本与秘鲁 BIT），但有些条款则仅陈列了原则而未规定例外（如中国与瑞士 FTA）；有些条款在透明度规则的适用范围方面规定得较为宽泛（如中国与加拿大 BIT），有些则明确适用范围限定于国际协定、国内立法、仲裁裁决、司法判决等。

之所以透明度条款在 IIA 中存在不同的表述方式，这与各缔约国的经济发展状况、国际投资地位、缔约历史和谈判经验都是紧密相关的。尽管强化投资法的透明度是 BIT 的一个重要且普遍的目标，但它对于东欧的非市场经济体来说尤其重要，因为透明度在这些国家以往缔结的国际条约和国内立法中尤为缺乏。[1] 基于此，尽管在 1984 年版美国 BIT 范本中删除了信息交换条款，但在美国与波兰缔结的 BIT 中重新纳入了单独的信息交换与透明度条款。

2018 年签署的《美国—墨西哥—加拿大协定》（以下简称《美墨加协定》）保留并进一步深化了 NAFTA 所确立的透明度原则。在实体法层面，《美墨加协定》第 29.2 条第 1 款规定："缔约各方应确保与本协定所覆盖的任何事项有关的法律、法规、程序和普遍适用的行政裁决及时公布或以其他方式使缔约另一方和利害关系人获知。"在可行的范围内，上述措施应在网络上公开。在程序法层面，《美墨加协定》附件 14D 第 8 条第 1 款规定："被申请人在收到下列文件后，应及时地转交给非争端当事人的附件缔约方，从而使这些文件公开。具体包括：意向通知、仲裁通知、申请书、备忘录、要点摘录及根据第 7.2 条、第 7.3 条、第 12 条提交的任何书面文件、仲裁庭审记录及其副本、仲裁庭的命令、裁决及决定。"

三、国际投资争端仲裁中的信息公开

（一）涉及透明度的投资仲裁案件类型化

如前所述，晚近签订的部分国际投资协定规定了透明度条款，这从立法

---

[1] 范德威尔德. 美国国际投资协定 [M]. 蔡从燕，译. 北京：法律出版社，2017：828.

角度认可了透明度在国际投资法中的原则性地位。与此同时，随着投资在全球范围内的跨境自由流动，国际投资争端频繁出现，仲裁庭在争端解决实践中对国际协定中的透明度条款进行了动态的阐释，这为静态的法律原则注入了内涵要素。总体来看，涉及透明度的国际投资仲裁案件主要有两类：第一类，从外国投资者的视角，将东道国的透明度义务与外资保护的实体待遇标准连接起来；第二类，从非争端当事方的视角，对国际投资仲裁程序提出透明度的要求，即主张信息披露、庭审公开、案外人参与、裁决公布。在国际投资争端仲裁中贯彻透明度原则，可最大限度地促进自由、公平和效率三者的均衡发展。

（二）透明度与公正公平待遇

在已有的国际投资争端解决实践中，透明度常被视为公正与公平待遇原则（Fair and Equitable Treatment，FET）的内涵要素之一。这意味着，仲裁庭常常将东道国行为的透明度与保护投资者合理期待关联起来。前者要求东道国必须保障投资者据以作出投资规划的法律体系和司法环境是可以预见的，而且任何对投资者具有影响的决定均应及时公开，使投资者有法可依[1]。而对于 FET，其作为 BIT 中常见的待遇标准，具有一定的抽象性，需要由仲裁庭进行解释才能确定其确切含义及适用效果。通常认为，FET 涵盖了如下要素：①法律框架的稳定性、可预测性和连续性；②合法性原则；③投资者信心与合法期望的保护；④程序上的正当程序和拒绝司法；⑤实体上的争端程序或保护不受歧视和专横；⑥透明度的要求；⑦合理性和比例性的要求[2]。例如，在 Metalclad 诉墨西哥案当中，仲裁庭认定墨西哥违反 FET 的原因即在于墨西哥未能遵守 NAFTA 中的透明度要求。尤其是墨西哥未能给投资者的商业计划和投资活动提供透明、可预测的框架，这表明墨西哥在采取涉及缔约一方投资的措施时流程无序、处置拖延，而投资者投资时的心理预期却是，墨西哥将根据 NAFTA 公正、公平地对待自己[3]。但该案的仲裁裁决后被英属哥伦比

---

[1] 多尔查，朔伊尔. 国际投资法原则 [M]. 祁欢，施进，译. 北京：中国政法大学出版社，2014：156.

[2] SCHILL. Fair and equitable treatment under investment treaties as an embodiment of the rule of law [EB/OL]. (2019-3-13). http://www.iilj.org/working%20papers/documents/2006-6-GAL-Schill-web.pdf, last visited on March 13th, 2019.

[3] Metalclad Corporation v. The United Mexican States, ICSID Case No. ARB (AF)/97/1, Award, 30 August 2000.

亚省最高法院部分撤销，撤销理由是：仲裁庭以透明度为根据作出裁决，但透明度义务并不在 NAFTA 第十一章的投资章节中，且仲裁庭并未提供任何权威或证据就直接将透明度纳入 FET，实际上是对 FET 进行了过于宽泛的扩张解释，因此仲裁庭构成越权仲裁①。通过分析类似案件，有学者指出投资者的合理期待已成为 FET 的主导因素而备受投资仲裁庭的青睐，甚至将此奉为解决所有未决概念的"万能钥匙"②。在透明度原则尚未成为国际投资法中的独立法律术语之前，将其纳入 FET 的合理期待之中具有实践意义，但在当前透明度原则既已发展成熟为一项独立的法定概念，再将其借助合理期待和 FET 运用于投资仲裁实践，将导致体系上的无序，无益于国际投资治理的和谐。鉴于此，国际投资仲裁庭在阐释 FET 时应予以合理的审慎限缩，对透明度问题则应予独立处理。

(三)《ICSID 仲裁规则》修订中对信息公开的考量

从国际投资争端解决程序角度探讨透明度原则，实际上指向两个关键问题：第一，非争端当事方如何获取仲裁案件的有关信息；第二，在获知仲裁案件信息的前提下，第三方如何参与到仲裁程序中来，并发表其意见③。就第一个问题而言，仲裁信息获取的对象包括对案件存在、程序进展、仲裁过程中涉及的各类文件资料及仲裁裁决的知晓；就第二个问题而言，主要针对非争端当事方对仲裁开庭程序进行听证、提交书面意见等。以国际投资争端解决中心 ICSID 为例，根据《ICSID 行政和财务条例》第 22 条、第 23 条，秘书长有义务公布未决案件及仲裁程序的开展进程，从而使外界公众能够通过 ICSID 官方网站初步获取这些基本信息。对于已裁决的 ICSID 案件，仲裁庭所发布的仲裁裁决并不会自动地对外公布，而是根据《华盛顿公约》第 48 条第 5 款，只有在双方当事人均同意的前提下，ICSID 才会公开其裁决。

不过，2006 年修订的《ICSID 仲裁规则》对《华盛顿公约》进行了变通，根据该规则第 48 条第 4 款，ICSID 有义务公布每起仲裁案件的裁决及其法律

---

① 单文华，娜拉-伽拉赫. 中外投资条约研究 [M]. 魏艳茹，李庆灵，译. 北京：法律出版社，2015：118.
② 张生. 国际投资仲裁中的条约解释研究 [M]. 北京：法律出版社，2016：73.
③ 刘晓红，袁小珺. 国际投资仲裁第三方参与问题研究 [J]. 上海对外经贸大学学报，2017 (3)：17.

推理摘录。除非另有相反协议，当事人可以决定发布仲裁裁决。实践中，绝大部分的 ICSID 仲裁裁决都会以某种方式对外公开，也有一些裁决和决定未发布，还有一些裁决经过双方当事人一致同意对某些隐私信息进行处理后再对外发布。事实表明，如果仲裁程序的当事人将对案件的公开讨论限定在适度的范围内，将更有益于仲裁程序的有序展开，避免受到外界的过多干扰、介入或不必要的迟延[1]。2018 年《ICSID 仲裁规则（草案）》在第七章设专章规定了信息公开、文件参与及非争端当事方的文件提交（见表 8-2）。

表 8-2　《ICSID 仲裁规则（草案）》第七章条文内容和规范要点

《ICSID 仲裁规则（草案）》第七章条文	条文内容	规范要点
第 44 条	裁决和撤销决定的公布	经各方当事人同意，ICSID 应公开每一份裁决及撤销决定
第 45 条	命令和决定的公布	ICSID 应当在命令和决定作出之后 60 天内予以公布，这段期间内当事人可一致同意作出保密处理并通知 ICSID
第 46 条	当事人提交文件的公布	经一方当事人请求，并由当事人一致同意作出保密处理后，ICSID 应当公布当事人在程序中提交的任何书面陈述意见或其他文件

相比之下，非 ICSID 裁决偶尔对外发布，但因为缺少对这些投资仲裁裁决的统一登记和管理，因此究竟有多少比例的裁决实现了公开，尚没有准确的统计数字[2]。对于未决的 ICSID 仲裁案件，仲裁程序中涉及的各类文件和书面材料能否对外公布，情况较为复杂。尽管并没有明确的法律规则禁止当事人对外发布此类文件，但双方通常达成共识避免发布，仅在双方均同意的前提下对外公开一部分与仲裁案件有关的书面文件。

---

[1] BORN. International arbitration: law and practice [M]. Netherland: Kluwer Law International, 2012: 201.

[2] DOLZER, SCHREUER. Principles of international investment law [M]. Oxford: Oxford University Press, 2012: 287.

四、国际投资争端仲裁中的第三方参与

所谓法庭之友（Amicus Curiae），是指对案件中的疑难法律问题陈述意见并善意提醒法庭注意某些法律问题的临时法律顾问或协助法庭解决问题的人[①]。在部分ICSID仲裁的案件中，仲裁庭允许了非争端当事方以法庭之友的身份提交书面意见。在根据《UNCITRAL仲裁规则》进行的NAFTA投资仲裁中，仲裁庭也允许第三方提交书面申请，NAFTA自由贸易委员会在2003年还专门发布了关于非争端当事方参与仲裁程序的声明。根据2006年修订的《ICSID仲裁规则》第37条第2款，在询问当事方后，仲裁庭可以允许非当事人在争端范围内提交有关某事件的书面申请。2018年《ICSID仲裁规则（草案）》中有3个条款就第三方参与仲裁予以规范，内容涵盖了对案外人旁听、非争端当事方提交书面陈述、非争端当事方的条约缔约方的参与（见表8-3）。

表8-3 《ICSID仲裁规则（草案）》中关于第三方参与的条文内容和规范要点

《ICSID仲裁规则（草案）》条文	条文内容	规范要点
第47条	旁听	除当事人、当事人的代理人、作证时的证人和专家，以及协助仲裁庭的人员外，仲裁庭应当允许其他人员旁听，除非任何一方当事人反对。仲裁庭应当制定程序以防止机密信息泄露给旁听者，ICSID应公布开庭记录
第48条	非争端当事方提交书面陈述	在决定是否允许非争端当事方提交书面陈述时，仲裁庭应全面考虑：陈述是否针对争议范围内的事项；该陈述如何协助仲裁庭确定事实或法律事项；非争端当事方的身份、经营活动、组织和所有者、与当事方的关联关系及是否与案件有利益关系；提交陈述时是否受其他主体的财务或支持

---

① 薛波. 元照英美法词典[M]. 北京：北京大学出版社，2013：69.

续表

《ICSID 仲裁规则（草案）》条文	条文内容	规范要点
第49条	非争端当事方的条约缔约方的参与	非争端当事方的条约缔约方可就案涉条约的解释发表意见，仲裁庭应允许其提交书面陈述，当事人应当有权就其陈述发表意见

通过观察并分析《ICSID 仲裁规则》的修订动向、《UNCITRAL 仲裁规则》的演进、NAFTA 投资仲裁的实践，不难发现，允许第三方参与案件庭审并发表陈述意见的程序透明度正日渐成为主流。但是，第三方的参与是有条件的而非绝对的程序权利。一方面，非争端当事方的参与不得对当事方的正当程序权利形成制约；另一方面，仲裁机构与仲裁庭应尽量减少因非争端当事方的参与而给仲裁程序的顺利进行造成不必要的妨碍①。就非争端缔约方就条约解释提交的意见而言，其并不当然具有拘束力，而是由仲裁庭在充分评估各方面因素后再决定是否采信。

五、UNCITRAL《透明度规则》及中国的应对

（一）UNCITRAL《透明度规则》关键条款解构

目前，全球、区域、双边的国际投资规则均处于改革和发展阶段，国际仲裁机构也频频修订其投资仲裁规则，促使透明度规则趋于精细化、全面化。然而由于各条约的缔约国发展程度各异、法治水平有别，因此透明度规则也面临着碎片化和区域差异的困境，透明度规则的适用方式和适用范围难以有效统一。长此以往，不仅无益于跨国投资合作的稳定发展，也对国际投资争端解决的公平性形成消极影响。鉴于此，联合国国际贸易法委员会（UNCITRAL）制定并颁布了《投资人与国家间基于条约仲裁透明度规则》（以下简称《透明度规则》）。为贯彻与实施该规则，UNCITRAL 又于 2014 年 10 月颁布了《毛里求斯透明度公约》，并设立了透明度登记处。UNCITRAL 这一系列举措对提升国际投资争端仲裁的透明度起到了重要作用。

---

① 梁丹妮. 国际投资争端仲裁程序透明度研究［J］. 国际经济法学刊，2010（1）.

以透明度为主线,《透明度规则》对仲裁机构、仲裁庭、当事人提出了以下具体要求:首先,仲裁程序启动时应及时对外界公布信息,为与案件争议有关的利害关系人提供事先了解案情的机会,从而为案外人预先采取措施、向仲裁庭主张自己的合法权益提供了可能性,避免在裁决作出后再进行事后救济所导致的资源浪费;其次,与仲裁程序有关的某些文件(包括仲裁通知、对仲裁通知的答复、申请书、答辩书、任何一方提交的书面陈述或书面材料、物证、专家报告及证人证言的清单等),在遵守一定的程序前提下,应向公众公开;再次,虽非争端当事方但是与争端有一定联系的案外人(包括与东道国订立投资条约的投资者母国政府及其他非争端当事方)可以作为第三方申请参加仲裁程序,或向仲裁庭提交其所发表的书面意见;又次,仲裁程序进行过程中的庭审环节、口头辩论、听证会对外公开,确保仲裁审理的透明度;最后,仲裁裁决结论通过一定方式对外公开,以此为契机缓和国际投资仲裁的正当性危机,并解决仲裁裁决不一致的问题。

值得关注的是,虽然透明度原则是当前国际投资仲裁中的总体趋势,但透明度的要求并非绝对,过度的透明化将对争端当事双方的利益造成难以弥补的损害。因此,透明度原则的发展是与保密性原则相互平衡的过程,其适用存在若干例外。根据《透明度规则》第7条第2款,有一部分信息属于受到保护的机密信息,并不适用透明度原则,这些信息包括:①商业机密信息;②根据条约受到保护而不得向公众提供的信息;③根据被诉东道国的法律受到保护而不得向公众提供的该国国家信息,以及根据仲裁庭认定的适用于案件的有关信息披露的法律规则所保护的不得向公众提供的信息;④披露后有碍于法律执行的信息。

(二) 我国外资立法与投资仲裁规则的应对

近些年来,透明度问题逐渐受到重视,并体现在各国新签订的BIT和FTA及国际仲裁机构新颁布的仲裁规则中。各国出于自身利益的考虑,在透明度规则的改革与实践中秉持不同的态度和立场。我国全国人大于2019年颁布的《中华人民共和国外商投资法》中,专门纳入了透明度规则。该法第10条规定:制定与外商投资有关的法律、法规、规章,应当采取适当方式征求外商投资企业的意见和建议;与外商投资有关的规范性文件、裁判文书等,应当依法及时公布。

2017年发布的《中国国际经济贸易仲裁委员会国际投资争端仲裁规则》第

44条为第三方向仲裁庭提交书面意见提供了法律基础。该条共12款，涵盖了非争端缔约方与非争端当事方两类情形：前者有权在书面通知管理案件的仲裁机构和双方当事人后，向仲裁庭提交有关案件所涉投资条约解释的书面意见，仲裁庭也可依实际需要邀请其发表对条约解释意见；后者可以向仲裁庭提交与案件所涉争议范围内某一事项有关的书面意见，仲裁庭亦可依实际需要邀请其发表意见。该条款特别明确，非争端方向仲裁庭提交的书面意见中应列明其组织成员和法律地位（如公司、贸易协会或其他非政府组织）、一般目标、活动性质以及上级组织（包括任何直接或间接控制该非争议方的组织）。书面意见应披露该非争议方是否与当事人存在任何直接或间接的关系，以及在其准备书面意见过程中向其提供财务资助或其他任何协助的政府、组织或个人。对于是否允许非争端当事方提交意见，是否采信此类意见，仲裁庭享有自由裁量权和自由心证的权利，但应当确保非争端当事方所提交的陈述不得影响仲裁程序的顺利进行，且应确保双方当事人不会由此承受额外的不合理负担或遭受不公平的损害。

2019年发布的《北京仲裁委员会国际投资仲裁规则》第36条规定了第三方陈述，确认非争端当事方在经过仲裁庭允许或受到仲裁庭邀请时就争端范围内的事项提交书面陈述，还特别规定仲裁庭应当允许非争端当事方的条约缔约方就与争端相关的条约解释问题提交书面陈述。可见，对于条约缔约方的条约解释意见，仲裁庭应当都为其提供陈述的机会，而对于其他非争端当事方的书面陈述，仲裁庭则享有自由裁量权。在决定是否允许为非争端当事方提交书面陈述时，仲裁庭应特别注意：该陈述是否涉及争端范围内的事项；该陈述是否及在何种程度上将提供不同于争端双方的观点、专业知识或意见，从而帮助仲裁庭解决与案件有关的事实或法律问题；该非争端方是否与本案和/或相关案件程序有重大利益关系；允许该非争端方提交书面陈述是否及在何种程度上将损害双方当事人的信息保密权利；非争端方的身份、活动、组织和权属，包括非争端方与一方当事人或非争端缔约方是否具有直接或间接的附属关系；是否有任何个人或实体向该非争端方就提交该陈述提供财务或其他帮助。对于非争端当事方提交的书面陈述，双方当事人有权发表意见。仲裁庭应确保非争端当事方的陈述不会影响仲裁程序且不会给任何一方当事人造成不合理的负担或不公平的损害。由此可见，该条款不仅试图协调并平衡保密性与透明度二者的界限，且将程序公正与高效贯彻其中，确保投资仲裁价值目标的顺利实现。

我国立法与仲裁规则的更新彰显了我国在顺应国际趋势的同时,充分保持理性的态度,这不仅有益于健全现行外资法律制度,也有助于更好地维护国家社会公共利益。作为兼具对外投资与吸引外资双重身份的发展中国家,我国有义务积极地引导其他国家更好地融入国际经济新秩序中,同时也承载了推动透明度规则向着法治化方向推进的义务。

为实现我国的法律建设与世界接轨,进一步促进我国国际投资的发展,政府应不断完善我国的相关法律制度。一是对内立法层面:一方面,为完善国内立法,立法者首先应当落实中国信息公开制度,并且进一步明确公开的范围,避免一些模棱两可的概念和范围。为促进中国区域和中央信息披露制度的适应,区域开放部门应相互协调配合;另一方面,为发挥国内仲裁机构在专业能力方面的引领作用,国内知名仲裁机构应借鉴国际投资仲裁关于透明度规则的相关规定。二是对外立法层面:中国立法者应制定中国的外国投资法,并引入透明度规则,这将有助于公平公正地解决争议。

第二节 国际投资仲裁临时措施的内涵与外延

一、临时措施的含义与特征

国际投资争端解决中心(ICSID)是全球范围内公认的专门解决外国投资者与东道国政府间投资争端的仲裁机构。经过五十多年的运行和发展,ICSID 业已构建起一套相对完备且自成一体的组织体系和规范结构,该结构以 1965 年《华盛顿公约》为基础,以《ICSID 行政财务条例》《ICSID 程序启动规则》《ICSID 仲裁规则》《ICSID 调解规则》为支柱,以《ICSID 附加便利仲裁规则》《ICSID 附加调解规则》《ICSID 事实调查规则》为补充。2016 年 10 月,《ICSID 仲裁规则》的第五次修订工作正式启动。自 2018 年 8 月至 2021 年 11 月期间,修订工作组先后发布了六份关于《ICSID 仲裁规则》改革的工作文件。在修订期间,工作组专门探讨了 ICSID 仲裁临时措施制度的完善,包括明确发布临时措施的条件、完善临时措施的申请与审查程序等,由此反映出临时措施制度在国际投资仲裁中的重要意义和关键作用。

关于临时措施,各国在国内立法和国际仲裁规则的称谓上略有不同。譬如,《联合国国际贸易法委员会国际商事仲裁示范法》(以下简称《UNCITRAL 示范法》)将其命名为临时性保全措施(interim measures of protection),《国际商会仲裁规则》称其为保全或临时措施(conservatory or provisional remedies),英国称其为玛瑞瓦禁令(Mareva injunction),在德国等国家的立法中将其称为临时性救济措施(interim measures of relief),我国《仲裁法》将其称为财产保全或证据保全。尽管这些措施的名称各异,但其性质和特征基本一致①。通常认为,国际仲裁中的临时措施是指仲裁庭在作出最终裁决前,对有关当事人的财产、行为或证据采取的一种临时性的强制措施,其目的旨在保证案件程序的正常进行和仲裁裁决结果的切实执行②。此类措施呈现出以下特征:其一,从仲裁程序的特定阶段来看,其通常是在仲裁裁决作出之前,为了达到特定目的所采取的措施,具体表现为仲裁程序启动前、仲裁程序进行中采取的特定行动;其二,从临时措施的具体目的来看,此类举措通常较为紧急,如果不采取相关行动,将给一方当事人造成难以弥补的损害或危险;其三,就临时措施的法律效果而言,其往往是临时性而非终局性的,这些暂时性的应急举措,仅仅针对特定的财产、行为或证据,而非永久性的最终行动③。

大多数的国际争端解决机构都在其程序文件或仲裁规则中确立了临时措施制度,其中最为典型的例证包括但不限于《华盛顿公约》、《国际法院规约》、《UNCITRAL 示范法》、《联合国国际贸易法委员会仲裁规则》(以下简称《UNCITRAL 仲裁规则》)、《ICSID 仲裁规则》等。

二、国际投资仲裁庭采取临时措施的权力来源

(一)临时措施发布权的权利归属及其法律适用

当论及国际投资仲裁庭的权力时,有一些概念极易混淆,如仲裁权(authority to arbitrate)、仲裁庭的权力(the power of the Tribunal)、仲裁庭的

---

① 赵相林. 国际民商事争议解决的理论与实践 [M]. 北京:中国政法大学出版社,2009:308.
② 赵健. 国际商事仲裁的司法监督 [M]. 北京:法律出版社 2000:128.
③ 徐伟功. 论我国商事仲裁临时措施制度之立法完善:以《国际商事仲裁示范法》为视角 [J]. 政法论丛,2021 (5):139.

管辖权（jurisdiction）及仲裁庭管辖权/管辖权原则（competence-competence principle）等。在一些学者的论述中，这些概念往往被交替使用，不加区分，但严格来讲，各项概念的内涵与外延多有不同，彼此间虽互有交叉，但存在着明显的独特性。通过对仲裁规则及文献的梳理可以发现，在上述措辞中，仲裁庭权力（power）的概念外延最为宽泛，其用于泛指仲裁庭可以从事的各种活动，这包括对管辖权异议作出认定（准入前阶段）的权力、仲裁程序启动之际（准入阶段）的管辖权、仲裁程序进行过程中（准入后阶段）的审理权、发布程序命令的权力、作出中间裁决的权力、发布临时性保全措施的权力等。

尽管多数法律文件中都明确了临时措施制度，但是在国际商事仲裁及国际投资仲裁中，仲裁庭是否有权力决定并发布临时措施，其权属的正当性曾经颇受质疑。具体来看，相当一部分国家在其关于民事诉讼或仲裁的立法中，将临时措施的发布权排他性地赋予国内法院，将此作为司法机关的专有权限，但仲裁庭无权行使。亦有国家将临时措施的发布权排他性地授权给仲裁庭行使，另有国家采取相对折中的方案，由国内法院和仲裁庭共享临时措施的发布权，这背后事实上折射出对于国际商事仲裁本质属性及仲裁与司法之间关系的不同认知，相关规范如表 8-4 所示①。

表 8-4　国际法律文件关于临时措施的代表性规定

法律规范名称	相关规范要旨
《华盛顿公约》	第 47 条规定：除当事方另有协议外，仲裁庭如果认为情况需要，得建议采取任何临时措施，以维护任何一方的权利
《ICSID 仲裁规则》	第 39 条规定：在提起仲裁程序后的任何时间，一方当事人可请求仲裁庭建议保全其权利的临时措施。请求中应指定要保留的权利，需要建议的措施，以及需要采取此类措施的情况。仲裁庭还可以主动建议采取临时措施，或提出请求中未指定的措施，它可以随时修改或撤销其建议

---

① 杜新丽. 国际商事仲裁中间措施发布决定权的归属趋向 [J]. 中国国际私法与比较法年刊，2012（1）：497.

续表

法律规范名称	相关规范要旨
《UNCITRAL 示范法》（2006 年修订版）	第四 A 章第 17 条规定：除非当事人另有约定，仲裁庭经一方当事人请求，可以准予采取临时措施。临时措施是以裁决书为形式的或另一种形式的任何短期措施，仲裁庭在发出最后裁决争议的裁决书之前任何时候，以这种措施责令一方当事人实施以下任何行为：（a）在争议得以裁定之前维持现状或恢复原状；（b）采取行动防止目前或即将对仲裁程序发生的危害或损害，或不采取可能造成这种危害或损害的行动；（c）提供一种保全资产以执行后继裁决的手段；或（d）保全对解决争议可能具有相关性和重要性的证据
《UNCITRAL 仲裁规则》（2013 年修订版）	第 26 条规定：经一方当事人请求，仲裁庭可准予临时措施。临时措施是仲裁庭在下达决定争议的终局裁决之前的任何时候下令一方当事人采取的任何临时性措施，比如且不限于：（a）争议未决之前维持或恢复现状；（b）采取行动防止，或者避免采取行动造成：（i）当前或即将发生的损害，或（ii）对仲裁过程本身的妨碍；（c）为其后使用资产执行仲裁裁决提供一种资产保全手段；或者（d）保全与解决争议可能有关的实质性证据
《国际商会仲裁规则》（ICC 规则，2021 年修订）	第 28 条规定：除非当事人另有约定，案卷移交仲裁庭后，经当事人申请，仲裁庭可以裁令实施其认为适当的临时措施或保全措施。仲裁庭可以要求提出请求的当事人提供适当的担保，以作为裁令采取该等措施的条件。这些措施应以裁令的形式作出并附具理由，或者在仲裁庭认为适当的时候，采用裁决的形式
《伦敦国际仲裁院仲裁规则》（LCIA 规则，2020 年修订版）	第 25 条规定：除非各方当事人另有书面约定，仲裁庭有权根据任何当事人的申请：①指令任何请求或反请求的被申请人一方以定金、银行保证或其他任何方式按照仲裁庭认为合适的条件为争议数额的全部或任何部分提供担保；②指令将任何当事人控制中的、涉及仲裁标的物的财产或物件，进行保管、仓储、销售或以其他方式处理；③在裁决的终局裁定的规限下，以临时性质的方式指令给予仲裁庭在裁决中有权准许的任何救济，包括临时指令在任何当事人之间付款或处理财产的救济
《北美自由贸易协定》（NAFTA）	第 1134 条规定：仲裁庭可以决定采取临时保全措施，以维护争端方的权利或者确保仲裁庭的管辖权能充分有效行使，包括决定保全争端一方占有或控制的证据或决定保护仲裁庭的管辖权。仲裁庭不得作出扣押决定或禁止使用被指称违反第 1116 条或第 1117 条规定的措施。基于本款的目的，一项决定包括一项建议

续表

法律规范名称	相关规范要旨
《美国—墨西哥—加拿大协定》（USMCA）	附件14-D第7（9）条规定：仲裁庭可以命令采取临时保护措施，以维护争端方的权利，或确保仲裁庭的管辖权充分有效
《区域全面经济伙伴关系协定》RCEP	第十九章第17条规定：补偿和中止减让或其他义务是在被诉方未在合理期限内遵守第十九章第十五条（最终报告的执行）第一款项下的义务时可适用的临时措施。但是，无论补偿还是中止减让或其他义务都不优先于履行第十九章第十五条（最终报告的执行）第一款项下的义务。补偿是自愿的，并且如给予补偿，应当与本协定相一致
《全面与进步跨太平洋伙伴关系协定》CPTPP	第二十八章第20条：补偿、中止利益和货币赔偿的支付均应为临时措施。通过消除不符之处或利益丧失或减损而实现全面执行优于上述各项措施。补偿、中止利益和货币赔偿的支付仅应适用至应诉方已消除不符之处或利益丧失或减损或已达成双方满意的解决办法时为止

通过表8-4可以发现，许多国际经贸协定、国际仲裁规则都明文授权仲裁员、法官或争端解决小组采取临时措施。多数情况下，这些规则特别赋予仲裁员决定并发布临时措施的权力，且权力的范围相对较大。尽管现在大多数法域承认仲裁庭具有决定临时措施的权力，但通常对此项权力的行使设定了实质性的限制，这些限制部分源于仲裁程序内在的性质，即仲裁程序归根结底是特定当事人之间所约定的私人间、替代性纠纷解决方式，且这一纠纷解决方式要求为每个特定的纠纷组建仲裁庭，另一方面这些限制来源于国内仲裁立法的规定。概括而言，对仲裁庭的临时措施发布权，主要有以下方面限制：

第一，仲裁庭采取临时措施的权力仅限于当事人。

第二，仲裁庭欠缺执行临时措施的权力。

第三，仲裁员的权力往往受到仲裁立法的约束，譬如《UNCITRAL示范法》第17条仅允许仲裁庭对案涉争议的标的采取其认为必要的任何临时性保全措施。类似地，《英国仲裁法》第38条第4款规定，仲裁庭采取临时措施的权力应与有争议的标的财产有关或者与引起争议的财产有关。《瑞典仲裁法》第 25 条第 4 款、《日本仲裁法》第 24 条第 1 款亦有类似的规定①。

第四，临时措施只有在仲裁庭组庭后才能做出。相比之下，《华盛顿公约》及《ICISD 仲裁规则》明确授权仲裁庭采取临时措施，但允许当事人协议限制或排除适用，而有些仲裁规则虽然没有明文授权，当事人也没有在仲裁协议中专门明示仲裁庭具有发布临时措施的权限，但实践中仍然认为仲裁庭具有此种权限，并主张对仲裁庭而言，此种权限来源于"一般法律原则"或仲裁庭所"固有权力"的推论②。在具体的国际仲裁个案中，仲裁庭是否拥有临时措施的发布权，这本身属于国际私法上的程序问题。根据"场所支配行为"的冲突法原理，应适用支配国际商事仲裁程序的法律，即原则上允许当事人自行对仲裁程序的准据法合意做出约定，在不存在此类约定时，则适用仲裁地法加以判定③。

（二）《华盛顿公约》与《ICSID 仲裁规则》关于临时措施的授权

在 ICSID 仲裁中，国际投资仲裁庭建议采取临时措施的权力主要来自《华盛顿公约》及《ICSID 仲裁规则》的授权。具体来看，《华盛顿公约》第 47 条规定：除当事方另有协议外，仲裁庭如果认为情况需要，建议采取任何临时措施，以维护任何一方的权利。该条款是关于 ICSID 临时措施的核心规定。从文本来看，《华盛顿公约》认可仲裁庭在其认为必要时有权建议采取临时措施。对于是否符合采取临时措施的先决要件，以及应当采取哪种类型的临时措施，仲裁庭拥有充分的自由裁量权。

除此之外，《华盛顿公约》第 26 条也从侧面为仲裁庭发布临时措施确立了权力基础④。实践中，当事方常常援引该条款，据此请求仲裁庭发布临时措施，用以限制对方当事人提起平行程序。例如，在国际海运代理公司诉几内亚案中，仲裁庭就曾发布临时措施决定，裁定海运公司在欧洲法院申请执行美国仲裁协会的裁决构成《华盛顿公约》第 26 条规定的其他救济，且海运公司提出执行申请的行动违反了其与几内亚达成的将争议提交 ICSID 仲裁的

---

① 博恩. 国际仲裁：法律与实践 [M]. 白麟，译. 北京：商务印书馆，2015：276.
② 陈辉萍，等. 国际投资仲裁程序问题研究：以 ICSID 仲裁规则修订为背景 [M]. 北京：法律出版社，2021：177.
③ 韩健. 现代国际商事仲裁法的理论与实践（修订版）[M]. 北京：法律出版社，2000：255.
④ MOUAWAD, SILBERT. A guide to interim measures in investor-state arbitration [J]. Arbitration International, 2013 (3)：381.

合意①。

《ICSID 仲裁规则》第 39 条对《华盛顿公约》第 47 条的规范意旨进行了深化和细化。根据该条第 1 款及第 3 款，仲裁庭既可依据当事人的申请建议采取临时措施，亦可依职权主动建议采取临时措施。与此同时，当事人提出临时措施申请的时间相对较为灵活，只要是在仲裁申请提出后、最终裁决作出之前，当事方可视案件具体情况的需要，随时提出临时措施的申请。这实际上意味着，当事人的申请不仅可以在仲裁庭组成后提出，也可以在仲裁庭组成之前提出。为了便于当事人在仲裁庭成立前提出此类申请，《ICSID 仲裁规则》第 39 条第 5 款要求秘书长设定合理的时限，使一方当事人在规定期限内就另一方当事人所提临时措施申请答复意见，从而使得相关的申请和对方的意见能够在仲裁庭成立后及时地予以考虑。除此之外，《ICSID 仲裁规则》第 39 条还对当事人提出申请的时间、仲裁庭优先考虑的方面、当事方听审的权利等做出明确的规定。

总结来看，根据《华盛顿公约》第 47 条及《ICSID 仲裁规则》第 39 条，国际投资仲裁庭有权力决定采取临时措施，其目的是引导当事人作出有利于仲裁程序顺利进行的行为。临时措施必须在争端解决的最终裁决作出前采取。在国际投资争端解决实践中，临时措施常常发生在仲裁庭尚未作出管辖权决定之际，因此，仲裁庭需要谨慎地平衡采取临时措施的紧迫性与保持中立态度的必要性。多数仲裁庭认为，其有权根据对管辖权的初步评估采取临时措施，且这并不会影响此后作出的管辖权决定。

（三）USMCA 对 NAFTA 投资仲裁临时措施条款的完善

与《华盛顿公约》不同，《北美自由贸易协定》只规定了证据保全的临时措施，而没有规定财产保全、行为保全等其他措施。具体而言，《北美自由贸易协定》第 1134 条规定，仲裁庭可以做出决定采取临时保全措施，来维护争端双方的权利或者确保仲裁庭管辖权充分有效地行使，所指的措施包括做出决定对争端一方占有或控制的证据实施保全或对仲裁庭的管辖权进行保护。仲裁庭不能做出扣押的决定，或者强制应用构成违反本协定第 1116 条或第 1117 条规定的措施。基于以上理由，仲裁庭甚至不可以做出扣押证据的建议。值得追问的是，除了依据当事人的申请做出临时措施外，仲裁庭能否依职权

---

① 万猛．国际投资争端解决中心案例导读 [M]．北京：法律出版社，2015：77．

主动采取保全措施,该条款并未予以明确。但应当肯定的是,如果争端当事方同意将投资争端提交国际仲裁,就意味着其排除了国内法院的管辖权,故而意味着其默示地将保全的决定权赋予仲裁庭而非国内法院。但是,临时措施的决定权与临时措施的执行权是可以分离的,证据保全往往被规定为一国法院专有的权限。故而如何妥善地协调好国际仲裁庭与国内法院在临时措施决定权和执行权之间的权限分配,争议由来已久。

《北美自由贸易协定》各缔约国的做法也不尽一致。根据国际投资仲裁的通行实践,仲裁庭做出临时措施的权力属于程序问题,而临时措施的执行则是专属于国内法院的司法执行权,故而,即便认可仲裁庭有权力依申请或依职权做出临时措施,最终的执行仍然需要美国、加拿大、墨西哥三国的配合①。2018年9月30日,美国、墨西哥、加拿大就《北美自由贸易协定》重新谈判达成一致,并于2019年11月30日正式签署《美国—墨西哥—加拿大协定》(以下简称《美墨加协定》),以取代1994年生效的《北美自由贸易协定》②。作为贯彻美国前总统特朗普"美国优先"理念的第一个重新谈判的自由贸易协定,《美墨加协定》在理念、目标、制度设计上均体现出显著的区别③。其中,在《美墨加协定》第十四章投资章节下的国际投资争端解决机制的变动尤为明显,一改《北美自由贸易协定》下偏重对投资者权利加以保护的市场主义精神,逐渐回归至20世纪70年代提出但近年来在发达国家内部产生激烈辩论的"国家规制主义"④。就临时措施而言,《美墨加协定》第14.D.7条第9款对《北美自由贸易协定》第1117条进行了完善,前者规定:仲裁庭可以命令采取临时性保全措施,用以保全争端当事方的权利,或者确保仲裁庭能够有效且充分地行使管辖权,还包括命令保全争端一方所持有或控制下的特定证据。仲裁庭不得命令扣押或命令实施据称构成第14.D.3条所述违反行为的措施(提交仲裁请求)。相比于《北美自由贸易协定》,《美墨

---

① 叶兴平. 国际争端解决机制的最新发展:北美自由贸易区的法律与实践[M]. 北京:法律出版社,2006:241.

② 池漫郊.《美墨加协定》投资争端解决之"三国四制":表象、成因及启示[J]. 经贸法律评论,2019(4):14.

③ 殷敏.《美墨加协定》投资者—国家争端解决机制及其启示与应对[J]. 环球法律评论,2019(5):160.

④ 伍穗龙,林惠玲,梅盛军. 从NAFTA到USMCA投资争端解决机制:美国NAFTA争端解决胜诉案评析[M]. 上海:上海人民出版社,2021:1.

加协定》不仅允许仲裁庭采取证据保全，而且还可以采取行为保全、财产保全等其他的临时措施，这无疑大大扩充了仲裁庭在临时措施方面的权限，有利于仲裁程序的高效进行和仲裁庭管辖权的正当行使。

三、国际投资仲裁庭发布临时措施的独特性

（一）《华盛顿公约》体系下 ICSID 仲裁临时措施的特征

结合判例法分析，相比于其他的国际争端解决机构，ICSID 仲裁庭发布的临时措施，具有以下特征：第一，ICSID 仲裁庭建议的临时措施，其类型不限于针对当事人的财产进行保全。大多数情形下，仲裁庭可建议当事人为或者不为一定的行为，比如，建议当事方提供证据、保全证据、允许一方查阅由另一方所掌管的文件资料、不得采取私力救济或向其他机构寻求救济等。根据《ICSID 仲裁程序规则》第 39 条，仲裁庭在决定采取、修改或取消措施之前，必须给予当事方以发表意见的机会[1]。

第二，ICSID 仲裁庭建议的临时措施，其目的不限于确保将来的裁决得以执行。原因是《华盛顿公约》已经另设专门的条款规定裁决的承认与执行，而临时措施的主要目的则旨在维护任何一方各自的权利，其包括但不限于：维持当事方关系之现状，以免发生争议激化之情势；敦促当事方同仲裁庭精诚合作，以使仲裁程序顺利进行；避免发生损及未来裁决执行之情势；维护 ICSID 仲裁管辖权的排他性；维护当事方尚处于争议中的权利。实践中，当事方可以通过达成协议的方式来限制仲裁庭采取临时措施的类型，譬如 NAFTA 明确排除在投资仲裁中采取扣押或禁止争议措施性质的临时措施，2004 年及 2012 年版《美国双边投资协定范本》也有类似限制，而 USMCA 则仅允许仲裁庭采取保存证据以及维护仲裁庭管辖权的临时措施。

第三，ICSID 仲裁庭可视具体个案中情况的需要，主动建议采取临时措施。并且，在当事方请求采取临时措施的情况下，仲裁庭有权力建议采取的临时措施并不以当事方所申请的类型为限，除非当事人以协议的方式排除或限制仲裁庭发布临时措施的权力。具体而言，《ICSID 仲裁规则》第 39 条第 6 款规定："本规则不得禁止当事人在载有其自身承诺之协议中规定，在开始仲

---

[1] 李万强. ICSID 仲裁机制研究 [M]. 西安：陕西人民出版社，2002：188.

裁程序前或在仲裁期间,请求任何司法机构或其他机构采取临时措施以维护其相应的权益。"相应地,如果当事方事先明确约定由某一国的国内法院采取临时措施,则事实上否定了 ICSID 仲裁庭在发布临时措施方面的专属管辖权。

第四,为应付紧急情势之需,ICSID 仲裁庭在确立其对争议实体纠纷具有管辖权之前,就可以建议采取临时措施。对当事方而言,即使仲裁庭关于临时措施的建议发布之后,仍然可以提出管辖权异议,直至仲裁庭就管辖权问题作出正式裁定。

(二) ICSID 仲裁庭发布临时措施的目的和类型

第一,维持现状及防止争端加剧。譬如,在伯灵顿(Burlington)诉厄瓜多尔案中,仲裁庭指出,保护现状的权利不仅包括构成争端主体的实体性权利,还包括程序性的权利。出于此种考虑,仲裁庭建议采取的临时措施包括在程序方面禁止披露案件特定信息,或是从实体方面命令一方停止破坏裁决有效性的行动。在瑞士假日酒店公司诉摩洛哥案中,仲裁庭提出,为了防止争端的进一步恶化和矛盾升级,在情形严重时,即使争议行为不影响仲裁中的特定权利,也允许采取临时措施。据此,仲裁庭发布临时措施,命令各方当事人戒绝采取与维持合同所不符的措施,旨在平复当事各方的关系并遏制争端①。

第二,保护当事方的合同权利,阻却对当事人或关联方的权利造成即刻的或迫在眉睫的危险。譬如,要求停止就申请人的人身造成侵害的不法行动。在边境木材公司诉津巴布韦案中,申请人向仲裁庭提出临时措施的申请,请求命令津巴布韦指示警察和其他安保人员不去伤害申请人及其家属、员工,并为其提供全面的安全保障②。

第三,保护仲裁程序完整性。在部分国际投资仲裁案件中,东道国在实体仲裁程序开始前,可能采取某些不适当的手段以影响仲裁程序的进行,从而对仲裁程序的完整性造成威胁。例如,在邱吉尔公司诉印度尼西亚案中,申请人就认为在印度尼西亚境内正在进行的刑事诉讼及调查程序对国际投资仲裁中的证人具有不当的威慑效应,故而以国内程序有碍国际仲裁的完整性

---

① 张川方. 投资者—国家仲裁中的临时措施制度研究 [D]. 厦门: 厦门大学, 2018: 122.
② Border Timbers Limited, Border Timbers International (Private) Limited, and Hangani Development Co. (Private) Limited v. Republic of Zimbabwe, ICSID Case No. ARB/10/25, Directions Concerning Claimants' Application for Provisional Measures of 12 June 2012, 13 June 2012.

为由提出临时措施申请，这一主张被仲裁庭所接纳①。无独有偶，在康阀卡亚俄（Convial Callao）公司诉秘鲁案中，仲裁庭认定被申请人正在针对申请人的雇员开展的刑事诉讼程序很可能影响国际仲裁程序的完整性，遂发布临时措施，明令制止东道国在最终裁决作出前采取任何可能影响申请人及其雇员参与仲裁程序的行为②。

第四，保护由 ICSID 排他性管辖的权利。其中，最为典型的情况即国内诉讼与国际仲裁的平行程序，漫无止境的当地救济在一定程度上不仅无益于争端的解决，而且形成了拖延策略，甚至可能构成程序滥用。故而为了保护当事方将争端提交 ICSID 仲裁庭排他管辖的合意及仲裁庭据此获得的管辖权，仲裁庭要基于个案中的具体情形，判定一方存在损害行为，并进而建议采取临时措施。例如，在佩朗科诉厄瓜多尔案中，仲裁庭指出：直至仲裁庭作出无管辖权的决定或者仲裁庭对实体争端作出最终裁决，否则所有当事方均不得诉诸国内法院强制执行或者提出与仲裁所涉争端事项形成抵制的主张或权利③。

第五，保全与争端解决相关的证据及费用担保。所谓证据保全，也被称为证据的固定和保管，这一制度在诉讼、仲裁中均较为常见，国际投资仲裁亦不例外。它具体指的是，为了确保仲裁中能够有效查明涉案事实，防范证据灭失、毁损或事后难以取得，由法院或者仲裁庭在仲裁程序启动前或仲裁程序进行中依据当事人的请求或者依职权主动对证据进行固定和保管的行为。④ 在国际投资仲裁中，证据保全既包括对于书证、物证的保全，也包括对证人的保护，即阻止当事人采取威胁或妨碍证人作证的行动。相对于证据保全是基于对涉案事实的关注，费用担保则着眼于仲裁费用问题。鉴于国际投资争端往往涉及较高的争议金额和仲裁费用，申请人常常要求被申请人为保障裁决执行的目的而提供相应担保，在临时措施的申请中，被申请人也常常要求申请人对其行为可能造成的损害提供事先担保。不过，对于被申请人在

---

① Churchill Mining PLC and Planet Mining Pty Ltd v. Republic of Indonesia, ICSID Case No. ARB/12/14 and 12/40, Procedural Order No. 14, 22 December 2014.

② Convial Callao S. A. and CCI-Compañía de Concesiones de Infraestructura S. A. v. Republic of Peru, ICSID Case No. ARB/10/2, Decision on Provisional Measures, 22 February 2011.

③ Perenco Ecuador Ltd. v. Republic of Ecuador and Empresa Estatal Petróleos del Ecuador (Petroecuador), ICSID Case No. ARB/08/6, Decision on Provisional Measures, 8 May 2009.

④ 屈广清. 国际民事程序与商事仲裁法 [M]. 北京：法律出版社，2006：91.

临时措施阶段提出的反担保要求，仲裁庭未必认可。例如，在 Maffezini 诉西班牙案中，被申请人向仲裁庭提出申请，要求申请人就其可能承担的仲裁费用缴纳保证金或提供其他形式的担保，仲裁庭最终否决了被申请人的请求，理由是该项申请建立在两个前提的基础上：其一，申请人的仲裁请求将得到支持；其二，申请人将要求被申请人分担全部或部分仲裁费用。但是，通过临时措施的方式对实体裁决结果进行预先评估和判断并不适当①。

第三节　国际投资仲裁庭发布临时措施的条件及典型实践

根据《华盛顿公约》第 47 条和《ICSID 仲裁规则》第 39 条之规定，仲裁庭根据"情况需要"建议采取临时措施。至于何为"情况需要"，公约和仲裁规则中均没有作出进一步具体的规范。实践中，ICSID 仲裁庭主要参照《UNCITRAL 示范法》第 17 条及《UNCITRAL 仲裁规则》第 26 条的规定，结合已决先例确定的参考因素，综合考虑初步管辖权、紧迫性、必要性、适当性等条件而予以酌定。

一、先决条件——初步管辖权

鉴于临时措施在保护当事人权利方面往往出于相当紧迫的情况，故而当事人常常在仲裁庭对管辖权做出正式决定之前就提出临时措施请求，此时仲裁庭就必须要对自身的管辖权做出初步的评判，只有在经过初步评估确认自身具有管辖权的基础上，才能建议采取临时措施②。从文义解释的角度来看，《华盛顿公约》及《ICSID 仲裁规则》并没有明文将仲裁庭拥有初步管辖权作为发布临时措施的先决要件。对比其他的国际争端解决机构，仅有《联合国海洋法公约》第 290 条第 1 款将初步管辖权作为联合国海洋法法庭发布临时

---

① Emilio Agustín Maffezini v. The Kingdom of Spain, ICSID Case No. ARB/97/7, 28 October 1999.
② 赵秀文．国际商事仲裁法原理与案例教程［M］．北京：法律出版社，2010：208．

措施的先决要件①。但从实践层面来看,无论是常设国际法院抑或是国际法院,其均将法庭拥有初步管辖权作为据以发布临时措施的先决条件。

二、实质条件——紧迫性和必要性

就审查条件而言,紧迫性和必要性是仲裁庭判断应否采取临时措施的主要标准。单纯从措辞上分析,在现有的文献中,学者对于紧迫性与必要性二者的内涵、外延及其彼此的关系给出了不同的界定。在仲裁实践中,对于二者边界的阐释亦不甚清晰。但总的来看,紧迫性主要侧重于从时间角度对采取临时措施的标准加以限定,即受客观情况影响,临时措施的申请人等不及待最终裁决作出后再寻求相关行动,故而不得不在最终裁决作出前寻求即刻的措施。在判定是否符合紧迫性的要求时,仲裁庭需要考察申请人对于其所请求的临时措施是否具有迫切的需要②。譬如,在奎米卡硼工业股份有限公司诉玻利维亚案中,仲裁庭指出:"只有当某一争议事项无法等待实体裁决的结果作出后再采取行动时,才满足紧迫性的标准。③" 相比之下,必要性侧重于仲裁庭对损害程度的判断,以及对申请人和被申请人之间利益保护及所受损害的衡量④。这意味着,如果不采取相关措施,申请人将会遭受难以弥补的损害,且这种损害无法通过简单的金钱赔偿加以弥补,也没有其他可予替代的方式加以救济。譬如,在城布奥连特有限公司诉厄瓜多尔案中,仲裁庭指出:临时措施必须是防止不可弥补的损害所必需的,且这种旨在避免的损害必须是重大的⑤。不过,在 ICSID 的临时措施实践中,围绕着必要性所要求的损害程度,存在分歧:有的学者主张,只要存在损害即可发布临时措施,国际仲

---

① 高健军.《联合国海洋法公约》争端解决机制研究 [M]. 北京:中国政法大学出版社,2014:205.

② LIM. International investment law and arbitration : commentary, awards and other materials [M]. Cambrige: Cambridge University Press, 2018:443.

③ Quiborax S. A., Non Metallic Minerals S. A. and Allan Fosk Kaplún v. Plurinational State of Bolivia, ICSID Case No. ARB/06/2, Decision on Provisional Measures, 26 February 2010.

④ 陈辉萍. 国际投资仲裁程序问题研究:以 ICSID 仲裁规则修订为背景 [M]. 北京:法律出版社,2021:186.

⑤ City Oriente Limited v. Republic of Ecuador and Empresa Estatal Petróleos del Ecuador (Petroecuador), ICSID Case No. ARB/06/21, Decision on Provisional Measures, 19 November 2007.

裁中对于损害的证明标准远低于国内法院①;另一部分学者则主张,损害必须达到了难以弥补的程度,才足以确定发布临时措施②。换言之,因情况紧急,如不采取此种措施,恐将产生难以弥补的损害的危险,此时仲裁庭才应当发布临时措施。譬如,在波沙克诉蒙古案中,投资者是一名俄罗斯的黄金开采公司,其依据《UNCITRAL 仲裁规则》对蒙古提起了投资仲裁程序,案件以临时仲裁的方式进行。投资者称,蒙古国政府颁布的法律对黄金开采业征收了高达 68% 的税收,并且对那些雇用外国劳工数量超过 10% 的采矿公司进行罚款,这些罚款的数额相当于外籍劳工工资总额的十倍,这些立法及执法举措严重违反了俄罗斯与蒙古签订的双边投资协定。在案件审理过程中,投资者提出了临时措施请求,希望仲裁庭命令蒙古国政府撤回并暂停实施这些被诉的法案,待仲裁庭对这些国内立法是否违背双边投资协定作出审查和评判后再采取下一步行动。仲裁庭在认定对该案具有初步管辖权后,进一步分析了如果不采取临时措施,该案投资者是否将遭受难以弥补的损害。对此,蒙古政府抗辩称,发布这些临时措施是不必要的,原因在于,即使投资者真的因为这些国内立法的执行而遭受了损害,这些损害也是可以通过支付损害赔偿金的方式加以弥补的,因此并不构成所谓不可弥补的损害。不过,仲裁庭不同意蒙古政府的抗辩,其认为,该案已经符合了发布临时措施所要求的紧迫性和必要性,能够通过金钱方式予以赔偿并不表明临时措施不具有必要性③。该案仲裁庭特别提及了伊美求偿仲裁庭在贝林案中发表的观点,在那起案件中,仲裁庭指出:在国际法上,不可弥补的损害并不必然要求被诉的损害不可通过损害赔偿金的裁决加以救济,换言之,可以通过损害赔偿金的方式加以救济的损害,也可能构成不可弥补的损害;如果仲裁庭延迟就主要的争议作出裁决将会对申请人一方造成实质性的损害,则发布临时措施的必要性应当视为已经满足。由此可见,国际法上对于不可弥补的损害这一概念的理解和阐释相对较为灵活。值得一提的是,《UNCITRAL 示范法》第 17A 条并没有要求申请人必须证明存在不可弥补的损害,而仅仅要求,如果没有采取

---

① John Leubsdorf, "The Standard for Preliminary Injunctions", in Harvard Law Review, Vol. 91, No. 1, 1978: 525.

② LICHTMAN. Uncertainty and the standard for preliminary relief [EB/OL]. (2021 - 12 - 09). https://chicagounbound.uchicago.edu/cgi/viewcontent.cgi?article=1603&context=law_and_economics.

③ Sergei Paushok, CJSC Golden East Company and CJSC Vostokneftegaz Company v. The Government of Mongolia, UNCITRAL, Order on Interim Measures, 2 September 2008.

临时措施，由此造成的损害不能通过仲裁裁决予以充分补偿，且此种损害实质上超过了可能因采取临时措施而给对方造成的损害①。实践中，发布临时措施的必要性可能体现在多种场合，例如，可能有必要指导双方协助仲裁程序及提供所有相关证据；可能有必要提前采取措施以保证裁决的执行；可能有必要阻止当事人采取自救措施或寻求其他救济；可能有必要防止会导致情势恶化的当事人单方行动②。

三、限制条件——适当性

所谓适当性，亦被称为比例原则，其具体指的是仲裁庭在决定是否发布临时措施时，需要视情况平衡考虑并综合兼顾此类措施对争端各方所可能产生的影响。从法律规范层面来看，尽管仲裁庭在满足初步管辖权、必要性和紧迫性的条件下，享有较为充分的自由裁量权来决定是否发布临时措施，但是为了避免临时措施可能造成的后果，故而此项权力应受到相应的限制。此种限制，主要是基于适当性的考虑，即临时措施的权力不应当肆意行使或任性妄为，而必须尽到充分的注意义务，审慎行使。譬如，在布里姆诉阿尔巴尼亚案中，仲裁庭指出："仲裁庭将会权衡双方利益，只有在申请人所受损害将远远超过临时措施对受影响一方造成的损害时，仲裁庭才会发布临时措施。"③再如，在塞班公司诉孟加拉国案中，仲裁庭严正指出：仲裁庭在考虑《华盛顿公约》第47条下的临时措施时，享有广泛的自由裁量权，但不应轻易地发布临时措施的建议，而应当在综合权衡并兼顾各方利益的基础上审慎裁断④。在表8-5中汇总了关于国际投资仲裁临时措施的代表性案例。

---

① BENZ. Strengthening interim measures in international arbitration [J]. Georgetown Journal of International Law, 2018 (1): 158.

② 多尔查, 朔伊尔. 国际投资法原则 [M]. 2版. 祁欢, 译. 北京：中国政法大学出版社, 2014: 293.

③ Burimi SRL and Eagle Games SH. A v. Republic of Albania, ICSID Case No. ARB/11/18, Procedural Order No. 2 on Provisional Measures Concerning Security for Costs, 3 May 2012.

④ Saipem S. p. A. v. The People's Republic of Bangladesh, ICSID Case No. ARB/05/07, Decision on Jurisdiction and Recommendation on Provisional Measures, 21 March 2007.

表8-5 关于国际投资仲裁临时措施的代表性案例

案例名称	案号	临时措施请求	临时措施决定
阿吉普公司诉刚果	ICSID Case No. ARB/77/1	刚果政府对申请人的子公司采取国有化措施，占领了投资者在刚果的办公场所，且控制了其文件资料。申请人向仲裁庭申请临时措施，命令当地政府收集并保存投资者在当地办公场所内的所有文件，并将这些保全的证据呈递给仲裁庭	仲裁庭支持了申请人提出的临时措施请求
阿姆科亚洲公司诉印度尼西亚	ICSID Case No. ARB/81/1	印度尼西亚向仲裁庭申请临时措施，禁止申请人采取任何可能加剧争端的行为，尤其是停止宣传、激化或调查宣传的刊物，因为这些刊物使外国投资者远离印度尼西亚，故而有害于印尼的经济状况	仲裁庭否决了被申请人依据《华盛顿公约》第47条提出的采取临时措施的请求，理由是不符合紧迫性和必要性等先决条件
梅特克莱德公司诉墨西哥	ICSID Case No. ARB（AF）/97/	被申请人墨西哥政府向仲裁庭提出临时措施申请，禁止申请人披露任何关于案件的信息，从而保障仲裁程序的有效展开，维护双方关系的现状	仲裁庭以申请人系上市公司故有义务向股东公开相关信息为由否决了临时措施申请，但肯定了将公众讨论降至最低，除非有关的披露义务系源自法律强制
威克多诉智利	ICSID Case No. ARB/98/2	申请人向仲裁庭提出临时措施申请，希望采取措施防止争端的进一步恶化和升级	仲裁庭对双方的紧张关系进行了考察，指出其任务是缓解这种紧张关系，建议双方停止任何可能恶化或加剧争端的行动
托科斯托克勒斯诉乌克兰	ICSID Case No. ARB/02/18	申请人向仲裁庭提出临时措施申请，命令东道国暂停对投资者的公司高管继续进行刑事调查及公诉程序，不得对投资者在乌克兰的子公司的财产进行扣押，中止对投资者子公司的税务调查	仲裁庭根据《华盛顿公约》第47条及《ICSID仲裁规则》第39条，驳回了申请人的临时措施请求，原因是申请人未提供证据证明相关情形对保护申请人权利是必要的、紧急的

续表

案例名称	案号	临时措施请求	临时措施决定
奎米卡硼工业股份有限公司诉玻利维亚	ICSID Case No. ARB/06/2	申请人要求玻利维亚政府就申请人被撤销的11项采矿特许权予以赔偿。仲裁程序启动后，玻利维亚政府对申请人的股东提起了国内刑事诉讼，指控其伪造部分文件，玻利维亚外交部下令对上述文件进行了审计。玻利维亚当局审查了企业文件并发现了不合规之处，并就"伪造文件"提起了诉讼。申请人称玻利维亚当局发起的刑事诉讼实为旨在限制申请人获取重要文件的诉讼策略	仲裁庭根据《华盛顿公约》第47条及《ICSID仲裁规则》第39条，有广泛的自由裁量权以决定是否采取临时措施。鉴于申请人已经能够证明：①存在需要保护的权益；②存在紧急保护事宜；③采取临时措施的必要性，仲裁庭认定申请人的请求满足了中止刑事诉讼的要求
城布奥连特有限公司诉厄瓜多尔	ICSID Case No. ARB/06/21	本案中，申请人与被申请人签订了油气产量分成合同，后被申请人修改了国内立法，并以投资者未遵守修订后的法律为由对其启动了国内刑事诉讼程序，申请人向仲裁庭提出临时措施请求，要求维持现状，不得继续进行国内刑事诉讼程序	仲裁庭同意了申请人的临时措施请求，并认定此类措施对于维护申请人的权利是必要的、紧迫的，且每一方当事人都有机会发表自己的意见，满足了发布临时措施的各项要求
伯灵顿诉厄瓜多尔	ICSID Case No. ARB/08/5	厄瓜多尔持续向几家石油公司要求支付相关款项，申请人向仲裁庭请求设立代管账户，对现状进行维持，防止损害当事人的利益，避免争端进一步加剧	仲裁庭同意了设立代管账户的措施，将相关财产存储于托管账户，直至最终裁决作出，可确保征收事实成立时用于支付相关赔偿，且申请人亦承诺当该笔财产不再必要时将予返还
卡尔加里国际石油公司诉哈萨克斯坦	ICSID Case No. ARB/08/12	本案中，被申请人单方面终止履行与申请人签订的油气开发和生产协议，申请人继续运营特定的油井以避免不利的技术后果，被申请人则提起了国内刑事诉讼程序，申请人向仲裁庭提出临时措施请求，命令被申请人解除现有的刑事诉讼并不得启动新的刑事诉讼程序	仲裁庭驳回了申请人的临时措施请求，理由是申请人提出的仲裁请求是金钱救济而不是禁令式救济，申请人没有证明被申请人提起的国内刑事诉讼会剥夺申请人的ICSID仲裁权，故不符合必要性及紧迫性

续表

案例名称	案号	临时措施请求	临时措施决定
意大利环保公司诉阿尔巴尼亚	ICSID Case No. ARB/15/28	申请人以阿尔巴尼亚违反了与申请人在阿尔巴尼亚境内的发电企业的承诺为由，提起了针对阿尔巴尼亚的 ICSID 仲裁。紧接着，阿尔巴尼亚试图以洗钱和诈骗为由，从英国引渡两名申请人。申请人提出临时措施请求，要求阿尔巴尼亚停止上述行为	仲裁庭建议阿尔巴尼亚中止刑事诉讼，并采取必要行动暂停引渡程序，直到仲裁庭作出最终裁决。仲裁庭根据"适当性标准"，即临时措施是否为保护申请人权益而必须、紧急、符合比例原则的，仲裁庭认定，鉴于"适当性"已满足，作出临时措施命令的建议并无障碍

第四节　国际投资仲裁临时措施的约束力、遵守及执行

一、关于国际仲裁临时措施约束力的一般讨论

鉴于国际仲裁的有效性日益仰赖对临时措施执行的可能性，UNCITRAL 自 1999 年以来就对临时措施的执行问题展开了深入的研究和持续的关注。其中，2006 年《UNCITRAL 示范法》关于对临时措施承认与执行的规定被视为该示范法修订中最为重要的创新之一。具体而言，《UNCITRAL 示范法》先明确了法院或仲裁庭出于国际商事仲裁的目的而发布的临时措施具有约束力，无论是在哪国发出，当事人均可以向有管辖权的法院申请执行，且法院可以要求执行申请人提供担保，以确保临时措施的执行不会损害第三人的权利[①]。此外，该示范法还就法院可否以及在何种情形下可以拒绝承认和执行临时措施做出了明确规定，并特别禁止法院在做出决定时对临时措施予以实质性审查，由此便为国际仲裁临时措施在全球范围内的承认与执行构筑了较为综合

---

① 池漫郊. 国际仲裁体制的若干问题及完善：基于中外仲裁规则的比较研究 [M]. 北京：法律出版社，2014：240.

性和自足性的国际法律框架，弥补了《纽约公约》难以适用于仲裁临时措施所导致的困境①。

二、关于 ICSID 仲裁庭所作临时措施约束力的特别讨论

根据《华盛顿公约》第 47 条之规定，ICSID 仲裁庭可以"根据实际情况，建议采取任何临时措施，以维护某一方权利"。值得注意的是，《华盛顿公约》中使用了"建议"（recommend）一词，因该词不具有强制性，从而引发了仲裁界对 ICSID 发布的临时措施是否具有法律约束力的争论。在实践中，也普遍存在一种极具争议情况，即"众多 ICSID 仲裁庭通过发布具有强制约束力的临时措施命令，中止了投资国国内的刑事调查或程序"。尽管涉嫌严重干涉国家主权，一些仲裁员仍自认为其具有发布临时措施命令的授权，并据此发布上述临时措施命令。关于 ICSID 仲裁庭所发布的命令是否具有约束力，取决于对以下两点天然冲突因素的考量：其一，尊重国家主权；其二，使得投资仲裁成为对投资者友好的、有效的争议解决机制。当仲裁庭下令采取临时措施以中止刑事调查或程序时，这种冲突便得以显露。

值得追问的是，"建议"一词在《华盛顿公约》中的使用是巧合吗？《华盛顿公约》第 47 条中使用了这种非强制性的表述，背后反映出国际投资仲裁机制对国家主权问题的考量。朔伊尔（Schreuer）在《对〈华盛顿公约〉的评论》一书中写道："《华盛顿公约》未授予仲裁庭作出具有约束力的临时措施的权利，是有意为之而非疏漏或过失。"此外，雷德芬（Redfern）和亨特（Hunter）则在《国际仲裁理论和实践》一书中写道："'建议'一词在《华盛顿公约》中的使用，是因为该公约的起草者希望通过排除仲裁庭在临时性的基础上对一主权国家作出命令的权利，来展示该公约对国家主权的尊重。"

学者的观察和评述在一定程度上揭示出解释法律文本所应遵循的基本理念，即文义解释应当作为条约解释的首要方法，尊重条约文本措辞的固有含义是明确仲裁庭裁量权边界的判定基准。《华盛顿公约》中对用词的明确选择，表明了临时措施并未被赋予法律约束力。然而，在实践中，不排除仲裁

---

① MENON, CHAO. Reforming the model law procisions on interim measures of protection [J]. Asian international arbitration journal, 2006 (1): 1.

庭可以出于维护程序完整性或确保当事人遵循诚实信用原则的考虑，发布具有约束力的临时措施。有观点称，此种权力已经嵌入于《华盛顿公约》的文本之中①。换言之，当仲裁程序已受到严重干扰，并将可能导致其不公甚至无效之时，仲裁庭不应当被"国家主权"这一概念所拘束。至于这一观点是否具有说服力，以及仲裁庭对此的权限范围，应留待仲裁界判断。但无论如何，鉴于判例法在投资仲裁中不具有拘束力，上述决定应当以规则或法规的形式体现。

然而，自审理玛菲兹尼诉西班牙案的仲裁庭发布临时措施决定以来，普遍认为 ICSID 仲裁庭作出的临时措施具有约束力。例如，在城布奥连特有限公司诉厄瓜多尔案中，仲裁庭认为："从实质性角度来看，建议和命令之间的区别仅在于所使用的术语不同。因此，即便被冠以'建议'之名，该采取临时措施的决定仍具有实质性约束力。"然而，问题的关键在于并没有相关文本明确支持上述关于临时措施的命令②。通常来讲，临时措施的发布是建立在仲裁程序应当公平有效进行的基础上。因此，临时措施的采取，也与正当程序所要求的平等对待以及庭审请求权息息相关，这也是投资仲裁"司法化"的自然结果③。尽管如此，仲裁庭做出有约束力的临时措施，通常被认为是确保仲裁作为一种公平有效的纠纷解决方式而不可或缺的保障。

第五节 我国《仲裁法》中关于临时措施的规定及分析

无论是在诉讼还是在仲裁程序中，都难免会有一方出于保全证据、防止损害扩大或者确保结果的可执行性等原因，要求解决争议的第三方提供临时的救济措施的情形。此类临时措施从种类和功能上可以大致理解为我国法律体系下的"保全"（包括财产、证据和行为的保全）。我国目前的相关立法是

---

① UILENBROEK. The power of investment tribunals to enjoin domestic criminal proceedings [J]. Arbitration International, 2020 (3): 323.

② City Oriente Limited v. Republic of Ecuador and Empresa Estatal Petróleos del Ecuador, ICSID Case No. ARB/06/21, Decision on Provisional Measures, 19 November 2007.

③ 至于仲裁司法化是中性词抑或贬义词，学者有不同观点，赵蕾. 试论仲裁程序的诉讼化与诉讼程序的仲裁化 [J]. 仲裁研究，2010 (3)：42.

此类措施的发出权限只能归于法院,仲裁机构仅作为转递机构,根据《仲裁法》相关规定将当事人的证据保全或者财产保全提请法院执行,无论是仲裁机构还是仲裁庭都不能对当事人的临时措施申请做任何决定。这种做法在国际上并不常见,只有如意大利等少数国家或法域采取类似做法,而且目前也在寻求改变。

一、我国仲裁法修订在临时措施方面的变化

2021年7月30日,由司法部公布的《中华人民共和国仲裁法(修订)(征求意见稿)》(以下简称《征求意见稿》)则对此规定有了一些变化,赋予了当事人选择仲裁庭或者法院申请救济措施的权利。若该修订稿能够获得顺利通过,则我国仲裁临时措施的现行体系将会发生巨大变化,具体如下。

(一)发布权限从法院独享到"仲裁庭—法院"双轨制度

《征求意见稿》第43条规定:"当事人在仲裁程序进行前或者进行期间,为了保障仲裁程序的进行、查明争议事实或者裁决执行,可以请求人民法院或者仲裁庭采取与争议标的相关的临时性、紧急性措施。"该条采取了国际通行的双轨制做法,即仲裁程序的保全措施既可以向法院提出,也可以向仲裁庭提出。此外,将现行法律的"财产保全"和"证据保全"改变为临时性、紧急性措施,也意味着此类临时措施的范围更加广泛、手段更加多样。参考联合国国际贸易法委员会《仲裁示范法》第17条的规定,临时措施包括了维持或恢复现状、排除方案或制止某些损害仲裁程序的行为、财产保全、证据保全等,相当于我国现行法律规范下财产保全、证据保全以及行为保全的统称,弥补了现行《仲裁法》在行为保全方面的缺失。

(二)仲裁庭发布的临时措施具有执行力

考虑到实施临时措施的义务主体有可能不配合相关义务的执行,而仲裁庭却并没有强制执行的权力,《征求意见稿》第48条第3款也规定了当事人可以向法院申请协助执行的做法。该规定使得《征求意见稿》更加接近《国际商事仲裁示范法》的内容,让仲裁庭的临时措施也具有被强制执行的可能。不过,有关的执行程序、审查标准以及仲裁程序如何与法院对接等技术性问题尚待进一步明确。

（三）承认紧急仲裁员的地位

《征求意见稿》第三个亮点是明确了紧急仲裁员的地位。紧急仲裁员制度的出现，是为了确保在仲裁庭组成之前，当事人所提出的临时措施请求能够得到及时地处理。目前，有一些国家的法院在部分案件中执行了紧急仲裁员发布的临时措施。但由于紧急仲裁员属于比较新的事物，明确规定紧急仲裁员的立法还不多。从这个意义上来看，《征求意见稿》使得我国在这一问题上比起《国际商事仲裁示范法》有了更大的突破和进步。

值得注意的是，《征求意见稿》本身并没有设立紧急仲裁员制度，紧急仲裁员是否能被指定取决于特定仲裁机构的仲裁规则是否设立了此类制度。不过，由于我国目前的主要仲裁机构大多在仲裁规则的涉外部分规定了紧急仲裁员，因此，紧急仲裁员一旦获得法律上的确认，其落地执行也只是时间问题。

二、法院与仲裁庭决定临时措施的利弊分析

在国际上，普遍存在法院和仲裁庭均有权决定临时措施的立法与实践，二者各有利弊，如表8-6所示。

表8-6　法院发布临时措施与仲裁庭发布临时措施的对比

	优势	弊端
法院发布临时措施	1. 强制效力高 2. 审查流程简单 3. 直接对接执行程序	1. 受限于法律，可能不够多样 2. 转递过程中的时间损耗 3. 违反保密性 4. 法院缺乏实质审查的权限
仲裁庭发布临时措施	1. 措施多样 2. 有申请域外执行的可能 3. 节省转递的时间	1. 仲裁庭组成前有真空 2. 强制执行力不够 3. 可能需要进行实质审查

从支持仲裁庭发布临时措施的视角来看，由于仲裁协议具有当然的排除司法介入效力，法院介入仲裁程序的时间、程度以及手段都应当受到一定的限制。例如，对于仲裁协议的司法审查，在仲裁庭进行实质审查前，各国的通行做法是仅对仲裁协议作表面审查。而对于临时措施也不例外。这也意味

着法院可能无法对仲裁的实体问题进行深入审理,从而对个案量身定做适合的临时措施。

但从另一方面来看,法院作为国家权力机关,发布的临时措施具有更强的执行力,而不像仲裁机构那样需要求助第三方。更重要的是,法院的临时措施可以在不听取另一方当事人陈述和意见的情况下作出,而从域外的实践来看,仲裁庭的临时措施决定则需要听取另一方当事人的意见。在双方当事人关系破裂、丧失互信基础的情况下,这一看似符合"程序正义"的做法显然会给被申请人提供转移、隐匿财产的机会,无法实现申请临时措施所要达到的目的。此外,从国际仲裁机构指定紧急仲裁员实践的数据来看,当事人想要获得紧急仲裁员准许临时措施申请的比例并不高。

在此处,可参考澳门特区2019年《仲裁法》中提出的"初步命令"制度。初步命令由仲裁庭作出,可以仅根据单方申请作出决定而无须通知被申请人,结果对于双方当事人均具有法律效力,但初步命令在做出后超过20天即失效,而且也无法申请法院执行。从这个意义上来说,初步命令是对仲裁庭决定采取临时措施的一个"补丁",一定程度上弥补了临时措施的缺陷,但实效如何尚待观察。

总而言之,临时措施由仲裁庭决定还是由法院决定各有利弊。在双方当事人关系并未破裂,尚不需要上升到查封、冻结财产等强制措施高度的情况下,仲裁庭决定临时措施更有合理性。但在更多情况下,双方因关系破裂而走向争议解决程序,一方存在逃避债务、缺席仲裁、恶意拖延程序等可能性,那么法院决定的临时措施则更加符合申请人的要求。

三、法院与仲裁庭各自发布的临时措施之间的关系

根据《征求意见稿》第43条的表述,仲裁当事人可以在法院和仲裁庭中选择一个作为申请临时措施机构。从表面上来看,该条赋予了当事人充分的选择权,并且没有对这种选择做出明确的限制,当事人似乎可以在法院发布临时措施和仲裁庭发布临时措施中兼得"鱼与熊掌"。但由此也会带来一些疑问,仲裁当事人能否同时向法院和仲裁庭申请同样或者类似的临时措施,或者在向一边申请被驳回后,又向另一边提出同样的申请?

对于这个问题,《征求意见稿》并没有明说,但从国外的有关实践来看,

答案却是否定的。例如，在英国高等法院 Gerald Metals 案中，申请人向伦敦国际仲裁中心申请指定紧急仲裁员失败后，转而向英国法院申请发布临时措施，英国高等法院驳回了其请求，并明确指出，只有在仲裁庭、当事人授权的仲裁机构或其他机构、个人无权解决此类紧急状况，抑或无法采取有效行动时，法院才能介入。采取类似立场的还有 2015 年《印度仲裁与调解法》，该法第 9 条第 3 款明确规定，在仲裁庭组成后，法院只有在发现仲裁程序内部无法提供有效临时措施的情况下，才能发布临时措施。根据上述观点，在司法机关和仲裁的决定主体（包括仲裁机构、仲裁庭、紧急仲裁员等）都有权发布临时措施的情况下，应当以后者优先，前者只有在后者无法提供有效救济的特殊情况下才能介入，而这种"无法提供有效救济"一般只限于仲裁机构、仲裁庭、紧急仲裁员在没有正当理由的情况下拖延处理当事人申请的情况，而不包括临时措施申请没有被批准的情况。

从表面上来看，这种"鱼与熊掌不可得兼"的立场似乎有些不近人情，但如果允许当事人同时或者分别向两个不同的机构提起相同或者类似的请求，难免会存在出现冲突结果或者重复处理的可能，导致当事人特别是临时措施的被申请人权利处于不确定的状态，这种结果显然也是任何争议解决程序都应当极力避免的。

从这个意义上来说，《征求意见稿》对于法院和仲裁庭在临时措施发布问题上哪个具有优先性并不明确，也没有规定如何处理当事人针对同一个事由向不同机构提起重复申请的情形，存在不确定性。在此，我们不确定在这一规定上的空白是否为起草者为保持灵活性而进行的有意留白抑或有其他特别考量，但无论基于什么原因，一旦《征求意见稿》的"双轨制"获得确立，法院发布临时措施和仲裁庭发布临时措施有可能导致"二选一"的冲突问题，将是仲裁实践中所难以避免的。

本章小结

　　作为一个主权国家，东道国可以通过多种途径和方式干涉并介入仲裁程序。比如，东道国可以借助其检察权向投资者施加巨大的压力，借以达到阻挠仲裁的目的。但是，上述行为能否通过 ICSID 仲裁庭采取干涉国家主权的临时仲裁措施来进行救济，尚有争论。投资仲裁之所以能够在国际投资争端解决机制中居于主导地位，其关键因素之一在于仲裁程序的高效性与正当性。因此，在仲裁程序中，授权仲裁员在一定范围内做出具有强制拘束力的临时措施决定，虽不乏争议，但具有其内在的必要性。尽管如此，在投资仲裁中，同意并授权仲裁庭发布临时措施，仍然取决于东道国的让步。在起草《华盛顿公约》的过程中，缔约方最初目标并不在于赋予仲裁庭发布临时措施的强制拘束力。据著名国际投资法学者朔伊尔教授所言：《华盛顿公约》的立法史表明，参与公约起草的各方有意识地达成共识，即不授权仲裁庭下令采取有强制拘束力的临时措施，但缺乏拘束力并不意味着剥夺了临时措施的全部法律效果，仲裁庭有权在作出最终裁决时考虑争端各方的行为，包括其是否遵守临时措施，此种约束力不容置疑[1]。因此，ICSID 仲裁庭将临时措施"建议"视为具有约束力的命令，将会破坏文本解释原则并有损国家主权。最重要的是，缺乏对文本原意的尊重可能极大地影响《华盛顿公约》的明确性、一致性和可预见性。基于以上论述可知，关于临时措施的命令或决定，很可能引发国家对于投资仲裁能否成为一种合法、有效的投资争端解决机制的质疑。并且，若仲裁庭做出的决定缺乏权威文本支持，将很可能导致各国拒不遵照执行，以至于进一步损害投资仲裁的可持续性。

---

[1] Christoph H. Schreuer et al., ICSID Convention：A Commentray, Cambridge, 2001：764.

本章思考题

1. 《华盛顿公约》及国际投资仲裁的通行实践中,临时措施发布权在法院与仲裁庭之间如何分配?

2. 国际投资仲裁中发布的临时措施如何在仲裁地以外的其他国家申请承认和执行?

3. 我国《仲裁法》修订过程中,对仲裁临时措施制度是如何规定的?

第九章

国际投资仲裁中的仲裁员异议

学习要点

在国际投资仲裁实践中,仲裁员的独立性与公正性问题备受重视。对于仲裁员而言,通过披露机制对可能使己方独立性或公正性受到合理怀疑的情况予以公布,可以主动回应当事人的异议,保障后续程序的合法展开及裁决的有效执行。对于当事人而言,对明显缺失独立性或公正性的仲裁员及时提出质疑并申请让仲裁员回避,是维护仲裁权益的重要手段。不同案件对于某仲裁员是否违反独立性及公正性形成了多重标准,这导致国际投资仲裁备受批判。为应对合法性危机,可从增强"类案同判"、扩大仲裁员来源、明晰法律解释、引入司法审查等视角探索解决之道。

【关键词】仲裁员;国际投资仲裁;独立性;合理怀疑

第一节 仲裁员异议的理念基础：效率与公正的博弈

在运用仲裁方式解决外国投资者与东道国政府间的投资争端时，仲裁员具有"准法官"的裁判职能，故有关国际公约、各国及各地区的法律、各机构的仲裁规则均要求仲裁员必须平等对待双方当事人，公正独立地履行职责。为了防止及限制仲裁员滥用仲裁权损害当事人权益，各国仲裁立法通常确立了仲裁员披露、回避、替换制度，这三项制度被视为确保仲裁员独立性及公正性的三大支柱[①]。

首先，就披露制度而言，其要求仲裁员在接受指定之际以及整个仲裁程序中就可能影响独立性与公正性的情形主动予以披露。在对应当披露的事项范围加以限定时，就涉及对影响仲裁员独立性及公正性的标准进行阐释，对有关利益冲突的成立与否加以审查和评判。

其次，就回避制度而言，其通常包括仲裁员自行回避与当事人申请回避两种类型。后者允许当事人基于仲裁员所披露的情况，或者通过其他途径自行了解到的事实，向仲裁庭、仲裁机构或者有关法院申请仲裁员回避[②]。那么，有关情况是否符合回避的法定条件，决定机关如何处理回避申请，取决于当事人所证明的事实是否足以对仲裁员的独立性或公正性产生消极影响，故而同样涉及对仲裁员独立性及公正性标准的判定。

再次，就替换制度而言，其特指在仲裁机构或法院判定仲裁员确已违反独立性或公正性的基础上，通过更换仲裁员人选来及时纠正程序中可能出现的瑕疵，防范不适格的仲裁员作出偏袒性或不公正的裁决。在运用这一制度时，同样涉及对仲裁员独立性及公正性标准的判定。一旦出现误判或偏差，将不应替换的仲裁员予以替换，不仅会拖缓争议解决的效率，还会挫伤仲裁员的积极性。反之，应予替换的仲裁员未予替换，则可能使仲裁程序产生瑕疵，仲裁员一旦缺乏独立性及公正性，很可能导致后续作出的裁决被法院撤

[①] 马占军. 商事仲裁员独立性问题研究［M］. 北京：法律出版社，2020：4.
[②] 马占军. 仲裁法修改新论［M］. 北京：法律出版社，2011：128.

销或不予执行。

最后，概言之，披露机制为仲裁员确立了主动揭示可能对其独立性及公正性产生影响的具体义务，从而强化了潜在利益冲突的透明度[①]；回避机制为当事人在仲裁程序中质疑仲裁员独立性及公正性提供了机会，从而使当事人得以对仲裁员的具体人选提出异议；替换机制是在当事人的回避申请得到支持的前提下，受到质疑的仲裁员要被迫退出仲裁程序，从而使具备独立性及公正性要求的仲裁员人选得以补充进来，继续推进仲裁程序。

在国际投资仲裁当中，维持仲裁员的独立性及公正性是贯彻正当程序原则的基本保障[②]。而在上述三项具体制度当中，尤以仲裁员回避制度最为重要，披露义务的履行是启动回避制度的原因之一，而仲裁员替换则是回避申请成立的当然结果，故对仲裁员回避制度的探讨可起到见微知著的效果，从而管窥仲裁员独立性与公正性的判定标准。作为一项关键的程序性要求，回避申请的提出及其认定不仅对仲裁的时间及费用成本产生实质影响，而且对于被要求回避的仲裁员本人以及指定该名仲裁员的机构的声誉都会产生消极影响。因此，对于决定仲裁员回避申请的人士而言，对有关问题的妥当处理意味着要在提出回避申请的一方与未提出回避申请的一方当事人之间进行利益平衡，这一平衡在某种程度上也可归结于效率与公正二元价值之间的博弈[③]。具言之，一方面，任何一方当事人都有权期待其争端由公正、独立、有能力的仲裁员裁断，故可通过质疑仲裁员独立性及公正性使不合乎要求的人士退出仲裁庭；另一方面，未提出回避申请的一方当事人也可合理地期待其利益能够在回避程序中得到保障，这种期待包括要求仲裁按照正常程序进行，不受外在干扰，排除对方当事人采取拖延策略滥用程序，以免对仲裁的高效推进形成不良影响。

[①] 仲裁员披露义务通常作为回避程序的前置性补充，披露可视为当事人申请回避的"触发器"。当仲裁员与当事人或案件实体情况存在利益冲突，或存在其他任何可能影响其独立公正地审理案件的情形时，仲裁员应主动、及时披露相关事实。仲裁员披露相关情况后，仲裁机构将给予当事人合理期限来决定是否申请回避。如果当事人未按期提出回避申请，则之后不得再以已披露事项为由申请仲裁员回避，以确保仲裁程序的高效运转及督促当事人及时行使权利。

[②] 中立是信任的源泉，因而也是裁判的灵魂。仲裁庭要独立于仲裁当事人，是程序正义的首要要求。杨玲. 国际商事仲裁程序研究 [M]. 北京：法律出版社，2011：128.

[③] DAELE. Challenge and disqualification of arbitrators in international arbitration [M]. Hague：Kluwer Law International，2012：217.

基于此，在国际投资仲裁中，对仲裁员独立性与公正性质疑的合理判定，折射出仲裁作为一种争议解决机制在公正与效率价值间的平衡。本章从1965年《华盛顿公约》的相关条款入手，在对规范的文义进行阐释及分析的基础上，围绕ICSID涉及仲裁员回避申请及其认定的典型案例，概括处理质疑仲裁员独立性及公正性争议的判定标准。对于实践当中所存在的不同仲裁庭在个案中采取不同判定标准的现象，本章将通过分析其成因，有针对性地对此提出相应的完善方案，以期实现类似案件在处理上的协调性与统一性。

第二节 国内立法及国际公约中对仲裁员独立性及公正性的规定

一、国内仲裁立法对仲裁员独立性与公正性的规定

仲裁员独立性与公正性已被各国仲裁立法所广泛接受，成为国际仲裁中的通例。然而，在仲裁员独立性与公正性的标准上，各国的仲裁成文法却存在显著差异[①]。从立法的规定上，主要存在四类。第一类，多数国家在其仲裁立法中同时规定了独立性与公正性的双重要求，如2016年《韩国仲裁法》第13条第1款规定："在某人可能被指定为仲裁员而被接触或已经被指定为仲裁员时，他/她应当无延误地向当事人披露可能对其独立性或公正性产生合理怀疑的任何情形。"再如，2019年《瑞典仲裁法》第8条规定："仲裁员应当独立和公正。"第二类，部分国家在其仲裁立法中仅规定了公正性要求，如1996年《英国仲裁法》第24条第1款规定："基于下列理由，仲裁程序的一方当事人可申请法院撤换仲裁员：a. 存在当事人对该仲裁员的公正性产生具有正当理由的怀疑的事由……"第三类，部分国家在其仲裁立法中仅规定了独立性要求，如1987年《瑞士联邦国际私法法规》第180条第1款规定："对仲

[①] 值得一提的是，这些仲裁立法虽然多数主要是针对国际商事仲裁制定的，但是并未排除适用于国际投资仲裁。尤其是，对于仲裁地在一国境内的非ICSID仲裁而言，在当事人不存在另行约定时，仲裁程序的准据法即为仲裁地的仲裁立法，此时这些立法中关于仲裁员独立性与公正性的规定具有可适用性。

裁员可以提出异议：……c. 如果存在使人合理怀疑仲裁员独立性的情况。"第四类，部分国家在其仲裁立法中要求仲裁员必须具有独立性或者公正性，虽然兼顾二者，但是并未要求必须同时具备，而是采取"或者"这种措辞，例如1986年《荷兰仲裁法》第1033条第1款规定："对仲裁员的公正或者独立有合理怀疑的，可以请求仲裁员回避。"再如，1985年制定并于2006年修订的《联合国国际贸易法委员会国际商事仲裁示范法》（以下简称《示范法》）第12条规定了对仲裁员提出异议的理由，虽然没有采用"披露""回避"等措辞，但却事实上规定了这两项制度，其要求仲裁员应当对可能使其公正性或者独立性引起正当的怀疑的任何情况说清楚，只有存在对仲裁员的独立性或者公正性引起正当怀疑的情况时，才可以对该仲裁员提出异议。

通过比较分析不同国家的立法可知，各国对于仲裁员独立性与公正性的关系是存在分歧的。换言之，立法是否有必要对独立性与公正性二者分别规定，或在法律已经规定其一的情况下是否还有必要再对另一者进行专门规范。对于这一问题的探讨，同样也影响仲裁规则中相关条款的制度设计[1]。细究而言二者虽然均是对仲裁员的职业操守所提出的基本要求，并贯穿于披露、回避、替换等制度环节，但其功能及认定侧重点不同。在二者之间，独立性的识别标准相对较为客观、具体，且存在外在的判断根据，如仲裁员与当事人之间的私人关系、单方接触或仲裁员对涉案争议所具有的利害关联等；公正性则相对较为抽象、主观，不可避免地牵涉到对仲裁员心理状态的衡量及评估，适用这一标准时还要特别考量从谁的视角切入进行审视，因此可能产生"见仁见智"的问题，故而更难进行精准认定，需要实践的阐释才能较好地丰富其要素。

二、《华盛顿公约》对仲裁员独立性与公正性的规定

通常认为，《华盛顿公约》及《ICSID仲裁规则》是国际投资仲裁中最具

---

[1] 例如早期的《国际商会仲裁院仲裁规则》突出强调独立性，其前秘书长特别指出公正性过于主观，因而难以提供令人满意的准确定义。《伦敦国际仲裁院仲裁规则》则强调公正性，并指出缺乏独立性的仲裁院仍然有可能是公正的，而符合独立性标准的仲裁院，则有可能缺乏必要的公正性，将缺乏独立性作为单独的判定标准是无意义的。这种仲裁规则上的分野曾长期持续存在。马占军. 商事仲裁员独立性问题研究［M］. 北京：法律出版社，2020：29.

第九章 国际投资仲裁中的仲裁员异议

权威性的法律文件。其中，国际投资仲裁当事人质疑仲裁员独立性及公正性的法律根据主要是《华盛顿公约》第 14 条第 1 款、第 39 条、第 57 条及第 58 条（见表 9-1）。

表 9-1 《华盛顿公约》涉及仲裁员异议的相关条款

法律规范	规范要旨	具体规定
《华盛顿公约》第 14 条第 1 款	仲裁员的任职条件	被指派在 ICSID 担任仲裁员的人士应当具有高尚的道德品质，在法律、商务、工业和金融方面有公认的能力，并且其可以被信赖做出独立的判断
《华盛顿公约》第 39 条	仲裁员的国籍要求	大多数仲裁员不得为争议一方的缔约国国民和其国民是争议一方的缔约国的国民；但如唯一的仲裁员或仲裁庭的每一成员是经双方协议任命的，则不适用本条的上述规定
《华盛顿公约》第 57 条	申请回避的程序及理由	当事人可以根据仲裁员或专门委员会成员明显缺乏第 14 条第 1 款规定的品质的任何事实，向委员会或仲裁庭建议取消其任职资格。参加仲裁程序的一方还可根据公约第四章第二节以某一仲裁员无资格在仲裁庭任职为理由，建议取消该仲裁员的资格
《华盛顿公约》第 58 条	有权决定仲裁员是否回避的主体	对任何取消调解员或仲裁员资格的建议的决定应视情况由委员会或仲裁庭的其他成员作出，但如成员中双方人数相等，或遇到建议取消独任调解员或仲裁员的资格，或取消大多数调解员或仲裁员的资格时，则应由主席作出决定。如决定认为该建议理由充分，则该决定所指的调解员或仲裁员应依照第三章第二节或第四章第二节的规定予以更换

从《华盛顿公约》上述条款的文义进行解释，尤其是从第 14 条第 1 款来看，公约主要为仲裁员设定了独立性要求，并未明文规定公正性，这与其他的国际仲裁体制存在区别①。但是，从公约的宗旨及目的进行阐述，"可以被

---

① 有学者专门对《华盛顿公约》第 14 条的不同文本进行了比较后发现，英文文本、法文文本均只规定仲裁员的独立性而未规定公正性，但是西班牙语文本却规定了仲裁员的公正性而未规定独立性。考虑到三种公约文本之间存在明显差异，而三种文本同为公约的作准文本且彼此之间并无优劣，故苏伊士等诉阿根廷案的仲裁庭将独立性与公正性均视为仲裁员必须履行的义务，即仲裁员应符合双重标准。RUBINS, LAUTERBURG. Independence, impartiality and duty of disclosure in investment arbitration [A]. Christina Knahr. Investment and Commercial Arbitration: Similarities and Divergences [C]. Hague: Eleven International Publishing, 2020: 157.

信赖作出独立的判断"这一表述兼顾独立性与公正性的双重要求①。本书也认同后一种解释,这种理解主要基于以下两方面考虑:其一,独立性系针对仲裁员与当事方之间的政治从属关系或经济利益而言,而公正性与主观上是否存在偏见或倾向有关,作为不同的概念,仅仅要求独立性不能够满足仲裁实践对于公正性的要求;其二,英文、法文、西班牙文同为公约的作准文本,但不同译本对第14条第1款的表述不尽一致,其中在西班牙文译本中规定为仲裁员"可以被信赖作出公正的判断",为保证不同译本在仲裁实践中适用的一致性,较好的协调方案是将二者均理解在该条款的文义范围内,且这种解释也与《ICSID 仲裁规则》第6条第2款相互印证。

此外,《华盛顿公约》第39条还对仲裁员的国籍做出了要求,这也是考虑到维护仲裁员独立性及公正性的需要。具言之,ICSID 仲裁庭通常由三名仲裁员组成,独任仲裁的情形相对较少。通常,争端当事双方可分别指定一名仲裁员,第三名仲裁员由双方共同指定或按双方约定的其他方式指定,作为首席仲裁员。当事人在指定仲裁员时,原则上仲裁庭的多数成员不得是争端当事国国民或者是与投资者国籍相同的人士。譬如,在三人仲裁庭的情况下,如果作为争端当事方的东道国任命了本国国民为仲裁员,则外国投资者就不得再任命与己方国籍相同的人士作为仲裁员②。但是,如果仲裁庭所有成员均由双方当事人协商选定,则意思自治将作为组庭的要素优先考虑,国籍限制规则不再适用。

---

① 在仲裁实践中,利益冲突是禁止指定某仲裁员的硬性门槛,仲裁员必须事先签署声明书以确认其独立性及公正性,并披露有关情况,否则可能导致已接受指定的仲裁员丧失资格。DOLZER. Principles of international investment law [M]. London: Oxford University Press, 2012: 280.

② 但是,这样操作,无疑会使后指定仲裁员的一方当事人陷入不公平境地,为消除这一弊病,《ICSID 仲裁程序规则》第1条第3款规定:"除当事方就各仲裁员之任命达成协议外,一方任命争端当事国国民或者其国民是争端方的国家的国民为仲裁员时,只有在另一方任命相同数目具有前述国籍的人为仲裁员时此类仲裁员不会形成仲裁庭多数的情况下,才被允许。"据此,在三人仲裁庭的情况下,任何一方均不得任命东道国国民或与投资者相同国籍的仲裁员;在五人仲裁庭的情况下,各方可以各自任命一名具有东道国国籍或与投资者相同国籍的人为仲裁员,该规则是对公约第39条的限缩性解释。李万强. ICSID 仲裁机制研究 [M]. 西安:陕西人民出版社,2003:176.

第三节 对仲裁员独立性及公正性之"缺乏"的判定

一、对独立性与公正性关系的实践诠释

如前所述,对于裁断国际投资争端的仲裁员而言,独立性与公正性是两个相互区别又相互联系的任职资格要求,但是对于二者之间的具体关系,仅从国内仲裁立法及国际公约的规定出发,难以得出清晰的结论,需要从实践角度加以分析。例如,在苏伊士等诉阿根廷案中,仲裁庭明确指出:独立性指的是仲裁员与当事人之间不存在可能影响仲裁员独立作出裁决的关系,公正性指的是仲裁员事实上不存在偏袒某一方当事人的倾向[1]。由此,独立性标准可从事先的披露事项中加以审查,从而在仲裁庭组庭前就阻断程序瑕疵;而公正性则需要从结果导向上进行评判,涉及仲裁员裁断争议时是否事实上有偏私或不公情形。

欧洲人权法院对这两个术语进行了更进一步的区分,其指出:在判定仲裁员是否独立时,应重点考察其指定方式及其任职期间,还要审视该仲裁员履职过程中是否存在与案件不相关的外在压力,仲裁员是否表现出独立性等问题。至于公正性,则可具体细化为两个方面:一方面,仲裁庭必须在主观上摒除个人成见或偏见;另一方面,仲裁庭必须在客观上裁决公正,充分保证其在履职过程中可排除任何关于公正性的合理怀疑[2]。

从上述分析中可以总结出,独立性是纯粹的客观标准,侧重于指根据仲裁员的外部联系所产生的合理印象,而不涉及对争议处理结果具有影响的主观层面的、实际上的利益关系。与此相对,公正性既有主观要素也有客观要

---

[1] Suez, Sociedad General de Aguas de Barcelona S.A., and Vivendi Universal S.A. v. Argentina, ICSID Case No. ARB/03/19, and Suez, Sociedad General de Aguas de Barcelona S.A., and InterAguas Servicios Integrales del Agua S.A. v. Argentina, ICSID Case No. ARB/03/17, and AWG Group Limited v. Argentina, UNCITRAL Arbitration, Decision on a Second Proposal for the Disqualification of a Member of the Arbitral Tribunal of 12 May 2008, at para. 28.

[2] Findlay v. United Kingdom, ECHR (1997-I), at para. 73.

素，仲裁员是否实际上有倾向性主要是主观上的判断，仲裁员是否可能因为存在某种私人的、文化上的、政治上的关系而导致有潜在的倾向性则是客观上的判断。尽管公正性是一个相对抽象的、难以衡量的概念，但在国际仲裁中却为其注入了可识别的判定标准，并将其视为绝对不可剥夺的、占主导性的标准[1]。在克赖顿诉卡塔尔案中，法国最高法院认定，仲裁员必须同时满足独立性与公正性的双重要求，并对这两个术语进行了明确的区分。其特别指出："仲裁裁决的适当性由法官认定，但无论在何种情况下，仲裁员都必须具备独立性和公正性的品质，任何会使当事人对仲裁员的独立及公正判断产生合理怀疑的情况均应排除，因为这些品质是仲裁发挥功能的本质要素[2]。"由此可见，对仲裁员之独立性与公正性的要求应视为保障国际投资仲裁程序及仲裁裁决合法性的前提，也是当事人选择仲裁方式解决投资争端的题中之义。一旦某仲裁员被认定为缺失独立性或公正性，将面临被撤换并退出仲裁庭的问题。但至于何种情形构成独立性及公正性之"缺乏"，以及缺乏独立性及公正性的程度是否达到"明显性"，则需要在个案中由有权机关加以酌定。

二、"角色混同"是产生独立性与公正性问题的成因

在国际投资仲裁实践中，"角色混同"并不罕见。有些专业人士既是高等院校的教授，同时又具有兼职律师职业，在此基础上还兼具仲裁员身份。这些专业人士由于有更多的机会接触国际投资仲裁实践，故在相关领域极具经验，但同时也比其他仲裁员更容易受到独立性及公正性的质疑。譬如，某些执业律师在前一起投资仲裁案件中以代理人身份为当事人申辩意见，在接下来的另一起投资仲裁案件中则可能被当事人选任为仲裁员，那么很难说他在参与前案时所形成的观点完全不会对其担任仲裁员产生任何影响，这种"先入为主"的情况往往会令对方当事人形成一种其存在偏袒的印象，尤其是在仲裁员在前后案件中均倾向于保护投资者时，东道国一方往往对其公正性保持怀疑。此外，国际投资仲裁实践中还存在另一种异议情形，即当某一仲裁员曾经审理过一起类似案件且对某一问题形成特定认识时，如果其在后一起

---

[1] BISHOP, REED. Practical guidelines for interviewing, selecting and challenging party-appointed arbitrators in international commercial arbitration [J]. Arbitration International, 1998 (10): 399.

[2] Etat du Qatar v. Société Creighton Ltd, Cour de Cassation, 1er Ch. Civile, 16 March 1999.

案件中又被选任,则对方当事人往往会坚决对其提出异议。特别是,东道国曾主张某仲裁员在反复接受委任的过程中已经形成了有利于投资者的倾向时,并基于此提出回避申请,但该类申请并未获得支持。虽然仲裁员仍然得以在仲裁程序中继续行使仲裁权,但是却在一定程度上加剧了提出异议的一方当事人的不信任感,这显然无益于国际投资仲裁程序的持久运转[1]。然而,在目前的仲裁员异议案件处理实践中,"角色混同"对仲裁员之独立性与公正性的影响未受到充分重视,仲裁庭采取的方案是尽可能淡化对利益冲突问题的审查,学理上对这一点不无质疑。

在加布里埃尔·考夫曼-科勒(Gabrielle Kaufmann-Kohler)教授[2]担任仲裁员的两起投资仲裁案件中,当事人均对其独立性及公正性提出了质疑。这两起案件分别是苏伊士等诉阿根廷案、法国电力公司(EDF)诉阿根廷案,阿根廷在得知加布里埃尔在瑞士银行(UBS)的董事会任职后,立即对其担任仲裁员的资格提出了质疑。在苏伊士等诉阿根廷案中,争议产生于 UBS 在仲裁申请人公司内的间接投资,其中 UBS 对维旺迪公司持股 2.38%,对苏伊士公司持股 2.1%。阿根廷指出,加布里埃尔通过她在 UBS 的工作当中得到股票,并从中收到部分报酬,因此可以认定加布里埃尔在该案申请人的公司中有效间接持有股份。作为股东,加布里埃尔可能会从申请人与阿根廷的投资争端裁决中获益,依据《ICSID 仲裁规则》及《UNCITRAL 仲裁规则》,加布里埃尔应予回避。另外两名仲裁员在对有关异议进行处理时,注意到《UNCITRAL 仲裁规则》与《ICSID 仲裁规则》之间关于质疑仲裁员的标准存在微妙的区别,前者是基于理性的知情人士在同样情况下会产生合理怀疑,后者则基于提出质疑的一方当事人必须证明存在高度可能性的、明显的事实,而不仅仅是可能的情况。最终,另外两名仲裁员主要依据《ICSID 仲裁规则》进行了审查,在逐层分析之后,其认定加布里埃尔与申请人的微弱联系并不

---

[1] BÖCKSTIEGEL. 商事仲裁与投资仲裁:当今两者差异几何 [J]. 傅攀峰,译. 仲裁研究,2014(2): 102.

[2] 加布里埃尔·考夫曼-科勒教授系国际著名仲裁员和仲裁律师,曾办过数百起仲裁案件,深度参与联合国国际贸易法委员会第二工作组关于投资仲裁透明度的工作,及第三工作组关于投资者与国家间仲裁改革的工作。其曾任瑞士日内瓦大学法学院教授,现任国际商事仲裁理事会(ICCA)主席,自 2018 年起担任中国最高人民法院国际商事法庭专家委员会委员。

足以导致其除名,最终驳回了阿根廷的质疑①。在这起案件中,仲裁庭在认定受质疑的仲裁员与当事人的关系是否会导致仲裁员因此而被除名时,实际上确立了"四步测试法",这四个要素分别是近因、强度、依赖性、实质重要性②。

相比之下,法国电子公司诉阿根廷案的仲裁员面临着不同的事实,并最终采取了另一种审查思路。在法国电子公司案中,另外两名仲裁员查实,尽管瑞士银行实际上没有持有任何一名申请人的股票,但却推荐其客户向申请人的母公司投资。此外,瑞士银行还持有同一母公司所签发的债券,基于这一点,阿根廷认为加布里埃尔教授从瑞士银行获得的报酬将会受到法国电子公司仲裁案结果成败的影响。另外两名仲裁员在该案中采取了一种相当简单的事实认定思路,其引用了英国上诉法院在美国电话电报公司诉沙特电缆公司案中确立的标准,据此标准,对案件结果不重要的利益不能作为仲裁员回避的依据③。该案中,仲裁员对瑞士银行在法国电子公司中的利益仅具有最低限度的联系,故这种联系对加布里埃尔独立性及公正性的影响也是微不足道的,可忽略不计,故驳回了阿根廷的异议,这实际上达到了与苏伊士案殊途同归的效果。

三、利益冲突调查是仲裁员履行披露义务的前提

根据《ICSID 仲裁规则》第 6 条,仲裁员应当对可能使其独立判断的可信赖性受到影响的事实或情形进行披露,这种质疑应当是一个理性人可以合理地提出的。《UNCITRAL 仲裁规则》第 9 条亦规定,仲裁员应当披露那些可能使其独立性或公正性受到合理怀疑的情况,尽管在具体措辞上有轻微不同,但是这一披露标准与 ICSID 基本吻合。相比之下,《国际商会仲裁规则》第 11

---

① Suez, Sociedad General de Aguas de Barcelona S. A., and Vivendi Universal S.A. v. Argentina, ICSID Case No. ARB/03/19, and Suez, Sociedad General de Aguas de Barcelona S. A., and InterAguas Servicios Integrales del Agua S. A. v. Argentina, ICSID Case No. ARB/03/17.

② RUBINS, LAUTERBURG. Independence, impartiality and duty of disclosure in investment arbitration [A]. Christina knahr, Investment and commercial arbitration: similarities and divergences [C]. Hague: Eleven International Publishing, 2020: 173.

③ EDF International S. A., SAUR International S. A. and León Participaciones S. A. v. Argentina, ICSID Case No. ARB/03/23, Challenge Decision Regarding Professor Gabrielle Kaufmann-Kohler of 25 June 2008.

条做出了不同规定，根据该条，准仲裁员应当签署独立性声明，并在其中以书面形式向秘书处披露任何在当事各方的眼中可能质疑仲裁员独立性的事实或情况。由此，国际商会仲裁院（International Chamber of Commerce International Court of Arbitration, ICC）的披露标准不是立足于仲裁员自身的标准或者客观第三人的标准，而是立足于案件当事人的主观标准。尽管ICC所确立的应予披露的情形限定为当事人可以合理对仲裁员之独立性提出质疑的事项，但是学理上普遍认为ICC所采取的主观标准比ICSID等仲裁机构所采取的客观标准要更为严苛，而国际律师协会（International Bar Association, IBA）发布的《国际仲裁利益冲突指引》亦采取了主观标准，故仲裁员所应当披露的范围不应一概而论，而是取决于案件所适用的规则。

在实践中，仲裁员履行披露义务的前提是对自身所涉及的利益冲突进行调查，这一点在《国际仲裁利益冲突指引》的一般标准中已有明文规定。具言之，仲裁员有义务在接受指定前进行合理的查询，以便调查出是否存在任何潜在的利益冲突。如果仲裁员没有尽力对其与当事人之间存在的利益冲突进行调查，以致其因不知道相应的情况而未予披露的，则不能以此作为借口免于遭受质疑。结合IBA所发布的《国际仲裁员道德守则》，未尽合理调查义务本身即已构成质疑仲裁员存在偏见的理由，更何况因未尽合理调查而导致的应予披露且未予披露等情况。相比之下，《华盛顿公约》及《ICSID仲裁规则》虽然没有明文规定仲裁员有义务对利益冲突问题进行合理调查，但鉴于披露义务已成为国际通行的规则，且仲裁员之独立性与公正性的实现在很大程度上依赖于披露制度的执行，故可以合理地推导出仲裁员有利益冲突调查的必要义务，这重点体现于但并不限于仲裁员接受指定之际。

第四节　国际投资仲裁中对仲裁员不适格之"明显性"的解释

一、阿姆科案所采取的高度可能性标准

根据《华盛顿公约》第57条，当事人申请仲裁员回避的标准是仲裁员

"明显缺乏"相应资质，个案当中对于"明显缺乏"的解释标准存在分歧。在根据《ICSID 仲裁规则》所进行的国际投资仲裁实践中，关于仲裁员不适格之"明显性"的解释，大体上可以区分为严格证明要求与合理怀疑要求两类标准，第一类标准以阿姆科案最具典型性，第二类标准以维旺迪案及瑞士通用公证行案最具典型性。有学者以案件作出裁决的时间为序，对仲裁庭解释"明显性"的裁判意见进行了梳理和整合，注意到质疑仲裁员的标准经历从"几乎确定""合理怀疑"到"客观证据"的演变，从而概括出总体的趋势经历了"严格——宽松——回归严格"的过程，这也在一定程度上印证了国际投资仲裁中判定仲裁员独立性及公正性时的确存在法律适用冲突[①]。

从时间来看，阿姆科案是 ICSID 仲裁中当事人对仲裁员提出回避申请的第一起案件，该案中，被申请人印度尼西亚对申请人阿姆科指定的仲裁员爱德华·W. 鲁宾（Edward W. Rubin）提出质疑，理由是：在仲裁程序启动之后、鲁宾被阿姆科指定为仲裁员之前，曾经向申请人公司的控股股东提供过税务建议。此外，鲁宾所在的律师事务所与该案申请人的代理律师所在的律师事务所曾经在半年的期间内共享办公空间及行政服务。尽管在该案仲裁程序启动之前，两个律所之间存在已久的关于利润共享的安排已经中断，但印度尼西亚仍然坚称这些情况的存在影响了仲裁员的独立性。经过审查及合议，另外两名未被质疑的仲裁员最终以缺乏实际偏见的严格证明而驳回了印度尼西亚对鲁宾所提出的异议。具言之，另外两名仲裁员指出，当事人对仲裁员的独立性或公正性提出质疑时，不仅应当提供确凿的证据证明存在可导致仲裁员缺乏独立性的事实，而且应当证明仲裁员事实上缺乏独立性，即原因事实与结果事实均属待证事实，且证明标准须达到"明显的"或者"高度可能性"的程度、而不能仅仅是"可能的"或者"基本确信"。基于当事人举证的事实，如果只能得出关于仲裁员独立性的合理怀疑，则尚不足以达到使仲裁员回避或退出的效果[②]。

这起案件对于仲裁员缺失独立性及公正性的判定采取了严格证明标准，要求对仲裁员提出异议的一方当事人必须提供充分的证据，且这些证据能够

---

① 丁夏. 普通法方法下国际投资仲裁中的质疑仲裁员标准释析：以仲裁庭对"明显"的解释为线索［J］. 社会科学，2015（6）.

② Amco Asia Corporation and others v. Republic of Indonesia, ICSID Case No. ARB/81/1, Decision on the Proposal to Disqualify an Arbitrator of 24 June 1982.

对其所质疑的不公正或不独立主张起到高度盖然性的证明标准，这一标准是相对较为严格的①。在国际仲裁的证明标准问题上，通常要求当事人必须就其所主张的事实达到或然性权衡的证明程度②。根据此种证明程度要求的强弱，国际仲裁中的证明标准大体可区分为合理怀疑、可能性、高度可能性、实际存在几类（如图9-1所示）。在针对仲裁员的异议中，证明标准显然不及刑事诉讼中"排除一切合理怀疑"那么苛刻，只要达到该事实存在的可能性大于不可能性即可，以高度盖然性标准要求当事人提供证明加以证明，显然提升了门槛，在维护仲裁员声誉的同时，却降低了仲裁员异议程序的运行效果，故实践中又发展出了合理怀疑标准（如图9-1所示）。

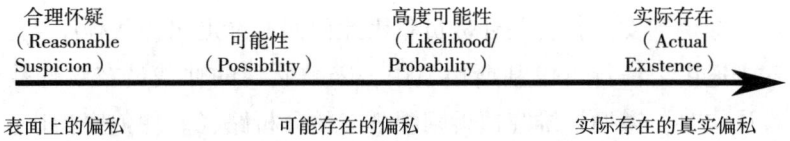

图9-1 国际投资仲裁中仲裁员偏私的证明标准

二、维旺迪案所采取的合理怀疑标准

在ICSID仲裁受案历史上，涉及仲裁员回避问题的第二起案件是维旺迪案。该案中，被申请人阿根廷对负责审理仲裁裁决撤销程序的专门委员会的首席成员伊芙·弗堤耶（Yves Fortier Q. C.）提出了质疑，其质疑的理由是：弗堤耶任职的律师事务所此前曾向仲裁申请人之一维旺迪公司的前身提供过税务建议。虽然弗堤耶本人并没有亲自参与这项税务建议工作，且税务建议与该案所涉对阿根廷的投资仲裁索赔无关，但阿根廷仍然坚持主张这一事实上的利益关系将影响弗堤耶作为仲裁员的公正性及独立性。另外两名撤销委员会成员经过审慎考虑，最终驳回了阿根廷所提出的质疑。特别值得一提

---

① 此种标准要求提出异议的当事人证明受质疑的仲裁员具有"真正偏私的风险"，而国际投资仲裁实践中更常用的标准是"明显偏私的风险"，后者主要是从客观第三人合理怀疑的角度进行分析的，不要求偏私的真实发生。参见龚凯旋. 仲裁员偏私规避的机制研究：以英国的理论和实践为视角[M]. 长春：吉林大学出版社，2017：59.

② 卞建林. 证据法学[M]. 3版. 北京：中国政法大学出版社，2007：290.

是，该案撤销委员会对阿姆科案中采取的证明标准及认定思路提出了强烈批评，但最终仍以相关质疑仅仅建立在"猜测或推断"的基础上驳回了有关异议，其特别指出：要想成功地申请某一仲裁员或专门委员会成员回避，综合考虑有关全部情形，必须足以引起对仲裁员公正性的合理怀疑①。换言之，该案采取的是合理怀疑标准，这一证明标准比阿姆科案采取的高度盖然性标准要低。按照该案确立的裁判思路，提出质疑的一方当事人要先应证明相关基础事实的存在较为严重，足以影响到对相关仲裁员独立性或公正性的判断，这排除了仅依靠推测或推断而对仲裁员提出质疑的可能性。接下来，如果已经证明的事实使其他人对仲裁员的独立性或公正性形象产生了清楚的、合理的怀疑，或者合理地导致了对仲裁员可能存在偏见的"真正风险"的评价，则该质疑将会得到支持，有关仲裁员将因此而回避并退出仲裁程序②。

在瑞士通用公证行诉巴基斯坦案中，未被质疑的仲裁员在对仲裁员回避申请进行认定时，遵循了维旺迪诉阿根廷案的分析路径。仲裁庭指出，《华盛顿公约》第57条事实上已经在回避事项的认定上确立了如下标准：提出异议的一方当事人必须证明有关事实的存在，这种事实在性质上可以合理地推断出，受到质疑的仲裁员明显没有在具体个案中独立行使裁断权。换言之，申请回避的当事人对有关事实提供证据加以证明是先决要件，仅仅依据主观上的推断或推测不能替代此类事实的客观存在。而除此之外，还存在第二层要件，这一条件在性质上属于一种主观推测，但这种推测必须是能够从已经证实的事实当中合理地推断出来，且这种推测的结论是被申请回避的仲裁员明显不能被信任可独立裁断③。最终，该案撤销委员会驳回了当事人的回避申请，因为当事人没有对已证实的事实将合理导致对仲裁员不能独立且公正裁断案件的内心确信。换言之，该案中导致质疑未获支持的原因是第二层要件未得到满足。

---

① Compañia de Aguas del Aconquija S. A. and Vivendi Universal S. A. v. Argentine Republic, ICSID Case No. ARB/97/3, Decision on Challenge to the President of the Committee of 24 September 2001.
② CLEIS. The independence and impartiality of ICSID arbitrators: current case law, alternative approaches, and improvement suggestions [M]. Leiden: Brill Nijhoff, 2017: 32.
③ SGS Société Générale de Surveillance S. A. v. Islamic Republic of Pakistan, ICSID Case No. ARB/01/13, Decision on Claimant's Proposal to Disqualify Arbitrator J. Christopher Thomas of 19 December 2002.

三、阿祖里克斯案所采取的客观事实标准

阿祖里克斯诉阿根廷案参考了合理怀疑标准,并在此基础上发展出了客观事实标准。在引述维旺迪案的基础上,未受质疑的仲裁员推论称:该案中的事实不足以得出对仲裁员公正性已形成合理怀疑的结论,故有关异议被驳回。在西门子诉阿根廷案中,未受质疑的仲裁员对回避申请是否成立的结果虽然各持己见,但是均认同应当适用合理怀疑标准来判定仲裁员的独立性或公正性是否存在问题。该案中,申请人一方指定的仲裁员在其推理意见当中注意到了阿姆科案与维旺迪案中潜在不一致,仲裁员将此种不一致理解为回避标准在实践中的演进。在评判是否满足"明显缺乏"公正性的要求时,仲裁员注意到了国际律师协会(IBA)发布的《关于国际仲裁中利益冲突问题指南》中一般标准的第2条b项,其中采取了"合理怀疑"的表述,并且在一般标准第2条d项中也规定了在特定情形中合理怀疑必然存在。结合案件事实,申请人指定的仲裁员认定受质疑的仲裁员并不存在利益冲突,也并不会产生明显的有失公正性的情况。

与此不同的是,该案中被申请人一方指定的仲裁员认定,"明显"一词只是表明对仲裁员的独立性或公正性缺乏信任是基于客观事实,从而禁止单纯依据主观上的不信赖而对仲裁员提出质疑。《华盛顿公约》中规定的质疑标准与习惯国际法中确立的标准并无较大差异。基于有关的回避事实,被申请人认定受质疑的仲裁员已经不可能再提供《华盛顿公约》所要求的公正性与独立性,因此回避申请应当得到支持①。

---

① Siemens A. G. v. The Argentine Republic, ICSID Case No. ARB/02/8, Award of 6 February 2007.

第五节 仲裁员独立性与公正性判定标准冲突的弥合方案

一、构建"类案同判"制度体系以强化先例拘束力

众所周知,"遵循先例"(stare decisis)原则是普通法系国家司法裁判中普遍接受的传统,其在一定程度上促进了法律原则公正、可预期且前后一致地发展演进,培育了公众对司法的信赖,有助于维护司法过程的实际正义与感知上的正义[①]。在国际投资仲裁中,原本并不必然受到"遵循先例"原则的约束,但为了增强裁判的说服力,仲裁庭在对争议焦点所涉及的具体法律问题展开分析时,常会援引在事实或争点方面具有较强相关性的先例,通过类比方法展开解释,从而事实上形成了法律续造的效果[②]。然而,各个仲裁庭都是为了裁断每个具体案件而临时组建的,相互之间并不具有层级关系,且部分仲裁庭作出的国际投资仲裁裁决并不对外公开,这就在客观上可能导致不同仲裁庭对类案的审理形成相互分歧乃至截然相反的裁决结论,即所谓"同案不同判"或"对立裁决"的现象。在对仲裁员独立性及公正性问题进行判定时,之所以存在相互分歧的标准,其原因之一在于没有较好地运用和援引先例。对此,不援引先例或错误援引先例,援引了正确的且确实具有相关性的先例但对先例确立的裁判规则做不恰当解释,都有可能导致法律秩序的混乱[③]。解决这些问题时,要先规范对投资仲裁先例的使用,在强化先例约

[①] Payne v. Tennessee, 501 U. S. 808, at 827 (1991). 关于判例法的演进效率,存在争论。有学者认为判例法体系具有较高的效率,普通法如同"看不见的手",潜在的诉讼当事人不会挑战有效力的先例,而确实会挑战低效率的规则。RUBIN. Why is the common law efficient? [J]. Journal of Legal Study, 1977: 51. 另一些学者则认为判例法体系的形成需要耗费的时间过长,效率较低。BUXTON. How the common law gets made: hedley byrne and other cautionary tales [J]. Law Quarterly Review, 2009 (60): 61-68.

[②] 陈正健. 国际投资仲裁中的先例使用 [J]. 国际经济法学刊, 2014 (1).

[③] 김여선. A study on use of precedents in international investment arbitration [J]. Korean Journal of International Economic Law, 2017 (1): 7.

束力的同时,增强仲裁庭彼此之间的相互沟通及对话①。与此同时,推进国际投资仲裁的公开化和透明度,强化对仲裁裁决的监督和推广,打造完备的国际投资仲裁案件数据库,可以使仲裁庭在处理仲裁员独立性及公正性问题时有更加丰富的检索渠道和参照系,这样不仅可保障对有关问题的处理更加妥当,同时也有益于助推仲裁员之间形成更多的共识,促进国际投资仲裁共同体的良性运转②。

二、增强仲裁员来源的多元化以提升投资仲裁公信力

在国际投资仲裁实践中,某些仲裁员之所以会产生偏向性,或者令当事人产生某些仲裁员存在偏袒的印象,与仲裁员职业群体的来源紧密相关。具言之,解决投资争端的仲裁员在来源方面具有集中化、封闭性、非专职性等特征③。在国外,活跃在仲裁界的人士绝大多数是 Male Pale Stale(男人、白人、老人),女性仲裁员、来自非西方国家尤其是发展中国家的仲裁员、青年仲裁员等在国际仲裁员职业群体中所占的比例较小,相应的人数也屈指可数④。"旋转门"现象正是这种职业群体集中化的生动呈现。与此同时,国际投资仲裁中的仲裁员往往具有多重职业,其在担任仲裁员之外,还存在其他职业,例如大学教授、高级律师合伙人、跨国企业法律顾问等,这便意味着,担任仲裁员通常并非其唯一的职业,甚至不是其主要的职业。据统计,某些人士曾先后或同时在不同的国际投资仲裁案件中扮演各种角色,包括仲裁员、代理律师、专家证人、办案秘书等,使这一领域产生了大量的利益冲突问题。由于这一小部分专业人士频频参与国际投资仲裁实践,相应领域形成了具有封闭性特征的典型"圈子文化"⑤。这种"圈子"具体表现在,其中部分人士

---

① 刘笋.论国际投资仲裁中的先例援引造法[J].政法论坛,2020(5).

② 沈奕灵.论国际投资仲裁中先例制度的构建[J].南昌大学学报(人文社会科学版),2020(1).

③ NEREA, MUTASA. Double hatting in international arbitration: time to close the revolving door [EB/OL]. (2020-11-06). https://africaarbitration.org/2019/09/02/double-hatting-in-international-arbitration-time-to-close-the-revolving-door/.

④ VERGHESE. Powers of an arbitrator concerning the terms of a contract [EB/OL]. (2020-11-06). https://blog.ksandk.com/arbitration/powers-of-an-arbitrator-concerning-the-terms-of-a-contract.

⑤ LANGFORD. The revolving door in international investment arbitration [J]. Journal of International Economic Law, 2017 (2): 301.

曾多次、反复被指定为仲裁员，有的仲裁员甚至曾参与过140余起投资仲裁案件的审理，并且这些人士在另一些案件中即便未担任仲裁员，却仍然可能以专家证人、代理律师等不同身份参与其中，从而使解释与适用国际投资规则的话语权牢牢把控在"圈内人士"之中，并通过仲裁庭的私人裁判活动对被诉东道国的政府行为及国家措施进行裁断，由此引发了国际社会各界对投资仲裁机制本身合法性的质疑①。为了破解国际投资仲裁中所面临的此种正当性危机，保障仲裁员之独立性与公正性，必须从担任仲裁员的专业人士本身入手进行改革。换言之，增强仲裁员群体来源的多样化与多元性，优化仲裁员队伍内部的来源结构，从发展中国家的专业人士、青年、女性等群体当中遴选符合相应资质要求者充实进仲裁员群体，可以在一定程度上避免因职业封闭化和来源单一化所产生的利益冲突问题，打消仲裁员群体面临的独立性与公正性质疑。

三、明晰法律解释方法以促进法律秩序的和谐

实践中，各案件对质疑仲裁员独立性及公正性问题的处理之所以呈现出不同标准，部分可归结于对《华盛顿公约》、双边投资协定、仲裁规则中关于仲裁员回避条款采取不同的解释方法。正如有学者所言，与其他的法律或有约束力的文本一样，当对部分措辞或标准的含义存在多种解释可能性时，单纯依据条约本身并不能提供不言自明的含义，故而需要由争端当事方、缔约方、仲裁庭进行解释②。由于解释者所处的语言和社会环境不同，各方的立场也截然有别，这就可能导致对同一条款产生不一致的解释。对于当事人就仲裁员的独立性或公正性所提出的异议，无论是由仲裁庭抑或由ICSID行政理

---

① 有观点曾质疑，鉴于仲裁员职业群体可通过国际投资仲裁案件的审理获取较为丰厚的酬金，故其很可能为了获得投资者的重复指定而在裁判活动中作出对投资者有利的解释。此外，由于多数仲裁员来自西方发达国家，这些国家是传统上的资本输出国，故仲裁员在裁判中会作出倾向于保护投资者利益、忽视东道国公共利益的认定。仲裁员群体来源的单一化被视为造成国际投资争端解决中利益保护失衡的重要原因，故优化仲裁员职业来源、强化仲裁员独立性及公正性是完善国际投资仲裁机制的重要路径。参见郭玉军．论国际投资条约仲裁的正当性缺失及其矫正［J］．法学家，2011（3）．

② WÄLDE. Interpreting investment treaties: experiences and examples [A]. Christina Binder, International Investment Law for the 21st Century: Essays in Honour of Christoph Schreuer, London: Oxford University Press, 2009: 724.

事会主席判定,均必须通过法律解释而尽可能使其结论合理化,从而为争端当事人所信服,并使职业共同体可予接受。事实上,条约解释问题是一个老生常谈却历久弥新的主题,相关领域的研究成果可谓"汗牛充栋"①。然而,在国际投资仲裁领域的条约解释,却充斥着未决命题。作为国际条约解释的通行规则,《维也纳条约法公约》第31至33条已被公认为构成习惯国际法。但即便如此,鉴于《维也纳条约法公约》本身即同时规定了文义解释、目的解释、体系解释、历史解释等多重路径,故在对仲裁员异议进行审查时,仍然存在条约解释不一致现象②。为了消解条约解释的碎片化现象,在国际投资仲裁机制改革的背景下,各国纷纷提议应构建明晰、一致、连贯的法律解释标准③。具体而言,条约解释的不确定性可以考虑通过以下方案加以解决:首先,探求缔约国的真实合意,这一点既可通过涉及缔约方的已决案例进行考察,也可以通过缔约方的嗣后解释进行填补④;其次,重视对条约演化解释方法的运用,对仲裁庭解释条约的权力施加合理的限制,避免通过解释活动在文义基础上增设权利义务⑤;再次,在要求仲裁员谨慎遵守解释规范的同时,将东道国的外资规制权纳入解释框架,排除偏见对仲裁员独立性与公正性的不当影响⑥;最后,重视与质疑仲裁员公正性有关的案例法,尤其是通过筛选最优标准提炼出优良裁决⑦,以此作为条约解释资料的重要参考价值,增进法律秩序间的和谐性。

---

① 事实上,对于条约解释之研究已蔚然成风,甚至达到了凡论及国际争端解决,必关涉条约解释的地步。早在1625年《战争与和平法》一书中,著名国际法学家格老秀斯就试图构建完整的条约解释规则体系。但与此同时,国际条约的解释亦处于动态演变过程中,包容性与模糊性并存。梁雪.国际投资条约解释中的外国投资者人权义务[J].河南大学学报(社会科学版),2020(6).
② 张乃根.ICSID仲裁的条约解释:规则及其判理[J].经贸法律评论,2018(1).
③ 靳也.国际投资争端解决中条约解释的一致性:实践冲突、价值反思与改革目标[J].环球法律评论,2020(5).
④ 车丕照.条约解释的要义在于明确当事国的合意[J].上海政法学院学报(法治论丛),2020(1).
⑤ 邢爱芬.条约演化解释的适用与发展研究:以欧洲人权法院为例[J].中国政法大学学报,2020(2).
⑥ 宁红玲.国际投资仲裁中条约解释的界限:评《仲裁裁决作为投资:条约解释和国际投资法的演进》[J].中国国际私法与比较法年刊,2017(1).
⑦ 丁夏.国际投资仲裁中的裁判法理研究[M].北京:中国政法大学出版社,2016:121.

四、探索投资仲裁司法审查机制以实现外在监督

仲裁员具备独立性及公正性是当事人选择国际投资仲裁的重要考虑，回避机制的建立和运行状况，对于保证仲裁庭的公正性、仲裁程序及仲裁裁决的合法性具有直接影响，这也是提高仲裁裁决可接受度及执行力的重要保障[1]。然而，单纯依靠仲裁程序当中的回避机制，未必能够一劳永逸地解决仲裁员独立性及公正性问题。在仲裁程序结束后，对仲裁裁决的司法审查机制对确保仲裁员的独立性及公正性亦具有重要意义。换言之，如果仲裁员的确有失独立性或公正性，而未被质疑的仲裁员在仲裁程序中未将此种情况鉴别出来，有关机构还可在裁决作出后基于仲裁员有失独立性或公正性对裁决启动监督，监督的方式包括撤销或不予执行。鉴于国际投资仲裁既包括ICSID仲裁，也包括在其他仲裁机构对国际投资争端所作裁决，还包括临时仲裁庭对国际投资争端所作裁决。对于非ICSID裁决而言，其司法审查的管辖主要在仲裁地及裁决执行地的国内法院，而对于ICSID裁决，其撤销问题由ICSID内部的专门委员会进行管辖[2]。不过，并不是所有的仲裁员独立性及公正性问题都能够在裁决作出后的撤销程序中进行审查，以ICSID仲裁为例，《华盛顿公约》第52条第1款规定的五项裁决撤销事由中仅有两项涉及仲裁员，这两项审查事由分别是：仲裁庭组成不当、仲裁庭成员曾收受贿赂。对于前一项审查事由，既包括仲裁庭的组成方法、组成人数不当，也包括仲裁庭的人选不符合相应的能力要求、国籍要求或独立性及公正性要求；对于后一项审查事由，特指仲裁员有受贿或索贿等行为，这涉及刑事调查问题，适用较高的证明标准，在ICSID撤销实践中尚未运用过[3]。由于撤销机制的审查范围有限，故已有不少学者提议构建国际投资仲裁上诉机制，这一构想已在欧盟投资法庭得以落地，并逐步被ICSID仲裁规则的修订者所接纳。值得关注的是，设置投资仲裁上诉机制的初衷是探索更加完善的投资仲裁司法审查机制，从

---

[1] 何东闵. ICSID仲裁员回避制度的"客观第三方"标准[J]. 中国律师, 2017 (2).
[2] 张建. 国际投资仲裁管辖权研究[M]. 北京：中国政法大学出版社, 2019：295.
[3] 魏艳茹. ICSID仲裁撤销制度研究[M]. 厦门：厦门大学出版社, 2007：106.

而加强裁决一致性，纾解公众对投资仲裁的合法性质疑[1]。然而，对上诉机制能够实现预期目标，暂时尚不能给予过高的期望，亦不能将其理解为应对有关困境的"唯一解药"，真正能够持久发挥作用的手段仍然在于强化对规则的解释方法，着力于法律解释及法律适用技能的提升。值得关注的是，随着中国国际经济贸易仲裁委员会、北京仲裁委员会、深圳国际仲裁院等国内仲裁机构将外国投资者与国家间争端纳入受案范围，我国在国际投资仲裁方面迈出了坚实的一步，为了对投资仲裁中有关问题的处理保持稳定性、可预见性、一致性，我国最高人民法院正在探索构建国际投资仲裁司法审查机制[2]。从长远来看，这一机制一旦确立，无疑对仲裁员形成外在监督，对更妥当地认定仲裁员独立性及公正性问题亦有裨益。

第六节　国际投资仲裁中争点冲突的识别与审查

一、对国际投资仲裁中争点冲突的界定与规制

争点冲突是近年来国际投资仲裁实践中当事人质疑仲裁员独立性及公正性的常用理由，对这一概念的运用主要体现在争端解决个案中，但对于其如何识别和界定则尚未形成国际共识。争点冲突强调的是，因仲裁员与案件的争议焦点或纠纷主题有关联，因而对案件形成某种形式的偏见或预判，从而影响其公正裁决。具体而言，这种预判可能源于该仲裁员曾经、正在或者即将在其他涉及类似争议的案件中，作为一方当事人的代理律师，或者仲裁员曾就类似争议作出过裁决等情形。在现有的仲裁实践中，多数案件驳回了当事人基于争点冲突而对仲裁员提出的质疑，但也有少数个案支持了当事人的

---

[1] 肖军. 规制冲突裁决的国际投资仲裁改革研究：以管辖权问题为核心 [M]. 北京：中国社会科学出版社，2017：141.

[2] 2020年7月，《最高人民法院、国家发展和改革委员会关于为新时代加快完善社会主义市场经济体制提供司法服务和保障的意见》明文规定：吸收借鉴国际成熟司法经验，探索建立健全国际投资仲裁领域的司法审查机制。

此种异议。正在起草中的《投资者与国家间争端解决制度下审裁员行为守则草案》试图对争点冲突给出明确规定，但学理上存在不同的意见，值得进一步谨慎推敲。

在国际仲裁中，所谓争点冲突，英文表述为 issue conflict，也被译为"问题冲突"，指的是由于仲裁员在裁断某特定案件之前，曾经审理过其他类似案件，并在其他关联案件的仲裁裁决中发表了某种具有倾向性的观点，从而产生实际上或明显的偏见，对其审理该案时的独立性或公正性造成影响。争点冲突这一概念，体现的是仲裁员与案件所涉及的争议事项之间存在的关系，以及该仲裁员是否能够以开明的心态和宽容的立场听取双方抗辩、公允裁判的能力[①]。

在国际投资仲裁实践中，对于争点冲突的讨论，主要围绕着仲裁员在重要时刻就特定争议事项发表裁判意见时能否摆脱先见束缚而展开，尤其是仲裁员产生偏见的可能性，常受到质疑。具体而言，仲裁员对具体法律问题这种先入为主的判断，可能在他之前对其他案件发表的裁决意见中有所呈现，也可能在他所撰写及发表的论文、著作中有所呈现，也可能在他的某个公开演讲中有所呈现，这都有可能会使他对于那些原本存在不同答案的问题形成相对固化的认识，难以接受与此不同的新视角。而在国际投资仲裁中，相当一部分法律问题尚未形成统一认识，一旦仲裁员被认定为存在争点冲突，将导致原本均有胜算的双方从势均力敌的状态转化为一方持有更强的胜算，因此格外引人关注。基于此，有些国际投资协定专门规定了旨在防范和减少此类预判的条款，用以强化仲裁员行为规范，以期由此重塑国际社会对于投资仲裁机制的信任[②]。事实上，国际律师协会（IBA）所制定的《国际仲裁利益冲突指引》（以下简称《IBA 指引》）正是为了回应国际社会对于投资仲裁界的不安与关切，旨在为仲裁员保持独立性与公正性提供具体而清晰的指引。

根据《UNCITRAL 仲裁规则》第 10 条第 1 款，在具体个案当中取消仲裁员资格（亦称仲裁员回避）的标准是对该仲裁员的独立性或公正性产生合理怀疑。

[①] SINCLAIR, GEARING. Partiality and issue conflicts [J]. Transnational Dispute Management, 2008 (4)：12.

[②] 曹兴国. 裁判者信任困境与国际投资争端解决机制的信任塑造 [J]. 政法论丛，2021（3）：137.

此外,《国际商会仲裁规则》(以下简称《ICC 仲裁规则》)亦规定,仲裁员应当独立于案件所涉的各方当事人。前文提及的《IBA 指引》同样对这一问题给出了规定,其以红色、橙色、绿色的不同形式列举了若干可能导致仲裁员被替换的具体情况。《IBA 指引》第 3.5.2 条特别规定,如果一名仲裁员在另一起案件中曾以仲裁员的身份或者以代理人的身份公开支持某一特定立场,那么其将被替换①。然而,《IBA 指引》第 4.1.1 条也指出,仲裁员并不能仅仅因为他或她曾在某个法律期刊上发表过关于仲裁的文章而被替换。因此,《IBA 指引》对于争点冲突这一问题,实际上采取了一种相对折中且平衡的处理方案。事实上,独立性和公正性不仅仅是国际投资仲裁庭必须具备的条件,国际法院、前南斯拉夫问题国际刑事法庭等国际司法机构同样要求法官保持中立,摒弃任何可能致使其独立性或公正性遭受合理质疑的情形。如果法官有合理的可能性或高度的可能性在其判决中不能公正行事,则其通常被要求回避审理该案件②。《华盛顿公约》第 14 条第 1 款规定,ICSID 仲裁员应当具有高尚的道德品质,并且在法律、商务、工业和金融方面有公认的能力,他们可以被信赖做出独立的判断。此外,《华盛顿公约》第 57 条则规定,如果当事人认为仲裁员可能缺乏第 14 条第 1 款规定的条件时,可以提出质疑,并申请该仲裁员回避,一旦回避申请得到支持,该仲裁员将被取消在该案中继续担任仲裁员的资格③。实践中,根据《ICSID 仲裁规则》第 6 条第 2 款,仲裁员通常被要求以书面方式签署独立性与公正性方面的披露声明,一旦签署此类声明,则仲裁员将被期望在任何情形下都应当摒除自己的偏见和先见,能够被信赖于作出独立、公正的裁断,而不会使当事人为此产生怀疑。通过对比《华盛顿公约》文本与《UNCITRAL 仲裁规则》等其他的国际仲裁规则,相当一部分学者认为,ICSID 仲裁中对于仲裁员的任职资格要求更高,同时对于当事人质疑仲裁员也设定了更高的门槛④。具体而言,《华盛顿公约》及《ICSID 仲裁规则》不仅要求仲裁员必须具备高尚的道德品质,并且可以被信赖于做出独立的判断,为此必须需要提交书面的声明,且保障从理

---

① 于湛旻. 论国际投资仲裁中仲裁员的身份冲突及克服 [J]. 河北法学,2014 (7):133.
② 《国际法院规约》第 17 条第 2 款、《前南斯拉夫问题国际刑事法庭规约》第 13 条第 1 款。
③ 李万强. ICSID 仲裁机制研究 [M]. 西安:陕西人民出版社,2002:179.
④ 陈辉萍,等. 国际投资仲裁程序问题研究:以 ICSID 仲裁规则修订为背景 [M]. 北京:法律出版社,2021:142.

性且客观第三方看来其独立性及公正性不容置喙①。对比之下，其他的仲裁机构只要求仲裁员接受任命之时，不应当使当事人就其独立性及公正性产生合理怀疑即可。与此同时，在质疑仲裁员的标准方面，《华盛顿公约》采用的表述是"明显缺乏"，而《UNCITRAL 仲裁规则》采用的是"合理怀疑"，单纯从文义表述来看，"明显性"的要求实际上确立了更高的标准，致使当事人在 ICSID 仲裁中要想成功质疑仲裁员必须承担较高的证明责任。

在明确不同的国际仲裁机构对于仲裁员采取了不同的独立性和公正性标准的基础上，有必要进一步去审视与争点冲突这一具体的研究对象紧密相关的案件，从而分析争点冲突是否能够被援引作为国际投资仲裁中挑战仲裁员的正当理由。

二、国际投资仲裁实践中对于争点冲突的识别与评判

（一）关于国际投资仲裁中争点冲突的早期实践

在马来西亚电信公司诉加纳案②中，仲裁程序依据《UNCITRAL 仲裁规则》进行。该案中，盖拉德教授（Prof. Gaillard）被申请人一方任命为仲裁员，但是该任命遭到了对方当事人的激烈反对。争议的主要问题在于：盖拉德教授在接受该案任命之际，他还在另一起 ICSID 仲裁案件（RFCC 财团诉摩洛哥案）的撤销程序中担任投资者一方的代理人，尽管在另案中盖拉德所代理的当事人并非该案的当事人，两起案件也不存在关联关系，但是该案的被申请人认为：由于在另案中盖拉德是代理投资者提起撤销之诉，申请撤销原本对摩洛哥有利的仲裁裁决，故而其很可能已经形成了有利于投资者的偏见。除此之外，RFCC 财团诉摩洛哥案的仲裁裁决③有利于摩洛哥，在该案中，被申请人加纳本来想要将该裁决作为主要的论据来支持自己的主张，现在盖拉德却在另案中代理投资者撤销该裁决，很显然其不会支持 RFCC 诉摩洛哥案裁决的结论，更不会认可该案裁决作为论据，故加纳认为盖拉德的公正性已经存疑。该案中，仲裁地荷兰海牙地区法院适用荷兰的法律对当事人的回避

---

① 何东闵. ICSID 仲裁员回避制度的"客观第三方"标准［J］. 中国律师，2017（2）：79.

② Telekom Malaysia Berhad v. The Republic of Ghana, Case No. HA/RK 2004, 788, Decision (District Court of the Hague), 5 November 2004.

③ Consortium RFCC v. Royaume du Maroc, ICSID Case No. ARB/00/6, Award, 22 December 2003.

申请进行了审查。法院认为,盖拉德事实上存在争点冲突,意即他的确有可能在该案中以一种不公正的方式行事,并且对他能否以适当的方式推进该案仲裁程序并公正裁断存在合理怀疑。最终,法院建议盖拉德在两起案件中进行抉择,摘掉其中"一顶帽子",即要么选择继续在 RFCC 财团案中担任代理律师,要么选择在该案中担任仲裁员。最终,盖拉德辞去了 RFCC 财团案中的代理人之职。

在乌尔巴塞尔诉阿根廷案①中,被申请人所任命的仲裁员麦克拉克兰教授(Prof. McLachlan)遭到了仲裁申请人的反对,理由仅仅是麦克拉克兰教授此前出版的学术著作中对于最惠国待遇条款及必要性抗辩的适用发表了某种意见。最终,麦克拉克兰教授不得不提供一份书面声明,确保自己在裁断中不会受到偏见的约束。他还特别声明,他此前所出版的著作对于该案仲裁程序的审理结果不会造成影响,并向各方当事人保证对任何争点都不存在先入为主的唯一意见。在处理该案的质疑时,该案的其他两位仲裁员认定,麦克拉克兰教授此前所发表的学术论文并没有违反《华盛顿公约》第 14 条第 1 款确立的精神和宗旨。因此,这些出版物并不会使麦克拉克兰成为一个不准备听取任何陈述便形成先入为主意见的仲裁员,也不会致使他的独立性和公正性受到减损。最终,针对麦克拉克兰的质疑被驳回了。

在通用公司诉委内瑞拉案②中,申请人委任吉多·圣地亚哥·塔维尔(Prof. Guido Santiago Tawil)担任仲裁员,被申请人委内瑞拉委任布里吉特·斯特恩教授(Prof. Brigitte Stern)担任仲裁员。这两位仲裁员都依照《ICSID 仲裁规则》第 6 条第 2 款的规定向 ICSID 提交了仲裁员声明。然而,这两位仲裁员都遭到了对方当事人的质疑。被申请人委任的仲裁员斯特恩教授遭到了申请人的质疑,理由是,斯特恩曾经在该案申请人涉诉的其他仲裁案件中接受过委任。申请人认为,斯特恩此前已经在至少三起案件中接受被申请人的委任担任仲裁员,因此申请人有理由担心,斯特恩将在多起仲裁程序中处理相同的法律问题。对此,有学者认为,以仲裁员曾在多起案件中处理相同

---

① Urbaser S. A. and Consorcio de Aguas Bilbao Bizkaia, Bilbao Biskaia Ur Partzuergoa v. The Argentine Republic, ICSID Case No. ARB/07/26, Decision on Claimants' Proposal to Disqualify Professor Campbell McLachlan, Arbitrator, 12 August 2010.

② Universal Compression International Holdings, S. L. U. v. The Bolivarian Republic of Venezuela, ICSID Case No. Arb/10/9, Decision on the Proposal to Disqualify Prof. Brigitte Stern and Prof. Guido Santiago Tawil, Arbitrators, 20 May 2011.

的法律问题为由提出回避申请是令人吃惊的①。实际上，仲裁员越是多次在不同案件中处理相同或相似的法律问题，越能表明该仲裁员在处理此类争议方面具备丰富的经验和专业的知识，从而能够提供某种程度上的法律确定性。对于该案中当事人的质疑，斯特恩认为，只有法律论证的内在价值才能够说服她退出仲裁程序，至于她在多起类似的仲裁程序中就相同的法律问题做出认定，并不意味着其自身的独立性或公正性受损。事实上，一名仲裁员并不能仅仅因为他或她曾经在多起相似的案件中对同一法律问题作出认定而被取消资格。世界银行行长（兼任 ICSID 行政理事会主席）也没有支持当事人在本案中的这种质疑，其特别指出：如果仲裁员仅仅因为在多起事实或法律问题相似的案件中担任仲裁员就被剥夺资格，那么国际投资法律框架将难以为继。最终，申请人在该案中对斯特恩提出的质疑被驳回。

申请人委任的仲裁员塔维尔遭受了被申请人的质疑，理由是他本人披露了其与申请人的代理律师所属的金·斯伯丁律师事务所之间的关系，即该律所的一名助理西尔维娅·马尔基利女士曾经于 2003 年至 2006 年在塔维尔所属的 M&M 博姆希尔律师事务所（M & M Bomchil）担任过初级律师。并且，从他主动披露的事实来看，塔维尔曾经在两起 ICSID 案件中（指阿祖里克斯案②与安然案③）担任过其他投资者的代理人，这两起案件均已结案，且与该案不存在关联。塔维尔在声明中提到，这些情况并不会对其独立性和公正性造成任何影响。但是，被申请人委内瑞拉则认为塔维尔与代理申请人的律师事务所存在着足以引起合理怀疑的联系，且塔维尔为其他申请人进行代理的经验使其容易产生偏袒投资者的高度可能性。

对于被申请人的质疑，ICSID 行政理事会主席通过分析塔维尔与金·斯伯丁律师事务所之间的职业关系，最终认定此种联系较为松散和久远，并不会对塔维尔的履职构成妨碍。具体来看，自从 2009 年 10 月以来，塔维尔与金·斯伯丁律师事务所之间并未再共事过，在审理本案之际，双方亦不存在合作

---

① TSHIAMO. Issue conflicts in investment treaty arbitration: a move towards stricter application of impartiality standards [EB/OL]. (2021 - 12 - 07). https://youngicca - blog. com/issue - conflicts - in - investment-treaty-arbitration-a-move-towards-stricter-application-of-impartiality-standards-part-1-of-a-3-part-series/.

② Azurix Corp. v. The Argentine Republic, ICSID Case No. ARB/01/12, Award, 14 July 2006.

③ Enron Corporation and Ponderosa Assets, L. P. v. Argentine Republic, ICSID Case No. ARB/01/3, Award, 22 May 2007.

共事的关系。对此,被申请人还提出申请,希望塔维尔披露他目前正在审理的第三起案件,称该案亦可反映塔维尔与申请人之间存在利益冲突。但是,ICSID 行政理事会主席最终接受了塔维尔的意见,认为该案无须披露,因为塔维尔仅在该案中参与了前期的初步讨论,而金·斯伯丁律师事务所当时并未参与其中,故而属于《IBA 利益冲突指引》中的"绿色清单"之内,无须予以披露。至于马尔基利女士,她的确曾经在塔维尔所属的律师事务所担任过初级律师,但是她早在本案审理的五年之前就已经离职,故而与塔维尔之间并不存在利益冲突。经过权衡各项因素,ICSID 行政理事会主席最终驳回了被申请人对仲裁员塔维尔的质疑。

这起案件在国际投资仲裁中受到高度关注,其原因不仅仅在于有两位仲裁员被提出质疑(事实上这种情况并非个例),而是由于 ICSID 行政理事会主席在进行审查和作出决定时采取了一种务实的标准。具体而言,主席对于仲裁员的披露义务与取消仲裁员资格采取了两种不完全一致的态度,对于前者采取了一种相对宽泛的标准,对于后者采取了一种相对限制性的标准。这要求,在不确定披露的范围时,仲裁员应当尽到最大的谨慎义务,充分地将可能引发当事人合理怀疑的情况尽早地予以开诚布公,使当事人能够通过阅读有关的声明,明确地知晓该仲裁员此前在其他案件中获得委任的情况。但是,一旦仲裁员出于疏忽没有将应当披露的事项及时地披露出来,此种不披露是否足以达到明显缺乏独立性或公正性的程度,以及是否会因此而导致该仲裁员被剥夺资格,则取决于未披露信息的内容是否具有相当的重要性。如果仲裁员虽然没有披露这些信息,但是当事人自身可以通过公开的渠道查询并了解该类信息,则未披露并不必然导致仲裁员被取消资格。但是,如果仲裁员的不披露行为不可避免地给当事人查询相关公开信息带来了时间和费用方面的成本增加,则此种行为应当尽可能摒弃。主席还务实地指出,应当意识到,在国际投资仲裁中,类似的事实和法律问题会反复出现,如果因此而阻止仲裁员接受任命,那将完全行不通。通过研判该案的处理意见,不难发现,争点冲突并不能当然地导致相关仲裁员被剥夺资格。

(二) 关于国际投资仲裁中争点冲突的晚近实践

在德瓦斯等诉印度案①中，被申请人同时对仲裁员马克·拉隆德（Marc Lalonde）和仲裁员奥雷果·维须那教授（Prof. Orrego Vicuna）提出了质疑。其反对这两位仲裁员的主要理由是，他们对于国际条约条款中规定的"根本安全利益"的含义存在先见，而这一概念的理解对于本案仲裁程序的实体处理结果至关重要。此外，这两位仲裁员都曾经在另外两起以阿根廷为被申请人的案件中担任仲裁员，并且他们对"根本安全利益"的理解持有相似的观点。并且，除了该案和另外两起案件中，奥雷果·维须那还参与了第四起同样涉及"根本安全利益"的案件，他在该案判决中对于这一法律问题所表达的观点和认定的结果始终如一。除了此前的判决外，关于这个问题的强烈公开声明还包括至少一篇明确的文章，在2011年出版的一本书的一个章节中，他强烈捍卫了自己的立场。

为此，这两位仲裁员重申了自己的独立性与公正性，否定自己在对该案仲裁程序的审理中怀有偏见。他们认为，对其提出的质疑和回避申请缺乏事实依据，完全是建立在一种前所未有的基础之上的。指定机构认为，对奥雷果·维须那教授而言，一个合理的观察者将会认定，他对案件所涉法律问题的想法是确定无疑的，该案中的当事人是绝对无法说服他的，因此对其提出的异议得到了支持。而对于马克·拉隆德而言，指定机构认为，他在先前判决中公开宣告的意见，看上去并不会使人怀疑他具有偏见，也不会必然地对该案产生束缚，故而对他提出的质疑最终被驳回。

在蓝色银行诉委内瑞拉案②中，被申请人对申请人委任的仲裁员玛利亚·阿隆索（Maria Alonso）提出了质疑，理由是，他曾经在贝克·麦坚时律师事务所的马德里办公室担任合伙人，而贝克·麦坚时律师事务所在纽约办公室和拉加拉斯办公室的律师曾经在另外一起与该案无关联的ICSD仲裁案件中代

---

① CC/Devas (Mauritius) Ltd., Devas Employees Mauritius Private Limited and Telecom Devas Mauritius Limited v. India, PCA Case No. 2013-09, Decision on the Respondent's Challenge to the Hon. Marc Lalonde and Prof. Francisco Orrego Vicuña, 30 September 2013.

② Blue Bank International & Trust (Barbados) Ltd. v. Bolivarian Republic of Venezuela, ICSID Case No. ARB 12/20, Decision on the Parties' Proposals to Disqualify a Majority of the Tribunal, 12 November 2013.

理其他投资者（Longreef）对委内瑞拉提出索赔①。对此，阿隆索提出，自己从来没有参与另外那起仲裁案件，因此与另案和该案的仲裁结果都不存在经济上的利益关系。最终，世界银行行长在该案中认定被申请人的质疑是成立的，尤其是考虑到该案与另案这两起案件事实上围绕着高度相似的法律问题而展开，阿隆索非常有可能按照隆格瑞夫案中的裁判意见对该案进行裁决。据此，从一个合理第三方的视角来看，其认为阿隆索在这种情况下将明显存在缺乏公正性的外观。

在卡拉图布国际石油公司诉哈萨克斯坦案②中，申请人对仲裁员伯施（Boesch）提出了质疑，称其不具有担任该案仲裁员的资格，具体有三方面理由：其一，该案中，哈萨克斯坦的代理人来自美国柯特思律师事务所（Curtis, Mallet-Prevost, Colt & Mosle LLP），该律所曾经在此前的另一起案件（鲁比诉哈萨克斯坦案）③中委任伯施担任仲裁员，伯施接受了该律所的委任，故伯施与该律所之间存在利益冲突，伯施不可能在这两起具有高度相似性的仲裁案件中以符合独立性和公正性要求的方式进行裁断；其二，申请人称，在鲁比诉哈萨克斯坦案中，有很多人充当专家证人并提交了书面证词，而在该案中，伯施也有可能以证人身份提交证词，故其不适合再担任仲裁员，特别是伯施并没有在该案中披露他在另案中所获得的有关事实信息；其三，由于伯施在多起相似的案件中数次接受柯特思律师事务所和哈萨克斯坦的委任，故而其很可能再次为谋求重复委任的机会而有所偏袒，难以保障公正裁断。该案与其他案件与众不同的是，申请人质疑仲裁员的理由中还特别提出，伯施不具有在ICSID投资仲裁中进行裁断的专业知识，申请人坚持认为，之所以任命伯施，是被申请人的一种尝试，以确保该案的审理结果"有可能因为多次任命同一名仲裁庭成员而获得成功"，这毋宁是一种投机行为，而并不是基于案件的实体和争端所涉及的法律领域和专业知识而进行的任命。在笔者看来，仅仅因为缺乏裁判经验而取消资格是毫无根据的，因为如果支持了此种质疑，那么便意味着国际投资仲裁领域将永远被少数所谓有经验的人所主导，无法

---

① Longreef Investments A. V. V. v. Bolivarian Republic of Venezuela, ICSID Case No. ARB/11/5, Decision on Jurisdiction, 12 February 2014.
② Caratube International Oil Company LLP and Devincci Salah Hourani v. Republic of Kazakhstan, ICSID Case No. ARB/13/13, Claimants' Request to Disqualify Arbitrator Bruno Boesch, 28 January 2014.
③ Ruby Roz Agricol and Kaseem Omar v. Kazakhstan, UNCITRAL, Award on Jurisdiction, 1 August 2013.

给新生力量提供实践机会,无益于涉外仲裁人才的培养和国际投资仲裁机制的可持续运转。事实上,被申请人对申请人提出的上述几点质疑提出了一一反驳。

最终,该案仲裁庭认定,鉴于双方的观点,以及鲁比案与该案在事实问题和法律问题上的高度相似性,从一个理性和知情的第三人的视角来看,仲裁员伯施的独立性及其是否会秉持最大的努力去公正裁断的意图很有可能存疑。尤其是伯施曾经在另案中也担任仲裁员,他已经充分熟悉另案中的事实和法律争点,致使他在该案中以客观和开放的立场去重新评价涉案争议的能力受到玷污。最终,该案仲裁庭的其他成员认定,申请人已经充分证明第三人将合理地怀疑伯施无法作出公平且客观的判决,因为他参与了另案的裁判,而对该案所涉的法律争点形成了先见,故而对伯施提出的质疑成立,该仲裁员应予回避并退出该案仲裁程序。

在马塞厄斯诉西班牙案①中,108个在德国设立的法人团体和另外8名德国籍的个人对西班牙提起了仲裁程序。仲裁庭由首席仲裁员沃恩·洛维教授(Prof. Vaughan Lowe)、加里·博恩(Gary B. Born)和扎卡里·道格拉斯教授(Prof. Zachary Douglas)组成。被申请人西班牙对申请人指定的仲裁员博恩提出了质疑,理由是他缺乏《华盛顿公约》第14条第1款所要求的条件,主要依据是博恩曾在2017年10月11日尤尔根案②中发表了反对意见,以及他在另外两起针对西班牙可再生能源的案件③中对律师和证人进行询问和讯问,其中均表明其存在争点冲突。西班牙称,通过对马斯达案中律师的询问和KS案中事实证人存有偏见的讯问,博恩先生的目的是"对其已经预先判断的问题获得肯定的回答,表明博恩先生不愿意也明显无法考虑其他观点"。该决定既没有复制也没有引用西班牙的挑战所依据的任何庭审记录摘录。尽管如此,在该案申请博恩先生回避的决定中,西班牙主要依赖博恩先生引用的KS投资案的庭审发言以及提出的特定问题。首先西班牙表示:博恩先生"向西班牙

---

① Mathias Kruck and others v. Kingdom of Spain, ICSID Case No. ARB/15/23, Decision on the Proposal to Disqualify Mr. Gary B. Born, 16 March 2018.
② Jürgen Wirtgen, Stefan Wirtgen, Gisela Wirtgen and JSW Solar (zwei) GmbH & Co. KG v. Czech Republic, PCA Case No. 2014-03, Dissenting Opinion of Arbitrator Gary Born, 11 October 2017.
③ Masdar Solar & Wind Cooperatief U. A. v. Kingdom of Spain, ICSID Case No. ARB/14/1, Award, 16 May 2018; KS Invest GmbH and TLS Invest GmbH v. Kingdom of Spain, ICSID Case No. ARB/15/25, Decision on the Proposal to Disqualify Gary Born, 30 April 2018.

的代理律师施压,要求其承认他所认为的'承诺的'电价存在"。而关于对证人的询问,西班牙则主张:"博恩先生甚至打断了对证人的盘问,来表达他自己的观点,要求证人不要就管理措施的法律背景做出解释,而是单独讨论某项法律规定。然后,他对证人发表了轻蔑的评论。由此可见,即便不是出于全然的偏见,博恩先生对西班牙缺乏尊重这一点也同样令人担忧。"根据《ICSID仲裁规则》第9条第3款,博恩先生指出:他承诺保持独立和公正,认为该案中的争议焦点与维特根案的争议焦点不同;并指出其异议意见中的"总体评论"是"对此类情况的泛指,并不是针对西班牙或任何其他的欧盟辖域";在马斯达案和KS案中,其对律师和证人的询问只是为了"理解和澄清在这些案件中提出的证据和问题"。

两位仲裁员首先确认:根据《华盛顿公约》第14条第1款,仲裁员应是独立且公正的,尽管在《华盛顿公约》的英文版中只提到了"独立",而在西班牙文版中只提到了"公正"。然后,他们解释了"独立"和"公正"之间的区别。前者针对的是"缺乏外部控制",而后者指的是"缺乏对某一方的偏见或倾向"。他们还证实:申请取消仲裁员资格不需要证明存在实际依赖或偏见,存在"表面依赖或偏见"就足够了。适用的标准是"第三方对证据的合理评价",而不是"申请取消资格一方的主观想法"。两位仲裁员没有详细讨论证明"公正"或"独立"的确切作用和标准,因为他们认为这不会对"结果产生实质性的影响"。

将上述标准应用于该案,两位仲裁员认为取消博恩先生资格的申请并无根据。关于博恩先生对维特根案的异议,两位仲裁员认为它必须结合该案的具体情况:捷克共和国的情况、行为以及捷克的立法。因此,西班牙申请该异议意见将构成缺乏公正性,两位仲裁员没有找到任何支持此主张的证据。关于马斯达案和KS案中询问律师和证人的问题,两位仲裁员同样认为没有证据能支持博恩先生缺乏公正性的主张。他们认为,质询是"澄清当事人向仲裁庭提出的有关问题,属于完全合理的尝试"和"完全适当的程序"。两位仲裁员决定,在此种情况下取消博恩先生的仲裁员资格是没有根据的。虽然取消该申请没能成功,但博恩先生还是决定从该案中退出[①]。

---

① BRABANDERE. Case comment: mathias kruck and others v. spain [J]. ICSID Review-Foreign Investment Law Journal, 2020 (1-2): 29.

三、国际投资仲裁中争点冲突的审查标准

(一) 争点冲突与利益冲突并非同一概念

国际投资仲裁中的"双帽子"现象[①]和"旋转门"现象[②]常常受到指摘,其与所谓的争点冲突存在非常紧密的联系,但是并非同一概念[③]。具体来看,仲裁员同时或者先后在不同的国际投资仲裁案件中身兼数职,这的确很容易使其独立性和公正性遭受非议,但主要是由于他因为职业的缘故与某些当事人、律师或者律师事务所频频打交道而形成了相对固化的合作关系,譬如重复接受相同当事人或相同代理人的委任,从而令对方质疑其中立性。相比之下,争点冲突这个概念并不必然等同于仲裁员与某个特定的当事人或律师产生固化的联系,而主要是仲裁员对某一个专门的法律问题形成了相对固化的认识和具有偏颇性的态度,以至于难以确保其在另案的审理中以相对开明、包容的态度去做到公允对待双方的抗辩。对仲裁员而言,自然公正的基本理念要求其应当做到兼听则明,不仅要赋予双方平等的陈述和申辩机会,而且仲裁员要在听取双方的意见的基础上,居中裁断。相反,如果仲裁员固执己见或早在案件审理之前就已经受到某种偏见的束缚,则其很可能在仲裁程序中有选择性地偏重于听取一方的意见,而对另一方的意见充耳不闻或不够重视,这便使得仲裁庭在意见的形成方面出现了结构性失衡。相比于因为与当事人或代理人的关系而产生的利益冲突,争点冲突并不要求此案与彼案的当事人完全相同或高度重合,甚至不要求此案与彼案的当事人存在关联关系,而主要是侧重于此案与彼案在争议焦点、事实认定、法律适用方面具有高度相似性,从而可能使仲裁员存在预判或倾向性意见。事实上,争点冲突如何认定及此种冲突是否会使仲裁员被迫回避并退出仲裁庭,并没有达成共识。

---

① HORNE. The time has come to prohibit double‐hatting [J]. Investment Treaty Arbitration and International Law, 2021 (14): 36.
② LANGFORD. The revolving door in international investment arbitration [EB/OL]. (2021‐12‐7). https://papers.ssrn.com/sol3/papers.cfm? abstract_ id=2978531.
③ GRIFFITH, KALDERIMIS. Pure issue conflicts in investment treaty arbitration [A]. David D. Caron et al., Practising Virtue: Inside International Arbitration [C]. Oxford: Oxford University Press, 2016: 607.

(二) 构建国际统一标准的努力及其引发的争论

早在 2016 年 3 月，美国国际法学会（American Society of International Law, ASIL）和国际商事仲裁委员会（International Council for Commercial Arbitration, ICCA）即组成联合工作组对争点冲突发布了《美国国际法学会—商事仲裁理事会关于投资者与国家仲裁中争点冲突联合工作组报告》。在对大量仲裁规则及案例进行比较分析的基础上，《ASIL-ICCA 报告》认为对争点冲突制定清晰规则并不必要且可能会产生反作用，过分夸大此种顾虑可能会产生寒蝉效应，导致最有经验的仲裁员不再就重要问题发表意见[①]。2020 年 5 月，UNCITRAL 与 ICSID 联合起草的《投资者与国家间争端解决制度下审裁员行为守则草案》（以下简称"草案"）正式发布，其中除了围绕仲裁员与争议当事方、其律师或争端之间的利益冲突之外，该行为守则还进一步对涉案争点冲突和身份重叠这两个具体问题予以考虑[②]。2021 年 3 月，UNCITRAL 和 ICSID 秘书处共同组织了草案研讨会，对于各成员方关注的要点问题进行讨论。

关于仲裁员的披露义务的相关内容主要规定于草案第五条"利益冲突：披露义务"。草案第 5 条第 1 款规定，仲裁员和仲裁员候选人应当避免任何直接或间接的利益冲突，其应当披露任何可能被合理认定为影响其公正性、独立性的利益（interest）、关系（relationship）或事务（matter）。为实现此目的，仲裁员应当尽一切合理努力查询该等利益、关系或事务。草案第 5 条第 2 款具体规定了仲裁员应当披露的利益、关系和案件。其中，草案在第 5 条第 2 款（d）项规定，仲裁员应当披露"其发表的所有著作的列表（以及相关的公开言论）"。其中，"相关的公开言论"（relevant public speeches）是选择性的内容，即各国可以选择是否将公开言论也纳入仲裁员的披露义务。关于要求仲裁员公开所有著作、相关的公开言论的规定，部分国家认为，该条规定可能对于仲裁员施加了过于沉重的负担。英国针对该条的评论意见显示，英国建议工作组考虑要求仲裁员披露其所有著作和相关的公开言论的价值，因

---

① ASIL-ICCA (2016), Report of the ASIL-ICCA Joint Task Force on Issue Conflicts in Investor-State Arbitration ("ASIL-ICCA Report 2016"), ICCA Reports No. 3, 17 March 2016.

② 孙华伟，张天舒，卢炼. 聚焦 ISDS 改革："问题冲突"是问题吗？——兼论《投资人与国家间争端解决制度下审裁员行为守则》草案 [EB/OL]. (2021-12-06). https：//www.sohu.com/a/468611922_652123.

为仲裁员与案件相关的著作和言论往往已经公开，当事方的代理律师可以通过合理途径获得该等信息。美国则认为，要求仲裁员披露其全部著作、公开言论，有助于当事人提前对于仲裁员候选人的专业资质形成全面了解，同时，也有助于揭示该仲裁员是否曾对案件争议焦点形成先入为主的印象，以及该印象是否足以影响仲裁员在审理案件时的公正性从而构成所谓的"利益冲突"。同时，美国也建议工作组进一步讨论仲裁员的著作、公开言论在什么情况下可能构成利益冲突。国际律师协会（IBA）则认为，要求仲裁员公开所有著作的可操作性存疑，因为并非所有人都对其著作保留记录。也有其他利益相关方认为，仅仅是观点的展示，不足以作为当事人对仲裁员的公正性、独立性提出挑战的基础①。

总的来说，目前关于仲裁员是否应当披露所有著作和相关的公开言论的争议，主要针对以下三个方面：

第一，仲裁员违反对于其著作、公开言论的披露，在何种情况下构成利益冲突，标准尚不明确。草案第五条第 2 款中的 a、b、c 项，属于相对常见的取消仲裁员资格的理由，例如：仲裁员在近五年内与当事人之间存在职业、商业或其他联系，或者仲裁员与案件的裁判结果存在经济上的利害关系等。然而，仲裁员违反对其著作、公开言论的披露义务，在何种情况下可能构成导致仲裁员被取消资格的事由，草案并未进行明确规定。草案第 12 条规定，适用该草案的条约、公约中关于仲裁员资格取消的程序规则仍将继续适用。譬如，《华盛顿公约》第 57 条规定："一方当事人有权以仲裁员明显缺乏公约第 14 条第 1 款规定的品质为由，申请撤销该仲裁员的资格。"而根据《华盛顿公约》第 14 条第 1 款规定："仲裁员应当具有较高的道德品质，并且在法律、商业、金融等领域具有较强的专业能力，以作出独立判断。法律方面的专业能力对于仲裁员而言尤为重要。"如将草案与《华盛顿公约》同时适用，则必须达到"明显缺乏"的程度②。但是，如何通过仲裁员曾发表的著作和言论证明该仲裁员明显不具有《华盛顿公约》所要求的道德品质、专业能力，

---

① UNCITRAL. DRAFT CODE OFCONDUCT Comments by Article & Topic［EB/OL］.（2021-12-08）. https：//uncitral. un. org/sites/uncitral. un. org/files/media-documents/uncitral/en/code_ of_ conduct_ -_ comments_ by_ article. pdf.

② 丁夏. 普通法方法下国际投资仲裁中的质疑仲裁员标准释析：以仲裁庭对"明显"的解释为线索［J］. 社会科学，2015（6）：103.

第九章 国际投资仲裁中的仲裁员异议

实际上并无非常明确的证明标准,致使该规定的适用难以寻求妥当的落脚点。

实践中,当事人常援引《IBA 指引》据以说明存在或者不存在相应的利益冲突,以及该利益冲突是否属于严重的情形。对此,《IBA 指引》事实上将仲裁员此前就案件除争议焦点之外的法律问题发表的公开意见(例如法律评论文章、公开讲座),列入了绿色清单第 4.1.1 条,即该问题不构成实际的利益冲突,仲裁员无义务披露该等事项①。

具体到相关案例,在乌尔巴塞尔案中,申请人基于两个问题向被申请人指定的仲裁员麦克拉克兰教授提出挑战:①在麦克拉克兰教授与他人合著的《国际投资仲裁实体原则》一书的第 7 章中,麦克拉克兰教授主张,玛菲兹尼诉西班牙一案仲裁庭对于管辖权异议的决定是"离经叛道"(heretical)的。麦克拉克兰教授还表示,最惠国待遇不应当适用于争端解决程序,除非存在当事人的明确约定。同时,玛菲兹尼诉西班牙案所涉的 BIT 为阿根廷—西班牙 BIT,与乌尔巴塞尔案所涉 BIT 一致。申请人据此认为,麦克拉克兰教授已经对该案的管辖权问题作出了预判,从而无法公正、独立地审理案件。②麦克拉克兰教授曾对于 CMS、安然案、桑普拉案、LG&E 等具体案件的法律问题以学术著作的方式公开作出评论,并支持了 ICSID 撤销委员会对于 CMS 案仲裁庭的认定存在错误的意见。而 CMS 等多个案件中,阿根廷共和国均援引了"紧急措施"作为抗辩理由,被申请人阿根廷共和国也很可能在该案中再次援引该项抗辩。申请人据此认为,麦克拉克兰教授对于被申请人可能援引的抗辩作出了预判,因此,他无法仅基于该案的事实和情况本身来作出判断,也无法作出与其先前观点相反的裁决,否则会被认为自相矛盾。

该案仲裁庭认为,关于仲裁员公正性、独立性问题的争议焦点是麦克拉克兰教授在担任该案仲裁员之前公开发表的观点是否足以显示其无法对案件作出独立、公正的判断。仲裁庭对此作出的认定是,仲裁员的观点本身并不足以构成申请取消仲裁员资格的理由。除非仲裁员的观点将导致仲裁结果明确支持一方当事人,或与其他相关人士有关以至于能够使一方的观点获得支持。仲裁员作为学者发表的意见,对其并无约束力。如果申请人的观点应当获得支持,那么几乎任何对 ICSID 仲裁发表过观点的仲裁员都将面临被提出

---

① RODRIGO, VALENTINO. Does an arbitrator's background influence the outcome of an investor-state arbitration? [J]. The Law & Practice of International Courts and Tribunals, 2018 (1): 18.

挑战的风险。最终，仲裁庭认定，麦克拉克兰教授的学术观点不足以证明他无法公平、公正地审理该案，申请人并未达到《华盛顿公约》第57条项下的证明标准。

第二，该标准是否有对于仲裁员施加了过重的义务，有待商榷。之所以在国际投资仲裁中引入争点冲突这个概念，最终目的是确保仲裁庭在形成法律意见、作出仲裁裁决的过程中符合民主与法治的原则，遵循可预见性、透明度、正当性的基本要求①。草案规定本条的目的，可能是旨在防止仲裁员对于该案存在潜在的偏见或预判，进而无法对案件审理保持"开放心态"。然而，要求仲裁员披露其所有著作和公开言论，对于部分仲裁员而言可能会造成过于沉重的负担，尤其是职业生涯跨度较长的仲裁员。对仲裁员设置广泛的披露义务，是否能够如愿实现帮助当事人、仲裁员提前了解可能存在的利益冲突，同样存在不确定性②。正如乌尔巴塞尔诉阿根廷案的仲裁庭所指出的，在缺乏其他证据佐证的情况下，如果当事人得援引仲裁员的学术观点或公开言论作为申请取消仲裁员资格的理由，那么仲裁员将很难以学者或其他身份对ISDS机制项下的议题发表见解，这同样不利于ISDS争端解决机制的改革和完善。

第三，该标准如要落实，还需进一步细化规定。例如，公开言论的范围如何界定？仲裁员发表于社交媒体上的言论，是否属于第5条第2款第4项项下的"公开言论"（public speeches）？此外，草案目前尚未明确仲裁员曾发表的著作、言论构成利益冲突的标准，在此情况下，仲裁员想要明确披露的范围将十分困难。

基于前述的分析，可以确信的一点是，在当前国际投资仲裁庭对争点冲突进行识别和审查的实践中，出现了一种新趋势，即以理性且知情的客观第三人视角出发对相关仲裁员的独立性及公正性进行评判。此种标准被纳入国际仲裁员行为守则的起草中，但是此标准是否适当，则引发了批评和争论。

---

① ZARATE, PENDLETON. The international rule of law in latin American investment arbitration: UNASUR's advances in arbitrator appointment and disqualification [J]. The Journal of World Investment & Trade, 2016: 681.

② BRODLIJA. Back to basics: drawing the line between disclosure, challenge and disqualification standards in international investment arbitration [EB/OL]. (2021-12-08). available at: https://arbitratorintelligence.com/back-to-basics-drawing-the-line-between-disclosure-challenge-and-disqualification-standards-in-international-investment-arbitration/.

具言之，以客观第三人视角去看待争点冲突问题，是否对仲裁员设定了过于苛刻的要求？抑或此种标准尚不足以甄别和筛查出仲裁员的利益冲突？从案例法的历史演进来看，第三方标准在传统的仲裁实践中并没有受到重视，而直至近期的一些案例中仲裁庭才将这一标准逐渐予以明确下来，并获得了部分仲裁庭的认可和遵循。当下，仲裁庭其他成员及 ICSID 行政理事会主席在对当事人就特定仲裁员的争点冲突提出的质疑进行认定时，已经十分清楚地知晓，应从一个合理和知情的第三方在特定情况下会如何考虑任命仲裁员的视角加以识别和审查。事实上，对于仲裁员的利益冲突而言，客观第三方标准是相对适当的，但对于争点冲突而言，此种标准则为仲裁员设置了较高的门槛。事实上，正如 ICSID 行政理事会主席在过往的案例中所阐明的那样，如果要求仲裁员在审理每一起案件时，都毫无保留地将其在其他案件中的任职情况、发表的观点、出版的论著、公开的演讲全部披露出来，这无疑过于宽泛，且无益于国际投资法学理的发展和实践的推进，反倒是可能让某些专业人士不得不在学术研究和仲裁从业之间"选边站"，即要么专注于理论研究、发表学术见解，要么仅投身于仲裁实践、专注于案件裁断。严格来讲，这种割裂式的处理路径很可能会割裂理论与实践之间的纽带，无益于实践滋养理论、学理反哺实践，导致国际投资法的可持续发展受限。故而，更为合理的方案是，不在拟定中的仲裁员行为守则中纳入争点冲突，而是将其留在仲裁庭的自由裁量权范围内。

不可否认，争点冲突是国际投资仲裁中最具挑战性、最需要关注的问题之一。因此，仲裁庭及 ICSID 行政理事会主席应当注意在争端各当事方的程序性权利和仲裁员的权力之间予以平衡，以确保识别和审查争点冲突的标准不至于阻碍优秀的仲裁员正当履职。与此同时，还要坚守和捍卫投资仲裁公正性的底线，如果仲裁员所存在的争点冲突确会对程序的公允和实体的裁断构成风险，则必须确保以客观和开放的方式听取争端各方的立场，对当事人就特定仲裁员提出的质疑作出合理、公允的决定。

本章小结

对仲裁员独立性与公正性问题的处理，很可能对整个仲裁的进行产生"牵一发而动全身"的影响。在仲裁程序进行中，一旦当事人对仲裁员独立性或公正性方面提出的质疑得到支持，将导致被质疑的仲裁员回避，继而退出仲裁程序，从而需要指定新的仲裁员予以替换并继续推进争议的解决。在仲裁裁决作出后，如果有证据证实曾参与过案件审理的仲裁员在独立性或公正性方面存在应予回避而未回避的情形，将导致该投资仲裁裁决被撤销。实践中，因仲裁员方面存在问题而导致程序产生瑕疵或裁决难以执行的具体状况，不仅包括独立性及公正性方面的质疑，还涉及仲裁庭的组成人数、仲裁员的指定方法、仲裁员的国籍、仲裁员与调解员的身份转换等各种其他问题。事实上，仲裁员回避制度仅仅是国际投资争端解决中鉴别利益冲突并维护程序及实体公正的一个缩影，与此相关的制度还涉及仲裁员指定制度、仲裁员披露制度、仲裁员替换制度、仲裁裁决撤销制度等各项环节、各个阶段。通过对仲裁员回避制度的法律分析和实践探讨，可以管窥各界对仲裁员独立性与公正性的判定标准存在分歧，而这种分歧的存在，在很大程度上源自对提出质疑的一方对其主张所应当达到何种程度的证明标准存在不同认知。然而，这种判定标准上的分歧可随着国际投资仲裁中遵循先例体系的形成、法律适用规则的规范化、法律秩序的协调化而逐渐消解，从而较好地实现标准的趋同化。

本章思考题

1. 关于仲裁员的独立性与公正性，《华盛顿公约》及其他国际投资协定是如何规定的？
2. 在国际投资仲裁实践中，对仲裁员异议采取何种评判标准？
3. 对于仲裁员独立性与公正性的评判标准，有哪些改进空间？

第十章

国际投资仲裁裁决的救济

学 习 要 点

国际投资争端解决中心体系下的仲裁裁决撤销程序，是对仲裁庭的程序错误加以审查并据以确保仲裁当事人合法权利的重要救济机制。《华盛顿公约》第52条第1款确立了撤销ICSID裁决的五项法定事由。投资仲裁实践的不断发展，使各项撤销理由日渐具体化，也使专门委员会的审查范围愈加明确。学理上，有观点从审查幅度与撤销标准的演变出发，对不同历史时期的ICSID裁决撤销案件进行代际划分，并建议专门委员会应扩张审查实体事项。但从投资仲裁解决争端的首要功能分析，应平衡维系裁决终局性、仲裁高效性与程序公正性等多重价值，避免将撤销程序与上诉程序相混淆，消解投资仲裁的合法性危机。作为解决外国投资者与东道国政府间条约争端的有效方式，国际投资仲裁的拘束力取决于仲裁庭所作裁决得到国内法院的承认与执行。相比之下，《华盛顿公约》第54条确立了ICSID裁决的自动承认与执行机制，而对于 ICSID 以外的国际投资仲裁裁决，中国尚存在法律漏洞，缺乏有效的法律规制。中国法院适用《纽约公约》承认与执行非 ICSID 投资仲裁裁决具有可行性，可节约立法成本，但必须要通过立法机制对"商事保留"做出合理的解释。国家及其财产豁免的绝对主义立场，与当前"一带一路"建设及中国资本"走出去"的大环境不相适应，亟待帮出适当的调整。

【关键词】司法审查；撤销；上诉机制；合法性危机

第一节　国际投资仲裁裁决撤销机制的特征与功能

一、撤销机制是维护国际投资仲裁公正性的重要保障

国际投资法为解决外国投资者与东道国政府间的条约争端提供了坚实的法律基础[①]。自 20 世纪 90 年代中后期以来，投资者与东道国之间的国际仲裁案件数量逐渐呈现出爆炸性的增长趋势。依据 1965 年《华盛顿公约》而成立的 ICSID，在整个 ISDS 机制的全部投资仲裁案件总量中占有重要比例。

中国早在 1990 年 2 月 9 日即签署了《华盛顿公约》，并于 1993 年 1 月 7 日批准了该公约，公约已于 1993 年 2 月 6 日正式对中国发生法律效力，而中国在对外签署 BIT 时，其中的大多数投资者与东道国争端解决条款均将 ICSID 仲裁作为可选方式之一。相比于缔约实践的迅速发展与持续进步，中国政府与海外的中国投资者参与国际投资仲裁的实践则屈指可数，其中，2007 年 2 月启动的中国香港特别行政区居民谢某某诉秘鲁政府案[②]堪称中国投资者主动发起的第一起 ICSID 仲裁案件，而马来西亚企业伊桂兰公司诉中国政府案[③]则被视为中国国家被动参与 ICSID 仲裁的第一起案件。随着"一带一路"合作的深入，中国现已兼具资本输入与资本输出并重的双重大国身份，可以预见未来涉华的投资仲裁案件还会继续增加。值得关注的是，当仲裁庭所做出的管辖权决定或实体裁决对中方当事人不利时，可考虑运用裁决的撤销程序加以救济。考虑到《华盛顿公约》体系下的 ICSID 仲裁与公约以外的非 ICSID 仲裁相比具有明显的独特性，本章重点针对 ICSID 裁决的撤销制度与实践加以剖析，并试图结合国际上各国学者的讨论对 ICSID 撤销机制的代际划分及

[①] KRISHAN. Thinking about BITs and BIT arbitration: the legitimacy crisis that never was [A]. Todd weiler and freya baetens, eds., New Directions in International Economic Law: In Memoriam Thomas Wälde [C]. Leiden and Boston: Martinus Nijhoff Publishers, 2011: 108-109.

[②] Señor Tza Yap Shum v. The Republic of Peru, ICSID Case No. ARB/07/6, Decision on Jurisdiction and Competence, June 19 2009.

[③] Ekran Berhad v. People's Republic of China, ICSID Case No. ARB/11/15, Settled, not published.

其未来的改革动向进行探究。

二、ICSID 投资仲裁裁决撤销程序的界定与适用

（一）仲裁裁决撤销程序的概念及定位

国际投资仲裁裁决的撤销，是指仲裁裁决生效后，如存在法定撤销事由，由争端当事方提请拥有撤销权的机构进行审查判断，并依法作出决定，使裁决归于无效的程序。从功能上定位，仲裁裁决的撤销制度，既是对投资仲裁进行监督与制约、进而确保裁决公正性的重要途径，也是争端当事方寻求救济的关键手段[1]。作为投资条约仲裁中最重要的常设性机构，ICSID 的撤销程序相对完善。根据《华盛顿公约》第 52 条第 1 款，任何一方当事人在裁决作出后的一定期限（120 日）内，可以根据以下一项或数项理由，向秘书长提出撤销仲裁裁决的申请：仲裁庭组庭不当、仲裁庭明显越权、仲裁庭成员有受贿行为、仲裁程序存在严重违反规则的情形、裁决未说明所依据的理由。ICSID 行政理事会主席在接到撤销裁决的请求后，须立即从仲裁员名单中任命 3 人组成专门委员会，负责审查此项申请，并作出是否撤销裁决的决定。裁决被撤销后，经任何一方请求，应将争端提交依据《华盛顿公约》所重新组建的仲裁庭重审[2]。据文本可知，ICSID 仲裁裁决的撤销程序绝非上诉程序。撤销程序中，专门委员会的审查对象、审查范围、撤销理由都是受限的，且专门委员会只能做出是否予以撤销、具体撤销裁决哪些内容的决定，而不能直接对仲裁裁决进行修改。而相比之下，上诉审查的权力范围要更为宽泛，且上诉庭的裁判结果既可以是维持并确认裁决，或是部分或全部推翻初审裁决，也可能是直接修改裁决或者将案件发回下级法庭重审。可见，ICSID 裁决的撤销程序不应当与上诉审查相混淆，更何况，《华盛顿公约》并未规定仲裁裁决的上诉机制，这本身也是起草者谈判和博弈的结果[3]。

就仲裁实践来看，申请撤销仲裁裁决并非 ICSID 仲裁案件败诉方惯于采用的常规程序步骤，其程序定位也不同于国内诉讼法意义上的上诉审查机制，

---

[1] 刘晓红，袁发强. 国际商事仲裁 [M]. 北京：北京大学出版社，2010：293.
[2] 史晓丽，祁欢. 国际投资法 [M]. 北京：中国政法大学出版社，2009：285.
[3] BISHOP, SILVIA M. Marchili, annulment under the ICSID convention [M]. Oxford：Oxford University Press, 2012：22.

撤销机关可予审查的范围主要限于程序性事项①。其中,"仲裁庭明显越权"这一法定撤销理由构成对仲裁管辖权的事后审查,也是裁决撤销实践中较为常见的一种审查角度。基于此,本节将以《华盛顿公约》第 52 条的理解与适用为中心,先明确 ICSID 撤销程序的适用对象,在此基础上对 ICSID 的裁决撤销机制与国际商事仲裁相比分析其特殊性,继而就 ICSID 裁决撤销的程序尤其是专门委员会对仲裁庭管辖权的事后审查进行观察与反思。

(二) ICSID 裁决撤销程序的启动主体与适用对象

由上述所列第 52 条第 1 款的公约文本可知,有权启动 ICSID 撤销程序的主体仅限于仲裁的各方当事人,仲裁庭、秘书长、专门委员会等不得依职权启动撤销程序,任何案外第三方也不得以自己的名义代为申请撤销 ICSID 裁决。ICSID 撤销程序适用的对象主要是仲裁庭就实体争端所作出的最终裁决(Final Award),对于仲裁庭就管辖权所作出的决定(Decision on Jurisdiction),能否申请专门委员会予以撤销,存在一定的争论。对此,有观点认为,仲裁庭针对管辖权异议所做出的临时决定(Decision)、针对临时措施申请所作出的命令(Order),因其不具有终局性,不在第 52 条的可申请撤销之列②。也有观点认为,应以仲裁庭对管辖权的处理结果是积极结论还是消极结论作为可否申请撤销的标准:如果仲裁庭认定自身拥有管辖权,此时是一项积极的管辖权结论,随后仲裁庭在确认管辖权基础上就实体争端进行裁决,则此时的管辖权决定具有中间性质、临时性质,当事人不可就该项决定(Decision)单独申请撤销程序,但如果仲裁庭通过明示或默示的方式将支持管辖权的决定并入最终裁决中,则此时即可申请撤销,此时撤销程序的审查对象是整个最终裁决(Award);另一方面,如果仲裁庭依据公约第 25 条或第 41 条认定自身无管辖权(Jurisdiction)或无权仲裁(Competence),这属于一项消极的管辖权结论,此时仲裁庭往往会在这一阶段作出一份终局裁决(Award),宣

---

① ICSID 仲裁庭、专门委员会、国际投资法学者非常重视撤销程序与上诉程序的区分,例如在 AES 诉匈牙利案中,专门委员会称:公约第 52 条与第 53 条的适用应作限缩解释,撤销程序中的审查应避免像上诉审查一样对仲裁业已裁判的实体与事实问题进行全面的重新审视。AES Summit Generation Limited and AES-Tisza Erömü Kft v. The Republic of Hungary, ICSID Case No. ARB/07/22, Decision of the Ad Hoc Committee on the Application for Annulment, June 29, 2012.

② 魏艳茹. ICSID 仲裁撤销制度研究 [M]. 厦门:厦门大学出版社,2007:32.

布自身并无管辖权，此类裁决当事人是可以申请撤销的①。还有学者从《华盛顿公约》本身出发，公约第48条第3款规定，仲裁裁决应处理提交仲裁庭的每一项问题，并说明理由，因此对投资者与东道国之间的争端作出最终处理结论的裁判文书，均属于可撤销的"裁决"。其中，仲裁庭认定自身无管辖权的决定如果以"裁决"的形式作出，则当事人可以依据公约第52条提起撤销程序；而仲裁庭认定管辖权成立的决定或对责任作出的决定，则不构成第50条或第52条所规定的"裁决"②。

除了考虑仲裁庭的管辖权认定结论是积极结果还是消极结果外，还应当以仲裁庭的管辖权处理结果是否终结了仲裁程序作为判断标准。具言之，如果仲裁庭认为管辖权问题较为复杂，将管辖权争议与实体争议分别审理，先发布一份管辖权决定认定仲裁庭有管辖权，随后再对实体争端进行裁判，那么在仲裁庭作出管辖权决定后、最终裁决之前，当事人是不可以单就管辖权决定申请撤销的，因为此时的程序尚未结束，案件仍处于未决状态（Pending），双方的权利义务关系也没有尘埃落定，专门委员会无从直接介入仲裁程序进行撤销。但是，如果仲裁庭认定自身无管辖权，则此时的管辖权决定无论文件命名为决定（Decision）抑或裁决（Award），其实质上都具有使仲裁程序归于终结的效果，因此是仲裁庭对该案作出的最终裁判文书，当事人是可以依据《华盛顿公约》第52条申请撤销的。

三、ICSID 国际投资仲裁裁决撤销程序的特殊性

与国际商事仲裁相比，ICSID 裁决的撤销程序具有以下特殊性：

其一，ICSID 仲裁裁决的撤销程序具备国际性、独立性、自足性。这主要体现在，国际商事仲裁裁决的撤销主体通常是仲裁地或仲裁准据法所属国的国内法院③，而 ICSID 裁决的监督机制属于内部程序，有权对撤销案件进行审

---

① SCHREUER. The ICSID convention: a commentary [M]. Cambridge: Cambridge University Press, 2009: 535.
② BISHOP, MARCHILI. Annulment under the ICSID convention [M]. Oxford: Oxford University Press, 2012: 37.
③ 例如1958年《承认与执行外国仲裁裁决公约》第5条第1款e项规定，当仲裁裁决已经由作出裁决的国家或据其法律作出裁决的国家的有权机关撤销时，法院可依当事人的申请而拒绝承认及执行该裁决。

查的是专为审理个案而临时成立的 ICSID 专门委员会（ad hoc committee），其无须仰赖于内国法院的审查和鉴别。

其二，ICSID 裁决的撤销程序具备非上诉性、有限性。ICSID 裁决的撤销从性质上根本不同于裁决的上诉机制，负责审查撤销事由的专门委员会无权全面审查仲裁的实质内容（包括事实认定问题与法律适用问题），而只能就提出撤销申请的一方所提出的撤销理由进行审查判断，并做出是否予以撤销的决定。

其三，ICSID 裁决撤销的理由具有法定化、程序化的特点。与国际商事仲裁裁决的撤销事由不尽一致，ICSID 投资仲裁裁决的撤销事由排除了传统商事仲裁中通行的公共秩序保留、不具备可仲裁性，而是突出仲裁庭的仲裁权缺失或不当行使而使得仲裁遭受来自公正性方面的质疑①。如前所述，第 52 条第 1 款将撤销理由限于仲裁庭组成、超越管辖权、仲裁员贿赂、背离仲裁程序规则、裁决未充分说理五项，且部分撤销事由有程度方面的要求，如组庭"不当"、"明显"越权、"严重"背离等，但公约本身并没具体清晰地阐明何种程度的违反构成"明显"与"不明显"的界限，因此，仲裁庭在适用各项法定撤销事由时必须加以解释②。在本条约适用的实践中，该条款被视为穷尽性列举，即除此之外，专门委员会不得再以其他非法定理由为根据对裁决进行审查或撤销。

其四，ICSID 裁决的撤销具有严厉性。在《华盛顿公约》体系内部，争端当事方若发现 ICSID 裁决存在瑕疵，除了可以依据第 52 条申请撤销外，还可以依据第 49 条申请对裁决进行补充与更正、依据第 50 条申请仲裁庭进行解释或停止执行、依据第 51 条申请就新出现的事实对裁决进行修改。但相比之下，撤销程序最为严格，对裁决效力的影响更为彻底，仲裁裁决一旦被撤销，将从根本上否定原裁决的效力，而补正程序则仅旨在纠正因过失而导致的"漏裁"或细微的技术性错误，修改程序仅能针对裁决作出后所发生的对裁决具有决定性影响的新事实③。当仲裁裁决遗漏某项仲裁请求时，争端当事

---

① BASEDOW. Encyclopedia of private international law [M]. Cheltenham: Edward Elgar Publishing, 2017: 96.

② BERMAN. Review of the arbitral tribunal's jurisdiction in ICSID arbitration [A]. Emmanuel Gaillard, The review of international arbitral awards [C]. New York: JurisNet, LLC, 2010: 253-255.

③ 李万强. 国际法学基本问题研究 [M]. 北京: 法律出版社, 2016: 81.

方可直接寻求更有效的救济而不必用尽一切救济，即撤销请求的提起并不以先行提起补正请求为前提①。

其五，ICSID 裁决被撤销后将使得裁决丧失执行力，而非 ICSID 裁决在仲裁地被撤销后仍然有可能在其他国家得到承认与执行。具言之，一旦专门委员会确定对 ICSID 裁决予以撤销，即溯及既往地将仲裁裁决予以清除和归零，使裁决本身不复存在，并全面地丧失确定力、拘束力、执行力，以至于有学者指出 ICSID 裁决撤销机制近乎一套精心筹划、耗资昂贵的蛇棋游戏（game of Snakes and Ladders）②。已被撤销的 ICSID 裁决，是不可能在《华盛顿公约》缔约国境内得到承认与执行的。不同的是，对于非 ICSID 仲裁裁决，在被仲裁地法院撤销后，尽管原则上也是难以在其他国家得到承认与执行的，但作为少数例外，在美国、法国等法院审查承认与执行外国裁决时，曾出现了一系列对在仲裁地已撤销的裁决仍予以承认并执行的实践。相比于 ICSID 裁决被撤销后原则上丧失执行力不同，非 ICSID 裁决在一国被撤销，并不意味着其丧失在其他国家的执行力，裁决的胜诉方当事人仍然可以向被执行人财产所在地的其他国家法院申请承认及执行。

据此可见，ICSID 体系下投资仲裁裁决的撤销程序具有独特性，应适用自成体系的一套规则，不能简单地挪用或照搬商事仲裁的撤销规则。那么，值得追问的是，ICSID 仲裁中，申请撤销裁决的各项理由彼此之间关系如何？各项撤裁理由具体涵盖哪些情形？在仲裁实践中形成了哪些共识？下面将逐一剖析这些问题。

第二节　ICSID 仲裁裁决撤销的法定事由

一、各项撤销理由彼此间的共通性与独立性

《华盛顿公约》第 52 条第 1 款所确立的五种裁决撤销理由在实践中并非

---

① 陈安. 国际投资争端仲裁："解决投资争端国际中心"机制研究 [M]. 上海：复旦大学出版社，2001：216.

② REDFERN. ICSID—losing its appeal? [J]. Arbitration International, 1987 (3)：98-99.

独立运用，为了增强胜诉的可能性，提出撤裁申请的当事方通常同时就多项法定事由叠加运用，而各项法定撤销理由本身也的确存在交叉的可能性，并非互不相干。例如，在阿姆科案的第一次撤销程序中，印度尼西亚声称，仲裁庭在裁决中关于阿姆科投资不足但并不足以支持政府撤销投资许可证的认定，已经同时构成超越权限、严重背离基本程序规则、且未能陈述其如此裁决的理由。而该案的专门委员会也认定，仲裁庭在对阿姆科的投资进行计算时没有适用印度尼西亚法律，因此明显超越权限，且未能陈述其如此计算的理由，因此应予撤销①。与此类似，在维纳案撤销程序中，申请撤销的当事人采用了类似的策略，声称仲裁庭计算利益的方法同时构成明显越权、严重背离基本程序规则、未能陈述裁决理由，但三点主张均被专门委员会予以驳回②。可见，各项撤裁理由之间存在一定的融合性，在实践中也常常并行运用。但是，既然公约中将其分别列明，就表明各理由有一定的相对独立性。简言之，各项撤销理由所旨在保护的法益是共通的，均旨在维系仲裁程序的公正性与仲裁当事人的程序权利，但不同理由的监督侧重点各异，作为仲裁的一项纠错机制，其对仲裁程序及仲裁裁决起到的制约功能有别，因此有必要就各项法定理由逐一进行考察。

二、仲裁庭组庭不当

根据国际商事仲裁中仲裁员委任的基本规则，组建仲裁庭时通常遵循以下方法：首先允许争端当事双方协议选任，在当事方未选任或无法达成协议时，则根据仲裁规则确立的方法委任仲裁员组成仲裁庭。在当事方无相反协议的情形下，ICSID 仲裁所依照的仲裁规则特指《ICSID 仲裁规则》。从广义来讲，仲裁庭组庭不当，既包括仲裁庭组成的方法存在违规（即违反公约第37~40 条的具体规定），也涵盖仲裁员本身不适格、应当回避而未回避、公正性值得质疑等具体情形。其中，质疑仲裁员公正性问题的讨论与投资仲裁中

---

① Amco Asia Corporation and others v. Republic of Indonesia, ICSID Case No. ARB/81/1, Ad hoc Committee Decision on the Application for Annulment, May 16, 1986.

② Wena Hotels Ltd. v. Arab Republic of Egypt, ICSID Case No. ARB/98/4, Ad hoc Committee Decision of Annulment Proceeding, February 5, 2002.

的仲裁员制度本身息息相关①。《华盛顿公约》第 57 条列明了当事人对仲裁员提出异议的具体要求，异议包括对仲裁员资质及能力的挑战（即仲裁员不具备公约第 14 条列明的资格要求），也包括仲裁员与当事人存在利益冲突应予回避的情形。为了将质疑仲裁员的程序具体化，《ICSID 仲裁规则》第 9 条设置了更为详尽的程序性指引，包括提出质疑的时间要求、所需的具体文件、质疑标准等。在投资仲裁实践中，仲裁员公正性的内涵被概括为"身份要求"与"行为要求"，前者特指身兼数职、身兼数案、观点冲突、利益冲突等；后者则侧重某仲裁员在个案中的行为违背程序性要求，例如未能及时、有效地披露有关信息或对一方当事人有明显的偏见等②。相比之下，后者由于发生在仲裁庭组庭之后，不应视为仲裁庭组成的失误，而应视其程度归类为严重背离基本程序规则的审查范围。且应注意，当事人在知悉或应当知晓存在仲裁员不公正的情形后，应及时在仲裁程序过程中提出质疑或回避申请，而不应当拖延至撤销程序再提出仲裁员不公正的质疑。原因是，根据禁反言原则，未及时提出质疑可能会被专门委员会认定为构成异议权放弃，从而丧失在撤销程序中质疑仲裁员的权利③。

三、仲裁庭明显越权

与多数国际争端解决机制相似，国际投资仲裁庭的管辖权亦来自当事方事先或事后达成的约定将某类争端提交仲裁的共同合意，且当事方的合意范围不得突破法定的可仲裁性标准④。但与商事仲裁不同的是，投资仲裁中仲裁合意的形成基础不仅可以体现在私人合同中，而且更多地体现在投资者母国与投资东道国之间缔结的投资条约中，因此仲裁庭需要对条约进行准确的解

---

① 目前，以 ICSID 为代表的国际投资仲裁案件中，仲裁员的分布是高度集中的，绝大多数案件是由少数仲裁员所裁判的，而少数核心仲裁员的反复任命本身即意味着利益冲突难以彻底避免。已经获得任命的仲裁员为了争取在将来的案件中再次得到当事人的选任，很可能会因利益驱动而形成裁判偏见，以至于在国际投资条约具体条款的解释方面难以保证中立。王彦志. 新自由主义国际投资法律机制：兴起、构造和变迁 [M]. 北京：法律出版社，2016：385-386.

② 丁夏. 国际投资仲裁案件中"客观行为标准"的适用：以质疑仲裁员公正性为视角 [J]. 国际经贸探索，2016（3）.

③ PARRA. The history of ICSID [M]. Oxford：Oxford University Press，2012：267.

④ STEINGRUBER. Consent in international arbitration [M]. Oxford：Oxford University Press，2012：254-255.

释，以便廓清自身的管辖权范围①。《华盛顿公约》将仲裁庭明显越权作为撤销裁决的法定事由，实际上是对仲裁管辖权适格性的事后审查，即仲裁庭的"间接管辖权"。具体而言，实践中的"明显越权"主要涵盖以下几类情形。

其一，裁决的范围超出仲裁协议约定的仲裁事项，即仲裁庭对某些事项缺失管辖权。这种情形是最为常见的"超裁"，根据《华盛顿公约》第25条，ICSID的仲裁管辖权必须同时满足属物管辖权、属人管辖权、书面合意、属时管辖权等要件，缺一不可。并且，当投资者是基于双边投资条约中的争端解决条款提出条约仲裁请求时，属物管辖权与属人管辖权的界定还要充分符合BIT中关于"投资"与"投资者"的定义。例如，在米切尔案撤销程序中，专门委员会指出，仲裁的范围应当严格基于《华盛顿公约》第25条中因投资而产生的法律争端，但仲裁庭在确定属物管辖权时，尤其是在界定"投资"时没有考虑经营事项须对东道国经济发展有所贡献这项关键要素，即轻率地受理了案件并作出了裁决，而该案投资者的经验事项恰恰没有对东道国带来经济发展上的贡献，因此仲裁庭予以管辖已构成了明显越权②。也正是为了避免仲裁庭管辖的范围超出了"投资"争端的属物管辖权，在讨论国际投资仲裁实践中对"投资"的定义方法时，该案常被引做支持适用"萨利尼标准"的重要参考③。

其二，仲裁庭拒绝行使其本应行使的管辖权，这也构成明显越权④。这种理解，与国际商事仲裁中"超裁"概念的逻辑存在微妙的差异⑤。对此，维旺迪案撤销程序的专门委员会给出了如下说明：对ICSID仲裁庭而言，如果其根据《华盛顿公约》第25条及BIT的争端解决条款对投资者提出的某项仲

---

① STEINGRUBER. Consent in international arbitration [M]. Oxford: Oxford University Press, 2012: 27.

② Mr. Patrick Mitchell v. Democratic Republic of the Congo, ICSID Case No. ARB/99/7, Decision on the Application for Annulment of the Award, November 1. 2006.

③ SORNARAJAH. The international law on foreign investment [M]. Cambridge: Cambridge University Press, 2010: 313.

④ DOLZER, SCHREUER. Principles of international investment law [M]. Oxford: Oxford University Press, 2012: 304-305.

⑤ 之所以这类情形也构成"明显越权"，原因是仲裁庭的权力来自争端当事方的合意授权，一旦仲裁庭违背了当事人的仲裁协议，即已构成违反。换言之，如果当事方已经达成合意，共同同意将某类投资争端提交国际仲裁，则管辖此类争端将构成仲裁庭的职责，其无权拒绝，拒绝行使管辖权的行为亦属于越权。

裁请求拥有管辖权,则其无权驳回该项仲裁请求或命令当事人将该争端提交至国内法院解决。本案中,仲裁庭对阿根廷土库曼省的请求拥有管辖权但拒不行使,这亦构成明显越权,因此专门委员会认定该裁决应予撤销①。

其三,裁决未适用适当的准据法,即法律适用错误亦构成仲裁庭越权。尤其是,当仲裁庭适用了其本不应适用的法律,或以有偏差的方式对准据法进行解释与适用时,其已然逾越自身的裁决使命,构成第52条第1款b项中的越权行为。考虑到事实认定与法律适用的问题通常被视为仲裁的实体问题,为尊重仲裁庭裁判的独立性、避免外界的干预,在国际商事仲裁裁决撤销程序或执行程序中,除涉及公共秩序外,法院通常不对这类事项再实施审查。但在投资仲裁中,能否对仲裁庭认定的事实与法律事项进行审查,进行全面审查还是有限审查,都存在实践争论。例如,在阿拉普里诉土耳其案的撤销程序中,专门委员会就明确提出:对仲裁庭的法律适用错误,有必要区分"未适用应予适用的准据法"与"适用了应适用的准据法但法律适用错误"两类不同情形。对前者,因违反当事人的仲裁合意而可能构成越权;但对后者,则不宜一概而论②。但在个案中,区分这两类情形的界限与标准却不甚清晰。

《华盛顿公约》第42条第1款确立了ICSID仲裁法律适用的基本顺位,在当事人对仲裁准据法作出约定的情形下,有效的意思自治应优先考量;而在未作约定的情形下,仲裁庭应适用争端当事国一方的国内法(涵盖东道国的冲突法)及可适用的国际法规则③。可见,当意思自治缺位时,仲裁庭在确定准据法方面拥有一定的权限,当然这种权限的行使要遵从案件所适用的BIT的限制④。例如,在维纳诉埃及案的撤销程序中,专门委员会强调称:公约第42条采用的措辞是"及",表明国际法与国内法都必须起到作用,因此国内

---

① Compañiá de Aguas del Aconquija S. A. and Vivendi Universal S. A. v. Argentine Republic, ICSID Case No. ARB/97/3, Decision on the Argentine Republic's Request for Annulment of the Award rendered on 20 August 2007, August 10, 2010.

② Alapli Elektrik B. V. v. Republic of Turkey, ICSID Case No. ARB/08/13, Decision on Annulment, July 10, 2014.

③ 乔慧娟. 私人与国家间投资争端仲裁的法律适用问题研究 [M]. 北京:法律出版社,2014:63-66.

④ 张建. ICSID投资仲裁中的法律适用问题:以《华盛顿公约》第42条的理解与适用为中心 [J]. 安阳师范学院学报,2016(1).

法可以与国际法共同适用，国际法也可单独适用，仲裁庭可以根据具体案情，在两个平等的准据法体系中选择适用国际法，而不必先行确定国内法是否存在空白或缺陷①。但也有案件中表达了不同裁判意见，例如在索发吉案的撤销程序中，专门委员会称：对准据法的错误解释或不当适用，在有些情况下是显而易见的、骇人听闻的、异乎寻常的，以至于已经构成了"未适用应予适用的准据法"，原因是这种法律适用错误是任何一个理性人所不能接受的，这种错误的严重程度有别于一般的简单错误，在普通法系国家通常无法借助一般的上诉程序解决，而必须采取调卷令的方式审查②。

实践中，并非仲裁庭的任何越权行为均将导致裁决被撤销，而是必须符合"明显"越权的要求。对于"明显"的解释标准，个案中的专门委员会认识不尽一致：有观点认为"明显"针对的是越权行为对裁决结果的影响，也有观点认为"明显"所指的含义是越权行为"显而易见"③。例如，在瑞士通用公证行诉巴拉圭案的撤销程序中，"明显越权"指的是权力的过度使用已经达到了易感知的、不言自明的程度，而并不是扩张解释的结果④。换言之，如果对条约中某项术语的真实含义存在两种解释方案，仲裁庭在裁决过程中选择其中之一，这种情形仍属仲裁庭自由裁量权的范围之内，并不构成明显越权。对于前文所提到的几类构成越权的情形，ICSID 曾专门做过统计，在1986 年 5 月至 2012 年 6 月期间，申请人曾经在 18 起案件中指控仲裁庭行使了其本不具有的管辖权，但仅有 1 例得到了专门委员会的支持（米切尔诉刚果案的裁决被全部撤销）；申请人曾经在 12 个案件中指控仲裁庭拒不行使本

---

① Wena Hotels Ltd. v. Arab Republic of Egypt, ICSID Case No. ARB/98/4, Decision of Annulment Proceeding, February 5, 2002.

② Hussein Nuaman Soufraki v. The United Arab Emirates, ICSID Case No. ARB/02/7, Decision of the ad hoc Committee on the Application for Annulment of Mr Soufraki, June 5, 2007.

③ 除了《华盛顿公约》第 52 条第 1 款关于撤销的理由中使用了"明显"这一表述外，在《ICSID 仲裁规则》第 41 条第 5 款规定的早期驳回程序（Preliminary Objection）的适用要件中也采用了"明显不具有法律根据"这一表述。在环球石油公司诉约旦案中，仲裁庭指出，"明显"的通常含义应为清楚明白、易于察觉和感知、可以充分被观察到、能够相对轻松且迅速地确认异议是成立的，这一证明标准高于"表面上证据确凿"的审查标准。Trans-Global Petroleum, Inc. v. The Hashemite Kingdom of Jordan, ICSID Case No. ARB/07/25, The Tribunal's Decision on the Respondent's Objection Under Rule 41 (5) of the ICSID Arbitration Rules, 12 May 2008. 肖军. 规制冲突裁决的国际投资仲裁改革研究：以管辖权问题为核心 [M]. 北京：中国社会科学出版社，2017：113-114.

④ SGS Société Générale de Surveillance S. A. v. The Republic of Paraguay, ICSID Case No. ARB/07/29, Decision on Annulment, May 19, 2014.

应行使的管辖权,仅有3例得到了专门委员会的支持(马来西亚历史打捞公司诉马来西亚案的裁决被全部撤销、维旺迪诉阿根廷第一案的裁决被部分撤销、海尔南诉埃及案的裁决被部分撤销)①。由这项统计可以看出,考虑到《华盛顿公约》第41条第1款确立了仲裁庭自裁管辖权原则,专门委员会在撤销程序中会尽量尊重仲裁庭的意见,特别是当有争议的管辖权事项存在多种解释可能性时,专门委员会不会轻易颠覆仲裁庭的管辖权决定,除非越权行为确已达到"明显"有违程序公正的程度②。

四、仲裁庭成员有受贿行为

国际仲裁界公认:仲裁之好坏取决于仲裁员(The arbitration is only as good as its arbitrators)。这句箴言常被引用来意指仲裁员制度对仲裁公正性的实质性保障功能。而近些年来,国际投资仲裁中的腐败现象日益浮出水面,尤其是腐败的存在对投资合法性及仲裁庭管辖权的冲击,受到国际社会各界的广泛关注与深入反思③。同样地,如果当事人对仲裁员实施了贿赂行为,这将直接冲击裁决的公正性乃至投资仲裁本身的公信力,而且也从根本上与国际社会打击腐败的决心背道而驰,因此,不难理解《华盛顿公约》第52条中将仲裁员腐败作为独立的一项撤销仲裁裁决的法定情形。值得注意的是,从腐败的严重程度和共同打击该类活动的国际共识来看,其必涉及利益交换行为,换言之,如果仲裁员仅是对某一方当事人持有偏见,但并未发生所谓的"权钱交易"行为,则并不属于本款所称的仲裁员腐败。从实践来看,在迄今为止的所有ICSID裁决撤销实践中,仲裁员受贿、仲裁庭组庭不当这两种理

---

① SHIN. Annulment: klöckner v. cameroon, ICSID case No. ARB/81/2 and Wena v. Egypt, ICSID Case No. ARB/98/4 [A]. Meg Kinnear et al., Building International Investment Law: The First 50 Years of ICSID [C]. Netherland: Kluwer Law International, 2016: 707.

② 除此之外,对于ICSID仲裁案件中争端的当事人而言,如果对仲裁庭的管辖权持有异议,应尽可能在仲裁程序中及早提出,而不是待仲裁裁决业已作出后才在撤销程序中提出,以防止被专门委员会认定为异议权的放弃。张建. 国际投资仲裁中的管辖权异议及其认定问题:以Rusoro诉委内瑞拉仲裁案为例 [J]. 武大国际法评论, 2017 (6).

③ TAMADA. Host states as claimants: corruption allegations [A]. Shaheeza Lalani and Rodrigo Polanco Lazo. The Role of the State in Investor-State Arbitration [C]. Netherland: Brill Nifhoff Publisher, 2015: 103-122.

由还从未被当事人引用,专门委员会也尚未在个案中对此进行过专门讨论①。当然,并不排除在将来的投资仲裁裁决撤销实践中可能会启用这一条款,毕竟,国际经济秩序法治化的应然状态应是"动态的法治"和"作为过程的法治"②。

五、仲裁程序严重违背基本程序规则

程序正义是以仲裁方式解决投资争端的核心价值之一,而严重背离基本程序规则的仲裁裁决将被撤销,这是《华盛顿公约》设置裁决撤销机制的重要功能之一。那么,究竟仲裁程序中出现的哪些情形可以被视为对基本程序规则的严重违反呢?对此,必须先要回答何为仲裁中的基本程序规则,对其内涵的讨论须充分把握争议解决中的"正当程序原则"及"自然公正"理念,这二者不仅适用于仲裁,也是诉讼等其他法律程序的底线。具体而言,正当程序应充分满足两项要求:其一,与争议有关的任何一方都不能担任自己的法官或仲裁员,即裁判者必须对争议本身没有切身利害关系;其二,仲裁员在程序上必须确保每一方当事人都有平等的申辩机会,以及该申诉会被聆听考虑,同时要给双方充分合理的机会去呈交他们的争辩与证据,去清楚了解对方的指控是什么,以及去对这些指控作出自辩,去向对方证人盘问等③。相应地,对仲裁庭违反程序正义的指控通常涉及:第一,仲裁庭处理程序问题的方式不具备公正性;第二,仲裁庭于另一方不在场的情况下单方面听取了一方的陈述,且该另一方不在场拥有合理的原因与理由而并非缺席仲裁,同时仲裁庭也未听取缺席方对有关申述的答辩意见,进而客观上剥夺了缺席方的听审权。值得一提的是,在既有的申请撤销仲裁裁决实践中,有一类情形为申请人所频繁援引,即仲裁庭在作出裁决的过程中,依据了一些未经当事人讨论的裁判意见,申请撤销的一方认为此类情况属于违背基本程序规则。例如在维纳案中,仲裁庭使用了复合利息法来计算裁决中损害赔偿金的应付利息。但撤销程序中,申请人指控仲裁庭无权对利息事项进行裁决,

---

① SCHEFER. International investment law: text, cases and materials [M]. Cheltenham: Edward Elgar Publishing, 2016: 523.
② 何志鹏. 国际经济法治:全球变革与中国立场 [M]. 北京:高等教育出版社,2015: 387.
③ 杨良宜. 国际商务仲裁 [M]. 北京:中国政法大学出版社,1997: 11-12.

也无权采用复合利息法,因此违背基本程序规则应予撤销。但这一申请理由最终被专门委员会驳回,专门委员会提出,仲裁庭有权对赔偿金所涉利息事项进行裁决,当事人应当充分意识到这一点,且既然仲裁申请人提出的利息索赔请求中未申明采用何种计算方法,仲裁庭即有权选取适当的方式进行计算,因此这并不构成对基本程序规则的违反,裁决也并不能因此而撤销①。

六、裁决未说明所依据的理由

法谚有云:正义不仅应当实现,还要以人们能够看得见的方式实现。对裁判文书进行说理,并对结论提供理由加以论证是确保仲裁公信力、裁决正当性的重要保障。根据《华盛顿公约》第48条第3款,仲裁庭所作出的裁决中,应当对当事人提交至仲裁的每一项争点给出处理结论,并且应当陈述其据以作出每项意见的原因。基于此,公约为仲裁庭审理案件及制作裁决规定了强制性的说理义务,而ICSID的仲裁员皆为通晓国际经贸争端解决的业内人士,因此,裁决书中完全不说明任何裁判理由的情况几乎不存在。而之所以将裁决未说理作为撤销的法定事由,主要考量到以下四类情形:第一,对某一项仲裁请求或具体争点的认定缺乏说理;第二,裁决中的说理不够充分或理由不适当;第三,仲裁裁决中对每项认定结论分别说理,但不同的理由间彼此互有对立及冲突;第四,裁决中遗漏了对仲裁申请人的某些请求或关键争点进行处理,且"漏裁"对裁决的结论具有实质影响②。当然,尽管仲裁庭必须对当事人的每个仲裁请求给出裁判结论,但并不必然对当事人之间辩驳的每个争点都给出推理,其仅需考虑对裁判结果具有实质影响的争论,而对于无关联的外围争议,则可以不予置评。对于推理的方式,仲裁庭也并不必然采用明示推理,对于众所公认的免证事实及公理,隐含推理即为已足③。

---

① Wena Hotels Ltd. v. Arab Republic of Egypt, ICSID Case No. ARB/98/4, Decision of Annulment Proceeding, February 5, 2002.

② SCHREUER. The ICSID convention: a commentary [M]. Cambridge: Cambridge University Press, 2009: 1014.

③ M. C. I. Power Group L. C. and New Turbine, Inc. v. Republic of Ecuador, ICSID Case No. ARB/03/6, Decision on Annulment, October 19, 2009.

第三节 国际投资仲裁裁决的承认与执行

一、承认与执行是国际投资争端解决机制的关键环节

以解决外国投资者与东道国政府间投资条约争端为目标的国际投资仲裁机制近年来获得了前所未有的充分发展。从静态视角观察，在全球范围内已经形成了国际投资条约的庞大网络，国际投资法制错综复杂，彼此间相互交织重叠，为外国投资者与东道国之间解决争端提供了坚实的法治保障。根据UNCTAD发布的《2019年世界投资报告》，截至2018年12月31日，全球范围内的国际投资协定（International Investment Agreement，IIA）总数达到3 317项，其中包括2 932项双边投资协定（Bilateral Investment Treaty，BIT）和385项含有投资条款的国际条约（Treaties with Investment Provisions，TIP）。在2018年，世界各国新缔结了40项IIA，有24项IIA自本年度终止生效，9项已缔结的IIA自该年度开始生效，在全部的IIA中，已生效的国际投资协定共有2 658项[1]。从动态角度观察，外国投资者依据条约对东道国政府提起的国际投资仲裁案件频发，涉华投资仲裁案件引发高度关注。

二、中国对外缔结的投资条约确立了多种争端解决选项

中国自1982年与瑞典签订第一项BIT以来，迄今已对外签订了130多项BIT及17个自由贸易协定（Free Trade Agreement，FTA）。其中，诸多BIT与FTA规定东道国政府与外国投资者之间可通过国际仲裁方式解决因东道国违反条约而产生的投资争端。其中，根据1965年《华盛顿公约》成立的ICSID是最重要的国际投资仲裁机构，但却并非解决国际投资争端的唯一选项。2000年后，中国在签署第三代BIT时所采取的争端解决条款文本中，通常确

---

[1] UNCTAD. World investment report 2019: special economic zones [M]. Geneva and New York: United Nations Publication, 2019: 99.

立四种投资仲裁方式供外国投资者单方选择：第一，依据《华盛顿公约》及《ICSID 仲裁规则》提交仲裁；第二，依据《ICSID 附加便利规则》提交仲裁；第三，依据《UNCITRAL 仲裁规则》提交仲裁；第四，如争端所涉的各方当事人（投资者与东道国）一致同意，可向其他仲裁机构或依据其他仲裁规则提交仲裁。国际投资仲裁作为解决投资者与国家间争端的一种方式，其目的在于定分止争。与调解、和解等大多数替代性争议解决方式不同，仲裁的优势之一在于能够对所裁判的争议作出有约束力的决定，一旦裁决作出，当事人将履行裁决，这是每一份仲裁协议隐含的条件。在实践中，有统计数据表明，大多数仲裁裁决确实能够得到自动履行，但是，在国际仲裁实践中，败诉方拒绝履行的例证亦不鲜见[1]。鉴于仲裁属于典型的社会救济，仲裁程序本质上属于民间性的"私程序"，仲裁庭并不具备强制执行仲裁裁决的权力，因此，当败诉方拒绝承认和履行裁决时，胜诉方当事人只得求诸国内法院或其他具有公权力的机关，通过公权力的行使实现强制执行裁决的目标[2]。只有仲裁裁决所载明的款项得到财产所在地法院的承认与执行，胜诉方的权益才能得到保障。相比之下，中国接受的前述四类国际投资仲裁选项中，采取第一类方式作出的 ICSID 裁决，可以依照《华盛顿公约》的规定在缔约国领土内申请承认和执行，而后三类裁决的承认与执行，则尚无统一的、明确的法律依据。考虑到 ICSID 裁决与非 ICSID 裁决在承认与执行时适用不同的法律体系，将分别探讨：首先，中国法院应如何理解和适用《华盛顿公约》相关条款，从而为承认与执行 ICSID 裁决确立明确的条件与程序？其次，对于非 ICSID 裁决，现有的法律规则是否具有相应的制度安排，如若欠缺，司法者应如何回应制度缺位，在今后的缔约实践中又应当采取何种立场，其内在理据何在？对这些问题的分析，下面将予以详细介绍。

三、我国法院适用《华盛顿公约》执行 ICSID 裁决的制度保障

（一）ICSID 裁决承认与执行的法律依据

国际投资仲裁能否发挥预期效果，解决投资者与国家间争端，其关键在

---

[1] 霍政欣. 国际私法 [M]. 北京：中国政法大学出版社，2017：341.
[2] 赵健. 国际商事仲裁的司法监督 [M]. 北京：法律出版社，2000：151.

于仲裁庭所作出的裁决能否得到承认和执行。

裁决的承认和执行是有区别的，二者分处于仲裁的两个不同阶段。所谓裁决的承认，是指法院认可该裁决所确认的当事人之间的权利与义务在其境内具有法律效力，肯定该裁决具有拘束力；所谓裁决的执行，是指法院在承认裁决效力的基础上，依照法律规定的执行程序，对裁决中载明的金钱给付义务予以强制执行①。相较之下，承认不涉及执行地国关于国家豁免的法律规定，执行则须受到执行地国法律（包括国家豁免法）的管辖。

《华盛顿公约》第53条第1款确立了ICSID裁决的终局性和败诉方的自动履行义务，该条款规定："裁决对双方当事人具有约束力，不得进行任何上诉或采取除本公约规定外的任何其他补救办法。除依照本公约有关规定予以停止执行的情况外，每一方应遵守和履行裁决的规定。"该款确立了三方面核心内容：首先，对ICSID裁决的错误进行审查和追诉必须在公约自身设定的补救办法之内进行，而不受任何外在监督和制约；其次，ICSID裁决的约束力仅限定于争议的双方当事人，而不及于任何第三方，但这一点颇受质疑，当仲裁庭发布的裁决履行方是东道国的政治区分单位或东道国向中心指派的机构时，东道国政府自身是否受裁决约束，仍需视情况而定；再次，并非ICSID仲裁庭作出的所有决定都以裁决书的方式呈现，更不用说最终裁决，根据公约第48条第3款，只有裁决处理当事人提交至仲裁庭的每一个问题且说明所依据的理由时，该裁决才确定无疑是终局的②。具言之，仲裁庭认定自身无管辖权的决定以及对所有实体争议事项作出裁断的决定可以被归入裁决的范畴，但仲裁庭仅仅确认具有管辖权的决定并非最终裁决，因为案件的最终裁判结果有待于仲裁庭对争议的所有实体问题进行审理后方可得出③。再如，仲裁庭签发的关于中间措施的程序命令，亦不属于第53条第1款中具有终局性的裁决④。

---

① 刘仁山. 国际私法 [M]. 6版. 北京：中国法制出版社，2019：533.
② REED, PAULSSON, BLACKABY. Guide to ICSID arbitration [M]. Alphen aan den Rijn：Kluwer Law International, 2011：182.
③ 根据《华盛顿公约》第53条第2款，ICSID仲裁裁决包括仲裁庭所作出的裁决书、仲裁庭或特设委员会对裁决所作出的解释、修改、撤销等任何决定。
④ 张建. ICSID投资仲裁裁决的撤销问题：以《华盛顿公约》第52条的理解与适用为中心 [A]. 黄进，肖永平，刘仁山. 中国国际私法与比较法年刊（第二十卷）[C]. 北京：法律出版社，2018：271.

《华盛顿公约》第 54 条第 1 款规定了 ICSID 裁决的自动承认与执行机制。不同于第 53 条第 1 款只约束双方当事人，第 54 条第 1 款针对公约所有的缔约方。该条款规定："每一缔约国应承认依照本公约作出的裁决具有约束力，并在其领土内履行该裁决所施加的财政义务，正如该裁决是该国法院的最后判决一样。具有联邦宪法的缔约国可以在联邦法院或通过该法院执行裁决，并可规定联邦法院应把该裁决视为组成联邦的某一邦的法院作出的最后判决。"根据该条款，公约的所有缔约国均有义务承认和执行 ICSID 裁决，裁决的胜诉方不仅可以向投资东道国或投资者母国申请承认和执行裁决，而且可以向其他缔约国申请承认与执行 ICSID 裁决，胜诉方当事人有权选择其认为最可能成功执行裁决的国家，此种选择主要考虑败诉方在该国是否具有可供扣押和执行的财产，以及该国在国家豁免方面是否采取限制豁免主义。

《华盛顿公约》第 54 条第 3 款规定："ICSID 仲裁庭所作裁决的执行应受执行地国法律的支配。"从内容上来看，该条款只阐明了裁决的执行程序依据国内有关执行的立法。具言之，在当事人提出承认与执行的申请后，执行裁决的国内程序遵循各国规范判决执行的法律，以我国为例，《中华人民共和国民事诉讼法》第三编对民事执行程序的规范及与执行程序相关的司法解释应予适用。为此目的，公约缔约国应向中心指定主管此项工作的适当法院或其他当局[1]。而从体系解释的角度审视，第 54 条与第 55 条相得益彰，第 55 条规定："第 54 条的规定不得解释为背离任何缔约国现行的关于该国或任何外国执行豁免的法律。"两个条款相互补充，意在强调：ICSID 裁决的执行，应当从属于被请求执行地的国内程序法规范，但在国家豁免方面，法院地国根据条约或习惯国际法所承担的国际义务亦应得到尊重而不得予以背离[2]。

《华盛顿公约》第 69 条规定："每一缔约国应采取在其领土内实施本公约的规定所必要的立法或其他措施。"例如，美国为了在其国内执行《华盛顿公约》，制定了《美国法典》第二十章第 1650 条与第 1650a 条，据此，根据公约作出的 ICSID 仲裁裁决在其国内有权受到与美国各州法院作出的终审判决

---

[1] DOLZER, SCHREURE. Principles of international investment law [M]. Oxford: Oxford University Press, 2012: 310.
[2] 张潇剑. 论 ICSID 仲裁裁决的承认与执行 [J]. 西北大学学报（哲学社会科学版），2010（4）.

同等的充分信任①。相较之下,中国在这方面尚没有达成具体的安排②。

(二) ICSID 裁决承认与执行的制度特征

综合《华盛顿公约》的以上规定,相比于《纽约公约》体系下外国仲裁裁决的承认与执行,ICSID 裁决的承认与执行具有如下典型特征:

第一,对 ICSID 裁决适用自动承认机制。依据第 53 条第 1 款,ICSID 裁决对争端当事方具有对人效力,各方不得采取上诉或公约以外的其他救济机制,这俨然排除了内国法院对 ICSID 裁决的司法审查。尤其是,当裁决作出之后,败诉方负有直接的履行义务,若不履行,将诱发国际法上的国家责任。而依据第 54 条第 1 款,ICSID 裁决对缔约国具有对世效力,各缔约国不得以公约之外的任何理由拒绝承认和执行,甚至国际商事仲裁中最为重要的公共秩序保留亦不适用于 ICSID 裁决的执行。当然,自动承认执行机制并不意味着败诉方不得对 ICSID 裁决的任何错误进行追诉。事实上,《华盛顿公约》体系下设置了专门的撤销程序来实现对裁决的内部监督和纠错,但理论界与实务界普遍认为,ICSID 撤销机制的适用情形极为有限,其发挥作用的空间甚为有限,且运作效率和实际效果不佳,亟待予以完善③。

第二,ICSID 裁决的承认和执行多采取简易程序。依据第 54 条第 2 款,各缔约国应指定本国承认和执行 ICSID 裁决的主管法院或其他机构,并将此种指定或任何变动及时通知 ICSID 秘书长。多数国家均指定本国的某一法院负责此类工作,少数国家指定某一国家行政机关专司此职,例如比利时和莱索托指定本国的外交部,塞拉利昂指定本国财政部,拉脱维亚指定本国司法部等。在确定执行地的主管法院或机构之后,对于胜诉方当事人而言,申请承认与执行 ICSID 裁决时须提交的文件资料简单明了,仅需提供经秘书长核正无误的裁决书副本即可,秘书长的核正本身即足以表明裁决的真实性,主管法院将不再对其另行审查即予以承认并执行。

第三,作为限制,公约仅要求缔约国在其领土内执行 ICSID 裁决中的金

---

① FOLSOM. Principles of international litigation and arbitration [M]. St. Paul: West Academic Publishing, 2016: 181-182.

② 中国早在 1993 年即成为《华盛顿公约》缔约国,但截至目前却仍然尚未向 ICSID 秘书长指定主管 ICSID 裁决执行的法院或其他机构,也没有通过立法或相关司法解释明确投资仲裁裁决在中国大陆的执行问题。薛源. 投资者与东道国争端仲裁与我国法律机制的衔接 [J]. 国际商务—对外经济贸易大学学报, 2017 (5).

③ 祁欢, 管宇钿. ICSID 仲裁撤销制度之完善 [J]. 国际经济法学刊, 2016 (2).

钱义务，执行程序依据执行所在的法院地法，且缔约国有关执行豁免的法律不受影响。就 ICSID 裁决的内容和救济而言，公约并未作出详细的限定，从学理上分析，申请人可主张的救济类型包括多种形式，既可要求财产损害赔偿，亦可要求精神损害赔偿①。相应地，仲裁庭可作出的裁决也是多元的，既可以包括承担金钱赔付内容的裁决，也可以是确权、恢复原状、实际履行等裁决②。对于 ICSID 裁决的内容，大体上可以归类为金钱款项与非金钱款项。公约第 53 条第 1 款中要求争端当事双方应遵守和履行裁决，第 54 条第 1 款要求缔约国承认 ICSID 裁决，均包括裁决中的所有内容，但第 54 条第 1 款中规定缔约国有义务在其领土内执行裁决，此类义务则仅限于 ICSID 裁决中的金钱义务③。换言之，对于 ICSID 裁决中的非金钱义务，原则上应由争端当事国自动履行，其他缔约国没有协助执行的义务，只有裁决中的金钱义务方可向其他缔约国申请强制执行。这种对裁决内容的区分是《华盛顿公约》体系下 ICSID 承认与执行机制所特有的，《纽约公约》并无类似的制度设计。

（三）ICSID 裁决承认与执行的程序制约

原则上，ICSID 仲裁裁决具有终局性，对争端当事方及缔约国均具约束力和执行力。但作为例外，ICSID 裁决的承认与执行程序也受内在纠错程序的制约。根据《华盛顿公约》第 50 条第 2 款、第 51 条第 4 款、第 52 条第 5 款，在争端一方或双方申请对裁决进行解释、修改、撤销时，如果仲裁庭或特设委员会认为情况有此需要，可以在作出决定前停止执行裁决。如果申请人在申请书中要求停止执行裁决，则裁决应暂停执行，此即 ICSID 裁决承认与执行程序中的中止执行制度（Stay of Enforcement）④。

从法律规范来看，可能导致裁决暂停执行的情况有两类：第一类是仲裁庭或特设委员会依据自由裁量权在情况必要时酌定中止执行，公约用词为

---

① 刘晓华. 国际投资仲裁中法人精神损害赔偿标准：以 ICSID 案例为视角 [J]. 中山大学法律评论，2017（2）；朱明新. 国际投资仲裁中的精神损害赔偿研究 [J]. 现代法学，2011（5）.
② 王艺琳. 国际投资仲裁裁决的救济类型分析：兼论非金钱性救济在国际投资仲裁裁决中的运用 [J]. 北京仲裁，2016（4）.
③ 黄进. 国际商事争议解决机制研究 [M]. 武汉：武汉大学出版社，2010：450.
④ FRIEDLAND. Stay of enforcement of the arbitral award pending ICISD annulment proceedings [A]. Emmanuel Gaillard. Annulment of ICSID Awards [C]. London：Juris Publisher, 2004：177.

"可以"（may）①；第二类是争端当事方在提出裁决解释、修改、撤销的同时要求中止执行裁决，此时"应当"（shall）暂停执行，应理解为法定中止执行。之所以在上述两类情形下对 ICSID 裁决中止执行，是为了等候仲裁庭或特设委员会做出解释、修改或撤销的决定，弥合裁决的执行程序与纠错审查程序之间的冲突和罅隙。具言之，在当事人提出裁决解释、修改或撤销的申请后，执行程序暂停进行，如果裁决被撤销，则执行根据不复存在，如果裁决被修改，则执行根据发生变更，如果裁决经过仲裁庭的解释而更加明确，则有助于廓清执行对象。鉴此，在符合法定事由的前提下暂时中止裁决的执行，虽然在一定程度上会延缓裁决内容的实现、拉低争议解决的效率，但可以避免裁决在执行后才发现执行有误而不得不予以回转或救济，因此对保障仲裁的公正性具有现实意义，实践中也不乏缔约国法院中止执行 ICSID 裁决的案例②。并且，由于国际投资仲裁中存在"早期驳回程序"，因此毋庸担忧裁决的败诉方会借助撤销机制实现"拖延战术"或滥用撤销申请权。总的来看，ICSID 裁决的中止执行制度是对承认与执行程序的纠偏，从而在仲裁的效率与公正价值间寻求平衡，我国政府或投资者在解决国际投资争端时须善加利用。

第四节 我国法院适用《纽约公约》执行非 ICSID 裁决

一、我国提出的"商事保留"及其阐释

ICSID 裁决在《华盛顿公约》缔约国的承认与执行具有自动性及独立性，此类裁决往往超出仲裁地法律而独立存在，在学理上常被称为浮动裁决

---

① SGS Société Générale de Surveillance S. A. v. The Republic of Paraguay, ICSID Case No. ARB/07/29, Decision on Paraguay's Request for the Continued Stay of Enforcement of the Award, 22 March 2013.

② PATERSON. English courts stay enforcement of ICSID award [EB/OL]. (2019-08-01). https://www.latham.london/2017/02/english-courts-stay-enforcement-of-icsid-award.

(floating award) 或非内国裁决 (a-national award)①。有学者比喻称,对于 ICSID 仲裁而言,在仲裁当事人合意的基础上产生的仲裁裁决,从其诞生之时起便开始起飞(take off),消失在苍天(firmament),只着陆于裁决执行地②。相较之下,非 ICSID 投资仲裁的地域性色彩更强,裁决的承认与执行受到更为严格和更为宽泛的审查③。一方面,裁决执行地的国内法对承认与执行外国仲裁裁决的规制将适用于非 ICSID 仲裁;另一方面,裁决执行地加入的国际公约(如 1958 年《纽约公约》)也为国内法院审查裁决的承认与执行提供了法定程序及拒绝事由④。1958 年《纽约公约》是国际商事仲裁乃至整个国际商法领域条约编纂最为成功的范例,截至 2022 年 4 月,该公约已有 169 个成员国。我国于 1986 年正式加入了《纽约公约》,该公约自 1987 年 4 月 2 日起对我国生效。《纽约公约》第 1 条第 3 款规定:"任何国家亦得声明,该国惟于争议起于法律关系,不论其为契约性质与否,而依提出声明国家之国内法认为系属商事关系者,始适用本公约。"根据公约规定,商事关系的定性是依据各声明国家的国内法来确定的,据此,我国在加入公约之际提出了"商事保留"。

全国人民代表大会常务委员会于 1986 年 12 月 2 日通过了《关于我国加入〈承认及执行外国仲裁裁决公约〉的决定》,其中规定,"中华人民共和国加入《承认及执行外国仲裁裁决公约》,并同时声明:(一)中华人民共和国只在互惠的基础上对在另一缔约国领土内作出的仲裁裁决的承认与执行适用该公约;(二)中华人民共和国只对根据中华人民共和国法律认定为属于契约性和非契约性商事法律关系所引起的争议适用该公约。"1987 年 4 月 10 日,最高人民法院在《关于执行我国加入的〈承认及执行外国仲裁裁决公约〉的通知》(法(经)发〔1987〕5 号)第 2 条中对"契约性和非契约性商事法律关系"作了具体的列举,其中明确将外国投资者与东道国政府之间的争端排除在商事法律关系的范畴之外⑤。

事实上,从我国现行的主要立法规范来分析,可知我国法律明确区分私

---

① 杜新丽. 国际民事诉讼与商事仲裁[M]. 北京:中国政法大学出版社,2009:241.
② 韩德培. 国际私法问题专论[M]. 武汉:武汉大学出版社,2004:431.
③ RAMASWAMY. Enforcement of ICSID and non-ICSID arbitration awards and the enforcement environment in BRICS [J]. International journal of business, economics and law, 2018 (2): 73.
④ 刘晓红,袁发强. 国际商事仲裁法案例教程[M]. 北京:北京大学出版社,2018:337.
⑤ 杜新丽. 论外国仲裁裁决在我国的承认与执行:兼论《纽约公约》在中国的适用[J]. 比较法研究,2005 (4).

法性质的民商事关系和公法性质的行政关系。公民、法人、其他组织以平等主体身份参与市场活动所形成的财产关系和人身关系，属于民商事关系，此类法律关系所引发争议的解决强调当事人主体身份的平等性和争议解决的自愿性。相比之下，行政关系属于典型的公法范畴，具有隶属性，是以国家行政管理机关代表国家的意志和利益，按照指令和服从原则建立起来的权利义务关系。不过，当国家以独立的民事主体身份平等参与市场活动时，则国家与其他主体之间形成的是平等的民商事关系，即使国家以国库财产为基础参与市场交易，例如发行国库券、国债等，也并不能改变法律关系的拟制平等特征[①]。对于国家行政管理机关通过行使行政权能而在市场管理活动中与行政相对人产生的法律关系，则为行政关系。我国《仲裁法》第2条将可仲裁事项的范围明确限定为平等主体的公民、法人、其他组织之间发生的合同纠纷和其他财产权益纠纷，尽管这一可仲裁事项的范围可以作宽泛解释，但立法者显然无意将晚近出现的投资者与国家间争端囊括在内。而事实上，我国仲裁机构虽然有270多家，但只有中国国际经济贸易仲裁委员会[②]与北京仲裁委员会制定了专门的投资仲裁规则[③]。这也表明，国际投资仲裁并非我国仲裁机构主要的受案来源，在较长的一段时间内，我国的仲裁机构甚至将受案范围仅限于平等主体之间的商事案件，足见商事仲裁与投资仲裁之间所存在的裂隙。此外，我国《仲裁法》第3条第2款明确规定依法应由行政机关处理的行政争议不能仲裁，而外国投资者与东道国政府间的国际投资争端中有相当一部分是因政府的外资管理活动引发的行政争议，这类争议显然被排除在可仲裁事项之外。因此，前述最高人民法院于1987年发布的通知中列明了"商事保留"，将投资仲裁裁决排除在《纽约公约》的适用范围之外，这是根据全国人大立法部门1986年保留声明的立法本意以及我国国内立法的规定所作出的合理解释。如果将投资争端视为商事纠纷，不加解释地径直将投资裁决纳入《纽约公约》的适用范围之内，无疑是对我国现行法律立场的重大挑战，并不属于因法律适用而产生的司法解释权限范围内，而是逾越到了立法者的选择范畴。进一步分析，即使删除了最高人民法院1987年通知中"但不包括外国投

[①] 王利明. 民法总则研究 [M]. 北京：中国人民大学出版社，2003：47.
[②] 《中国国际经济贸易仲裁委员会国际投资争端仲裁规则（试行）》自2017年10月1日起施行。
[③] 《北京仲裁委员会/北京国际仲裁中心国际投资仲裁规则》自2019年10月1日起施行。

资者与东道国政府之间的争端"等措辞,仍然会产生根据我国国内法对"商事"保留的具体含义引发的争议,且很难得出投资争端属于商事争议的当然理解。对这一问题的解决,需要立法者予以介入并作出合理的引导,通过立法机制明确中国法院适用《纽约公约》承认并执行非 ICSID 裁决的基础。

二、中国对外缔结投资条约时对《纽约公约》的纳入

不同于国内法上因"商事保留"而产生的争议,在中国对外签署 BIT 的缔约实践中,已经有个别的投资争端解决条款对商事争议与投资争端的两分法进行了调整,从而突破了现有的国内法律规定,明确投资者与国家间仲裁裁决适用《纽约公约》予以承认和执行的合法性(如表 10-1 所示)。

表 10-1 中国对外缔结投资条约时对《纽约公约》的纳入

条约名称	相关条款	具体规定
1991 年中国与捷克斯洛伐克 BIT	第 9 条第 4 款	仲裁裁决应由缔约双方根据 1958 年关于承认和执行外国仲裁裁决的《纽约公约》予以承认和执行
2008 年中国与墨西哥 BIT	第 17 条	应任一争端方的请求,依本节提起的任何仲裁应在《纽约公约》缔约国内进行
	第 20 条第 6 款	缔约各方应在其领土内采取一切必要措施以有效执行依本条作出的裁决,并应为执行以其为当事一方的程序作出的任何裁决提供便利
2004 年中国与瑞典 BIT 议定书	第 1 条第 5 款	任何依照《UNCITRAL 仲裁规则》进行的仲裁,根据争端任何一方的请求,应在作为 1958 年《纽约公约》缔约方的国家进行
	第 1 条第 6 款	任何依照本条作出的仲裁裁决应是终局的,并对争端各方有拘束力。争端各方应毫不延迟地执行任何此类裁决的规定,并对在其境内执行裁决作出规定

值得一提的是,中美 BIT 谈判最早由美方于 1986 年提出,此后搁置直至 2008 年重启[①]。由于双方的意见分歧比较明显,实质性进展缓慢,随后因美

---

① 张远岸. 中美续谈双边投资协定且年启动负面清单谈判 [J]. 新世纪周刊,2014 年 (28).

国对 2004 年 BIT 范本进行修订而导致谈判一度搁置。美国 2012 年版 BIT 范本[1]公布后，2012 年 6 月第四轮中美战略与经济对话上重启 BIT 谈判[2]。在此后的一年多里，中美 BIT 谈判进行了九轮技术性磋商，但进展不大。在 2013 年 7 月第五轮对话中，中美双方同意以准入前国民待遇和负面清单为基础开展中美 BIT 实质性谈判，打破僵局。此后，谈判进程迅速加快。2015 年 6 月，双方首次交换了负面者名单出价，谈判进入新阶段。2016 年 7 月，中美两国为达成 BIT 而开展了第 26 轮谈判。随后，中美 BIT 谈判工作先后因 2017 年美国大选与 2018 年中美贸易摩擦而再次陷入搁置状态[3]。当下，距中美 BIT 首次谈判已有十余年时间，这一工作却迟迟未能完成。

2012 年版美国 BIT 范本在第 25 条第 2 款、第 28 条第 1 款、第 34 条第 9 款、第 34 条第 10 款都明确提及《纽约公约》在投资者与国家间争端解决中的重要作用。其中，第 25 条第 2 款系针对仲裁协议的形式有效性作出的规定[4]。相较之下，第 34 条第 10 款更直接地阐明国际投资争端属于《纽约公约》项下的"商事"关系，因而此类裁决可适用该公约寻求承认与执行[5]。与此同时，2012 年版美国 BIT 范本第 34 条第 7 款明确规定："各缔约方都应对裁决在其境内的执行作出规定。"事实上，这与中方提供的谈判文本是一致的，中方文本第 34 条第 5 款第 5 项亦规定："各缔约方均应对终局裁决在其境内的执行作出规定。"具言之，如果两国的 BIT 谈判达成一致，则需要解决国际投资仲裁裁决在国内的执行问题。对于 ICSID 裁决，固然应适用《华盛顿公约》自动承认并执行；而对于非 ICSID 裁决，则要进一步论证其承认与执行所依据的法律路径。

---

[1] 美国先后有 1982 年、1994 年、2004 年和 2012 年四个双边投资协定范本。范德威尔德. 美国国际投资协定 [M]. 蔡从燕, 译. 北京: 法律出版社, 2017: 1.

[2] CHEN, SAUVANT. Negotiations on the bilateral investment treaty between China and the USA: consensus, controversies and prospect [J]. Journal of International Economic Law, 2012 (4): 107.

[3] 王茜, 季显娣. 重启中美 BIT 谈判的重要性 [J]. WTO 经济导刊, 2018 (6).

[4] 2012 年版美国 BIT 范本第 25 条第 2 款规定："根据本章提交仲裁和根据第 1 款作出的仲裁同意，应当满足《纽约公约》第 2 条的书面仲裁协议要求。"

[5] 2012 年版美国 BIT 范本第 34 条第 10 款规定："根据本章提交仲裁的一项申请应被视为产生于《纽约公约》第 1 条意义上的商事关系或交易。"

三、我国法院适用《纽约公约》执行非 ICSID 裁决的利弊分析

如前所言,尽管我国国内法中并没有明文规定非 ICSID 投资仲裁裁决的承认与执行事宜,但从恪守条约义务、维护负责任大国形象的立场出发,我国在既往缔结的 BIT 以及中美 BIT 谈判的进程中,均肯定了采取 ICSID 以外的方式解决投资者与国家间争端的合法性。为了维持缔约立场的一致性和法律秩序的稳定性,对于 ICSID 以外的国际投资仲裁裁决,我国有义务保障其能够在本国法院顺利得以承认和执行。

对于国内立法所隐存的空白,《纽约公约》的适用提供了有效的"漏洞填补"机制。将《纽约公约》适用于承认和执行非 ICSID 投资仲裁裁决,存在以下优势:首先,《纽约公约》允许缔约国法院承认和执行投资仲裁裁决;其次,适用《纽约公约》执行非 ICSID 裁决已经成为国际通行的普遍做法;再次,适用《纽约公约》执行非 ICSID 裁决有利于平衡双向投资利益,该公约在明确缔约国原则上有义务执行公约裁决的同时,又在第 5 条设置了若干拒绝承认和执行公约裁决的法定事由,这些拒绝执行的事由,在一定程度上构成对仲裁裁决的司法审查事由,使执行地的国内法院有权力对错误裁决进行救济;又次,适用《纽约公约》执行非 ICSID 裁决既可履行高标准的投资保护义务,又有助于"倒逼"国内依法行政;最后,相较于专门颁布单行的国内立法,直接援用《纽约公约》执行非 ICSID 裁决,可以在一定程度上节约立法成本。

不过,《纽约公约》的适用并不能完全解决非 ICSID 裁决在中国法院的承认与执行问题,其适用范围和制定初衷决定了其适用于投资仲裁具有局限性。原因在于,基于我国所提出的"互惠保留",只有在另一公约缔约国领土内作出的裁决方可依据公约在我国法院申请承认与执行,而对于仲裁地在非公约缔约国领土内作出的投资仲裁裁决,则无法援引《纽约公约》向我国法院申请承认与执行[①]。对于这些既不能适用《纽约公约》也不能适用《华盛顿公

---

① BERMANN. Recognition and enforcement of foreign investment awards: the interpretation and application of the New York convention by nation courts [M]. Gewerbestrasse: Springer international publishing, 2017: 184.

约》的国际投资仲裁裁决，其在我国法院的承认与执行适用何种法律框架取决于裁决的国籍。具言之，我国《民事诉讼法》第283条主要采用仲裁机构所在地标准，而并未采用国际上通行的仲裁地标准，以裁决是否由国外仲裁机构作出为依据来判断某一仲裁裁决是外国仲裁裁决还是我国仲裁裁决。就目前而言，由于中国内地的仲裁机构尚未实际管辖过国际投资争端，实际上大多数非ICSID裁决均可被视为外国仲裁裁决，此类裁决如不符合《纽约公约》的适用范围，则我国法院只能依据《民事诉讼法》第283条所规定的司法协助条约或互惠原则来审查承认与执行的申请[1]。此外，相比于《华盛顿公约》，《纽约公约》对国家豁免这一阻碍投资仲裁裁决执行的"症结"问题并未给出任何直接的回应。

第五节　国家豁免理论在投资仲裁裁决执行中的适用

在ICSID裁决作出后，败诉方自动履行是实现裁决所载款项的"主旋律"。作为例外，当败诉方拒绝主动履行裁决义务时，胜诉方只能选择向公约缔约国的国内法院申请承认与执行该裁决，此时便不可避免地要遭遇国家财产执行豁免这一难以攻克的"理论堡垒"[2]。事实上，国内法院以国家豁免为由拒绝执行国际投资仲裁裁决，这也是国际社会所公认的唯一一种执行阻却事由[3]。在《华盛顿公约》缔约国在他国法院主张执行豁免并获得批准的案例中，以利比亚东部伐木公司诉利比亚案最为典型。本案中的外国投资者是法国国民，因利比亚在败诉后未自动履行ICSID裁决，投资者前往美国纽约南方地区法院请求以利比亚在美国的特定财产作为执行对象以实现裁决权利。利比亚提出执行豁免的抗辩，该美国法院依据1976年《美国外国主权豁免法》第1610条a项判定，被请求执行的利比亚财产属于专用于利比亚主权职能的税收收入，而非商业财产，因此不具可执行性。随后，投资者又获得一份查封令冻结利比亚大使馆在华盛顿特区的银行账户，但美国哥伦比亚特区

---

[1] 张建. 论国际投资仲裁裁决在中国的承认与执行[J]. 南华大学学报（社会科学版），2017（2）.
[2] 银红武. 拒绝履行之ICSID裁决的解决路径[J]. 国际经贸探索，2016（5）.
[3] 肖芳. 国际投资仲裁裁决在中国的承认与执行[J]. 法学家，2011（6）.

法院撤销了这份查封令，理由是：一方面，美国于 1972 年批准了《维也纳外交关系公约》，大使馆的财产据此享有外交豁免权，利比亚使馆的银行账户免于查封；另一方面，根据 1976 年《美国外国主权豁免法》，利比亚大使馆银行账户内的资产具有公共属性，这些账户享有主权豁免权，因而不受冻结[1]。由此可见，国家主权豁免是阻却国际投资仲裁裁决在缔约国承认与执行的首要限制。

目前，国际上虽然广泛接受国家主权豁免作为一项习惯国际法也已确立，但关于绝对豁免主义与限制豁免主义的立场对立仍然存在[2]。《华盛顿公约》第 55 条明确规定：第 54 条的规定不得解释为背离任何缔约国现行的关于免除该国或任何外国予以执行的法律。因此，该缔约国如果不放弃主权豁免，依其现行法律可以免除者，即可依据第 55 条提出抗辩[3]。长久以来，理论界普遍认为，即便东道国政府自愿放弃管辖豁免，也并不意味着自动放弃执行豁免[4]。正因为无条件地无限放弃国际投资仲裁裁决的执行豁免权与广大发展中国家立场相悖，为了顺利推动公约的起草和谈判，《华盛顿公约》特意保留了各缔约国的执行豁免权，这既是各方博弈的结果，也是为了捍卫东道国政府的外资规制主权所作出的制度选择，但是对于获得胜诉裁决的外国投资者而言却成为一道申请执行裁决时所难以逾越的"鸿沟"[5]。

在 CDC 诉塞舌尔案的撤销程序中，专门委员会指出：尽管公约第 55 条规定了国家豁免，但第 53 条中明确规定了根据裁决承担债务的一方应负遵守及履行裁决的责任，任何其他条款都不能减损第 53 条的适用效果，这意味着，在被诉东道国败诉后未能自动履行裁决时，投资者可请求其母国政府出面，就未履约方的迟延履行责任向国际法院提出主张[6]。类似地，在 MINE 诉几内亚案的撤销程序中，专门委员会主张：国家豁免主义的确可以为 ICSID 裁决

---

[1] Liberian Eastern Timber Corporation v. Republic of Liberia, ICSID Case No. ARB/83/2, US District Court for District of Columbia Decision, 16 April 1987.
[2] 何其生. 国际私法入门笔记 [M]. 北京：法律出版社，2019：49.
[3] 姚梅镇. 国际投资法 [M]. 3 版. 武汉：武汉大学出版社，2011：413.
[4] Andrea K. Bjorklund, State Immunity and The Enforcement of Investor-State Arbitral Awards, Oxford, Oxford University Press, 2009：302.
[5] 黄世席. 国际投资仲裁裁决执行中的国家豁免问题 [J]. 清华法学，2012（6）.
[6] CDC Group plc v Republic of the Seychelles, ICSID Case No. ARB/02/14（Annulment Proceeding），Decision on Whether or Not to Continue Stay and Order, 14 July 2004.

在公约缔约国的强制执行提供一项有力的法律抗辩，但其决不能据此免除拒绝履行方根据公约第 53 条承担的遵守裁决的义务；事实上，正因为争端当事国拒绝遵守公约第 53 条的义务，其才会被当事人寻求至缔约国法院强制执行，而即便争端当事国豁免于强制执行，其仍然负有遵守裁决和公约义务的基础责任[1]。

近年来，中国学界始终致力于推动制定《中华人民共和国外国国家豁免法》，拟定不同版本的学者建议稿[2]并指出国家豁免立场转型对国际争端解决的重要意义[3]。然而，截至目前，我国当下仍然坚持绝对主义的国家豁免立场，限制豁免论的建议尚未被立法者正式采纳[4]。这种绝对豁免主义的立场，在中国改革开放初期具有特定的历史意义，但从当下"一带一路"建设的大环境下观察，固守绝对豁免论无益于增强中国投资者与投资东道国的互信与合作，也不符合《联合国国家及其财产管辖豁免公约》所代表的国际主流趋势，这种立场亟待调整。从长远来看，如果中国投资者对东道国政府提起投资仲裁，对方以中国坚守绝对豁免为由抗辩管辖权或拒绝执行裁决，将大大削弱国际投资仲裁方式解决海外投资争端的有效性。鉴于此，中国有必要审时度势，在尊重国际主流趋势的前提下，适时、合理地调整本国的国家豁免立场，在国际社会层面发展互利互信、真诚合作的人类命运共同体理念，方可顺利推动国际投资仲裁裁决在各国的承认与执行[5]。

值得一提的是，如果被申请承认与执行仲裁裁决的法院地国坚守绝对豁免立场，外国投资者仍可借助于母国政府的介入来缓和裁决无法获得承认与执行的尴尬困局。具言之，当作为《华盛顿公约》缔约国的东道国政府在国

---

[1] Maritime International Nominees Establishment v. Republic of Guinea, ICSID Case No. ARB/84/4, Interim Order No. 1 on Guinea's Application for Stay of Enforcement of the Award, 12 August 1988.

[2] 朱子勤. 关于《中华人民共和国外国国家豁免法》建议稿的说明 [A]. 2008 年中国国际私法学会年会论文集 [C]. 2008：653-658.

[3] 张连举，袁茜. 国家管辖豁免的转向：以"一带一路"工程商业争端为视角 [J]. 政法学刊，2019 (3)；肖永平，张帆. 美国国家豁免法的新发展及其对中国的影响 [J]. 武汉大学学报（哲学社会科学版），2007 (6)；黄进，曾涛，宋晓，刘益灯. 国家及其财产管辖豁免的几个悬而未决的问题 [J]. 中国法学，2011 (4).

[4] 这一立场在美国 FG 公司诉刚果（金）案中体现得淋漓尽致，关于本案的深入探讨，参见张英. 论国家绝对豁免原则在香港特别行政区的适用：以美国 FG 公司诉刚果案二审判决为视角 [J]. 暨南学报（哲学社会科学版），2012 (7).

[5] 张建. 投资仲裁中国家执行豁免问题的法律思考 [J]. 研究生法学，2016 (1).

际投资仲裁中遭遇败诉时,如果其拒绝自动履行 ICSID 裁决,即已经违反了公约第 53 条第 1 款规定的遵守裁决义务,从而即刻产生了国家责任。在这种情形下,作为胜诉方的外国投资者可以请求其母国政府介入,根据公约第 27 条第 1 款恢复行使外交保护权或对此提起国际求偿。不过,在实践中,投资者母国很少通过外交保护或国际求偿的方式实现 ICSID 裁决,而是更多地采取报复或经济制裁措施迫使争端缔约国履行裁决,阿根廷在一系列投资争端赔偿裁决的履行即为典例[1]。阿根廷在 2001 年至 2002 年之际,为应对经济危机而采取了一系列措施,这些举措客观上使外国投资者利益受损,因此遭遇了数十起国际投资仲裁索赔案件,其中有 4 起案件的仲裁庭判定阿根廷政府败诉须支付赔偿。然而,阿根廷自 2007 年至 2013 年始终未曾履行裁决规定的支付赔偿金的义务。于是,美国作为投资者母国联合有关的国际金融组织共同对阿根廷采取了一连串的经济制裁措施,包括中止阿根廷的普惠制地位、阻止阿根廷从世界银行处获得贷款等。最终,阿根廷同意以主权债券的方式支付高达 5 亿美元的赔偿。

---

[1] 余劲松. 国际投资法 [M]. 5 版. 北京:法律出版社,2018:343.

本章小结

随着经济全球化的深入发展，作为超越地域限制和国家司法管辖权障碍的纠纷解决机制，国际仲裁的适用范围与功能作用得到了进一步的强化与提升[①]。其中，"一裁终局"是国际商事交易从业者选择以仲裁方式解决争议的重要原因，其体现的是当事人希冀高效解决纠纷的愿景[②]。但在国际投资仲裁实践中，程序上的瑕疵可能使当事人丧失陈述意见的机会，也可能使仲裁裁决出现其他有失公允的情况。

如同国际商事仲裁那样，在国际投资仲裁的当事人对仲裁程序或仲裁庭的裁决不满时，可寻求法定的救济和追诉机制。因提起仲裁的根据及适用的仲裁规则不同，有权受理裁决异议的机构也有不同：对 ICSID 仲裁而言，只能向特设委员会申请撤销裁决，缔约国法院应自动承认和执行裁决；对根据《UNCITRAL 仲裁规则》进行的非 ICSID 投资仲裁，仲裁地及裁决执行地的国内法院享有司法审查权，《纽约公约》中拒绝承认与执行裁决的法定事由存在适用空间[③]。

鉴于 ICSID 投资仲裁裁决与非 ICSID 投资仲裁裁决适用不同的法律依据，因此应分别探讨其在我国的承认与执行问题。我国作为《华盛顿公约》的缔约国，应当尽快履行条约义务，现有国内法体系与公约义务还缺乏有效的接轨机制，难以实现"无缝对接"[④]。基于此，尽管采取在国内实施公约所必需的立法措施，依据公约的规定指定人民法院作为承认和执行公约裁决的主管机关，实乃当务之急。

国际投资仲裁裁决承认与执行机制的建立，必须与我国豁免立场的调整同步进行。在其他国家纷纷采取限制豁免主义的背景下，如果我国仍然坚持

[①] 杜焕芳，陈娜. 论多方当事人合并仲裁的合意与技术[J]. 西北大学学报（哲学社会科学版），2013（6）.

[②] 覃华平. 我国仲裁裁决撤销制度探析及立法完善之建议[J]. 中国政法大学学报，2017（2）.

[③] 黄世席. 国际投资仲裁裁决的司法审查及投资条约解释的公正性：基于"Sanum 案"和"Yukos 案"判决的考察[J]. 法学，2017（3）：131.

[④] 张倩雯. 多元化纠纷解决视阈下国际投资仲裁裁决在我国的承认与执行[J]. 法律适用，2019（3）.

绝对豁免主义，则可能产生不对等的状况，以致对我国政府不利。具言之，当我国政府在投资仲裁中败诉时，投资者可能前往采取限制豁免论的国家依据执行地国的主权豁免法及有关国际公约执行我国的商业财产；而外国政府在投资仲裁中败诉时，我国法院受理申请承认与执行投资裁决的案件仍然受制于外国是否自愿放弃管辖豁免，这显然将加剧我国在国际投资争端解决中遭遇的不公允待遇。基于此，在构建国际投资仲裁裁决承认与执行的制度安排问题上，适时调整国家豁免立场，刻不容缓。

本章思考题

1. 《华盛顿公约》关于仲裁裁决的承认与执行确立了哪些规则？
2. ICSID 仲裁裁决与非 ICSID 仲裁裁决在承认与执行方面存在哪些区别？
3. 执行地的国家豁免立场如何影响国际投资仲裁裁决的承认与执行？
4. 依据《华盛顿公约》的相关规定，在哪些情形下，当事人可以申请撤销 ICSID 仲裁裁决？如何理解每项撤裁事由？

主要参考文献

[1] 余劲松. 国际投资法 [M]. 5版. 北京：法律出版社，2018.

[2] 韩立余. 国际投资法 [M]. 北京：中国人民大学出版社，2018.

[3] 梁开银，谢晓彬. 国际投资法 [M]. 北京：法律出版社，2022.

[4] 董书萍. 国际投资法 [M]. 北京：知识产权出版社，2015.

[5] 姚天冲. 国际投资法教程 [M]. 北京：对外经济贸易大学出版社，2010.

[6] 史晓丽，祁欢. 国际投资法 [M]. 北京：中国政法大学出版社，2009.

[7] 王贵国. 国际投资法 [M]. 北京：法律出版社，2008.

[8] 孙南申. 国际投资法 [M]. 北京：中国人民大学出版社，2008.

[9] 张庆麟. 国际投资法问题专论 [M]. 武汉：武汉大学出版社，2007.

[10] 王立君. 国际投资法 [M]. 上海：格致出版社，2010.

[11] 朱玥. 可持续发展视角下国际投资法的新发展 [M]. 北京：知识产权出版社，2022.

[12] 银红武. 中国双边投资条约的演进：以国际投资法趋同化为背景 [M]. 北京：中国政法大学出版社，2018.

[13] 高峰. 国际投资仲裁机制之改革路径研究 [M]. 武汉：华中科技大学出版社，2022.

[14] 肖灵敏. 投资者与东道国争端解决机制的改革模式研究 [M]. 北京：中国政法大学出版社，2022.

[15] 袁小珺. 国际投资仲裁透明度改革 [M]. 武汉：武汉大学出版社，2021.

[16] 田海. 最惠国条款适用于国际投资争端解决程序问题研究 [M]. 北京：中国社会科学出版社，2017.

[17] 刘梦非. 国际投资争端解决的平行程序研究［M］. 北京：法律出版社，2020.

[18] 张庆麟. 国际投资法：实践与评析［M］. 武汉：武汉大学出版社，2022.

[19] 何芳. 国际投资法律体系中的外资管辖权研究［M］. 北京：法律出版社，2018.

[20] 张建. 国际投资仲裁法律适用问题研究［M］. 北京：中国政法大学出版社，2020.

[21] 张建. 国际投资仲裁管辖权研究［M］. 北京：中国政法大学出版社，2019.

[22] 李尊然. 国际投资争端解决中的补偿计算［M］. 武汉：武汉大学出版社，2019.

[23] 丁夏. 国际投资仲裁中的裁判法理研究［M］. 北京：中国政法大学出版社，2016.

[24] 赵玉意. 实践与理性：国际投资仲裁中的环境问题研究［M］. 北京：法律出版社，2021.

[25] 陶立峰. 美国双边投资协定研究［M］. 北京：法律出版社，2016.

[26] 多尔查，朔伊尔. 国际投资法原则［M］. 祁欢，译. 北京：中国政法大学出版社，2014.

[27] 苏贝迪. 国际投资法：政策与原则的协调［M］. 张磊，译. 北京：法律出版社，2015.

[28] 舍费尔. 国际投资法：文本、案例及资料［M］. 张正怡，译. 上海：上海社会科学出版社，2021.

[29] 薄克暮，芮离谷. 从双边仲裁庭、双边投资法庭到多边投资法院［M］. 池漫郊译，北京：法律出版社，2020.

[30] 范德威尔德. 美国国际投资协定［M］. 蔡从燕，译. 北京：法律出版社，2017.

[31] 布拉班得瑞. 作为国际公法的投资协定仲裁：程序方面及其适用［M］. 沈伟，译. 北京：法律出版社，2021.

[32] 肖芳. 国际投资仲裁裁决在中国的承认与执行［J］. 法学家，2011（6）.

[33] 张倩雯. 多元化纠纷解决视阈下国际投资仲裁裁决在我国的承认与执行 [J]. 法律适用, 2019 (3).

[34] 宋俊荣. 美国承认执行 ICSID 仲裁裁决的立法与实践评析 [J]. 上海对外经贸大学学报, 2019 (5).

[35] 汪蓓. 论承认与执行国际投资仲裁裁决面临的挑战与出路: 基于上诉机制改革的分析 [J]. 政法论丛, 2021 (5).

[36] 王海浪. 论国际投资仲裁裁决的承认与执行: 以执行法院的审查权为中心 [J]. 国际经济法学刊, 2018 (4).

[37] 姚梅镇. 国际投资法 [M]. 3版. 武汉: 武汉大学出版社, 2011.

[38] 吕岩峰, 何志鹏, 孙璐. 国际投资法 [M]. 北京: 高等教育出版社, 2005.

[39] 崔起凡. 国际投资仲裁中的临时措施研究: 兼论"一带一路"背景下的中国对策 [J]. 国际商务研究, 2019 (1).

[40] 张春良, 周大山. 论 ICSID 仲裁临时措施的约束力理据与中国启示 [J]. 中国政法大学学报, 2020 (4).

[41] 张川方. 论 ICSID 仲裁中临时措施的遵守 [J]. 国际经贸探索, 2018 (7).

[42] 张生. 国际投资仲裁中的紧急仲裁员制度: 适用及困境 [J]. 西安交通大学学报 (社会科学版), 2018 (4).

[43] 高杨. 中国法下仲裁保全和临时措施制度之研究: 现状、问题及新发展 [J]. 北京仲裁, 2021 (2).

[44] 丁夏. 国际投资仲裁案件中"客观行为标准"的适用: 以质疑仲裁员公正性为视角 [J]. 国际经贸探索, 2016 (3).

[45] 于湛旻. 论国际投资仲裁中仲裁员的身份冲突及克服 [J]. 河北法学, 2014 (7).

[46] 刘京莲. 国际投资仲裁正当性危机之仲裁员独立性研究 [J]. 河北法学, 2011 (9).

[47] 于湛旻. 论国际投资仲裁中仲裁员的回避 [J]. 武大国际法评论, 2014 (1).

[48] 漆彤. 中国海外投资法律指南 [M]. 北京: 法律出版社, 2019.

[49] 单文华. 中国对外能源投资的国际法保护: 基于实证和区域的制度

研究［M］．北京：清华大学出版社，2014．

［50］王鹏．国际投资协定的权力结构分析［M］．北京：法律出版社，2019．

［51］陈红睿．国际投资条约程序性条款之改造：通向新卡尔沃主义？［M］．北京：法律出版社，2020．

［52］张生．国际投资仲裁中的条约解释研究［M］．北京：法律出版社，2016．

［53］刘笋．WTO法律规则体系对国际投资法的影响［M］．北京：中国法制出版社，2001．

［54］陈安．国际投资法的新发展与中国双边投资条约的新实践［M］．上海：复旦大学出版社，2007．

［55］陈正健．投资者—国家争端解决：理论与实践［M］．北京：当代世界出版社，2019．

［56］杨福学．能源投资视野下国际投资条约中的NPM条款研究［M］．兰州：兰州大学出版社，2019．

［57］明瑶华．国际投资条约中的利益拒绝条款研究［M］．苏州：苏州大学出版社，2019．

附录：常用国际投资法网络资源

一、综合型网站

1. 联合国贸发会议网站（链接地址：http://www.unctad.org）

作为联合国机构的官方网站，该网站提供的资源具有综合性特点，几乎每个板块都与国际投资法具有联系。在"主题"（Topics）模块的"投资"部分，可以搜索到很多有关 FDI 和跨国企业、国际投资协定、可持续发展投资政策框架、投资政策审查、投资争端解决等议题的数据、报告和案例等研究资源。另外，在"出版物"（Publications）和"数据"（Statistics）模块也能找到有关国际投资的研究报告和统计数据。

总体上看，该网站对于国际投资法研究比较有用的特色资源有：

（1）投资政策中心（Investment Policy Hub），囊括六大政策分析工具，分别为：第一，投资政策框架（Investment Policy Framework），提供了《可持续发展投资政策框架》《国际投资体制改革方案》等文件，为各国持续推进 IIA 改革进程提供制度指引。第二，投资政策审阅（Investment Policy Reviews），主要是针对一国吸引外资相关法规、制度的介绍与评估。第三，投资政策监测（Investment Policy Monitor），追踪全球投资政策尤其是各国投资准入政策的最新动态。第四，投资法规导航（Investment Laws Navigator），覆盖多国外资法（或投资法）及外资审查专门法规。第五，国际投资协定导航（International Investment Agreements Navigator），覆盖现有双边投资协定及与投资有关的其他协定，且提供了协定状态、签署日期、生效日期、协定文本、条约关系等信息。此外，研究者可将某一国家（如中国）或国家联盟（如欧盟）作为检索条件，获取该国家或联盟所参与的国际投资协定概况。国际投资协定导航中，部分协定已在 UNCTAD 投资协定分析项目（IIA Mapping Project）中被妥善梳理，研究者可在界面中直观、迅速地获取相关协定在序言、实体条款及程序条款上的规定情况,如是否包含 MFN 条款、"日落条款"的期限等。第六,国际投资争端解决导航(Investment Dispute Settlement Navigator),涵盖已知的国际投资仲裁案件。研究者可通过过滤器(包括:案件名称、年份、国家、行业、条约、机构、仲裁员、损害赔偿、违反情况、后续程序)筛选所需案件,获得相关案件的具体信息。但限于更新速度,UNCTAD 案例库的统计结果可能存在一定滞后性。

(2)世界投资报告(World Investment Reports,WIR)系列,通过报告不仅可以了解到每一年度全球、各个地区和重要国家的 FDI 输入输出数据及多年数据的对比分析,还可通过每一年报告的主题,了解国际投资政策的关注点和发展趋势。如果要打分的话,WIR 毫无疑问属于"五星必读"。

(3)有关国际投资的国际标准和其他研究成果,如"负责任农业投资的基本原则"、《UNCTAD 投资便利化全球行动清单》和《UNCTAD 可持续发展投资政策框架》等。

2. 经济合作与发展组织网站(链接地址:http://www.oecd.org)

同样地,作为一个以多元目标为主导的国际组织,OECD 并不专注于某一领域。因此,OECD 网站也分散着海量与国际投资法问题有关的新闻、数据、报告、著作等信息和资源。不过,在"主题"(topics)模块的"投资"部分,有关的资源较为集中,且自有其特色。对于国际软法、投资和反腐败、绿色投资、投资促进与便利化、投资与国家安全等问题感兴趣的研究者可在该网站获取以下方面的国际标准、准则、规范。

(1)跨国公司,如《跨国公司行动守则》;

(2)投资政策,如《投资政策框架》(包括 OECD 对于各国投资政策的评审报告);

(3)国际商业贿赂,如《反贿赂公约》及其《2009 年建议》;

(4)投资促进与便利化,如《建立投资便利化的国际框架》;

(5)投资与国家安全,如《针对与国家安全相关的东道国投资政策的指南》,等等。

3. 国际可持续发展研究所网站(链接地址:http://www.iisd.org/)

作为一个以可持续发展为目标的独立研究机构,国际可持续发展研究所强调投资对于可持续发展的重要性,并由此开展许多与可持续发展有关的投资问题的研究。考虑到当前有关投资的法律、政策和国际法规则并不都是有利于可持续发展的,研究所专门从可持续发展这一视角研究投资问题,为完善投资法律和政策,以促进可持续发展,提供方法支持。

在该网站"Focus Areas-Topics"模块"Investment Law & Policy"部分,可以查阅相关期刊、报告等研究成果,如关于投资协定研究的 Investment Treaty News、关于投资争端解决的专家会议的报告等等。对于研究和关注可持续发展视角下的投资问题的用户来说,该网站是一个不错的选择。

4. Jus Mundi(链接地址:https://jusmundi.com/en)

Jus Mundi 国际法和仲裁检索数据库在国际投资法研究上提供了三类资源。第一,国际条约。研究者可以利用过滤器(包括:文书类型、状态、签署方/缔约国、通过日期、生效日期)进行精确检索。第二,仲裁规则。研究者可以利用过滤器(包括:规则类型、仲裁机构、通过日期)进行精确检索,找到仲裁规则的完整文本,及"指南"(例如国际律师协会关于利益冲突的指南)和"条款草案"(例如国际法委员会条款草案)。第三,国际投资仲裁案件。研究者可通过过滤器(包括:案件类型、仲裁机构、仲裁规则、适用条约、适用法律、仲裁地、案件状态、行业)缩小研究范围,快速浏览不同文档,获取案例相关信息及链接。

此外,Jus Mundi 还提供了研究指导工具 Wiki Notes。Wiki Notes 由投资仲裁领域经验丰富的学者和从业律师/仲裁员撰写,并由经验丰富的编辑团队进行同行评审。借由该工具,研究者可以快速锁定投资仲裁法律概念中的关键问题,并即时访问每个法律概念最新最相关的案例。

5. Kluwer Arbitration(链接地址:https://www.kluwerarbitration.com/)

威科国际商事仲裁在线数据库由国际商事仲裁委员会、常设仲裁法庭、国际仲裁学会以及 Kluwer Law International 机构联合推出,为国际投资法研究者提供最新资料。具体而言,该数据库内容包括:①双边投资协定(Bilateral Investment Treaties):超过 2 000 条双边投资协定原文,并可通过便捷的 BIT 工具获得其签字生效日期及其缔约国详情。②裁决(Awards)及判例(Case Law):收录超过 5 000 条法庭决议(Court Decision)以及 2 000 余项仲裁裁决(Awards)。③公约(Convention):运用全新的"纽约公约判决工具"搜索纽约公约或其他相关判决案例浏览大部分的仲裁条约全文,以及相关的法庭判决和大量的相关参考文献。④各国信息(Jurisdictions):197 个国家及地区的仲裁组织结构、双边投资协定、法庭判决案例、相关立法、裁决和法规。

⑤相关立法（Legislation）：主要管辖区的近 500 条法律文本。⑥新闻资讯（News Updates）：国际仲裁协会报道的最新资讯及由该协会发行的电子月报。除此之外，还可浏览由众多世界著名仲裁员发表的博文。⑦相关法规（Rules）：400 余家主要协会的法规内容。⑧评论（Commentary）：有关仲裁领域的权威出版物，包括 100 多部著作、8 种仲裁专业期刊、ICCA 国会系列出版物、ICCA 手册以及 ICCA 年鉴。

二、观点启发型网站

1. 双边投资条约网（链接地址：http://www.bilaterals.org）

考虑到在 WTO 体制之外，不断有双边贸易和投资协定在进行谈判并成功签署，而这些协定的透明度一般都比较低，2004 年 Asia-Pacific Research Network，GATT Watchdog，GlobalJustice Ecology Project，GRAIN，IBON Foundation 和 XminusY 发起创建了该网站，初衷即在于建立一个网上信息公开平台，让全球范围内已经签署的双边贸易和投资协定或正在谈判的双边合作安排处于"雷达"监测之下，供"全球正义人士"观评。并且，该网站还为反对这些协定实施的社会运动提供支持，以此为全球范围内分散的反对力量建立沟通桥梁，研究者若感兴趣，也可以参与其中的话题评论。

网站内与国际投资法研究相关的资源主要包括：①双边及区域贸易与投资协定文本，包括 FTAs、BITs、TIFAs（贸易与投资框架协定），根据不同区域、主要贸易和投资国家或地区进行了分类；②针对各个协定和合作安排的新闻、博客等评论文章；③"Key Issues"下设有多个投资相关议题，包括"农业与食品""企业利益""能源与环境""地缘政治与人权""知识产权""投资""劳工""服务"等；④链接：企业协会（如 Australia China Business Council 澳大利亚中国工商业委员会）、政府（如中国自由贸易区服务网）、研究机构（如 Investment Treaty Arbitration 投资条约仲裁）、社会运动力量（如"# no TTIP"）等关于贸易和投资协定及合作安排的网站或网页的链接。

另外，该网站菜单栏下的"Negotiations"列出了时下热议的协定（如 CPTPP）、最新达成的协定（如 RCEP）、晚近生效的协定（如 AfCFTA）等，点击即可浏览相关的新闻、博客等评论文章。

2. 哥伦比亚可持续投资中心（链接地址：http://ccsi.columbia.edu/）

哥伦比亚可持续投资中心（CCSI）由哥伦比亚大学法学院与哥伦比亚大学地球研究院联合创建，致力于推动可持续投资的政策与实践发展。

对于国际投资法的研究者而言，网站可利用的资源最直接的就是中心所做的有关可持续投资的研究，其中最重要的是其当前重点关注的投资相关议题（如目前中心所关注的采掘业投资、土地和农业投资、投资法律与政策、投资与人权、能源改革与投资等）。对前述议题感兴趣的研究者可通过 CCSI 提供的相关合作性对话与专家谈话、政策和咨询意见、研究项目介绍等，了解研究的具体方向方法，以及可利用的资源和工具。其他研究成果大多也可以查阅，包括书、报告、文章，甚至是连工作备忘录和笔记都是公开的。

CCSI "Resources & Publications" 栏目下的 "Columbia FDI Perspectives"（《哥伦比亚外国直接投资展望》）是一个公开辩论的论坛，不定期发布与 FDI 相关的短篇文章，除英文版外，还提供由南开大学国际经济研究所组织学生翻译的中文版。此外，该栏目还免费提供《国际投资法律与政策年刊》（The Yearbook on International Investment Law and Policy）的目录页及个别章节。

3. 投资仲裁报告（链接地址：http://www.iareporter.com/）

IAR 是一个对投资者与东道国投资仲裁进行紧密追踪的网站，实时报道与投资仲裁案件有关的最新新闻和报告。（由于保密原因，其中许多信息是其他资源途径所不能提供的。）

通过网站主页的 "News Headlines"，即可快速浏览到国际投资仲裁的新闻。在 "News & Analysis" 模块，研究者可阅读新闻的全文以及网站对一些案例所做的分析。在 "Case Profiles" 模块，研究者可通过过滤器（包括：案件状态、被申请方、申请方、年份、仲裁员、仲裁依据、条约、仲裁地、代理人等）找到具体案例，该案例库的信息更新相对其他案例库更为及时、全面。在 "Arbitrator Profiles" 模块，研究者可了解活跃在国际投资仲裁领域的仲裁员及其国籍、经办案件、选任情况等信息，且该模块实时更新。

4. 跨国纠纷管理（Transnational-Dispute-Management, TDM）（链接地址：https://www.transnational-dispute-management.com/welcome.asp）

TDM 是一本经同行评审的专业期刊，涵盖国际仲裁的各个方面，并特别侧重于投资仲裁。其收录的文章既涵盖正式的裁决程序（主要是投资和商业仲裁），也涉及调解和其他非诉讼纠纷解决机制（ADR）、谈判和管理方式，以便有效地管理跨国争端或纠纷。此外，TDM 还提供 OGEMID 仲裁讨论论坛、法律与监管资料数据库等，供研究者了解仲裁领域前沿信息，并可以参与相关讨论。

5. 环球仲裁评论（Global Arbitration Review，GAR）（链接地址：https：//globalarbitrationreview.com/）

GAR 于 2006 年推出，提供国际仲裁领域的最新资讯和相关报告。在"News & Analysis-Investor-state arbitration"栏目下，研究者可获取与投资仲裁相关的最新报道，内容涵盖潜在争端、仲裁情况、裁决执行等。"News & Analysis-Trending topics"栏目则提供了时下热门的与仲裁有关的若干议题，如"新冠疫情""第三方资助""ISDS 改革"等，研究者可在其中获取与该议题相关的简讯及分析。此外，通过 GAR 仲裁员研究工具（GAR Arbitrator Research Tool），可获取全球国际仲裁执业人员的详细信息。

三、案例型网站

1. 投资者东道国争端解决法律指南（链接地址：http：//www.investorstatelawguide.com/）

投资者与东道国投资争端解决是国际投资法中的一个非常重要的问题，投资争端的发生和案件的处理，为这一问题的研究积累了许多材料。该数据库正是一个有关投资条约法研究，尤其是投资者与东道国投资争端解决案例研究的网络数据库。其特点如下：

（1）搜索工具非常强大，搜索精确度高。以其中的一种工具"Subject Navigator"为例，它列出了国际投资法的重要问题（subjects），用户可根据研究的需要，选择 subject，如"公平公正待遇"，找到与之相关的仲裁案件裁决的特定段落。此外，通过其他工具，用户还可以找到投资仲裁庭对于某个投资条约条款的解释、有关的先例，投资条约或投资法庭对某个术语的定义或解释，等等；

（2）资料全面。所有与已公开的 ICSID、NAFTA 和其他临时仲裁庭所做的裁决有关的文件和资料都能在该数据库的文件目录中找到，用户可根据需要筛选。

2. 投资条约仲裁（链接地址：http：//www.italaw.com/）

该网站和前面介绍的 http：//www.iareporter.com/和 http：//www.investorstatelawguide.com/，都是由加拿大维多利亚大学所办。因此，在该网站上，可直接找到上述两个数据库的链接。

虽然该网站是一个关于投资条约、国际投资法和投资者与东道国投资仲裁的综合性的网络数据库，但它和前面两个数据库一样，提供的资源主要都关于投资仲裁，因此非常有利于案例搜索。用户可在网站主页了解最新发布的投资仲裁裁决，在"Browse"模块根据案件的分类查找所需的案例，在"Search"模块找到有关案件的各种文件。

此外，该网站"Resources"模块还提供欧盟投资政策文件、投资条约、其他资源的链接和与投资法有关的最新著作。

3. 牛津国际仲裁数据库（Investment Claims）（链接地址：https：//oxia.ouplaw.com/）

牛津国际仲裁数据库致力于向国际投资纠纷领域的律师、学者和法学家提供高质量的服务，它发布国际投资法领域和仲裁信息及相关内容的分析、评论，将主要的法律文书和评论信息相结合，对于国际投资纠纷的研究起到了至关重要的作用，被业界视为必备的参考资料。

研究者通过此数据库，能够获得有关投资争议仲裁的全套资料，主要包括：①投资仲裁裁决全文；②官方文件和权威的专家意见（包括：事实概述和仲裁庭对案件事实的认定、案例的详细分析、案例分析所涉及的其他参考资料、非英文的判决的英文翻译、所引述的其他案例的清单）；③相关法律法规和协定（包括：国内法、双边和多边协定）；④超过 300 位仲裁员和法律顾问的名录（提供其所作出的裁决的直接链接）；⑤国际仲裁领域知名专家的期刊文章和学术专著。

四、条约型网站

投资条约电子数据库（Electronic Database of Investment Treaties）（链接地址：https：//edit.wti.org/document/investment-treaty/search）

投资条约电子数据库（EDIT）是伯尔尼大学提供的免费学术资源。它是在 SNIS 资助的项目"国际法的扩散：国际投资协议的文本分析"（2015~2017 年）的实施过程中开发的。不同于其他条约数据库，EDIT 是一个全新的国际投资协定（IIA）的综合全文数据库，致力于通过提供迄今为止最广泛的国际投资协定文本，促进知情的公共讨论、基于证据的改革和国际投资制度的学术研究。

具体而言，EDIT 具有五大特色：①全面。EDIT 是关于国际投资协定的最广泛的数据库，包含 3400 多个国际投资协定全文。文本包括元信息、全文、脚注、附件和附函。EDIT 还包括在其他数据集中无法获得或代表不足的条约文本，如来自中东和北非的最初的阿拉伯语协定。因此，EDIT 促进了对全球国际投资协定实践的研究。②统一。EDIT 提供所有国际投资协定的英文翻译。因此，用户可以在整个数据库中搜索诸如"公平和公正待遇"等关键条款，而不考虑原始条约语言。③机器可读。EDIT 将所有国际投资协定文本数字化和标准化，使其可以搜索和机读。EDIT 还允许对作为数据的文本进行机器处理，以支持新兴的计算法律研究领域。④可注释。EDIT 文本以 XML 和 XHTML 格式存储，允许对内容进行注释。该数据库提供了第一个注释层，允许用户搜索标准条款。⑤免费。EDIT 是一个免费的学术资源，主要针对研究人员。EDIT 试图通过扩大国际投资协定的使用范围、促进创新性研究来补充现有公共或商用数据库。

关于 EDIT 的更多信息，感兴趣的读者可以阅读 Wolfgang Alschner 等人发表在 World Trade Review 2021 年第 1 期上的文章 "Introducing the Electronic Database of Investment Treaties（EDIT）：The Genesis of a New Database and Its Use"。

五、两大多边组织

1. 解决投资争端国际中心（链接地址：http://www.worldbank.org/icsid/）

"中心"网站的资源主要包括《华盛顿公约》及相关规则，"中心"处理过的案例，以及所依据的仲裁或调解规则等。这些对于国际投资法专业的学习和研究者而言都比较常用，因而也是大家所熟悉的。除了这些常用资源以外，在"中心"网站"Resources"模块"ICSID Publications"部分还有对"中心"各种出版物的介绍，其中"中心"的年报和一些关于完善"中心"仲裁规则和制度的背景文件（如 Possible Improvements of the Framework of the ICSID Arbitration）都是可以下载的。

2. 多边投资担保机构（链接地址：http://www.miga.org/）

该网站是研究国际投资风险和海外投资保险制度最有益的资源之一。主页部分可下载《MIGA 公约》及其评论（Commentary on Convention）、《MIGA 附则》（MIGA By-Laws）和《业务政策》（Operational Policies）等资料。网站各个模块还有对国际投资政治风险和多边投资保险制度的介绍。

此外，"Resources"模块可下载各种语言版本的《MIGA 年报》和《投资担保指南（Investment Guarantee Guide）》，另外还有 2009 年到 2013 年 MIGA 关于世界投资和政治风险研究所做的报告（World Investment And Politics Risk）。

缩略语表

中文全称	英文全称	简　称
美国国际法学会	American Society of International Law	ASIL
双边投资协定	Bilateral Investment Treaty	BIT
建设—运营—移交	Build-Operate-Transfer	BOT
《中欧全面投资协定》	The China-EU Comprehensive Agreement on Investment	CAI
《全面经济与贸易协定》	Comprehensive Economic and Trade Agreement	CETA
经济贸易扩展协议	Economic and Trade Expansion Agreement	ETEA
《全面与进步跨太平洋伙伴关系协定》	Comprehensive and Progressive Agreement for Trans-Pacific Partnership	CPTPP
《能源宪章条约》	Energy Charter Treaty	ECT
欧盟	European Union	EU
欧盟法院	Court of Justice of the European Union	CJEU
《欧洲联盟运行条约》	Treaty on the Functioning of the European Union	TFEU
欧洲人权法院	European Human Rights Court	ECtHR
自由贸易协定	Free Trade Agreement	FTA
《关税与贸易总协定》	General Agreement on Tariffs and Trade	GATT
解决投资争端国际中心	International Centre for Settlement of Investment Disputes	ICSID
《解决投资争端国际中心仲裁程序规则》	The Rules of Procedure for Arbitration Proceedings of ICSID	《ICSID 仲裁规则》
《解决国家与他国国民间投资争端公约》	Convention on the Settlement of Investment Disputes Between States and Nationals of Other States	《华盛顿公约》
《承认及执行外国仲裁裁决公约》	New York Convention on the Recognition and Enforcement of Foreign Arbitral Awards	《纽约公约》
投资者与东道国争端解决机制	Investor-State Dispute Settlement	ISDS

续表

中文全称	英文全称	简　　称
国际律师协会	International Bar Association	IBA
《国际律师协会国际仲裁利益冲突指引》	IBA Guidelines on Conflicts of Interest in International Arbitration	《IBA 指引》
国际商事仲裁委员会	International Council for Commercial Arbitration	ICCA
国际投资协定	International Investment Agreement	IIA
投资者与国家间仲裁	Investor-State Arbitration	ISA
国际法委员会	International Law Commission	ILC
经济合作与发展组织	Organization for Economic Co-operation and Development	OECD
公私伙伴关系	Public-Private Partnership	PPP
非洲大陆自由贸易区	The African Continental Free Trade Area	AfCFTA
东南亚国家联盟	Association of Southeast Asian Nations	ASEAN
《区域全面经济伙伴关系协定》	Regional Comprehensive Economic Partnership	RCEP
区域贸易协定	Regional Trade Arrangements	RTA
主权财富基金	Sovereign Wealth Funds	SWF
《补贴与反补贴措施协议》	Agreement on Subsidies and Countervailing Measures	SCM
《与贸易有关的投资措施协议》	Agreement on Trade-Related Investment Measures	TRIMs
《与贸易有关的知识产权协议》	Agreement on Trade-Related Aspects of Intellectual Property Rights	TRIPs
《跨大西洋贸易及投资伙伴协议》	Transatlantic Trade and Investment Partnership	TTIP
《跨太平洋伙伴关系协定》	Trans-Pacific Partnership Agreement	TPP
第三方资助	Third-Party Funding	TPF
具有投资条款的国际条约	Treaties with Investment Provisions	TIP
《服务贸易总协定》	General Agreement on Trade in Services	GATS

续表

中文全称	英文全称	简　称
《汉城公约》	Convention Establishing the Multilateral Investment Guarantee Agency	MIGA
《北美自由贸易协定》	North American Free Trade Agreement	NAFTA
公平公正待遇	Fair and Equitable Treatment	FET
《多边投资协定》	Multilateral Agreement on Investment	MAI
最惠国待遇	Most Favored Nation Treatment	MFN
国民待遇	National Treatment	NT
充分保护及安全	Full Protection and Security	FPS
非政府组织	Non-Governmental Organization	NGO
联合国国际贸易法委员会	United Nations Commission on International Trade Law	UNCITRAL
联合国贸易与发展会议	United Nations Conference on Trade and Development	UNCTAD
《联合国国际贸易法委员会仲裁规则》	United Nations Commission on International Trade Law Arbitration Rules	《UNCITRAL 仲裁规则》
《投资人与国家间基于条约仲裁透明度规则》	The UNCITRAL Rules on Transparency in Treaty-Based Investor-State Arbitration	《透明度规则》
《投资人与国家间基于条约仲裁透明度公约》	The United Nations Convention on Transparency in Treaty-based Investor-State Arbitration	《透明度公约》
《维也纳条约法公约》	Vienna Convention on the Law of Treaties	VCLT
《美国—墨西哥—加拿大协定》	United States-Mexico-Canada Agreement	USMCA
世界贸易组织	World Trade Organization	WTO

后 记

当前，国际投资已成为全球经济最大的助推器之一。伴随"走出去"战略、"一带一路"倡议的实施，我国已成为在国际资本流动格局中具有举足轻重地位的大国。发展海外直接投资对我国经济社会发展和国家安全具有不可替代的重要作用。海外直接投资是我国开放经济发展的重要内容，其对国民经济和社会可持续发展的重要性正与日俱增。在新冠肺炎疫情冲击全球投资活动的大背景下，外商对华投资依然逆势增长，联合国贸易和发展会议发布的《全球投资趋势监测报告》显示，2020 年中国利用外资规模逆势增长 6.2%，达 1 444 亿美元，跃升至世界第一位，同时，中国也首次成为全球最大外资流入国。

外资对中国的信任，源于以下三个方面：第一，中国经济稳中向好的长期大势；第二，中国持续优化的营商环境；第三，中国不断扩大的对外开放。在新冠肺炎疫情全球大流行的形势下，中国不仅率先控制住了疫情，还以完整的工业体系、稳定的产业链供应链等优势，实现了经济逆势增长。近年来，中国持续推进"放管服"改革，同步实施《优化营商环境条例》和《外商投资法》，市场准入和外商负面清单不断缩短，市场准入门槛持续降低。中国持续构建市场化、法治化、国际化营商环境的努力，得到国际社会高度认可。世界银行近期报告显示，中国营商环境在全球 190 个经济体中的排名由 2012 年的第 91 位跃升到 2020 年的第 31 位，8 年提升了 60 位。当前，中国正加快构建以国内大循环为主体、国内国际双循环相互促进的新发展格局，推动更高水平对外开放的步伐不断提速。自贸试验区再次扩围、海南自由贸易港建设启航、金融等服务业开放深入推进、进博会等开放平台不断升级……这些实实在在的开放举措，为广大外资企业与中国经济共成长提供了富饶的土壤，证明了中国做大互利共赢蛋糕的诚意和决心。

与上述趋势相适应，当前国际投资法正处于发展的黄金时期，国际国内对于国际投资法的学习和研究也掀起了前所未有的高潮。特别是，随着中国

后　记

投资者与中国政府参与国际投资仲裁案件的不断增多，无论在理论上还是实践中，都出现一系列新的复杂的法律问题，这对于传统的国际投资法教学提出了挑战。针对我国着力推进涉外法治的现实需要，积极开展国际投资法的研究，探索国际经济交往中的法律问题，越来越有必要。习近平总书记强调，要把握新发展阶段，贯彻新发展理念，构建新发展格局。本教材正是立足于中国参与国际投资法规则制定、国际投资争端解决的基础上编写的。相较于国际私法、国际贸易法、国际商法等课程，国际投资法的变动尤为迅速。但万变不离其宗，与其死记硬背具体规则与条文，不如深刻领会国际投资法的原理，从而为实践提供有益的指导。

本书适合高等学校法学专业、国际经济与贸易专业本科生作为教材使用，同时也可作为法学专业研究生、司法工作者的专业参考书。值得一提的是，本书原稿的主要部分，曾作为首都经济贸易大学法学院 2019 级至 2021 级国际法专业硕士研究生国际民商事争议解决课程的专题讲授内容，现加以系统整理后增订成书。作为一本学术性较强的教材，本书采用比较的、综合的研究方法，对比学说、立法、案例，联系我国投资法实际，分别从跨国投资的实体保护、管辖权、临时措施、仲裁员、裁决的救济等角度就国际投资法的体系进行探讨。

本书的出版，要特别感谢首都经济贸易大学出版社的编辑老师，正是他们兢兢业业的辛勤付出，才能在较短的时间内保质保量地完成书稿的审校。此外，首都经济贸易大学法学院的领导与同仁们对本书付梓给予了充分的支持与协助，在此一并深表谢忱。国际投资法属于国际经济法的一个分支，是国内外正在发展中的一门新兴法律学科，体系尚待完善，立论又多分歧，编者团队对该学科的研究尚浅，限于水平，缺点和错误在所难免，诚请读者不吝批评指正。

张　建

2022 年 4 月 25 日于首都经济贸易大学博远楼